契約責任の構造と射程

—完全性利益侵害の帰責構造を中心に—

長坂　純

明治大学社会科学研究所叢書

勁草書房

まえがき

本書は、同名で公表した学位論文に若干の補充・修正を加えたものである。民法学における重要な課題の一つとして、いわゆる「契約責任の拡大とその再構成」の問題が論じられて久しいが、本書においては、契約責任と不法行為責任の交錯領域である完全性利益侵害の帰責構造を考察することにより、契約責任の構造と射程の解明を試みた。まず、完全性利益保護義務に関する理論状況についてドイツ民法学説との比較から検討を加え、次に、完全性利益侵害が問題とされた裁判例の傾向分析を行った。その上で、保護義務の契約債務関係における位置づけ、具体的な完全性利益侵害の諸態様と帰責構造、不法行為規範との限界づけについて検討を加えた。さらに、各論的論点について検討するとともに、近時の民法（債権法）改正論議を踏まえ、契約責任（債務不履行）法の再構築へ向けた基礎的考察を行った。しかし、なお検討すべき課題も多く、拙さばかり目立つが、これを機に今後さらなる理論的深化を図りたい。

本書ができるまでには予想以上に時間を費やしたが、それも私の非力故のことである。しかし、これとて独力でなったものではなく、これまで実に多くの方々の学恩に依っている。学部二年間ゼミを受け持っていただくことで、私に研究者としての道もあることを示して下さったのは、中村忠先生（市立高崎経済大学名誉教授）である。伊藤進先生（明治大学名誉教授）には、大学院入学以来公私にわたり御世話になり、今私が研究者のはしくれとしていられるのは、先生の御指導の賜物である。私としては、先生の学恩に応えられない非力を恥じるとともに、先生には御寛容を願いたいが、拙い本書がこれまでの御指導に対するせめてもの御恩返しともなれば幸いである。また、椿寿夫先生（大宮法科大学院大学名誉教授）にも大学院時代より貴重な御指導を賜っており、現在も、先生が積極的に推進しておられる複数の研究会に参加させてていただき、学内・学外の研究者等から温かな御指導をいただいている。本書をまとめることができたのも、諸先生の支えがあったが故であり、感謝するとともに一層の御指導・御教示をお願い申し上げる次第である。

さらに、これまで御指導いただいた同僚の諸先生及び学部ゼミ生・大学院生にも感謝の意を表したい。私は、福岡県立九州歯科大学、清和大学、帯広畜産大学を経て明治大学に移ったが、それぞれの大学における同僚の諸先輩からは、研究者・教育者・大学人とは何かを学ばせていただいた。特に、自然科学系の研究者との交わりを通して学ぶところが大であったように思う。また、学生達は、非力な私に常に勇気と刺激を与え続けてくれており、研究生活においてもなくてはならない存在である。

本書の刊行に際しては、勁草書房編集部の古田理史氏に多大なご助力をいただいた。この場を借りて深謝申し上げたい。

最後に私事ながら、学問の道に進むことを許してくれた両親、終始私を支えてくれている家族にも感謝したい。

なお、本書の刊行にあたり明治大学社会科学研究所より出版助成を受けた。

二〇一〇年七月

長坂　純

目次

初出一覧

本書では、左記の初出論文を基にその後の状況を踏まえ改稿した。

序　章　書き下ろし

第一章　「不完全履行（積極的債権侵害）をめぐる契約義務論の展開」法学政治学論究一三号（一九九二）
「完全性利益侵害をめぐる契約責任構造（1）」清和法学研究一巻一号（一九九四）
「ドイツ法における完全性利益保護義務論の一動向―『統一的法定保護義務関係』論批判説の展開―」帯広畜産大学学術研究報告人文社会科学論集一一巻一号（二〇〇二）
「ドイツ法における『統一的法定保護義務関係』論の展開」法律論叢七七巻一号（二〇〇四）
「ドイツ法における契約義務論の現況」法律論叢七八巻四・五合併号（二〇〇六）
「ドイツ新給付障害法における『義務違反』概念」『現代私法学の課題　伊藤進教授古稀記念論文集』（第一法規、二〇〇六）所収
「契約規範による『完全性利益』の保護―ドイツ法における保護義務論の展開とその評価―」『現代民事法の課題　新美育文先生還暦記念』（信山社、二〇〇九）所収

第二章　「完全性利益侵害をめぐる契約責任構造（2）」清和法学研究一巻二号（一九九五）

「『不完全履行』概念の現代的展開とその有用性」帯広畜産大学学術研究報告人文社会科学論集一一巻二号（二〇〇三）
「完全性利益の侵害と契約責任論―わが国における保護義務論の展開とその評価―」法律論叢八二巻四・五合併号（二〇一〇）

第三章
「完全性利益侵害をめぐる契約責任構造（3）」清和法学研究二巻一号（一九九五）
「売買目的物の瑕疵により生じた拡大損害と契約責任―岐阜地裁高山支部平成四年三月一七日判決―」清和法学研究二巻二号（一九九六）
「完全性利益侵害事例にみる契約責任構成―財産権譲渡型契約を中心に―」『玉田弘毅先生古稀記念論文集　現代民事法の諸問題』（信山社、一九九八）所収
「建物賃貸人・賃借人の失火と債務不履行責任」清和法学研究六巻一号（一九九九）
「売主の付随義務違反と債務不履行責任―東京高裁平成六年九月一四日判決―」帯広畜産大学学術研究報告人文社会科学論集一〇巻四号（二〇〇一）
「完全性利益の侵害と契約責任構成―裁判例の傾向分析―」法律論叢八二巻六号（二〇一〇）

第四章
「完全性利益侵害事をめぐる契約責任構造（4・完）」清和法学研究三巻一号（一九九六）
「完全性利益侵害と契約責任構造」私法六〇号（一九九八）
「契約責任の構造と射程・覚書」清和法学研究五巻一号（一九九八）
「完全性利益の侵害と契約責任構造―契約債務関係の構造、帰責根拠、不法行為規範との関係を中心に―」法律論叢八三巻一号（二〇一〇）

第五章 「売主瑕疵担保責任と不完全履行（積極的債権侵害）」清和法学研究四巻一号（一九九七）
「請負人の瑕疵担保責任と不完全履行（積極的債権侵害）―瑕疵結果損害の責任構造を中心に―」『民法における「責任」の横断的考察 伊藤進教授還暦記念論文集』（第一法規、一九九七）所収
「役務提供契約」NBL七九〇号（二〇〇四）
「役務提供者責任の基本構造」法律論叢七八巻一号（二〇〇五）
「役務提供契約の性質決定と提供者責任」NBL九一七号（二〇〇九）

第六章 「債務不履行責任（契約責任）法の再構築へ向けた基礎的考察（上）（下）」法律論叢八〇巻四・五合併号（二〇〇八）、同六号（二〇〇八）
「契約責任（債務不履行責任）法の再構築―伝統的理論の修正と新理論の評価―」『社会の変容と民法典』（成文堂、二〇一〇）所収

序章　問題の所在

一　契約責任をめぐる近時の動向

近年、民法学は、契約法の分野でめざましい理論的進展をみせている。例えば、約款規制、契約交渉論、継続的契約の解消、複合的契約などの問題のように、これまでのいわゆる古典的契約理論では十分に予想し得なかった類の問題が注目され、また、契約の基礎理論（私的自治・意思自治の原則、契約法思想、契約の拘束力、意思表示・法律行為論など）に関する検討も盛んである。(1)

そんな中、債務不履行を中心とした契約責任領域の問題を処理するための法理論をめぐっても、民法典制定以降、絶えず議論が交わされてきた。(2)やや古くから意識されていた問題としては、遅滞・不能・不完全履行という債務不履行の「三分体系」の見直し、(3)損害賠償の範囲画定に関する相当因果関係論批判、(4)瑕疵担保責任の法的性質をめぐる法定責任説と契約責任説の対立などを挙げることができよう。(5)そして、近時は、さらに、帰責事由の再検討、(6)契約解除の要件・効果論、(7)履行請求権の位置づけ、(8)役務提供契約（「なす債務」）の検討など、(9)種々の問題が議論の俎上に載せられ、枚挙にいとまがない。これらの諸問題は、その一つ一つが重要であることに加えて、諸問題相互の連関をも念頭に入れて考察する必要性を感じさせるものも少なくない。

また、これらの諸問題を考察する際に参照し得る理論的素材も、近時、一段と豊富となっている。とりわけ、契約法の領域を中心とした国際的な新たな立法の動向が、近時の顕著な傾向である。[10]そして、このような動向を受け、現在、わが国においても債権法の改正へ向けた作業が進められているとともに、改正論議も盛んである。現時点で、改正の目的・理念や範囲、民法典の体系・編別（スタイル）など、すべてが明らかにされているわけではないが、そこでは、契約責任（債務不履行）法の再構築が重要な課題とされている。[11]

以上の状況からは、契約責任の構造をめぐり、債務不履行の類型やその判断規準のみならず、帰責要件や責任内容（救済手段）についても再検討すべき問題が浮き彫りになるように思われる。したがって、契約責任一般の構成規準が改めて問い直されるに至っている、というのが今日の理論状況だといえるであろう。

二　契約責任と不法行為責任の関係――「契約責任の拡大」とその法的対応

ところで、契約責任と不法行為責任の関係についても、民法学における重要な課題とされて久しい。既に指摘されているように、近代民法典においては不法行為の規律対象とされていた問題が、資本主義経済の高度成長に伴う契約関係の比重の増大により、次第に契約責任領域の中に取り込まれてきた結果、契約責任を人的、時間的及び質的な面での拡がりをもつものとして捉えることが要請される。[12]いわゆる「契約責任の拡大とその再構成」の問題である。

契約責任と不法行為責任の交錯が問題とされるとき、それは、保護されるべき利益（被侵害利益の特殊性）とともに、これに対応する義務（債務）の考察にも結びついている。すなわち、そこでの損害賠償の相手方（債権者）の保護法益は、契約によって本来保護されるべく給付利益（Leistungsinteresse）に限られず、それを超えた債権者の一般法益（完全性利益（Integritätsinteresse）[13]＝生命・身体・健康等の人格的利益または所有権等の財産的利益、及びそれに準ずる法律上保護に値する利益）にまで及び、それに対応する債務者の義務も、当事者の合意に基礎を置く給付義務に尽きず、各種の付随義務や保護義務など多岐にわたることが明らかにされた。これを受けて、契約責任の再構成が強調される[14]。これまで、特に、ドイツ民法理論に依拠した義務規範論における成果が顕著である。

契約責任の拡大とその再構成が主張されるに至った要因として、一般にドイツ（旧ドイツ民法典）では、不法行為法の狭隘さ（被害者の権利侵害が要件とされ、一般的な財産損害が保護されず、また、使用者責任の免責立証が比較的容易に認められてきたことなど）と厳正契約型の契約責任体系（給付の不能と遅滞に限定され、有責な原始的・後発的瑕疵についての一般的不履行責任規定を欠くことなど）が挙げられる[15]。これに対し、わが国では、両責任規定（民法四一五条・七〇九条）はいずれも包括的・一般的構造を有することから、ドイツ法上の問題性がそのままの形で妥当するものではない。しかし、古くからドイツの積極的債権侵害論が不完全履行論として輸入（「学説継受（wissenschaftliche Rezeption）」と称される[16]）され、また、ドイツの契約義務論に示唆を得て、給付義務に対比させた付随義務・保護義務という形での理解がかなりの支持を集め今日に至っている。さらには、一九七〇年代からの安全配慮義務をめぐる議論が、契約責任の再構築へ向け理論的深化をもたらしたといえる。とりわけ、契約責任と不法行為責任の交錯領域として問題となる完全性利益侵害は、不完全履行（積極的債権侵害）という不履行類型において位置づけられ、その被違反義務としては、給付義務・付随義務とは構造上区別された完全性利益保護義務が観念されるに至っている。こうして、今日、判例・学説理論において、完全性利益の契約規範による保護が定着しつつある。

契約責任の拡大をめぐる理論展開は、不法行為責任の内にも影響を与えている。例えば、有効な契約関係にある当事者間で契約に基づく義務の不履行により生じた損害の賠償が、不法行為に基づいて請求されることも少なくない（医療契約が典型であるが、古くは物品・旅客運送契約、最近では売買・賃貸借・請負・委任・寄託契約など多岐にわたる）[17]。また、安全配慮義務についても、この用語が極めて曖昧かつ便宜的に用いられるが故に、場合によっては、それが不法行為法上の義務そのものであるというケースも少なからず存在するとされる[18]。これは、いわば不法行為責任の拡大ないし契約責任化ともいえる現象である。

三　本考察の目的

このように、契約責任と不法行為責任が相互に各々の領域を拡大してきたことは、一方では、被害者の救済手段の範囲が拡大するものとして評価できる。特に、不法行為責任の契約当事者間への浸透を媒介として、漠然とした不法行為法上の一般的義務の内容が可視的に明確化され、不法行為の類型化を通じ裁判上の主張・判断に資することが指摘される[19]。しかし、他方で、何故に両責任規範の競合・重畳・併用が可能なのか、その論拠ないし基礎的理論は明らかではない。これまで、両規範の交錯する領域の法的構成としていくつかの方向が提示されてはきたが（例えば、両規範の統一化、第三の規範の構築など）、未だその理解は一致せず、また、契約規範か不法行為規範かの選択においては、後者へ傾斜しがちであり、契約責任論においても、不法行為規範との競合を意識するがあまり、契約上の債権債務関係（以下では、「債務関係」と称する）との連動にあまり配慮されることなく議論が展開されてきたとの感も否めない。このような傾向は、例えば、安全配慮義務論において、「特別な社会的接触の関係」という一般的説示に引きずられて帰責構造を論じる場合がみられたり、本来の契約関係をいわば逸脱した領域（契約締結上の過失、第三者の保護効を伴う契約、契約終了後の過失責任など）での検討が盛んであったともいえ、また、完全性利益保護義務についても、契約法上の性格が十分に解明されないままに、不法行為法上の義務と混同されながら論じられてきた、といったことからも窺えるのではなかろうか。

そこで、契約責任の再構成の可能性を探る意味でも、両責任規範は具体的にどのような危険関係をどのように規律し得るのかが明らかにされる必要がある。そのためには、契約責任の側からは、まず、両責任規範が交錯する領域のどこまでを契約法上の領域として取り込み得るのかという限界づけ、換言すれば、不法行為と境界を接する義務のどこまでを契約法上の義務として捉えるべきなのかという、完全性利益保護義務の性質・射程が検討されるべきであると考える。このような検討が、さらに、法律効果も含めた個別具体的な問題処理の解明へ展開するものと思われる。

以上の問題意識から、本考察においては、主に完全性利益侵害に対する契約責任構造について、ドイツ及び日本における保護義務論の検討と裁判例の傾向分析を踏まえ、保護義務の契約債務関係における位置づけ、具体的な完全性利益侵害の諸態様と帰責構造、不法行為責任との限界づけについて検討を加えたい。[20]

本考察の論述の順序としては、以下のようになる。

第一に、保護義務をめぐるドイツ民法理論の展開について分析・検討を加えたい（第一章）。これまで、わが国の契約責任論は、ドイツ民法学に示唆を得て理論的深化が図られてきたといっても過言ではなく、本考察においても、ドイツ民法理論を素材にして検討すべき意義は大きいと思われる。[21] ドイツでは、各々の契約責任の拡大領域において個別に構成されてきた保護義務を統一的に捉え、それを契約債務関係から分断させた形で整理する「統一的法定保護義務関係（ein einheitliches gesetzliches Schutzpflichtverhältnis）」論が提唱され、学説の多くは、このような理論動向に応接した上で議論を展開してきた。したがって、ここでは、概して「統一的法定保護義務関係」論の内での議論とそれに対する批判説の展開という形で整理できる。さらに、二〇〇二年より施行された債務法現代化法における新たな給付障害法に関する議論にも注目したい。

第二に、ドイツ民法理論の受容を通して展開されてきた、わが国における保護義務論の動向をみる（第二章）。明治末期以後、ドイツの積極的債権侵害論が不完全履行論という形で学説継受される中で完全性利益侵害の特殊性が認識され、さらに、ドイツ法的な義務論に依拠する見解の台頭により、給付義務に対比させた付随義務・保護義務という形での理解が有力となる。反面、不完全履行を債務不履行の独立種として捉えることに対する疑問や、契約義務論に対し否定的な見解もみられる。

第三に、裁判例を素材にして、個別具体的な契約関係において完全性利益侵害はどのように責任構成されてきたのかについて分析・検討を加える（第三章）。その際、種々の契約の特質に対応させる意味から、諸事例を財産権譲渡型契約、財産権利用型契約、役務（サービス）提供型契約に分類する。そして、いかなる侵害態様に対して、いかなる義務（被違反義務）の存在が説かれるのか、当該義務の設定根拠、内容、他の契約義務との関係といった観点に留意したい。

第四に、以上の検討を踏まえた上で、まず、保護義務を契約債務関係の中で位置づけることができるのか否かを、給付関係（給付義務）と保護関係（保護義務）の両者の関係に焦点を当てて検討したい。これは、契約責任の構造及び不法行為責任との関係の理解にも関わる観点である。次に、具体的な完全性利益侵害とその帰責根拠を考える。侵害態様としては、およそ給付義務の不履行がある場合とない場合に分けて整理できるであろう。さらに、完全性利益侵害に対する契約責任の成立を肯定し、この領域は必ずしも不法行為法に吸収されるものではないとの立場からは、契約責任の射程範囲を画定する作業が必要となる。保護義務と不法行為法上の義務の関係を探ることにより、契約責任の限界規準を明らかにする（第四章）。

第五に、完全性利益侵害に対する契約責任構造の理解を前提にして、各論的論点について検討する（第五章）。完全性利益侵害は、契約責任と不法行為責任の交錯のみならず瑕疵担保責任も視野に置く必要がある。そこで、瑕疵結果損害の帰責構造について、売主及び請負人の瑕疵担保責任との関係から検討する。次に、「なす債務」を目的とした役務提供契約における提供者の責任構造について検討したい。役務提供契約に関しては、その性質決定や欠陥・瑕疵ある役務の判断など解明すべき問題も多く、提供者責任の基本構造を検討する意義がある。

第六に、近時のわが国における債権法の改正論議を素材にして、契約責任（債務不履行）法の再構築へ向けた基本的論点について検討したい（第六章）。特に、最近の見解にみられるように、契約責任（損害賠償責任）の根拠を過失責任の原則に求めるのではなく契約の拘束力から基礎づけるときには、不法行為責任との峻別がより鮮明なものとなり、契約法固有の守備範囲を画定する必要性が現実味を増す。

以下の考察において明らかなように、不完全履行（積極的債権侵害）論、義務（債務）構造論、保護義務論などの諸領域において、これまで貴重な先行業績を含む理論的蓄積がみられる。そんな中、本考察は、契約関係の中で完全性利益侵害を問題にするとともに、そこで保護義務と給付義務の関係評価を行うことにより、契約債務関係（債務履行過程）の構造把握を重視する点、また、個別具体的な侵害態様（給付実態）を析出して、そこでの帰責構造の解明を試みる点で、さらには、契約責任と不法行為責任の関係をめぐる将来的な方向性、及び契約責任（債務不履行）法の再構築へ向けた理論的素材を提供し得る点で、意義が認められるのではなかろうか。その結果如何は、単に理論的側面のみならず、実務にも影響を及ぼし得るものと考える。

（1）　関連文献は多数あるが、さしあたり、「現代契約法の諸問題」NBL四六九号（一九九一）以下の諸論考、「シンポジウム現代契約法論」私法五四号（一九九二）、「特集　現代契約法理論の研究」法律時報六六巻八号（一九九四）の諸論考、棚瀬孝雄編『契約法理と契約慣行』（弘文堂、一九九九）所掲の諸論考など参照。

（2）　なお、「契約責任」と「債務不履行責任」という二つの用語がどのような関係にあるのかは明らかではない。債務不履行責任の中で契約上の債務の不履行を契約責任というのか、あるいは契約責任は債務不履行に限らないとして広く捉えるのか、これまであまり意識されてこなかったように思われる。本書では、一応「契約責任」で統一しておく。

また、「給付障害（Leistungsstörung）」（または「履行障害」）という用語が用いられる場合もあるが、これはドイツで唱えられた概念であり、当事者の帰責性の有無を問わず、債務の履行がなされない場合の諸問題（債務不履行のほか、担保責任、契約締結上の過失、危険負担、行為基礎の喪失など）を含む広い概念である。

（3）　全体を概観するものとして、北川善太郎『日本法学の歴史と理論─民法学を中心として』（日本評論社、一九六八）三四頁以下、潮見佳男「債務不履行・契約責任論史」水本浩＝平井一雄編『日本民法学史・各論』（信山社、一九九七）一八三頁以下など。

（4）　全体を概観するものとして、平井宜雄『損害賠償法の理論』（東京大学出版会、一九七一）、國井和郎「債務不履行における損害賠償の範囲」星野英一編代『民法講座4　債権総論』（有斐閣、一九八五）四九九頁以下など。

（5）　判例・学説の理論的到達点の整理及び考察として、円谷峻「瑕疵担保責任」星野英一編代『民法講座5　契約』（有斐閣、一九八五）一八五頁以下、半田吉信「瑕疵担保論史」水本＝平井編・前掲注（3）二五五頁以下など。

（6）　吉田邦彦「債権の各種─『帰責事由』論の再検討─」星野英一編代『民法講座　別巻2』（有斐閣、一九九〇）一頁以下、森田宏樹「結果債務・手段債務の区別の意義について─債務不履行における『帰責事由』─」太田知行＝荒川重勝編『鈴木古稀・民事法学の新展開』（有斐閣、一九九三）一〇九頁以下（同『契約責任の帰責構造』（有斐閣、二〇〇二）所収）など。

（7）　全体を概観するものとして、北村実「解除の効果─五四五条をめぐって」星野編代・前掲（5）一一三頁以下、潮見佳男『債権総論〔第2版〕Ⅰ』（信山社、二〇〇三）四二六頁以下など。

（8）　椿寿夫「予約の機能・効力と履行請求権1・2・3」法律時報六七巻一〇号（一九九五）五八頁以下、同一一号（一九九五）四〇頁以下、同一二号（一九九五）五六頁以下、同「履行請求権（上）（中）（下の1）（下の2・完）」法律時報六九巻一号（一九九七）一〇〇頁以下、同二号（一九九七）三七頁以下、同三号（一九九七）六八頁以下、同七〇巻一号（一九九八）

七三頁以下、「シンポジウム：債権の効力としての履行請求権」比較法研究六〇号（一九九八）など参照。

（9）本書第五章第三節参照。

（10）特に、外国法・条約等の影響としては、国連国際動産売買条約、ユニドロワ国際商事契約原則、ヨーロッパ契約法原則、改正オランダ民法典、ケベック民法典、ドイツ新債務法、フランス債務法改正意見などが重要であるが、そこで特徴的なのは、契約責任法全体についての構成が新しいという点である（岡孝編『契約法における現代化の課題』（法政大学出版局、二〇〇二）、川角由和＝中田邦博他編『ヨーロッパ私法の動向と課題』（日本評論社、二〇〇三）、ユルゲン・バセドウ編（半田＝滝沢他訳）『ヨーロッパ統一契約法への道』（法律文化社、二〇〇四）、川角由和＝中田邦博他編『ヨーロッパ私法の展開と課題』（日本評論社、二〇〇八）など参照）。

（11）本書第六章参照。

（12）奥田昌道「契約法と不法行為法の接点―契約責任と不法行為責任の関係および両義務の性質論を中心に―」磯村哲他編『於保還暦・民法学の基礎的課題　中』（有斐閣、一九七四）二〇七頁以下、下森定「民事責任とくに契約責任体系の変貌と再構成」法学セミナー三三三号（一九八二）一二四―一二五頁（同『債権法論点ノート』（日本評論社、一九九〇）所収）、安達三季生『債権総論講義（第四版）』（信山社、二〇〇〇）六二頁以下など。

（13）保持利益（Erhaltungsinteresse）または保護利益（Schutzinteresse）とも称される。また、その侵害の面からは、拡大損害、随伴的損害、付加的損害、結果損害などと称される。

（14）基本的契約責任と補充的契約責任という段階的構成が提示された（北川善太郎『契約責任の研究―構造論―』（有斐閣、一九六三）三六一頁以下、下森定「契約責任の再構成をめぐる覚書」Law School 二七号（一九八〇）四頁以下、同「契約責任（債務不履行責任）の再構成」森泉章他編『内山＝黒木＝石川還暦・現代民法学の基本問題　中』（第一法規出版、一九八三）一六三頁以下など）。

（15）なお、フランスでは、一九世紀以降、契約責任と不法行為責任とを峻別する二元説に対し両責任を不法行為責任に統一する一元説が主張され、契約責任と不法行為責任の関係をめぐる議論が盛んである（平野裕之「一九世紀後半におけるフランス契約責任論の胎動―完全性利益の侵害と契約責任論―」法律論叢六〇巻四・五合併号（一九八八）六一五頁以下、同「二〇世紀におけるフランス契約責任論の展開―完全性利益の侵害と契約責任論―」同六〇巻六号（一九八八）四五頁以下、同「契約責任の要件としての契約の存在（その一）（その二）―フランス法における契約責任と不法行為責任の接点―」同六七巻二・三合併号

（一九九五）二七五頁以下、同六七巻四・五・六合併号（一九九五）三六七頁以下、高畑順子「責任論から見た契約（関係）における契約規範と法規範（一）（二）―フランスにおける契約責任と不法行為責任の共存現象を素材として―」北九州大学法政論集二二巻一号（一九九四）一頁以下、同二三巻三・四合併号（一九九五）一九頁以下、同「契約上の債務と損害賠償義務との関係―フランスにおける責任二元論から一元論への移行過程での一考察―」同二三巻一・二合併号（一九九五）一六三頁以下、今野正規「フランス契約責任論の形成（1）（2）（3・完）」北大法学論集五四巻四号（二〇〇三）三一四頁以下、同五四巻五号（二〇〇三）二八〇頁以下、同五四巻六号（二〇〇四）四〇二頁以下など）。

（16）北川・前掲注（3）四二頁以下参照。

（17）この点を指摘するものとして、半田吉信「契約責任と不法行為責任の交錯」前田達明編代『奥田還暦・民事法理論の諸問題 上巻』（成文堂、一九九三）三八一頁以下。

（18）飯原一乗「不法行為責任と安全配慮義務違反に基づく損害賠償責任との関係」鈴木忠一＝三ケ月章監『新・実務民事訴訟講座4』（日本評論社、一九八二）六七頁以下（下森定編『安全配慮義務法理の形成と課題』（日本評論社、一九八八）所収）、滝沢聿代「安全配慮義務の位置づけ」星野英一＝森島昭夫編『加藤古稀・現代社会と民法学の動向 上』（有斐閣、一九九三）二九三頁以下。なお、労働関係上の安全配慮義務（労働契約法五条参照）も保護義務より生成されたものと理解できようが、その法的性質やそれが認められる契約類型などは必ずしも明らかではない。

（19）滝沢・前掲注（18）二九四―二九五頁は、安全配慮義務についてこの点を強調する。

（20）本考察においては、契約形成過程及び債務履行後の問題、第三者への拡大の問題は直接の分析対象とはしない。もっとも、これらの場面の問題処理を考えるに際しても、有効な契約関係がある場面での責任構造の検討が前提とされることになろう。「契約締結上の過失」、「契約終了後の過失責任」、「第三者の保護効を伴う契約」などは、積極的債権侵害も含め一種の契約責任を構成するものとしてドイツで形成された制度であるが、わが国へも紹介され学説上その問題性は一応肯定されているといえる。「契約締結上の過失」論においては、責任の成否を判断するに際し、契約締結後の事情も締結交渉段階の事情と合わせて考慮されるなど、契約の効力との連動が問題とされる（谷口知平＝五十嵐清編『新版注釈民法⒀』（有斐閣、一九九六）八四頁以下〔潮見佳男執筆〕、池田清治『契約交渉の破棄とその責任―現代における信頼保護の一態様』（有斐閣、一九九七）など参照）。また、「契約終了後の過失責任」論においても、問題は契約上の義務の余後効であり、その帰責構造も契約の効力との関係から解明される必要があり（熊田裕之「ドイツ法における契約終了後の過失責任―いわゆる『契約の余後的義務』について

―」法学新法九七巻一・二号（一九九〇）三六九頁以下、高嶌英弘「契約の効力の時間的延長に関する一考察―ドイツ法における契約の余後効（Nachwirkung）をめぐる議論を手掛りとして―（一）（二・完）」産大法学二四巻三・四号（一九九一）五九頁以下、同二五巻一号（一九九一）一頁以下など参照）、「第三者の保護効を伴う契約」論も（そのわが国への導入可能性については検討を要するが）、保護義務の性質・内容に関わる問題である（田上富信「契約の第三者に対する効力」遠藤浩＝林良平＝水本浩監『現代契約法体系　第1巻』（有斐閣、一九八三）一〇三頁以下、船越隆司＝渡辺達徳「契約の第三者効」白羽祐三他編『神田追悼・取引保護の現状と課題』（蒼文社、一九八九）一四九頁以下、山本宣之「契約の第三者保護効についての最近の議論と展望」磯村保＝田中克志他編『石田古稀・民法学の課題と展望』（成文堂、二〇〇〇）六一五頁以下など参照）。

また、いわゆる請求権競合の問題についても、本考察におけるような見地からの検討が有益ではなかろうか。法条競合説にあっては、契約責任と不法行為責任のいずれの規範を適用すべきかの価値判断を要し、請求権競合説や規範調整を介して実体法上の請求権を一本に統合する立場では、規範の選択や調整に際しての規準を解明する上で、契約責任の限界を検討する必要があろう。

(21)　なお、ドイツ民法の理解が今日のわが国の民法解釈学にとってどのような意義を有するかは、改めて検討を要するであろうが（北川善太郎「日本民法とドイツ法―比較法の視点から」民商法雑誌一三一巻四・五号（二〇〇五）五二五頁以下、潮見佳男「ドイツ民法の現代化と日本民法解釈学」同五八九頁以下など参照）、今後も、ドイツ民法に理論的素材を求めて日本民法の解釈学的検討を深めようとする方向は否定できないように思われる。

第一章　ドイツ民法理論

第一節　緒　　論

一　一般給付障害法の変遷

旧（一九〇〇年）ドイツ民法典（旧ＢＧＢ）では、「債務関係の法」第一章「債務関係の内容」第一節「給付義務」の中で一般給付障害（債務不履行責任）が規定されたが、履行不能（旧ＢＧＢ二七五条〜二八三条、三〇六条〜三〇九条、三二三条〜三二五条）と履行遅滞（旧ＢＧＢ二八四条〜二八九条、三二六条）に限定されたものであった(1)（これとは別に、債務法各則の中で売買と請負契約の瑕疵責任が規定された）。そこでは、債務不履行責任を債務の効力として位置づけられてはおらず、また、債務は、その一内容として主たる義務である給付義務を規定するに留め（旧ＢＧＢ二四一条）、詳細は学説・判例の取扱いに任せた。その後、後述するように、積極的契約侵害（積極的債権侵害）概念が提唱され、それが不能・遅滞と並ぶ第三の障害類型として定着し、そこでの被違反義務の内容や構造に着目する見解が主張されるとともに、不法行為規範との関係についても議論されてきた。

このような中、債務法の改正へ向けた動きも活発となり、二〇〇二年一月一日より債務法現代化法を含むドイツ新民法典が施行された。債務法の改正において重要な地位を占めるのは、給付障害法の抜本的な変更である。不能と遅滞に限定していたこれまでの規範構造を改正し、積極的債権侵害類型も取り込み、「義務違反（Pflichtverletzung）」概念の下ですべての給付障害を統括するシステムが採用された（もっとも、不能・遅滞概念も一定の場面で維持されている）。ドイツ新民法典の発効を契機に契約責任論の新たな展開も期待できる。

以上のような給付障害法の変遷の詳細についてはこの後順次みていくが、ドイツ法を考察するに際しては、新債務法成立の前と後に分けて検討することが有益であろう。以下では、積極的債権侵害論及び契約義務構造論のこれまでの動向を鳥瞰したうえで、完全性利益保護義務論を検討し（第二節・第三節）、その後で、新債務法における給付障害の規定構造を取り上げる（第四節）。

二　積極的債権侵害論

完全性利益侵害の契約規範による処理は、積極的債権侵害論の展開過程において議論されてきた。すなわち、旧ドイツ民法典は、債務不履行として債務者の消極的な行為態様による不履行形態である履行不能・履行遅滞のみを規定したが、民法典制定後まもなく、シュタウプ（*Staub*）は、債務者の積極的な行為態様により債権者に損害が生じる場合（実現された給付に瑕疵があったり、債務者がしてはならないことをしたという場合）につき法の欠缺があるとして、第三の不履行形態である「積極的契約侵害（positive Vertragsverletzung）」なるものを提唱し(2)、その後、数々の修正を受けながらも、今日では、より一般的に「積極的債権侵害（positive Forderungsverletzung）」と称され、慣習法上承認された制度として定着している(3)。そして、積極的債権侵害は、そこでの被違反義務の面からも捉えられ、給付義務の不履行としての履行遅滞・履行不能に対し、信義則（BGB二四二条）を媒介として生じる各種の付随的義務・保護義務が機能する場面として理解されてきた。

積極的債権侵害の類型については、契約義務論と接合してはいるものの、各論者により義務構造の捉え方自体が異なることから、未だその理解は一致してはいない。しかし、今日の代表的な見解からは、およそ給付義務違反とその他の付随義務（行為義務）違反に分けて捉える見解と、付随義務違反を、さらに給付利益（給付結果）の保持へ向けられた義務違反と完全性利益保護義務違反とに細分する見解がみられる。(4)そして、いずれにおいても主に完全性利益侵害事例を中心に析出されている。給付義務違反及び保護義務違反としては完全性利益侵害が問題とされ、給付利益の保持へ向けられる付随義務違反についても、給付利益の侵害と合わせて完全性利益侵害が問題とされる傾向にある。

三　契約義務構造論

契約義務構造については、このような積極的債権侵害論の中で展開されてきたといえるが、未だ一致した理解が得られているわけではない。今日のドイツ民法理論においては、一方で、契約債務関係の構造分析に立脚して、給付義務に対比させた付随義務・保護義務という形での整理がなされ、また、債権者に実現されるべき利益状態との関連から当該義務の果たすべき役割が分析され、諸義務の具体的な内容や相互関係が明白なものとなりつつある。

そして、概して、契約上の義務は、当該義務の指向する利益から、給付利益ないし給付結果（債権者が債務者の給付を通じて獲得しようとしている利益）の保持へ向けられるものと、完全性利益という現状利益の保持へ向けられるものに分けて捉えられている。給付利益の保持へ向けられる義務としては、給付結果の実現に直接関連する「給付義務（Leistungspflicht）」（さらに「主たる給付義務（Hauptleistungspflicht）」と「従たる給付義務（Nebenleistungspflicht）」に細分するのが有力）と、それを保持するために債務者に課される「付随的義務（Nebenpflicht）」が解明されてきた[5]。「主たる給付義務」（例えば、売買目的物の所有権・占有の移転）は、当事者の合意に基づき当該債務関係の類型を決するものであるのに対し、「従たる給付義務」（例えば、売買目的物の据え付け・組立、用法説明など）はそれほどの意味は有しないものの、「主たる給付義務」と併存して債務関係の内容を画する義務だとされる。「従たる給付義務」と「付随的義務」（論者により異なるが、履行の準備、目的物の保管・用法説明を例示する見解もある）の区別規準については、なお対立がみられるが、前者では履行請求権（「従たる給付結果」）が認められる点で区別するのが一般的な傾向である。「付随的義務」は、その違反があっても給付結果が実現される場合もあり、それが「給付結果の不完全」（＝給付義務違反）と評価されてはじめて問題とされ、独自では帰責根拠とはされない点で給付義務と相違することになる。そして、これらとは構造上区別された形で「完全性利益保護義務（Schutzpflicht）」を観念する見解が有力である。一般に、保護義務の根拠は、債権者・債務者が契約という特別な関係に入ったことから、相互に相手方の法益を侵害しないことへの信頼を付与した点に求められる。

このように、契約上の義務としては、本来的な給付義務の他に契約の属性から導き出される副次的な給付義務、及び信義則上の義務として、給付義務に従属する付随的義務と広く当事者の完全性利益を保持すべく機能する保護義務の存在が明らかにされてきた。反面、これらの義務は契約債務関係の中でどのように位置づけられるのか、特に、保護義務を契約債務関係の中に取り込むべきか否かという問題が表面化する。これを否定するときには、保護義務は不法行為法上の義務へ放逐されることになるのか、逆に、肯定するときには、その法的論拠及び債務関係の機能領域（契約規範）の限界づけが問題とされ、保護義務論が展開されている。

四　完全性利益保護義務論

前述したように、完全性利益の契約規範による保護をめぐる理論史的系譜は、シュタウプによる「積極的契約侵害」の提唱に遡るが、契約義務論の展開の中で、保護義務の特殊性が浮き彫りにされた。すなわち、当初、完全性利益の保護は、給付義務ないし契約債務関係そのものの中で正当化されたが、その後「不給付」と「給付による加害」が類型化され、後者につき給付結果・契約目的の達成へ向かう債務関係の枠内では捉えきれないことが指摘されるようになり、ついには信頼関係としての保護関係から導き出される保護義務が観念され、これは契約の効力または給付関係（契約債務関係ないし給付義務関係）とは無関係に存するものとして、給付義務との峻別が主張されるに至る。(6)

そんな中、契約締結上の過失、積極的債権侵害、契約終了後の過失責任、第三者の保護効を伴う契約といった、各々の契約責任の拡大領域において個別に構成されてきた保護義務を統一的に捉え、これを本来の契約規範の領域を超えるものとして理解する「統一的法定保護義務関係」論が提唱され、今日の学説の多くは、このような理論動向に応接した上で展開されている。

保護義務の機能は、不法行為法の不備を補充し、判例実務に対し解釈論上の根拠を提供することにあるとされる。(7)そして、学説においては、保護義務の機能領域、存立根拠（契約上の合意、当事者間での影響可能性・侵害可能性、社会的接触、信頼思想など）、不法行為法上の義務との異同や保護義務違反の効果（損害賠償の範囲、履行請求権の可否）などをめぐり議論されてきた。これらの論点については、「統一的法定保護義務関係」論者の内でも諸説が林立している状況にあり、さらに、「統一的法定保護義務関係」論に対する批判説も有力である。

以下では、「統一的法定保護義務関係」論及びそれに対する批判説の展開をみる。その上で、新債務法における給付障害規定について検討を加えたい。

（1）森田修「ドイツ民法典における不能・遅滞二分法成立史の再検討」法学協会雑誌一〇二巻一二号（一九八六）一三一頁以下（同『契約責任の法学的構造』（有斐閣、二〇〇六）所収）参照（旧民法典が不能・遅滞構成（二分法）を採用した経緯と、その後、積極的契約侵害が提唱されるまでこのような構成に対し批判がなかった理由を探求する）。

（2）*Hermann Staub*, Über die positiven Vertragsverletzungen und ihre Rechtsfolgen, Festschrift für den 26. deutschen Juristentag, 1902, S. 31ff.; *derselbe*, Die positiven Vertragsverletzungen, 1904, (Nachdruck, 1969), S. 93ff.

（3）*Wolfgang B. Schünemann*, Die positive Vertragsverletzung-eine kritische Bestandsaufnahme, JuS 1987, S. 1ff.; *Volker Emmerich*, Das Recht der Leistungsstörungen, 4. Aufl. 1997, S. 224-226.

（4）もっとも、積極的債権侵害概念を不要とする見解（*Horst Heinrich Jakobs*, Unmöglichkeit und Nichterfüllung, 1969, S. 41-47, 58ff.）もある。

（5）「付随義務」と称するのが一般的ではあるが、学説には「行為義務（Verhaltenspflicht）」と称したり、給付義務以外の義務を一括して「付随義務」と称する傾向もみられ、その用語は統一されてはいない。また、わが国の裁判例においても、学説が主張する保護義務に対応する義務も「付随義務」と称するものも散見される（本書第三章参照）。したがって、本考察では、このような用語上の混乱を避ける意味から、契約義務構造上給付利益・給付結果の保持へ向けられる義務を「付随的義務」と総称して用いることにする。

（6）保護義務をめぐる理論史的背景については、我妻栄「ナチスの契約理論」同『民法研究Ⅰ』（有斐閣、一九六六　初出一九四二）四二三頁以下、松坂佐一「積極的債権侵害の本質について」・「信頼関係としての債務関係」同『債権者取消権の研究』（有斐閣、一九六二　初出一九四四・一九五三）二一七頁以下、二七九頁以下、林良平「積極的債権侵害論とその展開（一）」

（二）」法学論叢六五巻五号（一九五九）一頁以下、同七一巻二号（一九六二）一頁以下（同『近代法における物権と債権の交錯』（有斐閣、一九九〇）所収）、北川善太郎『契約責任の研究―構造論―』（有斐閣、一九六三）五一頁以下、潮見佳男『契約規範の構造と展開』（有斐閣、一九九一）八九頁以下、*Fritz Westhelle*, Nichterfüllung und positive Vertragsverletzung, 1978, S. 110ff. 参照。なお、ドイツにおける債務関係概念の変遷については、大窪誠「ドイツにおける契約引受論」法学五五巻三号（一九九一）一五一頁以下参照。

（7）*Lothar A. Müller*, Schutzpflichten im Bürgerlichen Recht, JuS 1998, S. 894. 具体的には、証明責任の分配、消滅時効、履行補助者責任、純粋財産損害に対する帰責根拠の諸点が指摘される。

第二節　「統一的法定保護義務関係」論の展開

一　はじめに

以下では、「統一的法定保護義務関係」論を提唱したカナーリス、ティーレの見解を明らかにした上で、その後の展開をみていきたい。今日では、カナーリス・ティーレ説を承継する見解もあるが、保護義務の性質・機能をめぐる理論的進展が図られる中で、「法定の保護義務」の機能領域を明確化・限定化する見解が表明され、さらに、契約債務関係における給付関係と保護関係の峻別を問題視する見解もあり、「統一的法定保護義務関係」論に対する批判説に通じる動向もみられる。

二　「統一的法定保護義務関係」論の提唱

(一)　カナーリス（*Canaris*）の見解

1　「統一的保護関係」論の提唱

カナーリスは、契約締結上の過失、積極的債権侵害、第三者の保護効を伴う契約の各制度において、それぞれ別個に構成されてきた保護義務を、「統一的保護関係」において根拠づけ、不法行為責任でも契約責任でもない「信頼責任（Vertrauenshaftung）」なるものを提唱した。(1)

カナーリスは、学説が給付義務と区別された保護義務を知るに至り、無効・取消の効果が及ぶのは給付義務についてであり、保護義務には及ばないといえ、近時の理論（とりわけラーレンツ（*Larenz*））は「一次的給付義務なき法定債務関係（Schuldverhältnis ohne primäre Leistungspflicht）」を構成するが、給付義務のないところでも少なくとも保護義務は成立し得ること、また、学説が、契約締結前の段階においてはすべての保護義務は一つの法定債務関係から生じ、その正当づけを信頼思想（Vertrauensgedanke）に見出すのに対し、契約締結後は契約上の義務として、つまり法律行為的性質を有するものとしてその根拠を当事者意思に求めるが、なぜ契約締結を境にしてこのような転換がなされるのか、という問題意識から私見を展開する。(2)

すなわち、契約締結上の過失における保護義務の法的基礎は、将来成立するであろう契約にあるのではなく、特別の「契約交渉の法的関係」にあり、それは当事者意思とは無関係に成立するものとして法定的性質を有する。このような、特別な法的関係を承認すべく内的正当づけは「要求された信頼の付与（Gewährung in Anspruch genommenen Vertrauens）」にあり、実定法上の根拠はＢＧＢ二四二条（信義則規定）に見出される。(3)このことから、①保護義務は給付義務の存在とは無関係に成立し得る、②保護義務の法的基礎は、当事者意思にではなく、また、ＢＧＢ一五七条（法律行為の解釈原則）[4]による意思解釈または意思補充にでもなく、信頼思想に見出される、③保護義務は契約の成立とは無関係であり、原則的に契約の無効によって影響されない、という理解を導く。[5]

そして、このような相手方当事者の法益への特別な影響可能性に基づく特別結合ないし信頼関係は、契約締結後においても妥当するものであり、また、契約の無効・取消により影響を受けない。したがって、積極的債権侵害における保護義務にも等しく妥当する。[6]さらに、第三者の保護効を伴う契約においても、学説は保護義務を問題とするのであるから、同様に信頼関係から構成されるべきであり、このような構成に立てば、特定の契約類型への限定は無用であり、また、契約の効力にかかわりなく、第三者が主たる当事者間の債務関係との関連で、信頼関係の中へ引き入れられたのか否かにより限界づけられる。[7]

以上の検討から、カナーリスは、法律行為的接触を受容することにより始まる法定保護関係は、契約の前・中・後を通して存在することになり、給付義務関係が生じると、それとは峻別された形でこのような単一の債務関係が形成されるとみる。[8]そして、保護関係から導き出される保護義務違反に対する責任は、不法行為責任に対しても、また、契約責任に対しても独自性を有するものだとする。[9]もっとも、保護義務違反の属性及び効果に関しては、不法行為責任と契約責任の諸規律の間での調整を行う。

このように、カナーリスは、有効な契約を前提とする債務履行過程において、契約義務が設定される給付関係と、当事者間の特別結合に対し法秩序（ＢＧＢ二四二条）により「法定の保護義務」が付与される保護関係とを明確に分断する。以下では、カナーリスがそこで主張する契約義務構造と保護義務の関係、及び保護義務の存立基盤たる特別結合・信頼関係の意味について整理する。

2　契約義務構造と保護義務の関係

カナーリスは、ハインリッヒ・シュトル（*Heinrich Stoll*）の主張した給付義務・保護義務二元構成[10]を妥当だとして、以下のように述べる。

当事者意思と契約目的に基づく給付義務（すべての「従たる給付義務」を含む）は、構造上保護義務と分断される（契約の無効・取消の場合には保護義務が存する限り給付義務は問題とならない）。なお、「従たる給付義務」とは、契約目的に適った主たる給付の調達または保持に直接・間接に奉仕する義務であり、主たる給付を準備したり、その実現を容易にし確保することを保証し、債権者に目的に適合した利用を可能にしまたはそれを保持するものである、という[11]。

これに対して、保護義務の本質は、両当事者を、給付利益を超えたその他の法益に対する損害（随伴的損害（Begleitschäden））から保護することにある。これには、保管義務（Obhutspflichten）・配慮義務（Fürsorgepflichten）・通知義務（Mitteilungspflichten）・説明義務（Aufklärungspflichten）が属する。

もっとも、給付義務と保護義務は重なり合うことがあり、とりわけ、「不完全履行」の場合がそうである。例えば、売主が有毒な家畜飼料を引き渡したことにより、買主の家畜に損害が生じた場合には、売主は「中等の種類・品質」を有する商品を引き渡すべき義務を負うから、給付義務は完全に履行されてはおらず、また、給付利益を超えた法益侵害であるから、同時に保護義務違反でもある。また、給付義務と保護義務が同一目的へ向けられる場合があり、例えば、複雑・危険な機械の売却に際して使用説明書を交付すべき義務は、（機械の適切な作動という契約目的に向けられた）「従たる給付義務」であると同時に（例えば、爆発といった随伴的損害からの保護を目的とした）「保護義務」でもある[12]。

カナーリスによる給付義務と保護義務の構造分析は、被侵害利益に依拠するものであり、この点で、他の学説との相違は見受けられない。しかし、給付義務違反に基づく完全性利益侵害である「給付目的物の瑕疵による拡大損害（カナーリスは随伴的損害と称する）事例」にあっては、峻別されるべき給付義務と保護義務が交錯し、また、完全性利益の保護が給付内容となり得る規準も明らかではない。したがって、これらの場面においては、給付義務と保護義務の峻別は必ずしも徹底されてはおらず、保護義務の機能領域は鮮明ではなくなる。

3 特別結合・信頼関係の理解

「法定の保護義務」の認められる理論的根拠は、当事者が法律行為的接触の受容により特別結合関係に入ったが故に、双方の法益に影響する可能性が濃厚となったこと、及びそこで各当事者が相互に相手方の法益を侵害しないことへの信頼を付与していることに求められる[13]。このことは、他の学説が保護義務を契約上の義務として理解する場合にも、同じく理論的根拠とするものである。したがって、特別結合ないし信頼関係をいかなる程度のものとして捉えるべきかが問題となる。

カナーリスは、「法律行為的接触の受容に始まる統一的保護関係は、契約交渉の開始、契約の締結、履行段階へと数次の段階を経て濃厚なものとなっていく」と述べ[14]、また、別の箇所では、「表示への信頼及び影響可能性は、すべての信頼責任を肯定することにはならず、法律行為的領域内においてのみ認められる。このことは、従来、純粋な社会的接触とは区別される法律行為的接触の要請の下で指摘されている。……理論的には、信頼保護の観点が責任を根拠づけ、法律行為的接触の観点が責任を限定する機能を有する。……責任の氾濫は、信頼を根拠づける表示の方向性または高められた影響可能性と契約的結合関係との間の内的関連の要請により、十分に予防される」という[15]。

カナーリスは、保護義務は当事者間の事実的結合から生じるとするものの、それは単なる社会的接触関係としてではなく、契約債務関係に連動した法律行為的ないし取引的接触関係として理解する。したがって、保護関係の給付関係からの峻別を強調するものの、信頼責任を契約当事者間の目的的な特別結合において認められる責任であるとする点からは、債務履行過程における両者の分断は必ずしも徹底されないようにも思われる。[16]これは、保護義務違反を不法行為規範及び契約規範から区別された第三責任として位置づけることからの帰結であるが、ここでも債務履行過程にける保護関係と給付関係の峻別可能性ないし保護義務領域の画定という問題性が浮上することになるのではなかろうか。

このように、契約の前・中・後にともに存する保護義務を統一的に位置づけ、給付義務関係との峻別を強調するカナーリスの見解は明解ではあるが、債務履行過程においてこのような構成を考えるときには、なお解明されるべき点が浮き彫りにされよう。これらの観点が、後に批判説が展開される契機となるのである。

(二)　ティーレ（*Thiele*）の見解

ティーレも、カナーリスの「統一的保護関係」論を支持するが、保護義務と給付義務との峻別及び不法行為法上の義務との関係を詳述する点で、カナーリスよりも踏み込んだ分析を加える。[17]また、保護義務の存立基盤である特別結合・信頼関係については、カナーリスとは異なった理解をする。

1　保護義務と給付義務の関係

ティーレは、契約上の行為義務とされるもの（配慮・保管・指示・説明・不作為義務といった諸態様を内容とする義務）を履行利益の保護へ向けられるものと保持利益（Erhaltungsinteresse＝完全性利益）の保護へ向けられるものに二分する。すなわち、「一次的給付義務」（＝「主たる給付義務」）及び「従たる給付義務」（適切な履行及び給付結果の保持に奉仕する随伴的な行為義務）は履行利益へ向けられ、有効な給付関係の存在を前提とするものである。これに対して、「保護義務（または保持義務）」は、相手方を給付利益を超えたその他の権利及び生活財貨（保持利益）に対する損害から保護することを目的とするものであり、給付関係の成立とは無関係に存在する。したがって、保護義務と給付義務のかかる区別は、個々の義務内容ではなく、義務の目的に関わるとする。[18]

そして、カナーリスよりも両者の峻別をより鮮明にされるようである。例えば、売主が瑕疵のある機械を買主に引き渡したことにより、機械自体に損害が生じるだけでなく、それが原因となって買主の仕事場に火災が発生したような場合には、後者の損害については履行利益と区別されるものとして売買契約が無効な場合に保護義務違反として位置づけるべく意味があるとする。また、給付義務と保護義務が交錯する場合があり、例えば、運送契約における保管義務（Obhutspflicht）は、本来、保護義務であるが、制定法により真正の（従たる）給付義務へと高められており、ここで押し退けられた保護義務は、運送目的物に損害が生じ、かつ運送契約が無効な場合に再び全面に出てくるとする。[19]

2　保護義務と不法行為法上の義務の相違

ティーレは、保護義務は相手方の法益の現状の保護を目的とする点で、不法行為法上の一般的行為義務と類似するが、[20]その内容において不法行為法上の義務よりも高められた配慮が要求されるという。

すなわち、保護義務違反に対する責任は、法定債務関係を基礎として生じ、その背景には、すべての債務関係は（単なる交渉関係においても）特定人間の特別結合を前提とするという理解がある。したがって、保護義務は、特定人間で意図され目的とされた特別結合において、当該影響可能性に従い、一方的または双方的に法益への高められた配慮が要求される義務である。これに対して、不法行為法の領域でいわゆる「社会生活保安義務（Verkehrssicherungspflichten）」が承認されているところでは、意図され目的とされた特定人間の接触が欠けている。社会生活保安義務は、接触を目的とせず、もともと特定人間に存する注意義務でもない抽象的な注意義務にすぎない。それは、ある行為が一般的な危険性をはらんだ状態に組み入れられる結果、義務の影響範囲に入ってくる任意の第三者が、彼の保護されるべき権利・法益が危殆化されたり侵害されたりしないということに向けられるにすぎない。(21)

このように、保護義務と不法行為法上の義務との相違を明らかにすることにより、給付関係及び不法行為規範とも区別される「法定の保護義務」の性質をより鮮明なものとする。

3　特別結合・信頼関係の理解

ティーレも、保護義務は、契約交渉または債務の履行を契機として生じる、一方当事者による相手方の法益への特別な影響可能性という事実的接触に基づき設定されるものだとする。(22) しかし、保護義務の存立基盤たる信頼関係とは、単に事実上当事者間に存すれば足りるものではなく、一定の事実上の諸過程において法的義務＝保護義務が生じるとの法的評価による客観的・類型的な信頼であるとする。

すなわち、保護義務を導き出す法的評価の観点から信頼思想が主張されるが、心理的実在としての信頼からは保護義務を演繹することはできない。当事者が実際に期待したことが行為義務を基礎づけるのではなく、各々の法的仲間（Rechtsgenosse）が「当事者としての役割（Partnerrolle）」において、かつこのような状況下で期待し得ることが行為義務を根拠づける。その意味で、信頼は、客観的・類型化された「信頼要件（Vertrauenstatbe-stand）」である。そして、事実上根拠づけられた接触の範囲内において、一方当事者が相手方に対して、自己及び自己の財貨に対し特別な注意を払ってくれることを期待し得るのか否かという法的評価により、原則的には、取引上の接触であろうとその他の接触（行為的関係）においても、特別結合による高められた保護義務が導き出される。(23)

このように、ティーレにおいては、他の学説が保護義務の存立根拠として挙げる法律行為的ないし取引的接触という観点は問題にされないことになる。したがって、一方では、保護義務はその内容において不法行為法上の義務よりも高められた配慮が要求されるとしながら、他方で、何らかの事実的結合があれば保護義務が肯定されるとすることは、その主張において矛盾がないともいえない。しかし、ティーレは、損害発生の危険をはらんだ単なる接触ではなく、当事者の目的的接触の中で保護義務を位置づけることにより、不法行為規範と限界づけるようである。

三　「統一的法定保護義務関係」論のその後の展開

カナーリスが提唱し、ティーレにより分析が進められた「統一的法定保護義務関係」論は、その後多くの支持を集めるに至っている。今日、さらにその理論的深化が図られているが、一方で、カナーリス・ティーレ説を承継する傾向がみられるが、他方で、カナーリス・ティーレにあっては、保護義務違反の契約責任・不法行為責任に対する相違が必ずしも明確ではなく、また、具体的な侵害態様において給付義務と保護義務の分断も明確ではないことが問題視されるようになり、このような保護関係の曖昧さを回避しようとする見解が、同じく「統一的法定保護義務関係」論者の内にみられる。

その第一は、給付関係と保護関係の峻別を徹底させる意味からも、給付義務の不履行が存しない完全性利益侵害場面のみを保護義務違反として根拠づけようとする見解である。すなわち、「給付目的物（または給付行為）の瑕疵による拡大損害」や給付義務履行にかかわる完全性利益侵害は、給付義務違反の因果関係上の問題として捉え、保護義務は給付義務と関連性を有しない場面において存するものとして、そこでの保護義務の機能を分析する。第二は、完全性利益の保護が給付に取り込まれ、保護義務が（主・従の）給付義務として認められる契約類型を析出し、これとは別の場面で給付関係から峻別された「法定の保護義務」を観念する見解である。これらは、いずれも保護義務領域を明確化する見解として注目できる（以下では、「保護義務領域限定説」と称しておく）。さらには、債務履行過程における給付関係と保護関係の峻別を問題視する見解も表明され、これは「統一的法定保護義務関係」論に対する批判説に通じる見解とも思われる。以下で、順次みていきたい。

(一)　カナーリス・ティーレ説の承継

1　フロスト（*Frost*）の見解

フロストは、契約締結前及び締結後に存する保護義務の内容・機能を検討する中で、以下のような見解を明らかにする。

まず、契約交渉関係とは、交渉当事者が自らの法域（Rechtskreise）を相手方に委ね、相互に相手方の保護利益の保護へ配慮すべき特別結合関係（Sonderverbindung）として理解される。そして、ここに存する保護義務は、不法行為法上の義務のように、予定された「保護柵（Schutzbarriere）」（法律上の保護法益）の破壊の下で侵害される義務ではなく、当事者に相手方の法益への特別な配慮が要請される特別結合関係において存立するものとして、「特別の保護義務」として位置づけられる。(24)

契約関係において存する保護義務[25]は、契約の締結に際して合意されるものではなく、また、契約目的と関連づけられるものでもない[26]。したがって、保護義務は、契約により生じる義務、とりわけ給付義務とは不可分に結びつかず、契約に関連するその他の付随義務とも区別される[27]。保護義務の存立根拠は、当事者が意図した、目的とした法律行為上の取引へ関与したことに求められ、契約の締結は、単に当事者に権利を付与し、相手方の法益へ関与する契機を与えるにすぎない[28]。

そして、このような理解からは、契約締結の前後に存する保護義務は一致することになる[29]。すなわち、いずれも、当事者の保護利益の保護へ向けられ、そのような法益への接触により形成されるものであり、両者は時間的には区別されるものの、内容上限界づけることはできず、帰責根拠もBGB二四二条に求められる。また、保護義務はその履行請求を強制できず（場合によっては、侵害予防のための不作為の訴えが考慮される）、その違反に対しては消極的利益の賠償請求権が導かれる点でも一致する[30]。

このように、契約締結の前後に存する保護義務の同一性を認めるときには、保護義務は統一的法定債務関係において存立すると理解されることになる[31]。保護義務は、当事者間における影響可能性・侵害可能性という客観的事実（特別結合）に基づき存立するものであり、当事者間の接触の開始により始まり法律関係の終了により消滅する統一的法定債務関係の中へ「はめ込む（einbetten）」ことにより、契約上の債務関係とは分断して位置づけられることになる[32]。

フロストは、カナーリス・ティーレ説に列なる見解を表明している。フロストにあっては、契約締結の前後に存する保護義務の同質性を詳細に論じる点に特徴があり、契約上の義務でも不法行為法上の義務でもない特別の義務として、法定債務関係の中に集約させて捉えている。

2　ミュラー（*Müller*）の見解

同様に、ミュラーは、保護義務をめぐる理論的到達点を整理する中で、「統一的法定保護義務関係」論の妥当性を論じる。

すなわち、これまでの支配的見解においては、保護義務は、給付義務を根拠づける契約債務関係とは別個の法定債務関係（保護関係）の中で位置づけられ、契約締結前後及び履行後においても存するものと理解されている[33]。契約交渉段階においては、当事者が相手方の法益を侵害する可能性が高く、このような交渉関係の特質から保護義務という高められた注意義務が課され、それは万人に対して向けられる不法行為法上の義務（社会生活保安義務）とは区別される義務である。そして、保護義務は、契約締結後においても存在し、契約の履行に際しての当事者間の特別な影響可能性から生じ、さらに、このような保護関係は契約終了後にも存続する[34]。かくして、保護義務は、給付関係とは無関係な特別関係（Sonderverhältnis）に組み込まれ、それは社会的接触の開始により始まり、存続するものであり、単なる不法行為上の偶発的な接触を超えた侵害可能性を有する場面として理解される[35]。

ミュラーは、保護義務を特別結合関係に組み入れ、不法行為法上の義務とは区別されたものとして理解しており、フロストと同様の見解といえるであろう。

3　ローラック（*Rohlack*）の見解

ローラックは、積極的債権侵害と契約締結上の過失責任を論じる中で、保護義務に言及する。

まず、契約債務関係上の義務として、給付義務（主・従の給付義務に細分される）と保護義務が析出され、積極的債権侵害は、主たる給付義務違反（不完全給付）、従たる給付義務違反、保護義務違反の三つに類型化される[36]。

そして、保護義務をめぐっては、これまで「広範な債務関係」という理解や法定保護義務関係論、さらには不法行為法への回帰を主張する見解などが主張され、議論は錯綜しているが[37]、問題は、保護義務の法的根拠とその民事責任システムにおける位置づけにある。保護義務を給付義務と区別させて捉える限りでは、不法行為法上の「社会生活上の義務（社会生活保安義務）」も保護義務（広義の保護義務）といえるが[38]、不法行為法上の保護法益は制限されており、契約債務関係上の保護義務（狭義の保護義務）とは異質の義務である。狭義の保護義務は、当事者間の特別結合関係において存するものであり、行為（活動）の自由と保持利益（現存利益）の保護との調整を規準にして、侵害・危険の程度に応じた柔軟な構成が妥当する[39]。このように、（狭義の）保護義務は、給付義務からも不法行為法上の義務からも区別して捉えられ、その結果、保護義務違反に対する損害賠償責任は不法行為と給付障害法と並ぶ第三責任として、民事責任の拡張をもたらすことになる[40]。

また、同様の保護義務は、契約締結上の過失責任も根拠づける[41]。契約交渉段階においては、交渉当事者間の特別結合において保護義務が存立し、法定債務関係が形成される。そこでは純粋財産利益も保護対象とされることから、不法行為法の適用はない。

ローラックの見解も、カナーリス・ティーレ説に代表される「統一的法定保護義務関係」論に連なるものとして位置づけられるであろう[42]。ただし、保護義務の存立根拠については他の見解と異なる点に特徴がある。

㈡　保護義務領域を限定化する見解（保護義務領域限定説）

以上のように、カナーリス・ティーレ説を承継する見解が表明される一方で、「法定の保護義務」の機能領域を限定的に捉える見解も有力である。以下にみるアイケ・シュミット、エマリッヒは、保護義務は主に給付とは無関係な場面において機能しうることを明らかにし、また、クラマー、モッツァーは保護義務と給付義務との関連性に言及する。

1　アイケ・シュミット（*Eike Schmidt*）の見解

「統一的法定保護義務関係」論を支持するアイケ・シュミットは、契約債務関係における保護義務の位置づけ及び機能を分析し、さらに保護義務が妥当する具体的な場面を明らかにする。

(1)　契約義務構造

契約上の義務を債権者に実現されるべき利益状態との関連から整理し、それには、本来の債務目的の達成（財貨移転による債権者利益の確保）へ向けられ、そのための給付請求権に結びついた「主たる給付義務」と「従たる給付義務」、また、「その他の付随義務」として「保護義務」が観念される。(43)「主たる給付義務」は、債務及びその類型を特徴づけるものであり、財貨移転の確保に奉仕する「従たる給付義務」は、付加的な物の給付（例、証書の交付）、目的物の梱包・保管、情報提供や報告、目的物の使用方法の説明・教示などを内容とする。「従たる給付義務」は訴求可能であるのに対し、「その他の付随義務」はその対象とはならない点で相違する。(44)

(2)　保護義務の位置づけ・機能

このような契約義務構造において、保護義務は、以下のように位置づけられるとする。(45)

すなわち、給付義務を根拠づける債務関係は、同時に、当事者を法的な特別結合関係（社会的接触関係）に置き、そこでの当事者間の信頼は、債務者による給付の実現に尽きず、互いに付加的な侵害行為をしてはならないという期待と結びつき、ここに給付利益と並び保護利益（Schutzinteresse＝完全性利益）の保護が要請される。

したがって、債務関係は、財貨移転を確保するための媒体であると同時に、不法行為によって評価されるべき接触をはるかに超える当事者間の目的的接触の場として機能する。このような接触の結果、当事者が現に保持しており、通常は他人によって接触不可能な一般的利益に関連して不当に高い損害発生のおそれがある。このことは、財貨移転または履行の観念からは捉えることのできない完全性保持に関わるものであり、この保護利益の局面において保護義務は特徴づけられ、ＢＧＢ二四二条（信義則）を根拠に認められる。保護義務は、保護利益侵害から当事者を保護するものとして、いわば一般的不法行為法上の命令が債務関係となったものであり、給付過程を「無傷に（unschädlich）」形成せよとの給付債務者への命令（債務（関係）に適合した「社会生活保安義務（Verkehrssicherungspflichten）」）として構成されるものである。保護義務の内容は、当該情況下での危険性や危険回避の必要性、当事者間の接触の度合いにより決せられ、侵害の危険が具体化した場合には、訴求（不作為請求権）が可能となり、契約の放棄（解約・解除）や給付拒絶権も認められる。

⑶　保護義務の適用場面

こうして特徴づけられる保護義務の違反が問題となる完全性利益侵害場面を、(i)「給付に随伴的な場合」と(ii)「給付と無関係な場合」に分けて整理する。[46] (i)は、給付の実現過程での瑕疵により生じる損害（瑕疵結果損害（Mangelfolgeschaden））であり、例えば、欠陥のある暖房器具が引き渡されたために債権者の住居に火災が発生した場合、あるいは暖房器具には瑕疵はなかったが、その説明書に瑕疵があったために器具が爆発して住居に火災が発生した場合である。(ii)は、債務者が債権者の部屋の中で倒れた場合や、取引相手が特別な接触がなければ知り得ない債権者の営業上の秘密を漏洩した場合であり、これは債務の履行という局面には直接に関わるものではなく、不法行為法によっても賠償が可能である。

また、保護義務違反は積極的契約侵害を根拠づけるものであるとすることから、アイケ・シュミットが析出するその類型をみると、そこでは、①「不完全給付または不完全履行」、②「従たる給付義務または付随義務違反」、③「給付へ向けられてはいない付随義務（保護義務）違反」が挙げられる[47]。これらを前述の(i)・(ii)の場合と対応させて整理すると、(i)はここでの①・②の態様として理解しており、これは（主・従の）給付義務違反（または給付利益の保持へ向けられる付随義務違反）による完全性利益の侵害場面となる。これに対し、(ii)は、ここでの③の態様となり、「法定の保護義務」はまさにこの場面において機能するものとして捉えている。そして、この場面を(i)（①・②）と区別して以下のように述べる。すなわち、この場面は、債務関係の中で偶然的に生じるが、契約関係が存しない場面でも問題となる点で（不法行為と同様）、給付過程に左右されない。このことは、債務関係が、外形上不法行為的な完全性利益侵害を債務関係に書き換える「受け皿（Auffangbecken）」であることを意味する。それ故、これは保護義務により説明でき、保護義務は高められた社会的接触関係にある当事者が、相手方へ配慮しないことにより明らかとなるものであり、ここに「統一的保護関係」に基づく特別結合が認められるという[48]。

アイケ・シュミットにおいては、給付義務を中核とする債務関係から、給付利益を超えた完全性利益保護の局面が導き出される理論的根拠を詳述した点に特色がある。しかし、債務関係という当事者間の目的的接触関係は不法行為規範が直接に妥当する領域ではないとするものの、保護義務は不法行為上の要請が債務関係における義務として具体化したものと捉える限りで、保護義務と不法行為法上の義務の同質性を認めるようでもある。また、保護義務違反の場面を前述のように(i)と(ii)に区別し、(i)においては給付義務と保護義務の区別規準は必ずしも明らかではないが、とりわけ(ii)の場面において「法定の保護義務」が機能することを明らかにする点で、保護義務領域を限定化して捉える見解として位置づけることができる。

2　エマリッヒ（*Emmerich*）の見解

エマリッヒも、「法定の保護義務」は主に給付義務が問題とされない場面において妥当するものとして、保護義務領域を限定して捉えている。

(1)　契約義務構造

エマリッヒは、契約上の義務を「主たる給付義務」との関連で段階的に捉え、「主たる給付義務」に最も近いのが「従たる給付義務」であり、それに最も遠いものとして完全性利益の「保護義務」を位置づけ、さらに、これらの間に各種の「付随義務」が存すると理解する[(49)]。「従たる給付義務」は、訴求可能であり、双務契約においては牽連関係に含まれる点で、「付随義務」と区別される。もっとも、給付利益の保持へ向けられる「付随義務」にも、訴求できない「協力義務（Mitwirkungspflichten）」・「説明義務（Aufklärungspflichten）」の他、訴求可能な「情報提供義務（Auskunftspflichten）」などを例示している。また、「保護義務」は、「主たる給付義務」との関連性が希薄である点で「従たる給付義務」・「付随義務」と区別される。

(2)　保護義務の性質・機能

このような保護義務が機能するのは、不法行為法上の「社会生活保安義務（Verkehrssicherungspflicht）」が問題とされる場面であるとする[(50)]。

すなわち、契約締結上の過失責任の一類型として認められる「保護義務違反」は、社会生活保安義務の侵害であり、契約交渉の開始により、保護義務は社会生活保安義務と類似した契約上の義務として、交渉当事者及びその他の特定人間に生じる[(51)]。保護義務は、契約締結後においても存続し、債務関係における当事者間の特別な影響可能性により根拠づけられる。ここでも、保護義務は不法行為法上の義務と併存することになるが、とりわけ不法行為法による保護の欠如を補完するものとして機能することになる。[52]

そして、保護義務は、債務関係の有効性には左右されず、契約が無効な場合にも存するものである。したがって、保護義務は、契約から独立した「保護義務関係（Schutzpflichtverhältnis）」において位置づけられ、既に契約交渉の開始により生じ、契約関係の展開の中で、さらには履行後においても存続するものであり（余後効を伴う誠実義務（Treuepflichten））、積極的債権侵害に対する責任を根拠づける。保護義務違反に対する責任規準は、契約関係におけるように必然的にものではなく、法定及び契約上の責任制限は、原則として給付関係にのみ適用されるが、場合によっては合意による免責も可能である。[53]

(3)　保護義務の適用場面

エマリッヒは、保護義務の妥当する場面をかなり限定して理解するようである。すなわち、積極的債権侵害は、(i)「不完全履行」、(ii)「給付誠実義務（Leistungstreuepflicht）違反」、(iii)「付随義務違反」などに類型化され、[54]このうち(i)は、「給付義務の瑕疵ある履行」として捉えられ、不能・遅滞でもなく、また、債務法各則の瑕疵責任規定にも含まれない事例群である。そこでは、「給付目的物（給付行為）の瑕疵による拡大損害」については、給付義務の不完全履行として、給付義務違反の因果関係上の問題として捉える傾向が窺える。[55](ii)は、契約目的を危殆化または挫折させない給付誠実義務違反（例、履行拒絶）により、主に債権者に給付利益が生じない場合を問題とし、(iii)では、給付利益の保持へ向けられる説明義務、通知義務（Anzeigepflichten）、助言義務（Beratungspflichten）などが問題とされるとともに、これらとは構造上区別された形で保護義務を捉えている。そして、保護義務は、給付義務（給付関係）と何ら関係しない場面（例えば、店主は客のために店の出入口その他を安全な状態にしておかなければならず、スポーツや文化的催しの主催者は参加者や観客を保護し、また、コンサートの主催者は楽団員の身体や所有物の保護のために広範な注意を払うことなど）においてのみ存するものとされ、ここに「法定の保護義務」（「一般的保護義務（allgemeine Schutzpflichten）」）を観念する。(56)

エマリッヒは、契約交渉の開始により、万人に対して向けられている社会生活保安義務と並び、それに相応する契約上の保護義務（社会生活保安義務）が交渉当事者及びその他の特定人間において生じるとする。このような理解からは、保護義務と不法行為法上の義務をその内容・程度において同一視することになり、この点で、カナーリス、ティーレとは相違するが、アイケ・シュミットと同様の傾向にある。また、保護義務領域を給付義務と関連性を有しない場面に限定するが、そこで挙げられる事例は、他の学説が主張する当事者間の法律行為的・取引的接触場面を超えたより広範な場面での完全性利益侵害を問題にするようである。この点も、保護義務と不法行為法上の義務の同質性を肯定することにより出てくる理解だと思われる。

3　クラマー（*Kramer*）の見解

クラマーは、給付義務と保護義務を義務内容の観点から対置し、給付義務とならない保護義務についてのみ「法定の保護義務」論を展開する。

すなわち、契約上の義務として、「給付義務」（「主たる給付義務」と「従たる給付義務」が存する）と「付随義務」を観念し、(57)両者の区別規準は、給付義務は履行請求権により訴求が可能であるのに対し、付随義務は積極的契約侵害または「法定の保護義務」違反に対する損害賠償請求権のみが存する点に求められる。(58)ここでは、請求権の目的方向性は問題とされない。

「保護義務」は、専ら債権者の保持利益（Erhaltungsinteresse＝完全性利益）の保護へ向けられるという義務内容の観点から特徴づけられ、履行利益に奉仕する義務と対置して捉えることができる。(59)そして、保護義務も履行請求権により追及可能な「従たる給付義務」として認められる場合がある。例えば、労働法上の安全配慮義務（BGB六一八条）がそうであり、その違反は損害賠償請求権の対象となるのみならず、給付の訴えまたは不作為の訴えにより訴求でき、その他、合意により保護義務に関する履行請求権を付与することも可能である[60]。

そして、このような（従たる）給付義務としての保護義務とは別に、信頼思想に基づく「法定の」義務たる保護義務が認められ、ここに「法定の保護義務」論が妥当する[61]。「法定の保護義務」は、特別な影響可能性を有する特別結合にある当事者間の信頼関係に基づいて生じ、契約の前・中・後に存するものだとして「統一的法定保護義務関係」論を支持する[62]。このような「法定の保護義務」は、契約締結や社会的接触の開始といった具体的な特別結合とは無関係に万人に対して課される不法行為法上の義務（「一般的な社会生活上の義務（Verkehrspflichten）」）とは区別されることになる[63]。

クラマーは、完全性利益の保護が給付義務に取り込まれ、保護義務が給付義務とされる場合を認め、これとは別に給付関係から峻別された「法定の保護義務」を観念する。この点で、エマリッヒの見解とは異なるが、同じく保護義務領域を限定して捉える見解とみることができる。なお、クラマーは、「法定の保護義務」は不法行為法上の義務とは相違するものだとする。

4　モッツァー（*Motzer*）の見解

モッツァーも、「統一的法定保護義務関係」論を支持し、契約交渉の開始により、そこでの当事者間の特別な影響可能性から相手方を侵害してはならないという保護義務が生じ、契約の前後に存する保護義務を統一的に捉えるべきであるとする[64]。そして、保護義務は、契約関係から独立した義務であり、その発生と内容は契約の成立とは無関係であるとみる。

しかし、一方で、保護義務は契約外の法定の給付義務であり、契約上の給付義務と同性質であるとし、また、完全性利益と履行利益も対峙させて捉えるべきではないとする。(65) すなわち、給付義務の本質は財産上の価値の増加をもたらす点に求められるが、現存の法益及び財産上の価値の保持へ向けられる義務が存する契約債務関係（例えば、受寄者の義務（ＢＧＢ六八八条）、雇用・労働法上の類似の義務）にあっては、完全性利益が履行利益（給付利益）として現れる。また、給付義務の内容は当事者意思と契約目的により明らかになるのに対し、保護義務はこれらとは無関係であるとして区別されてきたが、これは、契約債務関係と保護義務関係との内容の相違を示すにすぎず、保護義務の給付義務としての性質を否定する理由にはならない。さらに、給付義務と保護義務の構造上の相違を主張する見解においては、保護義務は構造上不法行為法の領域に属するとの傾向が窺える。しかし、保護義務関係は、準備された法律関係または社会的接触関係により成立し、その適用範囲は、意図され目的とされた接触である。これに対し、不法行為法上の社会生活保安義務（Verkehrssicherungspflichten）は、予定された特定人間においては設定されず、その発生時点も具体化せず、実際の事件から一定の者に課されるものであり、その適用範囲は偶然的な接触である。つまり、不法行為責任は万人に対して負う義務の違反に対する責任であり、特定人間の特別結合から根拠づけられるものではない。したがって、特定人間の特別結合において存する義務であるという観点からは、保護義務と契約上の給付義務との相違はなくなる。もっとも、保護義務違反に対する責任を契約責任と不法行為責任とは別の第三の責任類型として捉えるときには、不法行為責任とはその存立基盤・構造において相違し、契約責任とは義務の法的根源を異にするだけである。

このように、モッツァーは、保護義務に給付義務としての性質を付与することにより、相手方の法益を侵害してはならないという（不作為）義務が具体化される場合には、訴求可能な請求権が生じる（ＢＧＢにおいても

（旧）五五〇条（賃借人の契約に反する使用に対する賃貸人の不作為請求権）、六一八条（労務給付権利者の安全配慮義務）で規定する）との結論に至る。[66] また、このような理解からは、保護義務違反を給付障害法の中で位置づける途が開かれ、給付不能（ＢＧＢ（旧）二八〇条）の要件の下で導かれるとする。[67]

モッツァーは、保護義務を給付義務として理解する点に特徴がある。保護義務の訴求性を肯定するとともに、特定人間の特別結合において設定される義務である（したがって、不法行為法上の義務とも異なる）ことにより、契約上の給付義務との類似性が見出される。[68] もっとも、統一的な法定保護義務関係を構成する限りにおいては、法律上の規定の欠缺があること、また、保護義務違反を第三の責任類型として位置づけるときには、契約責任・不法行為責任との限界づけについて問題性を有することも自覚している。なお、給付義務たる保護義務が認められる契約に着目して、完全性利益と履行利益を対峙させることを疑問視しており、保護義務領域を限定化する見解とみることができる。

(三)　批判説への架橋

このような理論動向の中、「統一的法定保護義務関係」論を支持しつつも、特に債務履行過程においては給付関係と保護関係が不可分に関わる場面であることを指摘する見解もある。このような視点は、「統一的法定保護義務関係」論に対する批判説に接合するものといえるであろう。

1　ロート（*Roth*）の見解

ロートは、「統一的法定保護義務関係」論を肯定しつつも、契約関係上の保護義務の性質・機能に関し批判説に通じる観点を指摘し、また、保護義務の適用場面を段階的に論じている。

(1)　契約義務構造

信義誠実の原則（BGB二四二条）に基づき、当事者には、給付利益（給付結果）を保持し、その実現を挫折・危殆化させてはならないという義務が生じる（給付義務の具体化・拡張）とともに、互いに相手方当事者の法益（保持利益（Erhaltungsinteresse）＝完全性利益）を保持すべく保護義務が課される。(69) 給付利益の保持・実現に奉仕する種々の付随義務(70)及び協力義務（Mitwirkungspflichten）(71)の法的根拠は、当事者意思に求められる。これに対し、保護義務は、有効な契約からも、また、契約締結前の保護義務関係などからも生じ、そこで高められた危険性や信頼保護の要請から導き出され、信義則上の法創造として展開するものである。したがって、保護義務は、内容的には契約に左右されず、契約締結前、契約関係上さらには契約終了後にも存する。このように、信義則から生じる義務を、その機能から給付利益と保持利益に奉仕するものとに分けており、この点で他の学説との相違はない。(72)

(2)　保護義務の性質・機能

このように、保護義務は、有効な契約関係その他の法律関係のみならず、単なる当事者間の密接な関係においても、そこでの完全性利益侵害により生じる損害に対する帰責根拠として機能する。したがって、保護義務の根拠及び内容は、契約や当事者間の合意ではなく、当該利益状況に対する評価により確定されるものである。そこで規準とされるのは、当事者間の密接な関係における高められた影響可能性である。そして、保護義務は、契約締結前、契約関係上さらには契約終了後にも存立し得るものとして、「統一的法定保護義務関係」の中で位置づけられる。(73)

その上で、ロートは、このような保護義務の統一的理解は、契約関係においても、主たる給付義務に関する現行法上の規定を変える必要がない点で有益だとしながらも、そこで契約上の給付関係と法定保護義務関係とが並立するものとしてみることも不自然であるとする。契約上の保護義務は、給付利益に奉仕する付随義務に他ならないものとして現れ、その内容・違反の効果は契約に左右される。しかし、契約上の保護義務は、他の場面で存立し得る保護義務と利益状況の面では共通性を有しており、したがって、契約または法律上の規律が妥当しない場合には他に根拠を求めることにもなる。いずれにしても、保護義務は法創造として展開され、そのときどきの法的原則が適用され正当化される。(74)

また、保護義務は、不法行為責任においても排除されるものではない。不法行為法上の行為義務や社会生活保安義務も同じく保持利益の保護へ向けられるが、保護義務（契約規範の適用）との限界づけは、各々の問題となる場面の評価にかかわる。(75)

なお、保護義務の訴求可能性については、防御されるべき危険が具体化される場合には、訴求可能な履行請求権や予防的不作為請求権が認められるべきだとする。(76)

(3) 保護義務の適用場面

保護義務は、有効な契約関係その他の法律関係においてのみならず、契約締結前や特別な法定債務関係にない当事者間の密接な関係においても存立する。したがって、どのような関係において保護義務が機能するのかという限界づけ、及び契約関係にある保護義務とその外にある「法定保護義務関係」上の保護義務との調整が問題になるとして、(77) 保護義務の適用場面を段階的に論じている。

すなわち、契約上の保護義務は、民法が規定する（ＢＧＢ（旧）五四五条（使用賃借人による賃借物の瑕疵の通知義務）、（旧）五五〇条（使用賃借人の不作為義務）、六一八条（雇用契約上の安全配慮義務）、七〇一条（旅館主の保護義務）など）ほか、今日では広く認められている（銀行の守秘義務、店主による顧客の保護、スポーツ興行における主催者の義務、請負人による目的物の保管義務や仕事完成に際して注文者の法益を侵害しない義務など）。[78] 契約関係にない保護義務については、まず、契約交渉段階では、特別の保護義務または高められた責任が生じ、その帰責根拠は信頼の承認と要求にある。[79] これに対し、単なる相手方の危険領域への法律行為的接触場面（客が契約締結の意図がなくとも他人の危険領域へ入ったというような場合）では、専ら不法行為責任が問題となる。ここでは、どの程度の不法行為法上の義務が付与され責任が認められるかは、各々の事例群や職業集団などにより決せられることになる。[80] また、ある者がある目的のために自己の法益を相手方の影響下に置き、その保護・注意に委ねたという場合（好意的関係（Gefälligkeitsverhältnis））に、社会的接触による保護義務が認められるとされるが、このような保護義務関係の拡張に対しては制限が必要であり、保護義務は、法律行為上のまたは少なくとも間接的な法律行為上ないし法律行為類似の目的へ向けられた接触場面においてのみ認められるべきであるとする。[81]

ロートは、「統一的法定保護義務関係」論を肯定しながらも、債務の履行過程においては給付関係と保護関係が不可分に関わる場面であることも指摘しており、この点で、「統一的法定保護義務関係」論に対する批判説へも接合する。しかし、ロートにあっては、契約上の保護義務もその性質・機能に関しては他の場面における保護義務と相違するものではなく、したがって、保護義務の存立根拠としては契約内容のみならずその他の利益状況に対する評価規準も適用される場面であるとして、いわば流動的に捉える傾向が窺えるように思われる。また、保護義務の適用場面として、契約関係及び契約交渉段階においては契約規範が妥当し、その他の場面では主に不法行為規範の規律対象として限界づける点にも特徴がある。

2　ウルリッヒ・ミュラー（*Ulrich Müller*）の見解

ウルリッヒ・ミュラーは、契約締結上の過失責任及び積極的債権侵害における代理人の責任を論じる中で、「統一的保護関係」論に言及する。

まず、契約法上の義務を二つに分けて整理する[82]。一つは、給付利益の保持へ向けられる義務（給付関連義務（leistungsbezogene Pflichten））であり、これは既存の法益秩序の変動をもたらすものとして動的な性質を有しており、締結された契約から直接生じ、また、当事者間においてのみ存するものとして、契約上の義務であることが明らかとなる。もう一つは、保護義務であり、当事者において既に存する法益の保持を目的とするものとして静的な性質を有し、一定の契約類型により定まるものではなく、各々の契約履行に際して遵守すべき付随義務として位置づけられる。

そして、保護義務は、契約締結前の段階においても、そこでの交渉当事者の法益の存続・保持に奉仕するものとして存立し、契約締結後にはそれと性質上も内容的にも同一の義務が存在する[83]。契約締結前に存する保護義務違反に対する帰責根拠は交渉当事者が互いに付与した信頼にあるとすれば、このような信頼関係は契約の締結後にはより鮮明なものとなるから、契約締結はいわば信頼の「絶頂（Kulminerung）」を意味する[84]。ただし、契約締結前に存する信頼関係は法定債務関係として捉えられるが、それが契約の締結により何故に法律行為上の債務関係に変貌するのかを明らかにすることは困難である。そうすると、このようジレンマを打開するには、すべての保護義務違反の場面を統一的に処理すべきことになる。したがって、契約交渉段階、契約締結後、契約が解除・取消されたり、無効であった場合も同一に処理すべきであるとして、カナーリスの主張する「統一的保護関係」論を支持する。統一的保護関係は、当事者間の信頼に基礎を置く契約関係に類似した関係として理解され、法律上の根拠はＢＧＢ二四二条に求められる。また、保護義務違反に対する損害賠償の範囲は消極的利益に限定され、それは被害当事者を保護義務違反がなければ存在するであろう状態に戻すこと（ＢＧＢ（旧）二四九条）を意味する。

このように、ウルリッヒ・ミュラーは、カナーリスの見解を踏襲するが、契約締結後においては保護関係が契約債務関係（給付関係）に組み込まれる根拠を論じ難いが故に、両者が併存するものとして処理している。(85)しかし、ウルリッヒ・ミュラー自身、当事者間の信頼を基礎とする保護関係（信頼関係）は契約締結後にはより密な関係となり、契約債務関係に類似したものとして理解しており、給付関係と保護関係の峻別をめぐる問題性を認識しているといえるであろう。

3　シュネマン（*Schünemann*）の見解

シュネマンは、積極的契約侵害の給付障害法における位置づけを論じる中で、保護義務に言及する。すなわち、積極的契約侵害は、不能、遅滞、瑕疵担保に関する（旧）ＢＧＢの規定には収まりきれない「無定型な（amorph）」概念である。したがって、損害賠償については利益（履行利益、超履行利益、保護利益・完全性利益）により細分され、契約上の態様は被違反義務により細分される。つまり、義務は積極的契約侵害の要件に関わり、利益概念は損害賠償の範囲に関わるとする。(86)

その上で、ほぼラーレンツの見解に依拠しながら、積極的契約侵害を「給付義務（主・従の給付義務）」違反（不完全給付）と「その他の行為義務」違反に分けて分析を加える。(87)そして、「その他の行為義務」として、実行義務（Durchführungspflicht）(88)と保護義務に着目する。

保護義務は、契約の実行に関連してあらわにされた法益を侵害してはならないという義務である。本来は、Ｂ

GB八二三条（不法行為による損害賠償義務）に組み入れられ、不法行為法の硬直性が緩和される（例えば、BGB八三一条（使用者責任）の免責可能性が排除される）ならば、そこに積極的契約侵害の安息地も見出されることにもなる。しかし、保護義務は、契約当事者または「給付に近接する」第三者の完全性に向けられる義務であり、その侵害は、契約の実行に際しての特別な影響可能性から損害が生じるという場合（例えば、屋根葺き職人がタバコの不始末により家の屋根裏物置に火をつけてしまった）である。したがって、保護義務の存立根拠は有効な契約に求められるべきである。これまで、保護義務の存立根拠は契約締結上の過失責任において明らかにされてきたが（もっとも、そこでの被違反義務の種類と範囲は成立可能な契約に依拠して考慮される）、積極的契約侵害についても同様である。このような契約締結上の過失責任と積極的契約侵害の責任基盤の共通性は、高められた社会的接触に基づく特別な影響可能性と挫折した信頼に求められ、両者は統一的保護義務関係の中で融合することになる。(89)

シュネマンは、保護義務違反はあくまで契約の実行に際して問題となるものと捉えている。そして、同様の義務は契約交渉段階の当事者間にも存するとして、統一的保護義務関係を肯定する。したがって、シュネマンにあっても、契約債務関係（給付関係）と保護関係との峻別可能性については判然とせず、批判説へとつながる見解として位置づけることができるであろう。(90)

四　小　括

㈠「統一的法定保護義務関係」論の現状

「統一的法定保護義務関係」論者は、給付関係（契約債務関係）から峻別された保護関係（法定債務関係）において「法定の保護義務」が機能すると理解する。したがって、債務関係構造としては、債務履行過程は給付関係と保護関係という二重の債務関係が存立する場面として一応捉えられることになる。そして、カナーリス・ティーレに代表される見解は、保護義務違反に対する責任を契約責任と不法行為責任の中間的様相を呈する「第三責任（信頼責任）」として位置づけている。しかし、保護関係を給付関係の存在を前提とする法律行為的ないし取引的接触関係として捉えるときには、そこでの保護義務違反は契約規範による規律に馴染むことにもなる。また、保護義務違反として問題とされる完全性利益という被侵害利益の側面を強調するときには、不法行為規範の規律に服するとの方向へも傾く。したがって、前述したように、このような保護関係の曖昧さを回避する方向を示す見解（保護義務領域限定説）が展開される。そこでは、主に給付義務の不履行が存しない完全性利益侵害場面を保護義務違反により根拠づけ、また、完全性利益の保護が給付に取り込まれ得る契約類型を析出するという動向が明らかとなる。さらには、債務履行過程において給付関係と保護関係の連動を認識する一連の見解も存する。

以上のような理論動向においては、保護義務の存立基盤・存立根拠、保護義務の機能領域の画定や不法行為規範との関係などをめぐり未だ一致した理解は得られてはおらず、解明されるべき点も多岐に及ぶ。

(二)　保護関係の理解

給付関係から峻別される保護関係とは、当事者間の単なる社会的接触関係としてではなく、契約債務関係（給付関係）と関連性を有する法律行為的ないし取引的接触関係として理解する見解が多い。そして、そこでの「法定の保護義務」の存立根拠は、当事者がこのような法律行為的接触関係に入ったことにより、双方の法益への影響可能性が濃厚となったこと、したがって、相互に相手方の法益を侵害しないことへの信頼を付与したこと（信頼思想）に求められる（カナーリス、ティーレ、クラマー、ウルリッヒ・ミュラーなど）。ここでは、保護関係は「信頼関係」として理解される。また、ティーレは、信頼関係が法律行為的・取引的接触関係であるか否かは重要ではなく、保護義務は、接触の範囲内において一方当事者が相手方に対し、自己及び自己の財貨に対する特別な注意を払ってくれることを期待し得るという法的評価に基づいて設定されるものだとする。

結局、「統一的法定保護義務関係」論者は、保護関係とは、当事者の合意を基礎として給付結果・契約目的の達成へ向けられる契約債務関係から分断されると同時に、単なる不法行為上の偶発的な接触を超えた侵害可能性を有する場面として理解している。そして、今日では、信頼関係は、当事者間での高められた影響可能性・侵害可能性を有する特別結合関係として概念規定される傾向が窺える（フロスト、ミュラー、ローラック[91]、モッツァーなど）。また、「法定の保護義務」を契約債務関係に組み入れて捉える見解においても、給付義務を中核とする債務関係から導き出される給付利益を超えた完全性利益保護の局面について、同様の理解が示されている（アイケ・シュミット、エマリッヒなど）。

このような保護義務の存立基盤・根拠は、特に保護義務違反を契約規範・不法行為規範とは区別される第三責任（信頼責任）として捉える見解（カナーリス、ティーレ及びその承継説）にあっては、不法行為法上の義務（社会生活上の義務・社会生活保安義務）とは異なる特定当事者間に存立する義務（保護義務）の内容・程度を補強する要因として理解しているものと思われる。また、保護関係の理解は、保護義務の機能領域の画定に関わる論点であるともいえる。保護関係を契約債務関係と連動した法律行為的・取引的接触関係として捉えるときには、両者の区別規準が明らかにされねばならず、とりわけ批判説への架橋に位置する見解（ロート、ウルリッヒ・ミュラー、シュネマン）は、このような問題性を浮き彫りにする。同時に、保護義務領域として当事者間の法律行為的・取引的接触場面を超えたより広範な場面での完全性利益侵害を問題にするときには（例えば、エマリッヒの見解）、不法行為規範との限界づけも必要となるであろう。

(三) 保護義務領域の画定

前述したように、「法定の保護義務」の存立基盤・存立根拠をめぐる議論は、保護義務の機能領域の画定に関わる。一般的には、保護義務は完全性利益の保護へ向けられる義務であることが強調され、完全性利益侵害場面はすべて保護義務の機能する領域であると理解される（カナーリス、ティーレ、ミュラー、ローラックなど）。しかし、カナーリス、ティーレに代表される見解にあっては、保護義務違反の契約責任・不法行為責任に対する相違が必ずしも明確ではなく、また、具体的な侵害態様において給付義務と保護義務の分断も明確ではないことから、このような保護関係の曖昧さを回避する方向を示す見解（保護義務領域限定説）が有力である。その第一は、給付義務の不履行が存しない完全性利益侵害場面のみを保護義務違反として根拠づけ、保護義務は給付義務と何ら関連性を有しない場面においてのみ存するものとして、そこでの保護義務の機能を分析する見解（アイケ・シュミット、エマリッヒ）である。ここでは、「給付目的物（または給付行為）の瑕疵に起因する拡大損害」事例や給付義務履行にかかわる完全性利益侵害は、給付義務違反による因果関係上の問題として捉える方向性が明らかとなる。第二は、完全性利益の保護が給付に取り込まれ、保護義務が（主・従の）給付義務として認められる契約類型を析出し、これとは別の場面で給付関係から峻別された「法定の保護義務」を観念する見解である。クラマーはこのような理解を鮮明にしており、また、モッツァーも、保護義務の給付義務としての性質を論じる中で同様の理解を示している。

これらは、いずれも、曖昧なものとされてきた保護義務領域（保護関係）の明確化を志向する見解として注目されてよい。ただし、なお解明されるべき問題性を有しているように思われる。すなわち、保護義務を給付義務を中核とする契約債務関係の中で位置づけた上で、給付利益を超えた完全性利益保護の局面を問題視する限りでは、当事者間の合意を根拠とする給付義務・付随的義務との異同や給付関係と保護関係の峻別可能性が改めて問題となり得る。保護義務は信義則から導き出される義務（「法定の義務」）であるとするだけでは、給付義務・給付関係との峻別は鮮明なものとはならないであろう。また、保護義務の機能領域を限定的に捉えるときには、その場面は契約規範に服するのか、不法行為規範へ放逐されることになるのか、あるいは「第三責任」の構築へ向かうことになるのか、責任構成が問われることになる。特に、保護義務と不法行為法上の義務との同質性を肯定し（アイケ・シュミット、エマリッヒ）、さらに、当事者間の法律行為的・取引的接触場面を超えたより広範な場面で機能する保護義務を想定するときには（例えば、エマリッヒ）、不法行為規範との関係が問題となる。なお、以上の問題性は、批判説への架橋に位置する見解にも等しく妥当することになろう。

㈣　給付関係と保護関係の峻別可能性

そこで、次に、債務履行過程における給付関係と保護関係の峻別をめぐる理論動向に着目したい。カナーリス、ティーレ及びそれを承継する学説は、保護義務は給付関係から明確に分断された保護関係において存立するとの立場を堅持する。そこでは、給付義務は給付利益の保持へ向けられるのに対し、保護義務はそれを超えた完全性利益を保持するものであるという、目的方向性の相違、したがって、保護義務は契約締結に際して合意されるものでも、契約目的と関連づけられるものでもない、という点が強調される。しかし、例えば、「給付目的物（または給付行為）の瑕疵に起因する拡大損害」事例では給付義務違反と保護義務違反が交錯し、また、給付義務と保護義務が同一目的に向けられる場合のあることも認識されており（カナーリス、ティーレ、ローラックなど）、両者の峻別が徹底されないのではないかとの疑問も出てくる。

そんな中、前述したように、このような給付関係（給付義務）と保護関係（保護義務）の峻別をめぐる問題性から、保護義務領域限定説及び批判説への架橋に位置する学説が展開されているとみることができる。これらの見解にあっては、債務履行過程において給付義務と保護義務が同列に位置づけられ、保護義務の契約債務関係への組み入れが示唆され（アイケ・シュミット、エマリッヒ、ウルリッヒ・ミュラーなど[92]）、さらに、保護義務の内容、違反の効果も契約に依拠するとの理解（ロート、シュネマン）も散見される。ただし、他の場面（契約締結前や単なる社会的接触関係）において存立する保護義務との共通性を有するが故に「統一的法定保護義務関係」という構成が採られている。

そして、このような理論動向は、保護義務の属性にも反映され、履行請求・訴求可能性については肯定説（アイケ・シュミット、モッツァー、ロートなど[93]）と否定説（フロスト、ミュラー、クラマー）に分かれ、法定・契約上の責任軽減条項の保護義務への適用についても議論がある（フロスト、エマリッヒ参照[94]）。

このように、給付関係と保護関係の峻別可能性をめぐり、「統一的法定保護義務関係」論者においても理解は一致してはいない。

㈤　不法行為法上の義務との関係

さらに、保護義務（保護関係）と不法行為法上の義務（不法行為規範）の関係も問題となる。一方で、保護義務違反を契約責任のみならず不法行為責任からも区別された責任（第三責任）として位置づける見解にあっては、保護義務と不法行為法上の義務（社会生活上の義務、社会生活保安義務）の相違が強調される。すなわち、保護義務は、特定人間で意図され目的とされた特別結合関係において存立し、そこでの影響可能性に従い、相手方の法益への高められた配慮が要求されるものであり、万人に対して有する抽象的な注意義務にすぎない不法行為法上の義務とは内容・程度において区別されるとする（カナーリス[95]、ティーレ、フロスト、ミュラーなど）。

しかし、他方で、保護義務が完全性利益の保持へ向けられる点を強調する見解からは、不法行為法上の義務との同質性を認める傾向が窺える。保護義務を契約債務関係において位置づける立場は、保護義務は不法行為法上の要請が債務関係における義務として具体化したものであると理解し（アイケ・シュミット、エマリッヒ）、契約規範を適用することの長所が説かれる。[96] なお、このように保護義務と不法行為法上の義務の同質性を肯定するときには、両義務を限界づけるべく作業が必要となる（ロートの見解参照）。

以上からは、カナーリス、ティーレ及びそれを承継する学説は、保護義務違反を不法行為規範から分断させるが故に、保護義務と不法行為法上の義務の相違を強調することになる。他方、保護義務領域限定説（アイケ・シュミット、エマリッヒ）及び批判説への架橋に位置する学説にあっては、両義務はともに完全性利益の保護へ向けられる義務として同質性を認める方向へ傾き、さらに、保護義務を契約債務関係へ組み入れたり、不法行為規範の適用場面との相違から、両義務の限界規準が模索されることになる。

(六)　理論的到達点

以上の理論動向からは、「統一的法定保護義務関係」論者の内でも詳細については理解が一致しないことが明らかとなる。保護義務の存立基盤・根拠をめぐる議論において、保護関係の概念は不鮮明なものであることが露呈し、そこから保護義務領域の画定をめぐる理論的進展がみられる。しかし、そこでは、給付関係と保護関係の峻別可能性をめぐる問題性が浮上するとともに、不法行為規範との関係をめぐる問題性も明らかとなる。そして、給付関係と保護関係との接点が探られるなど両者の関係について見解は一致せず、さらに、保護義務と不法行為法上の義務（不法行為規範）の関係については議論が錯綜している。

このように、「統一的法定保護義務関係」論においては、給付関係と保護関係の峻別構成を出発点としながらも、契約規範と不法行為規範の交錯を問題視することから、保護義務領域の限定化を志向する見解が有力なものとなり、保護義務の給付関係との連動及び不法行為法上の義務との関係が改めて問い直されるに至っている。

（1） *Claus-Wilhelm Canaris*, Ansprüche wegen „positiver Vertragsverletzung“ und „Schutzwirkung für Dritte“ bei nichtigen Verträgen-Zugleich ein Beitrag zur Vereinheitlichung der Regeln über die Schutzpflichtverletzung, JZ 1965, S. 475ff.（以下、*Canaris*, 1965 と略記）; *derselbe*, Die Produzentenhaftpflicht in dogmatischer und rechtspolitischer Sicht, JZ 1968, S. 494ff.（以下、*Canaris*, 1968 と略記）; *derselbe*, Die Vertrauenshaftung im deutschen Privatrecht, 1971.（以下、*Canaris*, 1971 と略記）; *derselbe*, Schutzgesetze-Verkehrspflichten-Schutzpflichten, Festschrift für Karl Larenz, 1983, S. 27ff.（以下、*Canaris*, 1983 と略記）; *derselbe*, Die Vertrauenshaftung im Lichte der Rechtsprechung des Bundesgerichtshofs, 50 Jahre Bundesgerichtshof Festgabe aus der Wissenschaft Bd I, 2000, S. 172ff.

なお、カナーリスの見解を検討するものとして、奥田昌道「契約法と不法行為法の接点―契約責任と不法行為責任の関係および両義務の性質論を中心に―」磯村哲他編『於保還暦・民法学の基礎的課題　中』（有斐閣、一九七四）二四八頁以下、宮本健蔵「契約責任の再構成をめぐる最近のドイツ民法学の一動向（一）」法学志林七九巻一号（一九八一）一一一頁以下（同『安全配慮義務と契約責任の拡張』（信山社、一九九三）所収）、渡辺博之「契約締結上の過失責任をめぐる体系化の傾向と『信頼責任』論―カナリスおよびシュトルの所論を中心として―」民商法雑誌八八巻二号（一九八三）一〇二頁以下、田沼柾「Canaris の統一的法定保護義務関係論―不法行為法との関係 SCHUTZGESETZE-VERKEHRSPFLICHTEN-SCHUTZPFLICHTEN, in Festschrift für Karl Larenz zum 80. Geburtstag, 1983, S. 27ff. を中心として―」比較法雑誌一八巻三号下（一九八四）七五頁以下、潮見佳男『契約規範の構造と展開』（有斐閣、一九九一）一〇三頁以下など。

（２）*Canaris*, 1965 (Fn. 1), S. 475, 479.

（３）「債務者は、取引の慣習を顧慮し信義誠実に適うように、給付を行う義務を負う」（条文訳は、椿寿夫・右近健男編『ドイツ債権法総論』（日本評論社、一九八八）七頁による）。なお、本条は新民法典においても変更はない。

（４）「契約は、取引の慣習を顧慮し信義誠実の要求に従いて、これを解釈することを要する」（条文訳は、神戸大学外国法研究会『独逸民法〔Ｉ〕民法総則』（有斐閣（復刻版）一九八八）二三五頁による）。なお、本条は新民法典においても変更はない。

（５）*Canaris*, 1965 (Fn. 1), S. 476.

（６）*Canaris*, 1965 (Fn. 1), S. 476f.

（７）*Canaris*, 1965 (Fn. 1), S. 477f.

（８）*Canaris*, 1965 (Fn. 1), S. 478ff.; *derselbe*, 1971 (Fn. 1), S.538. なお、「統一的保護関係」構成を採ることにより、契約締結前段階での第三者保護効の承認、履行補助者や代理人といった第三者の責任構成、積極的債権侵害論において認められる証明責任の転換や領域説の契約締結上の過失・第三者の保護効を伴う契約場面での適用、法定の責任制限の契約締結前段階への拡張、契約締結上の過失や積極的債権侵害に対する無効原因の統一的評価といった点を基礎づけることができるとする（*Canaris*, 1965 (Fn. 1), S. 480f.)。

　また、このような理解は、製造物責任にも妥当するとして、製造者と消費者間を高められた影響可能性を有する契約的関係として捉え、両者間に信頼関係が成立することから、消費者はこの信頼関係に基づき直接製造者に対して損害賠償請求をなし得るとする。そして、売主は単なる「信頼の通過駅（Durchgangsstation des Vertrauens）」にすぎないと理解する（*Canaris*, 1968 (Fn. 1), insb. S. 500ff.)。

（９）「信頼責任」の不法行為責任に対する独自性については、保護義務は、不法行為法上の義務（社会生活上の義務（Verkehrspflichten））と同様、完全性利益保護に向けられるが、義務の成否について区別されるとともに、内容的にもより包括的であり、特別結合において存するものとしてより強化された義務となり得る。また、保護義務構成により、ＢＧＢ（旧）二七八条（履行補助者の過失）の適用が可能となり、同八三一条（使用者責任）が改正され免責可能性が排除されたとしても、独立的補助者に関する限り保護義務構成は機能を維持するという（*Canaris*, 1983 (Fn. 1), insb. S. 84ff.)。

契約責任に対する独自性については、ラーレンツ、メディクス（*Medicus*）等の批判に応える形で述べている（*Canaris*, 1983（Fn. 1), insb. S. 102ff.）。

（10）*Heinrich Stoll*, Abschied von der Lehre von der positive Vertragsverletzung, AcP 136（1932), S. 257ff. ハインリッヒ・シュトルは、債権者と債務者を一体的な法律関係の中で捉え、両者の間には、本来の給付をめぐる法律関係の他に、互いに相手方の利益を侵害しないよう注意すべき法律関係が存し、後者の法律関係に基づく義務を「保護義務」と称する。保護義務は、給付義務に付随して発生し、履行請求権の対象とはならず、その侵害について損害賠償請求権を発生させるのみであるとする。

（11）*Canaris*, 1965（Fn. 1), S. 477.「従たる給付義務」の例として、梱包義務、運送義務、保険をかける義務、必要な許可を取得する義務、契約上の給付を競合により無価値にしない義務、後の建築により眺望を阻害しない義務、引越札の設置を容認する義務を挙げる。他の学説が主張する給付利益の保持に向けられた「付随的義務」を含む包括的な構成を採る。

（12）*Canaris*, 1965（Fn. 1), S. 477.

（13）*Canaris*, 1971（Fn. 1), S. 440–444.

（14）*Canaris*, 1965（Fn. 1), S. 479.

（15）*Canaris*, 1983（Fn. 1), S. 107f.

（16）もっとも、カナーリスは、法律行為的接触の限界づけが必要であるとするが、一般には法律行為的関係への立ち入りということで十分であり、また、「接触」は直接的である必要はないという（*Canaris*, 1983（Fn. 1), S. 108.）。

（17）*Wolfgang Thiele*, Leistungsstörung und Schutzpflichtverletzung-Zur Einordnung der Schutzpflichtverletzungen in das Haftungssystem des Zivilrechts, JZ 1967, S. 649ff. なお、奥田・前掲注（1）二五四頁以下、宮本・前掲注（1）一一五頁以下、潮見・前掲注（1）一〇五頁以下参照。

（18）*Thiele*, a. a. O.（Fn. 17), S. 650.

（19）*Thiele*, a. a. O.（Fn. 17), S. 651.

（20）*Thiele*, a. a. O.（Fn. 17), S. 650.

（21）*Thiele*, a. a. O.（Fn. 17), S. 651.

（22）*Thiele*, a. a. O.（Fn. 17), S. 650.

（23） *Thiele*, a. a. O. (Fn. 17), S. 651f.

（24） *Marina Frost*, „Vorvertragliche" und „vertragliche" Schutzpflichten, 1981, S. 22ff., insb. 136f.

（25） *Frost*, a. a. O. (Fn. 24), S. 138ff.

（26） ただし、保護義務が給付義務に付随する場合（例、寄託契約）には、契約により予見可能なものとなるが、このことは保護義務の存立根拠とは無関係であるとする（*Frost*, a. a. O. (Fn. 24), S. 161, 222.）。

（27） *Frost*, a. a. O. (Fn. 24), S. 172f.

（28） *Frost*, a. a. O. (Fn. 24), S. 153, 172.

（29） *Frost*, a. a. O. (Fn. 24), S. 204–210.

（30） *Frost*, a. a. O. (Fn. 24), S. 156.

（31） *Frost*, a. a. O. (Fn. 24), S. 153, 215f., 219f., 221–223, 241f.

（32） なお、法律上の責任軽減規定（ＢＧＢ五二四条（贈与者の瑕疵担保責任）、五九九条（使用貸借の借主の責任）、六九〇条（無償寄託における責任）など）は保護義務には適用されず、契約上の責任制限については緩和されて適用される（通常は保護義務違反を予定していない）とする（*Frost*, a. a. O. (Fn. 24), S. 237, 241.）。

（33） *Lothar A. Müller*, Schutzpflichten im Bürgerlichen Recht, JuS 1998, S. 894. 保護義務の機能場面としては、当初は不完全給付が観念され、次第に（従たる）給付義務としても認識され、今日では、不完全給付の結果としての瑕疵結果損害や給付とは無関係な完全性利益侵害（例えば、債権者の身体上の損害、接触に伴う営業上の秘密の漏洩）が問題とされるとする。

（34） *Müller*, a. a. O. (Fn. 33), S. 895f.

（35） *Müller*, a. a. O. (Fn. 33), S. 898. 保護義務は、履行請求権には接合せず、消極的利益の損害賠償が問題になるとする。

（36） *Tammo Rohlack*, Das Verhältnis der positiven Forderungsverletzung und culpa in contrahend zur Sachmängelhaftung beim Kauf-und Werkvertrag, 1997, S. 29ff. 主たる給付義務は、給付行為と給付結果を包含する概念であり、債務者による給付結果の実現へ向けた努力（給付努力）が義務の射程とその違反に対する損害賠償の帰責性の規準となる。そして、主たる給付義務違反については、現物給付（Naturalerfüllung）がまず問題となり、損害賠償は二次的な救済手段となるのに対し、従たる給付義務違反は損害賠償に直結する。

（37） *Rohlack*, a. a. O. (Fn. 36), S. 25–27.

(38) *Rohlack*, a. a. O. (Fn. 36), S. 29.

(39) また、これまで保護義務の存立根拠とされてきたものについても、例えば、「契約上の合意」に求めることは給付義務との峻別からは適当ではなく、当事者間の「高められた影響可能性・侵害可能性」も不法行為との相違が不鮮明となり、「信頼思想」もその概念が曖昧である、と批判する（*Rohlack*, a. a. O. (Fn. 36), S. 40–42,45.）。

(40) 保護義務違反に対する損害賠償は保持利益の賠償に制限される。また、瑕疵物の給付は給付利益のみならず保持利益侵害にも至り、そこでは不完全給付とともに保護義務違反が問題となる（*Rohlack*, a. a. C. (Fn. 36), S. 47f.）。

(41) *Rohlack*, a. a. O. (Fn. 36), S. 54, 60–67.

(42) その他、ミュラーグラフ（*Müller-Graff*）は、任意にかつ無償になされた情報の給付（案内、サービスの提供、広告、試供品の送付、情報提供など）に関する責任について、法定保護義務関係論が適用されるとし、カナーリス・ティーレの「統一的法定保護義務関係」論を支持する（*Peter-Christian Müller-Graff*, Die Geschäftsverbindung als Schutzpflichtverhältnis, JZ 1976, S. 155f.）。

なお、ヤコーブス（*Jakobs*）は、完全性利益の保護へ向けられる保護義務・不作為義務の包括的な概念として「相手方の消極的利益に奉仕する行為義務」を立てる。すなわち、債務者には、債権者の既存の法益への侵害を回避するために、取引の具体的事情や信義則・取引慣行から作為・不作為義務が課せられ、債権者の人的・物的危険に注意を払い、あるいはその危険を回避すべく予防措置を講じなければならない。例えば、売主は、買主に危険な物を引き渡してはならず、あるいはそれに注意したり説明すべき場合である。判例・学説は、これを付随義務（Nebenpflichten）として特徴づけ、（旧）ＢＧＢの起草者が見落としていた義務である。また、カナーリス・ティーレにより「法定の保護義務」として位置づけられる義務である。これは、相手方の法益への特別な影響可能性から生じる特別な法律行為的・社会的接触を根拠として存する「相手方の消極的利益に奉仕する行為義務」の問題である、とする。また、積極的債権侵害を一つの給付障害類型として位置づけることを否定している（付随義務・保護義務違反によってのみ根拠づけられるものではなく、給付義務違反も存在しうるのであり、ここでは積極的利益の侵害か消極的利益の侵害かが問われるだけである）（*Horst Heinrich Jakobs*, Unmöglichkeit und Nichterfüllung, 1969, S. 37–47, 58ff.）。

(43) *Esser-Eike Schmidt*, Schuldrecht Bd. I Teilband 1, 8. Aufl. 1995, S. 105ff.

(44) 「その他の付随義務」は、配慮義務（Rücksichtspflichten）、誠実義務（Treuepflichten）、警告義務（Warnpflichten）、

注意義務（Fürsorgepflichten）、監督義務（Obhutspflichten）、その他の保護義務に具体化される（*Esser-Schmidt*, a. a. O.（Fn. 43), S. 109.）。

（45）*Esser-Schmidt*, a. a. O.（Fn. 43), S. 89–91, 105f., 109f.

（46）*Esser-Schmidt*, a. a. O.（Fn. 43), S. 90.

（47）*Esser-Eike Schmidt*, Schuldrech Bd I Teilband 2, 8. Aufl. 2002, S. 153ff. さらに、「余後効のある誠実義務違反」（例、競業避止義務違反）を独立の類型として挙げる。

（48）*Esser-Schmidt*, a. a. O.（Fn. 47), S. 157.

（49）*Volker Emmerich*, in: Athenäum-Zivilrecht Bd. I Grundlagen des Vertrags- und Schuldrechts, 1972, S. 304ff.

（50）*Emmerich*, a. a. O.（Fn. 49), S. 307–309, 311f.; *derselbe*, Das Recht der Leistungsstörungen, 4. Aufl. 1997, S. 37–40, 47f., 244–246, 248f.; *MünchKomm-Emmerich*, 4. Aufl. 2001, Rn. 52ff., 261ff. der Vorbem. zu §275.

（51）エマリッヒは、契約締結上の過失責任の根拠を信頼思想、すなわち、交渉当事者間の信頼の挫折から導き出す見解が有力であるが、今日、一定の職業人（例えば、弁護士、税理士など）に対する「職業責任（Berufshaftung）」や法的な特別結合関係にある者の「表示責任（Erklärungshaftung）」（例えば、銀行による情報提供、公認会計士による証明書の交付に関する責任事例）が論じられるなど、契約締結上の過失責任のすべての事例が信頼により説明できるかは疑わしい、とする（*Emmerich*, a. a. O.（Fn. 50), S. 38f.; *MünchKomm-Emmerich*, a. a. O.（Fn. 50), Rn. 54ff. der Vorbem. zu §275.）。

（52）保護義務を債務関係に組み入れることによる契約規範の利点として、ＢＧＢ八二三条（不法行為による損害賠償）の保護対象を超えた債権者の全財産が保護されること、ＢＧＢ（旧）二七八条（履行補助者の過失）が適用できること、保護義務は債権者に限らず彼と密接に関係する第三者も保護対象とできること、また、立証責任についても債権者に有利であるとする（*Emmerich*, a. a. O.（Fn. 49), S. 307.）。

（53）*Emmerich*, a. a. O.（Fn. 50), S. 47, 246. 例えば、「特別な危険への立ち入り」については除外する、との特約により免責が可能であるとする。

（54）*Emmerich*, a. a. O.（Fn. 50), S. 226ff.; *MünchKomm-Emmerich*, a. a. O.（Fn. 50), Rn. 207ff. der Vorbem. zu §275. その他、「債権者の間接義務（Obliegenheiten）違反」、「余後効を伴う誠実義務違反」などが挙げられる。

（55）潮見・前掲注（1）一二四頁、一三五頁は、エマリッヒのこのような理解を、後述するクラマー（*Kramer*）と同列に保護義務の給付義務化（給付義務概念の拡張）として位置づける。

なお、エマリッヒは、直接損害と間接損害あるいは瑕疵損害と瑕疵結果損害の区別は不要であり、当事者の合意、取引慣行や信義則から推断されるどのような義務違反が存するかにより責任が決せられるとする（*Emmerich*, a. a. O.（Fn. 50）, S. 230f. ; *MünchKomm-Emmerich*, a. a. O.（Fn. 50）, Rn. 217f. der Vorbem. zu §275.）。

（56）*Emmerich*, a. a. O.（Fn. 49）, S. 311f. ; *derselbe*, a. a. O.（Fn. 50）, S. 245f. ; *MünchKomm-Emmerich*, a. a. O.（Fn. 50）, Rn. 263–265. der Vorbem. zu §275.

（57）*MünchKomm-Ernst A. Kramer*, 4. Aufl. 2001, Rn. 17ff. zu §241.

（58）なお、「主たる給付義務」は、契約類型を特徴づけ、債務者の本質的な給付義務であるのに対し、「従たる給付義務」（例、ＢＧＢ四〇二条（債権譲渡における旧債権者の新債権者に対する報告・証書交付義務）、六六六条（受任者の報告義務）など）は、契約類型を特徴づけない副次的な給付義務である（*MünchKomm-Kramer*, a. a. O.（Fn. 57）, Rn. 18f. zu §241.）。

（59）*MünchKomm-Kramer*, a. a. O.（Fn. 57）, Rn. 21f. zu §241.

（60）*MünchKomm-Kramer*, a. a. O.（Fn. 57）, Rn. 20. zu §241.

（61）*MünchKomm-Kramer*, a. a. O.（Fn. 57）, Rn. 79ff. zu Einleitung in das Recht der Schuldverhältnisse.

（62）保護義務違反に対する責任は、契約規範により、とりわけＢＧＢ八三一条（使用者責任）の代わりに（旧）二七八条（履行補助者の過失）が適用されること、また、純粋財産損害の賠償を導き出せる（*MünchKomm-Kramer*, a. a. O.（Fn. 57）, Rn. 79. zu Einleitung in das Recht der Schuldverhältnisse.）。

（63）*MünchKomm-Kramer*, a. a. O.（Fn. 57）, Rn. 88–90. zu Einleitung in das Recht der Schuldverhältnisse.

（64）*Stefan Motzer*, Schutzpflichtverletzung und Leistungsunmöglichkeit, JZ 1983, S. 885.

（65）*Motzer*, a. a. O.（Fn. 64）, S. 886ff.

（66）*Motzer*, a. a. O.（Fn. 64）, S. 886f. 他者との偶然的な接触を規制する不法行為法においても、その法益侵害に対して予防的な不作為請求権が認められており、特別な影響可能性を有する社会的接触から生じる保護義務関係にある保護義務の訴求性を否定することは不可解であり、また、保護義務の訴求性は保護義務関係から直接に根拠づけられるべきであるとする。

（67）*Motzer*, a. a. O.（Fn. 64）, S. 888f. もっとも、契約の前後で統一的な保護義務関係を承認するときには、法律上の規定の欠缺があるとする。

（68）　さらに、保護義務違反に対する責任が「随伴損害（Begleitschädigung）」・「履行外利益（außererfüllungsmäßiges Interesse）」（＝完全性利益）にかかわる点でも法律上の規定の欠缺があるとする（*Motzer*, a. a. O.（Fn. 64), S. 885.)。

（69）　*MünchKomm-Günter H. Roth*, 4. Aufl. 2001, Rn. 143–150. zu §242.

（70）　*MünchKomm-Roth*, a. a. O.（Fn. 69), Rn. 192ff. zu §242.

（71）　なお、協力義務は訴求可能である（*MünchKomm-Roth*, a. a. O.（Fn. 69), Rn. 182, 215ff. zu §242.)。

（72）　ロートは、保護義務が債務法現代化法にも規定されていることにも言及する（*MünchKomm-Roth*, a. a. O.（Fn. 69), Rn. 149, 249. zu §242.)。なお、説明義務（Aufklärungspflichten）・情報提供義務（Auskunftspflichten）は、給付利益と保持利益のいずれの保護へも向けられ、保持利益に奉仕する場合には、保護義務として契約関係の外で根拠づけられる。また、情報提供義務は訴求が可能であるとする（*MünchKomm-Roth*, a. a. O.（Fn. 69), Rn. 182, 260ff., 337. zu §242.)。

（73）　*MünchKomm-Roth*, a. a. O.（Fn. 69), Rn. 167, 234f. zu §242.

（74）　*MünchKomm-Roth*, a. a. O.（Fn. 69), Rn. 168f. zu §242.

（75）　*MünchKomm-Roth*, a. a. O.（Fn. 69), Rn. 170. zu §242.

（76）　*MünchKomm-Roth*, a. a. O.（Fn. 69), Rn. 259. zu §242. 民法に規定のある保護義務とみられるＢＧＢ（旧）五三六条（使用賃貸人の義務）、（旧）五五〇条（使用賃借人の不作為義務）などは訴求可能であり、また六一八条（雇用契約上の安全配慮義務）も同様に解するのが有力であるとする。

（77）　*MünchKomm-Roth*, a. a. O.（Fn. 69), Rn. 160f. zu §242.

（78）　*MünchKomm-Roth*, a. a. O.（Fn. 69), Rn. 236ff. zu §242.

（79）　*MünchKomm-Roth*, a. a. O.（Fn. 69), Rn. 162–166, 249f. zu §242. 必ずしも消極的利益の賠償に制限されないとする。

（80）　*MünchKomm-Roth*, a. a. O.（Fn. 69), Rn. 251–254. zu §242.

（81）　*MünchKomm-Roth*, a. a. O.（Fn. 69), Rn. 255. zu §242.

（82）　*Ulrich Müller*, Die Haftung des Stellvertreters bei culpa in contrahendo und positiver Forderungsverletzung, NJW 1969, S. 2172f.

（83）　*Ulrich Müller*, a. a. O.（Fn. 82), S. 2173–2175.

（84）　*Ulrich Müller*, a. a. O.（Fn. 82), S. 2173.

(85) 保護義務違反の領域は、これまでの契約責任システムの崩壊を意味するという（*Ulrich Müller*, a. a. O. (Fn. 82), S. 2175.)。

(86) *Wolfgang B. Schünemann*, Die positive Vertragsverletzung-eine kritische Bestandsaufnahme, JuS 1987, S. 4f.

(87) *Schünemann*, a. a. O. (Fn. 86), S. 5-7.

(88) 実行義務は、契約を誠実に実行すべき義務（契約目的を危殆化させない義務）として理解する（使用方法に関する義務、商品の梱包義務、準備義務など）（*Schünemann*, a. a. O. (Fn. 86), S. 6.)。

(89) *Schünemann*, a. a. O. (Fn. 86), S. 7.

(90) なお、ゲルハルト（*Gerhardt*）も、保護義務は保持利益の保護へ向けられ、契約締結前（契約締結上の過失責任）、締結後（積極的契約侵害）、契約終了後にも存するものとして統一的法定保護関係を構成し、その結果、保護義務違反は契約責任と不法行為責任に並ぶ第三責任として解されるとして、カナーリス、ティーレの見解を支持する。ただし、このような保護義務の存立根拠は、信頼思想や社会的接触関係などに求めることは不明確であるとして、意図された、成立した、または挫折した契約締結との関係において生じるものと解しており、給付関係と保護関係の連動を意識しているものと思われる（*Walter Gerhardt*, Die Haftungsmaßstab im gesetzlichen Schutzverhältnis (Positive Vertragsverletzung, culpa in contrahendo), JuS 1970, S. 597ff.; *derselbe*, Die Haftungsfreizeichnung innerhalb des gesetzlichen Schutzverhältnisses, JZ 1970, S. 535ff.)。

(91) なお、前掲注（39）参照。

(92) なお、ローラックの見解も参照。

(93) また、シュトゥルナー（*Stürner*）は、保護義務の履行請求権について、法律上の規定（例えば、ＢＧＢ（旧）五五〇条（使用賃貸人の不作為請求権）、六一八条（安全配慮義務））も当事者間の合意も存しない場合であっても、被保護者のために具体化（ある一定の作為または不作為）できる場合には認められるとする（*Rolf Stürner*, Der Anspruch auf Erfüllung von Treue-und Sorgfaltspflichten, JZ 1976, S. 385ff., insb. 388.)。

(94) なお、草野類「契約関係における義務構造の再構成に関する一視座―ドイツにおける『契約上の責任制限』問題を手がかりとして―」法学新法一一三巻七・八号（二〇〇七）一頁以下は、給付義務に加えられた責任制限の保護義務への影響について論じる。

（95）　前掲注（9）参照。
（96）　また、不法行為法上の保護法益（ＢＧＢ八二三条）は制限されるが故に、結果的に保護義務と不法行為法上の義務は区別されるとみるローラックの見解も、その出発点においては両義務の同質性を認めている。

第三節　「統一的法定保護義務関係」論に対する批判説の展開

一　はじめに

「統一的法定保護義務関係」論に対しては、種々の批判があるが、契約規範の構造・射程の解明を目指す本考察の問題意図からは、概して、次のような二つの観点からの批判に分けて検討することが有益かと思われる。すなわち、第一は、債務履行過程における給付関係と保護関係の峻別に対する批判である。契約締結へ向けた交渉段階や契約が無効・取消された場合などにおいては「法定の保護義務」が妥当するものの、有効な契約が締結された場合には、保護義務の内容及びその違反の効果が給付関係と不可分に関わる場合のあることが指摘される。第二は、保護義務と不法行為法上の義務の同質性を認め、保護義務違反を不法行為責任として構成する見解である。契約責任の再構成が問題化した要因たる不法行為法の不備は、同規範内で解決されるべきであるとの立場から、完全性利益侵害は、不法行為法において生成・展開されてきた「社会生活上の義務（社会生活保安義務）」の違反が法律行為的接触を契機として侵害されたものだと理解する。そして、このような議論の中で、「統一的法定保護義務関係」論者の主張する保護義務違反に対する責任の性質や保護義務の存立根拠の当否が問われている。

批判説においても、各論者独自の理論装置により諸説が林立していることから、以下では、各論者が契約義務構造及び完全性利益の侵害態様をどのように理解しているのかを整理した上で、保護義務の検討に入りたい。

二 給付関係と保護関係の不可分

(一) ラーレンツ（*Larenz*）の見解

1 契約義務構造

ラーレンツは、契約義務を債務関係に意味内容を付与しその類型を決定すべく機能する「給付義務」と、給付の本来的実現あるいはそれと内的関連を有するすべての行為である「その他の行為義務（weitere Verhaltenspflichten）」から整理する(1)。このような理解は、債務関係とは当事者の合意と制定法規範との相互作用から形成される権利義務が結合した組織体（Gefüge）であるとの、債務関係の構造分析に立脚するものである。すなわち、「契約上の債務関係は、その核心たる双方的な給付義務の内容・範囲が法律行為つまり当事者意思によって画定されなければならないだけであり、その他の点では、制定法上の任意法規または強行法規により共同決定され」、また、「契約関係は、相互に結びつけられた権利義務の組織体である。諸義務は、表示された当事者意思の解釈に基づき、とりわけ主たる給付義務はそうであり、さらに制定法に基づく諸義務を含み、保護義務及び一次的給付義務の代わりあるいはそれと併存する二次的給付義務は後者に属する(2)。契約関係の内容は、一部は当事者意思、さらに法秩序により定まり、法秩序は当事者意思を尊重し、正当な規律という意味においてそれを補充する」と述べる(3)。

給付義務は、「主たる給付義務（Hauptleistugspflichten）」と「従たる給付義務（Nebenleistugspflichten）」とに

細分され、前者は、一次的給付義務として当該債務関係の類型を決定するものであり（例えば、売買目的物の引渡・所有権移転、買主の代金支払義務）、後者は、主たる給付義務とともに債務関係の内容を決するが、わずかな意義しか有しないものとする。(4)「その他の行為義務」は、信義則（BGB二四二条）に基づき、債務関係の実行により債権者の法益に生じ得る損害から債権者を保護すべき「保護義務（Schutzpflicht）」、あるいは労働関係や組合関係といった長期間継続する債務関係において不可欠な信頼関係の保持に奉仕すべく「誠実義務（Loyalitätspflichten）」が問題となり、これらは作為（特定の損害防止措置、相手方に存する危険の説明）または不作為（契約目的を危殆化したり信頼を揺るがしたり、相手方を害するような行為をしない）へも結びつく義務である。(5)「給付義務」と「その他の行為義務」との相違は、前者（とりわけ「主たる給付義務」）は、債務関係の類型を決定し、その内容が最初から定まっており給付の訴による訴求が可能であるのに対し、後者は、あらゆる債務関係において生じ、内容は定まっておらず、原則として事前の履行請求ができない点にある。(6)もっとも、「その他の行為義務」も、当事者が特定の行為につきそれが債務内容となることの合意をした場合には、「従たる給付義務」に昇格するとみる。

ラーレンツは、契約債務関係を、当事者意思と信義則あるいは制定法規範から形成される組織体であると理解することにより、債務者の義務も給付結果ないし契約目的の実現という履行過程の中で捉え、保護義務もその中に取り込んで位置づけている。このように債務関係を広く概念規定するときには、義務構造論において展開されてきた諸義務の役割・機能、相互関係については明確ではなくなる。給付利益と完全性利益という、義務構造論が強調する義務の目的方向性は、ラーレンツにあっては鮮明ではなく、給付義務と保護義務の峻別可能性、付随的義務と従たる給付義務の異同も明らかではない。(7)

2　積極的債権侵害

問題となる給付実態において侵害される義務類型からは、給付義務違反とその他の義務違反に分類する二分説に位置する。

ラーレンツは、積極的債権侵害を「不完全給付及びその他の義務違反による損害」と称する。(8) すなわち、債務者の「配慮に欠ける給付行為（unsorgsame Ausführung der Leistungshandlung）」により債権者に損害が生じる場合につき法の欠缺があり、このとき不能・遅滞に該当する場合であっても、通常の損害（給付利益の侵害）を超えた付加的損害（zusätzlicher Schaden）の生じる場合が問題となり、これを「不完全給付（Schlechtleistung）」と称する（例えば、屋根葺職人が請負った屋根の修繕が不完全なために雨漏りによる損害が生じた、売主が有毒な飼料を引渡したために買主の飼っていた馬が死亡するに至った）。そして、この場合は同時に「その他の行為義務」（具体的には保護義務、配慮義務、協力義務）違反が問題となる場面でもあるという（例えば、借主の賃借物の使用・収益に対する妨害、継続的契約関係の基礎的障害（無配慮、嫌がらせなど）、債務者の履行拒絶、請負人の仕事完成に協力しない注文者の義務違反）。

ラーレンツは、いずれも債権者の完全性利益が侵害される場合を問題とし、しかもそこでは給付利益（給付結果）の侵害も存することから、被違反義務も給付義務と保護義務が交錯する事態だとみている。(9) 債務関係を広範なものと理解する立場からは、当然の結果ともいえる。

3　保護義務論

そして、給付関係と保護関係の不可分という観点から「統一的法定保護義務関係」論に対する批判論を展開する。

ラーレンツは、契約交渉ないし取引的接触の開始により生じる法定債務関係（「一次的給付義務なき法定債務関係」と称する）[10]は、有効な契約が成立した後は、契約上の債務関係（一次的給付義務を伴う債務関係）に吸収されその一部をなすものとして、両者が並行して存続するものと構成する「統一的法定保護義務関係」論を以下のように批判する。[11]

第一に、両債務関係の区分自体困難であり、例えば、高められた注意義務たる賃借人の保管義務（Obhutspflicht）は、法定債務関係に属するのか、あるいは賃貸借契約の牽連関係（Synallagma）に組み入れられ、賃借という契約類型を特徴づける「従たる給付義務」に属するのか。この場合、法定債務関係上の請求権と契約債務関係上の請求権の競合を受け入れることは不自然であり、保護義務・保持義務について当事者は合意でき、通常その免責について合意できるのである。第二に、給付関係もその細目（例えば、給付態様、給付障害についての法律効果及び個々の従たる給付義務の設定）については広範囲にわたり、任意的制定法により共同決定される。また、信義則（ＢＧＢ一五七条、二四二条）は、契約解釈、給付の細目、カナーリスのいう従たる給付義務、及びその他の保護義務・誠実義務を決定する。[12]また、保護義務違反、つまり付与された信頼の挫折が継続的債務関係の解消のための重大な原因、したがってまた、給付関係の解消の重大な原因となる。[13]

その上で、ラーレンツは、「有効な契約が締結された場合」と「契約が無効または取消された場合」に分けて理論構成する。前者においては、契約上の債務関係が、従前の契約交渉の法定債務関係において設定された保護義務を吸収し、さらに広範な保護義務を新たに設定することになる。ここでの契約上の債務関係は、交渉関係上の義務を定めるのと同一のＢＧＢ二四二条の規律に服する。こうして、契約上の債務関係の枠内で交渉関係において設定されたのと同種のあるいはそれを超える保護義務が生じる。そしてまた、本来的給付義務及び従たる給付義務と並んで、それらの義務の準備・保全に資する義務、さらには、多くの法律行為において誠実に協力すべき義務、忠実義務・配慮義務が加わる。[14]これに対し、後者の場面では、既に交渉関係で設定された保護義務・誠実義務を無効な契約の締結時点を超えて存続させる必要がある。したがって、この限りで、法律行為的接触の開始により設定された「一次的給付義務なき法定債務関係」が、有効と思われていた契約締結時点を超えて存続するものとみる。これは、契約締結前に形成され、有効に締結されたと思われた契約の実行によりさらに強化された接触に根拠づけられ、同じくこの接触の過程で、一方がその法益を相手方の保護と注意に委ねたことにも根拠づけられる。そして、この継続的な接触から生じる義務の規準は、ここでもBGB二四二条による。[15]

このように、ラーレンツは、契約交渉段階での「法定の保護義務」は、契約の締結により契約上の債務関係に吸収されるとみるが、その反面、契約が無効・取消された場合には、「法定の保護義務」が全面に出てくるとする点に特徴がある。

ラーレンツにあっては、保護義務の存立根拠は契約債務関係に求められており、その限りでは契約義務としての保護義務の性質は鮮明となる。しかし、そこでは、給付義務（給付利益・給付結果）との区別規準は明らかではなく、完全性利益の保護を契約規範の中で図るとしても、[16]なお不法行為規範との関係が問題とされよう。[17]

(二)　メディクス（*Medicus*）の見解

1　契約義務構造

メディクスは、ラーレンツと同様、契約義務として「給付義務」と「行為義務（保護義務）」に着目する。[18]給付義務は、「主たる義務」（他の学説が称する「主たる給付義務」に該当する）と「従たる義務」（＝「従たる給付義務」）に分けられ、前者は、当該契約類型に特徴的な義務（例、買主・賃借人の支払義務）であるのに対し、後者（例、買主の目的物引取義務）は、双務契約においては牽連関係（Synallagma）にないが、当事者の特約により「主たる義務」に昇格され、また、訴求可能であるとする。そして、給付義務と並ぶ形で、ＢＧＢ二四二条（信義則）を根拠に「行為義務（保護義務）」が導き出される。これには、給付の実現過程の中で具体化される行為義務（例えば、買主が購入した機械の操作を手ほどきすること）の他に保護義務が観念される。保護義務は、その侵害により損害が生じても反対給付請求権は影響を受けないという意味で牽連関係にない義務である。保護義務は、訴求も可能であるが（例えば、ガラス瓶の送付売買において買主が売主に対して十分な梱包を要求する給付訴権）、債務者の危険引受の選択可能性（損害発生の危険は大きいが利益も多くしたり、逆に、危険は小さいが利益も少なくするという行為の選択）を制限することになるから、無制限に承認すべきではないとする。[19] また、給付義務について認められる責任軽減規定が保護義務にも適用されるか否かについては、「契約目的と関連する」保護義務違反には認められるとする。[20]

メディクスは、主・従の給付義務、行為義務、保護義務が契約債務関係の中で一体となって存するものと考えており、ラーレンツとほぼ同様の理解だと思われる。したがって、給付関係と保護関係の峻別は顕著なものとはされず、その限りでは保護義務の特質は鮮明にはされない。また、保護義務の訴求可能性、さらには、本来給付義務に適用される責任軽減規定が契約目的と関連する保護義務にも認められることを指摘するが、そこでも給付義務履行との関連から捉えられている。これらは、「統一的法定保護義務関係」論を批判するに至る観点だといえる。メディクスにあっては、保護義務の存立根拠は契約関係に求められ、その契約義務としての性質が付与されることになる。

2　積極的債権侵害

メディクスは、今日の支配説からは、積極的債権侵害は「主たる給付義務の不完全履行（schlechte Erfüllung einer Hauptleistungspflicht）」と「保護義務またはその他の行為義務の不履行（Nichterfüllung einer Schutz-oder weiteren Verhaltenspflicht）」に類型化されるとする。(21) 前者は、契約の外にある法益に損害が生じる場合（随伴的損害（Begleitschaden））が問題となり、後者は、給付の実現に際して相手方の身体・所有権への侵害（保護義務違反）と給付の実現自体に向けられた義務違反が問題となる。ここでは、主たる給付義務違反及び保護義務違反については、完全性利益侵害が問題となるが、給付自体に関する義務違反については、完全性利益侵害と併わせて給付利益の侵害（給付結果の不完全）も生じ得る場面だとする（例えば、買主が売買目的物たる機械の操作方法について正確な説明を受けていない場合には、機械自体の毀損のみならず買主やその家族の身体的侵害へも至るとする）。

その上で、メディクスは、このような支配説の理論動向に対して、完全性利益侵害（随伴的損害）事例は、積極的契約侵害の特徴的な事例とされてきたが、これは履行不能・履行遅滞においても生じるものだとする。(22) したがって、ラーレンツが挙げる「屋根葺職人が請負った屋根の修繕が不完全なために雨漏りによる損害が生じた」例は、屋根葺職人が催告を受けたにもかかわらず修理をせず、その結果、修理をされないままの屋根から雨漏りが生じたという場合は、履行遅滞による損害賠償が問題となるだけである。このように、履行不能・履行遅滞に関わる場合はそれらの規律により処理され、また、不完全給付に基づく損害賠償に関する規定が債務法各則にある場合（(旧）ＢＧＢ四六三条、四八〇条二項、五三八条、六一八条、六三五条、六七一条二項二文）も除外される。結局、積極的債権侵害（メディクスは「不完全給付」と称する(23)）は、「保護義務違反もしくは不完全な給付により債権者の法益を有責に侵害した事例であって、制定法に規定されていない事例」として定義する。(24)

保護義務を給付義務と一体的な債務関係の中で捉える立場からは、完全性利益侵害（保護義務違反）も契約規範に服するとの傾向が顕著となる。メディクスの見解もそのような傾向に沿うものであるが、問題となる給付実態を、完全性利益侵害に限定せず、給付利益（給付結果）が侵害される場合にも言及し、そこでの被違反義務も、給付義務、保護義務、その他の行為義務が交錯することになる。ただし、履行不能・遅滞に基づく完全性利益侵害は、それらの規律に服するべきだとの指摘（この点で、わが国の我妻説に代表される保護義務論に至る初期の見解と同方向にある（本書第二章参照））にもみられるように、保護義務は専ら給付義務違反が存しない場面において機能するとの理論動向に通じる見解であるといえよう。

3　保護義務論

メディクスも、主に契約が有効に締結された場合の給付関係と保護関係の間の影響可能性という観点から、「統一的法定保護義務関係」論を疑問視する。メディクスは、「統一的法定保護義務関係」論者のいう「法定の保護義務」は、契約締結後は「法定付随債務関係（gesetzliches Begleitschuldverhältnis）」において存することになるが、このような構成は一見魅力的ではあるものの、なお制限される必要があるとして、以下のような点を指摘する。(25)

第一に、契約は、一般的な社会生活保安義務よりも重い保護義務を負担してでも反対給付を調達させるという点に、その意義がある。したがって、このような保護義務の強度は、契約の効力とは無関係であるということはできない。また、有効な契約が成立しなかった場合、理由如何によっては特別な保護義務を負担させることができないこともある。例えば、未成年者は、ＢＧＢ一〇六条以下により反対給付義務を負わないだけでなく、保護義務を負担することによって不法行為法よりも重い損害賠償義務を負わされるという事態からも保護されなければならない。このように、契約の意義と契約不成立の理由を考慮するときには、統一的な法定保護義務関係論は簡明ではなくなる。第二に、純粋財産利益[26]に関する保護義務については、その内容は契約締結の前後で大幅に異なり得る。すなわち、契約締結前においては、主として意図された契約の締結へ向けられた「説明」が債務の目的となるのに対し、契約締結後は、それと異なり履行に関する「情報」（例えば、引き渡された目的物の安全な使用のための情報）が問題となる。少なくともその内容は契約の有効性及び契約の進展度に関係している。それ故、純粋財産損害に基づく損害賠償請求権を、契約とは無関係な法定債務関係に基づいて認めることは許されない[27]。

メディクスは、保護義務の内容が給付関係（契約債務関係）と不可分にかかわる場合のあることを指摘しており、この点で、ラーレンツと同様の方向にある。かかる立場からは、保護義務は、契約関係に存立根拠を有するものとして、不法行為法上の義務よりも内容・程度は高められたものであると理解することになる。メディクスは、積極的債権侵害論においてみたように、給付義務の不履行の結果として完全性利益が侵害される場合を給付義務違反構成し、給付義務と何ら関係のない場面においてのみ保護義務違反を観念する点で、保護義務領域限定説と同方向にある[28]。

㈢　ゲルンフーバー（*Gernhuber*）の見解

1　契約義務構造

ゲルンフーバーは、債務関係を債権・債務及び債権者・債務者間に存する種々の要素からなる「複合的な統一体（komplexe Einheit）」であると理解する[29]。すなわち、債務関係は、ＢＧＢにおいて定義されてはいないが、これまで債権・債務の補充概念として、あるいは、債権者と債務者間の給付関係を意味するものとされ、また、広義の債務関係と狭義の債務関係とが区別されるなど、学説上その特徴づけは明らかではない。債務関係は、契約準備段階においても牽連関係においても存するものであり、したがって、その目的は、債権者の給付利益の実現に限定されず、規範や当事者の行為により別の債務関係に取り替えられたり変更が加えられる場合もある。例えば、給付義務なき債務関係が二次的給付義務（損害賠償請求権）を伴う債務関係に替えられたり、双務的な債務が片務的なものに代わるが、そこでは債務関係の同一性が維持されるのか否か（連続性と不連続性）は別個に吟味されることになる。ゲルンフーバーにあっては、債務関係は契約の前後にも存するものとされ、その内容も多様であり、より柔軟なものとして概念規定する傾向が窺える。(30)

このような債務関係の構造分析に立脚した上で、契約債務関係は、給付義務により決せられ、その他の義務は、その侵害があってはじめて明らかにされるものだとして、以下のように説く。(31)すなわち、給付義務は、「独立の給付義務（selbständige Leistungspflichten）」（他の学説が主張する「主たる給付義務」に対応するもの）と「従たる給付義務」（例えば、ＢＧＢ四〇二条（債権譲渡における旧債権者の新債権者に対する報告・証書交付義務）、（旧）四四四条（不動産売主の報告・証書交付義務）、六六六条（受任者の報告義務）(32)）に分けられ、前者は、契約類型を決するものであり、双務契約上の反対給付義務と結びつき、それとの関連なしには存在しないものである。これに対し、後者は、通常、牽連関係に組み入れられないが、当事者の合意により可能であるとして、主・従の給付義務の区別にそれほど重要な意義を認めないラーレンツよりも一歩踏み込んだ説明をする（例えば、買主の目的物引取義務（ＢＧＢ（旧）四三三条二項）は、売主が引渡期日に関する利益を明示した場合には（旧）ＢＧＢ三二〇条以下（双務契約の効力）の適用がある）。そして、「その他の義務」には、「給付誠実・協力義務（Leistungstreue-und Mitwirkungspflichten）」と「その他の行為義務（weitere Verhaltungspflichten）」とに細分され、前者は、給付の実現に奉仕する義務（契約目的の実現へ向けられる作為義務またはそれを危殆化させない不作為義務）であり、後者は、ラーレンツと同様に理解し、保護義務もここに位置づけられる。「その他の義務」は、通常、訴求可能性は否定されるが、相手方の利益保護のためにある一定の行為（作為・不作為）が義務づけられる場合には可能だとする。

ゲルンフーバーは、給付義務とは区別される「その他の義務」として、「給付誠実・協力義務」を別個に捉える点に特徴がある。これは、給付利益（給付結果）の実現に奉仕する義務として析出されている。しかし、「その他の行為義務」の中にも、給付利益（給付結果）と完全性利益保護のいずれにも向けられる義務が混在することを認めており、義務の目的方向性ないし保護利益という観点からは、契約義務構造はなお明らかではない。これは、「複合的な統一体」としての柔軟な債務関係を観念するゲルンフーバーの理解に起因するものと思われる。

2 保護義務論

保護義務に関しては、「統一的法定保護義務関係」論者が、契約の準備段階、給付の履行過程及び履行後にも存する保護義務を統一的に位置づけたことは、より簡明な構成として魅力的ではあるとしながらも、なお疑問点を指摘している[33]。

第一に、「統一的法定保護義務関係」論からは、給付の履行過程においては契約上の債務関係と法定保護義務関係が併存することになるが、このような理解が無意味な場合がある（例えば、ガラス職人がBGB（旧）二四九条（原状回復）により窓にガラスをはめ込む際には、保護義務をも負うということがその基礎にある）。また、従来の学説（ここでの批判説）が「その他の行為義務」の境界を契約締結に求めることは、恣意的な理解であるとはいえないのではないか。すなわち、「その他の行為義務」は、契約準備段階においてはその先に意図された給付義務によって定まるものの（もっとも、この段階では流動的なものではあるが）、契約関係がある場合には、給付義務の内容によって定まるということが契約準備段階以上により顕著なものとなり、しかもそれは契約類型のみならず給付の目的にも関わる。

第二に、保護義務を他の義務とは別個に捉えることは、「その他の行為義務」との関連性を遮断し、保護義務違反の債務関係における意義（契約目的の危殆化として捉えられる）(34)を損なうことになる。同様に、保護義務を別個に捉えるときには、法定保護義務関係上の責任は不法行為責任と契約責任に併存した第三の責任となるが、これでは責任法を複雑なものにする。また、「統一的法定保護義務関係」論者においても、その詳細については一致しているわけではない。

このように、ゲルンフーバーは、「統一的法定保護義務関係」論に対する批判として、保護義務が給付関係と不可分にかかわる場合があること、保護義務違反の給付障害法における独自性に対する疑問を指摘する。前者については、ラーレンツ、メディクスと同様の立場にある。後者は、契約規範の射程にかかわる観点である。この点に関して、ラーレンツ、メディクスは、保護義務の存立根拠を契約債務関係に求め、その契約義務性が明らかとなるが、ゲルンフーバーにあっては、批判説に依拠する傾向は窺えるものの、保護義務の契約規範による処理という視点は必ずしも鮮明なものではなく、これも債務関係の理解から出てくるものだと思われる。

(四)　レーヴィッシュ（*Löwisch*）の見解

1　積極的債権侵害

レーヴィッシュは、積極的債権侵害を、①「主たる給付義務」の履行が不完全な場合（不完全履行（Schlechter-füllung））、②債務者が債務関係の目的を危殆化させた場合（契約不誠実（Vertragsuntreue））、③債務者が、債務関係との関連で債権者の他の法益に損害を与え、または、それを危殆化させた場合（保護義務違反）、の三つに類型化して論じる。(35)

①では、債権者に生じた不履行損害を超えた損害の賠償が問題となる。すなわち、売買、請負、賃貸借契約においては、瑕疵ある物などの給付により瑕疵結果損害（Mangelfolgeschäden）が生じた場合であるが、債務法各則の瑕疵責任規定（(旧)ＢＧＢ四五九条以下、五三七条以下、六三三条以下）がこのような損害を包含するのか否かについては議論がある。その他の契約においては、そこでの主たる給付義務違反が積極的債権侵害となる。また、主たる給付義務に付随する「従たる義務（Nebenpflicht）」の不完全履行も考えられる。情報提供義務（Informationspflichten）や安全保護義務（Sicherungspflichten）がそうであり、例えば、売買目的物の危険性についての説明を怠り、その梱包に欠陥があったり、盗難からの安全保護が十分でなかったといった場合である。なお、不完全履行が、給付遅滞の中で生じたり、給付の後発的不能に至った場合には、積極的債権侵害に基づく責任は排除され、専ら遅滞・不能の規定により処理されることになる。(36)

②は、債権者に生じた不履行損害の賠償と契約の解除が認められる場合である。債務者には、個々の債務関係に応じてその目的を不確実なものにしたり危殆化させない行為が義務づけられるが、ここでは、とりわけ債務者の給付誠実義務（Leistungstreuepflicht）に反した履行拒絶に対して、債権者が、双務契約から手を引くか、あるいは不履行損害の賠償を請求するか否かが問題になるとする。

③は、過失ある財産損害の賠償が認められず、また、補助者責任に関する免責可能性を有している不法行為法（ＢＧＢ八三一条（使用者責任））の不備を補完するものとして捉えられている。判例の多くは、説明義務（Aufklärungspflichten）、情報提供義務（Auskunftspflichten）、注意義務（Rücksichtnahmepflichten）、配慮義務

(Fürsorgepflichten)、保護義務に言及するが、ここではいずれも完全性利益侵害が問題となる場面である。そして、レーヴィッシュは、これらの義務の存立根拠を契約債務関係に求めており、契約関係が成立する場合には「統一的法定保護義務関係」の構成は不必要であるとする（後述「保護義務論」を参照）[37]。また、保護義務に対応した履行請求権も認められるとする[38]。

このように、レーヴィッシュは、契約義務に即して、完全性利益侵害事例を中心に析出するとともに、合わせて給付利益（給付結果）の侵害も問題とする。そして、保護義務の存立根拠を契約債務関係に求め、ここでもその契約義務性が明らかにされ、従たる義務・保護義務の履行請求権や履行不能・遅滞との関係にも言及している。特に、履行不能・遅滞が存する場合には、専らそれらの規律に服するべきであるとの指摘は、前述したメディクスの見解と同様であり、保護義務領域限定説へも通じる。

2　保護義務論

レーヴィッシュは、保護義務の根拠を法定債務関係に求める見解は、契約の締結前や契約が無効な場合、さらには第三者の保護効を伴う契約や契約終了後の過失責任については妥当するものの、契約が有効に成立する場面では不必要な構成であるとして、「統一的法定保護義務関係」論を批判する[39]。積極的債権侵害を論じるに際し、以下のように述べる。

第一に、当事者間で保護義務違反に基づく効果の免責が認められるとき、それは契約の解釈から引き出されることになるが、保護義務違反を契約関係から峻別された法定債務関係に基づく責任だとすると、免責が認められないという不都合な状態が生じ得る。第二に、積極的債権侵害に基づく責任の根拠を法定債務関係に求めることは、履行補助者の責任に関して誤った結論に至る[40]。すなわち、カナーリスは、法定保護義務関係は債権者と債務者の履行補助者との間にも存するから、履行補助者自らが債権者に対して保護義務違反（積極的債権侵害）に基づく責任を負うとする。[41] このことは、履行補助者が、債務者との契約の中で自らの契約利益を有しており、債務者に拘束されずに行為するような場合に（例えば、管財人）、債権者の信頼を裏切ったという事態には妥当するものの、一般に、履行補助者が債務者に代わり、あるいはそれと併存して責任を負うとみることは極論にすぎるとする。[42] したがって、ＢＧＢ（旧）二七八条に基づき、債務者が責任を負うことになる。

レーヴィッシュは、契約交渉段階において当事者間の法律行為的接触から生じる法定保護義務関係は、契約の締結により契約上の債務関係の中へ吸収され、また、契約が無効な場合や契約終了後においても「法定の保護義務」が全面に出てくるとみており、この点で、ラーレンツに代表される批判説と同方向にある。そして、さらに免責可能性と補助者責任にも言及している。なお、契約義務としての保護義務には、損害発生の予防を目的とした履行請求権も認められるが、これはＢＧＢ一〇〇四条（所有権侵害の除去停止請求権）による不法行為法上の不作為請求権に他ならないものだとする。[43]

(五)　ハインリッヒス（*Heinrichs*）の見解

1　契約義務構造

判例の動向に即して、契約義務群を詳細に析出する。[44] すなわち、契約義務としては、債務関係を特徴づける「主たる給付義務」を中心に、その準備・実行・保護に奉仕する「従たる給付義務」の他、種々の付随義務が存在し、諸義務の束（Bündel von Pflichten）が形成されるとする。[45]

付随義務（Nebenpflichten）[46] は、「給付に関連する付随義務」とその他の「行為義務」に分けられ、さらに、それぞれについて訴求が可能か否かから「独立の付随義務」と「非独立の付随義務」とに細分される。「給付に関連する付随義務」としては、「主たる給付義務」を補完し、あるいは給付結果・契約目的を侵害したり危殆化させない義務である「給付誠実義務（Leistungstreuepflicht）」（給付目的の保護・保管義務や競業避止義務などに具体化される）、および「協力義務（Mitwirkungspflicht）」（例えば、必要な官庁の許可を得るための協力）が挙げられ、原則的には前者は訴求できないが（非独立の付随義務）、後者では可能である（独立の付随義務）。その他の「行為義務」には、「保護義務」の他「説明義務（Aufkläruungspflicht）」、「情報提供義務（Auskunftspflicht）」が存する。「保護義務」は、（旧）BGB五三六条（使用賃貸人の義務）、六一八条（労務給付権利者の安全配慮義務）、七〇一条（旅館主の責任）などにおいて規定される他、一般に相手方当事者の完全性利益の保護を主たる目的とするものであるが、給付利益の保護へも向けられる場合がある。(47) また、保険による保護に配慮すべき義務（例えば、自動車の保有者が自動車保険に加入すべき義務）もここに含まれるが、いずれにしても保護義務の訴求可能性は否定される（非独立の付随義務）。「説明義務」は、任意に相手方当事者に重要事項を知らせる義務であり（非独立の付随義務）、この点で、権利者への情報提供が義務づけられる「情報提供義務」（例えば、（旧）BGB二六〇条、四〇二条、六六六条の報告義務＝独立の付随義務）と区別されるが、いずれも相手方当事者の完全性利益を脅かすような危険について警告すべき場合には、保護義務と交錯することになる。

このように、ハインリッヒスにあっては、給付利益と完全性利益の保護に向けられる諸義務が債務関係の中で一体的に位置づけられており、債務関係は給付結果の実現に尽きるものではなく、信義則が支配する特別結合関係として広く捉える傾向にある。(48) そして、「主たる給付義務」を中核としてそれと対比させた形で付随義務群を析出するが、「主たる給付義務」と「従たる給付義務」との関係、とりわけ「従たる給付義務」と「付随義務」

との区分規準については必ずしも明らかではない。

2　積極的債権侵害

ラーレンツ、メディクスと同様、「不完全給付」と「付随義務違反」に類型化し、諸義務の具体的な内容・役割に着目した分析を試みている[49]。「不完全給付」については、当該契約が瑕疵担保に関する規定を有するのか否かから細分する。瑕疵担保規定を有する契約類型においては（(旧)ＢＧＢ四五九条以下（売買）、五三七条以下（賃貸借）、六三三条以下（請負））、通常、当該規定の及ばない損害（瑕疵結果損害）について積極的契約侵害に基づく責任が認められる（拡大損害事例）。他方、瑕疵担保規定を有しない契約類型（雇用、委任など）においては、有責な不完全給付のすべてが積極的契約侵害に基づく責任となる（したがって、「給付結果の不完全」及び「拡大損害事例」が問題となる）。また、「付随義務違反」としては、給付利益に関わる給付誠実義務違反（例えば、履行拒絶、不当な契約破棄）・協力義務違反（例えば、契約の有効要件である官庁の許可を得るための協力を怠る）、完全性利益侵害を招来する保護義務違反、さらにはいずれの利益侵害にも関わる説明義務違反・情報提供義務違反が挙げられ、メディクスと同様に、「給付結果の不完全」と「拡大損害事例」が問題となる場面としてみることができる。

そして、「不完全給付」とは別個の「付随義務違反」の中で保護義務違反を扱うことから、「給付義務違反による拡大損害事例」（不完全給付）の帰責根拠は給付義務違反に求めることになる。

3　保護義務論

保護義務は、ＢＧＢ（旧）五三六条（使用賃貸人の義務）、六一八条（労務給付権利者の安全配慮義務）、七〇一条（旅館主の責任）などにおいて規定されるが、その他、広く相手方当事者の完全性利益を保護すべきであるとの原則から認められるものである。[50] また、給付利益の保護へも向けられる場合がある。[51]

このような保護義務は、既に契約締結の交渉段階（一次的給付義務なき債務関係）[52] において成立し、契約締結上の過失責任を引き出し、[53] さらに積極的契約侵害や第三者の保護効を伴う契約、契約終了後においても問題となるものである。したがって、保護義務は、当事者間の特別結合に基づく双方の法益への高められた影響可能性から生じるものであり、不法行為法上の「社会生活保安義務（Verkehrsicherungspflichten）」と同性質であり、契約関係が存する場合には、それが契約義務（保護義務）として表面化するとみる。[54]

そして、保護義務の根拠を「統一的法定保護義務関係」に求める見解については、積極的契約侵害を論じる中で言及している。[55] すなわち、このような見解に対しては、契約責任と不法行為責任の間の限界が曖昧になり、また、積極的契約侵害には、保護義務違反と並び不完全給付（給付義務違反）事例が存するが、そこでは統一的保護関係に基づく義務違反が問題となるのではなく、あくまで契約違反が問題となることも指摘でき、さらには、積極的契約侵害に対する契約解除権を説明することはできない。結局、契約締結前や契約が無効な場合には法定保護義務関係は妥当するものの、契約関係が存する場面（積極的契約侵害）では不必要な構成であるとしており、この点で、他の批判説と同様の立場に立つ。なお、ハインリッヒスにあっては、保護義務と不法行為法上の義務（社会生活保安義務）との同質性を肯定することから出発する点に特徴があるといえよう。

㈥　フィッケンチャー（*Fikentscher*）の見解

1　契約義務構造

これまでみたように、ドイツでは、債務として、給付義務のほかに行為義務・保護義務などが析出され、契約義務構造論が展開されている。かかる理解に対して、フィッケンチャーは、そうした義務をも包括した一つの給付を観念し、債務＝給付義務とする包括的給付概念（weiter Leistungsbegriff）を主張する。(56)

すなわち、一つの債務関係の中で、行為義務・保護義務は本来の給付と対峙させて捉えられているが、そこでは、独立した履行請求権が認められるのか、双務契約における牽連関係に組み入れられる義務なのか、第三者のための契約において第三者の権利の対象となる義務なのか、また、その侵害が損害賠償請求権に接合する義務といえるのか、といった諸観点からは、このような概念上の区別は有益ではある。しかし、給付障害を統一的に処理するための基礎として、統一的な給付概念を考えるべきである。したがって、給付とは、作為義務と不作為義務、引渡義務、保管義務、保護義務及び一般的行為義務などの「諸義務の束（Bündel von Pflichten）」から構成され、履行請求権や双務性といった問題も、このような包括的な給付の中で検討されるべき問題だとする。(57)

2　積極的債権侵害

包括的な給付概念を主張するフィッケンチャーにあっては、積極的債権侵害（不完全履行）についても、そこで侵害される義務類型に依拠した分析は加えられず、発生した損害（被侵害利益）にのみ着目され、履行不能及び遅滞をも包含したものとして「給付障害」を統一的に捉えている。(58)

積極的債権侵害は、本来の不完全履行損害（本旨給付と不完全給付との価値的差額＝履行利益）の賠償のほか、超履行利益（übererfüllungsmäßiges Interesse ＝完全性利益）の賠償を導く。(59) そして、特別の瑕疵責任規定を有する契約（売買、請負、賃貸借）においては、不完全履行損害は瑕疵責任として処理され、超履行利益の賠償に関わる積極的債権侵害がそれと並立し、その他の契約においては、いずれの賠償も積極的債権侵害により処理されることになるとする。

フィッケンチャーの主張する給付概念からは、超履行利益の賠償は、債務の中に保護義務・行為義務が存するとしても、その侵害から直接に認められるものではなく、債務に適った履行がない（本旨不履行）という事態から判断されることになる。[60]もっとも、超履行利益の賠償は、本来、不法行為法上の問題であるが、ドイツ不法行為法の保護法益が限定的であるが故に、契約責任に包含されることを認めている。[61]したがって、積極的債権侵害の効果として捉えるにおいても、不法行為規範との間での調整が考慮される。[62]

3　保護義務論

フィッケンチャーは、契約締結上の過失責任を論じるに際し、「統一的法定保護義務関係」論に言及する。[63]すなわち、契約締結上の過失責任は、契約の有効性とは無関係であるから、法定債務関係の中で処理される。[64]そして、このような法定債務関係が、契約の締結によりそれに付随して存続するのか否かについては、カナーリスのような存続するとの理解に対して疑問を呈する。[65]契約の締結により義務態様は変更し得ることから、法定債務関係が存続するとの外見上単純な構成は否定されるべきだとする（メディクスの見解に依拠する）。つまり、契約締結前の注意義務違反が契約締結上の過失責任を引き出し、契約締結後の注意義務違反は積極的債権侵害を引き出すことになる。もっとも、ＢＧＢ二四二条（信義則）により定まり、慣習法上認められる契約準備段階の債務関係は、契約関係に類似するが故に、契約締結上の過失責任は契約規範を基礎とするものとして捉えている。

そして、このような債務関係において存する注意義務として保護義務が析出され、以下のように述べる。[66]すなわち、保護義務は、相手方の身体・所有権の保護へ向けられるものであり、これは同時にＢＧＢ八二三条一項（不法行為に基づく損害賠償）の保護法益をも意味する。つまり、保護義務違反からは、契約締結上の過失責任としての損害賠償請求権のみならず、不法行為上の損害賠償請求権も生じる。これを契約に類似した請求権として捉えることは、BGB（旧）二七八条（履行補助者の過失）が適用されること（BGB八三一条一項二文の使用者責任の免責が認められない）、及びBGB（旧）一九五条の消滅時効期間（三〇年）に服する（BGB（旧）八五二条の不法行為上の短期消滅時効（三年）は適用されない）点に長所があるとする。

フィッケンチャーは、包括的な給付概念を主張することから、契約義務構造論においてみられるような、保護義務の析出及びその契約規範による処理という志向はみられない。このような理解は、契約義務構造論自体に対する批判説としてみることもできる。したがって、積極的債権侵害に関しても、被違反義務に依拠せずに、専ら被侵害利益に着目して整理され、完全性利益侵害（超履行利益の賠償）が導き出されている。そして、完全性利益は、本来、不法行為法上の保護法益であり、契約締結上の過失責任や積極的債権侵害は、「契約規範による不法行為規範の拡張」ないし「契約法における不法行為法（Deliktsrecht im Vertragsrecht）」の問題として捉えられ、両規範が相互浸透性を有する場面であることが鮮明にされる。[67] このような理解からは、保護義務と不法行為法上の義務との同質性を肯定し、完全性利益侵害を不法行為規範により処理する傾向へ傾くことも予想し得る。その意味では、以下にみる「不法行為責任説」へ通じる見解として位置づけることができる。

三　保護義務と不法行為法上の義務の関係（不法行為責任説）

今日、「統一的法定保護義務関係」論者において、「法定の保護義務」の内容・程度は、不法行為法上の義務と同性質であるとみる見解も有力である。また、保護義務領域を限定的に捉える立場からは、給付義務違反による完全性利益侵害場面（拡大損害事例）及び完全性利益の保護が給付対象とされる契約において観念される給付義務たる保護義務違反を契約規範に服せしめるとき、給付関係からの峻別が強調される保護義務は、「法定の保護義務」というよりも、むしろ不法行為法において展開されてきた「社会生活上の義務（社会生活保安義務）」そのものであるとの見解も表明されている。

ドイツにおいては、判例が、いわゆる「社会生活保安義務（Verkehrssicherungspflichten）」ないし「社会生活上の義務（Verkehrspflichten）」という注意義務群を発展させ、不法行為法上の保護の拡大が図られてきた。このような義務は、もともと（旧）ＢＧＢ八二三条一項（不法行為による損害賠償義務＝なお、現行法においても変わらない）には明規されてはおらず、判例主導の下で展開され、その後学説上も積極的に承認されてきた義務群である。その基本的内容は、「危険源を創出しまたは継続させた者は、他人の保護のために当該事態に応じて要求されるあらゆる安全措置を採らなければならない」というにある。例えば、危険な商品の製造者や販売者は、危険を回避するために必要な措置を講じなければならず、また、物の保管・運送に携わる者や医師・医療関係者・旅館の主人などは、他人の生命・健康及び所有権を保護すべき職業上の義務が課される。もっとも、当初は、不作為についての責任及び交通の安全に関する事例に端を発して「社会生活保安義務」が生み出され、さらにそこから「社会生活上の義務」として展開され、やがて契約法、使用者責任、営業権保護、環境保護など多くの生活事象にまで適用領域が拡げられてきた。したがって、学説は、「社会生活上の義務」は、「社会生活保安義務」を包摂する広義の概念として捉えている(68)。

以下では、保護義務をこのように展開されてきた「社会生活上の義務（社会生活保安義務）」と同視し、保護義務違反を不法行為規範へ放逐することを主張する見解をみる。

㈠　ハンス・シュトル（*Hans Stoll*）の見解

ハンス・シュトルは、証明責任に関する論文の中で契約義務構造に触れ、給付義務と保護義務を対峙させる二元的構成に対して批判を加える。そこでは、保護義務とされてきたものを二分し、以下のように述べる。(69)

第一は、「主たる給付義務」または「従たる給付義務」として認められるものである。例えば、契約により引き受けられた監視義務（Bewachungspflicht）・監督義務（Aufsichtspflicht）、寄託者の法益保護を目的とする受寄者の給付義務（ＢＧＢ六八八条以下）、運送品や旅客を運送中害さないように配慮すべき運送人の義務、飲食店の出入りに危険がないように配慮すべき飲食店主の義務などである。また、積極的契約侵害として扱われる典型的事例（債務者が、その負担する行為を実行するに際し、債権者に「随伴的損害（Begleitschaden）」を与えた場合）もそうである。そこでは、債務者に課された給付が、債権者の法益の保護へも向けられており、給付義務の不履行は、専らあるいは同時に債権者の保護利益（Schutzinteresse＝とりわけ身体や所有権の完全性にかかわる利益）の侵害（随伴的損害）を招来する。ここでの違反は、保護義務ではなく、給付義務の不履行として処理される。(70)

第二は、相手方の権利領域への侵害を止め、または相手方を特定の危険から保護すべきであるとの命令が、契約の合理的解釈からは導き出されずに、契約の準備や契約実行の目的のために成立する社会的接触に由来する場合に存する「保護義務」である。例えば、買主が食料雑貨品店で買い物をして店を出るときに、棚が頭上に落ちてきて負傷したという事例は、売主が、買主との社会的接触に基づき、店の出入りに危険がないとの信頼を買主に与え、かつそのような信頼を裏切らないという保護義務に違反する場合である。また、トレーラートラックの制御装置の修理が不完全であったために事故を引き起こしたという事例も、請負人の給付義務の履行が不完全であることは確かではあるが、注文者が修理のために車を請負人に引き渡したという信頼行為に基づく特別な影響可能性に起因する損害であり、契約の中に根拠を有しない保護義務違反が認められる。このような社会的接触による保護義務は、ドイツにおいては、不法行為法上の弱点（とりわけ使用者責任を定めたBGB八三一条の使用者の免責可能性（＝現行法においても変わらない））を克服するために、契約法において展開されたものである。保護義務は「一般的」な「社会生活上の義務」とは異なり、特定人に対して具体化された義務であるとみることは適当ではなく、「社会生活上の義務」も、それを規律する社会的接触が成立するや否や特定人に対して具体化されるものである。したがって、保護義務は、不法行為法上の「社会生活上の義務」と区別できるものではなく、保護義務違反の場合にも、不法行為におけると同様に証明責任は被害者側に置かれ、場合により軽減されることになる。

(二)　ウルリッヒ・フーバー（*Ulrich Huber*）の見解

ウルリッヒ・フーバーも、「法定の保護義務」違反として根拠づけられてきた責任領域を不法行為責任へ放逐すべきことを主張する。

ウルリッヒ・フーバーは、まず、売買目的物の瑕疵により買主が身体または所有物に損害を被った場合について、以下のように述べる[71]。すなわち、この場合の損害賠償義務の根拠は、売主が性状に瑕疵がある製品を取引に置いたため、他人（買主または第三者）の完全性利益を危殆化させたという点にある。このとき、当該取引において必要とされる注意を払えば瑕疵を認識し得たにもかかわらず、瑕疵のあるそして危険性をはらんだ製品を取引に置いた者は、それにより損害を被った利用者に対してBGB八二三条一項（不法行為による損害賠償義務）により責任を負う。このような責任は、また、当事者間に契約関係が存しない場合、あるいは買主ではなく第三者が物の利用に際して損害を被った場合にも根拠づけられる。したがって、責任の根拠は、「特別の保護義務」違反にあるのではなく、利用者が性状の瑕疵により危険にさらされるような製品を取引に置いてはならないという、一般的な「社会生活上の義務」違反にある。なぜなら、このような義務は、製品の買主に対して特別に存するものではなく、万人に対して存するものであり、契約締結や当事者の社会的接触の開始により生じるものではないからである。

さらに、ウルリッヒ・フーバーは、このような「法定の保護義務」構成に対する批判を、債務法改正鑑定意見の中でも述べている(72)。すなわち、法政策的には、不法行為法の不備は、必要な限り不法行為法自体の立法的措置により修正されるべきである。また、理論的には、保護義務は、不法行為法における最近の展開を受容していないものである。最近の理論展開の中心は、「社会生活上の義務」である。これは、万人に対する義務ではあるが、さらに、例えば、特別の職業上の義務として特定のグループに属する者についてのみ妥当し、あるいは「社会生活保安義務」、「組織義務（Organisationspflichten）」、「生産物義務（Produzentenpflichten）」としてある一定の活動にも結びつけられる。「保護義務」においては、債務関係から生じ、一次的給付義務に「付随する」・「二次的な」特別の義務が問題となるのではなく、債務者が万人に対して負担する不法行為法上の「社会生活上の義務」が問題となるのである。この義務が、当事者間に存する法律行為的接触を契機として侵害される。それゆえ、正しい位置づけとしては、不法行為法で十分である。さらに不履行責任を受け入れるか否かは、さして重要ではない。

もっとも、ウルリッヒ・フーバーは、ハンス・シュトルと同様に、保護義務が、契約あるいは当事者間の特別な人的接触によりはじめて根拠づけられる場合のあることも指摘している(73)。これには、契約当事者が相手方または第三者を監護し、あるいは相手方の物の保管を引き受けるすべての契約（診療契約・入院契約、山案内人と旅行者との間の契約、幼児監護契約、運送取扱契約、運送契約、倉庫契約及びその他の寄託契約、警備契約）が含まれる。ここでは、委ねられた人または物の保護・保管義務は、万人に対する義務たる一般的な「社会生活上の義務」ではなく、契約から生じる義務であり、相手方当事者または保護されるべき第三者との間において存する特別の義務である。このような本来的契約義務は、さらに特別な不法行為責任をも根拠づける場合がある。すなわち、医者または病院経営者は、患者に対する監護義務に違反する場合は、契約違反によるのみならず不法行為によっても責任を負う。このような監護義務にあっては、契約なき「社会的接触」から生じるものとして、一般的な「社会生活上の義務」としての性質が表面化することになる。

以上の不法行為責任説は、「統一的法定保護義務関係」論者の主張する「法定の保護義務」は、同じく完全性利益の保護へ向けられ、しかも万人に対して認められる不法行為法上の「社会生活上の義務」に他ならないと批判する。「法定の保護義務」が、不法行為法の弱点を克服するために主張されたものであるとみる限りでは、不法行為法における理論展開に依拠する見解が出てくることは当然の傾向であるといえる(74)。そして、不法行為責任説は、契約義務構造論に基づく保護義務論自体に対する批判説として位置づけることができる。

ハンス・シュトル、ウルリッヒ・フーバーは、いずれも完全性利益侵害が給付義務の中に取り込まれる契約類型（給付義務たる保護義務）を肯定し、その他の場面を問題とする点で、「統一的法定保護義務関係」論における保護義務領域限定説と同方向にある。ただし、ハンス・シュトルは、給付義務の不履行の結果として完全性利益が侵害される場合（「給付目的物の瑕疵による拡大損害事例」）を契約規範により処理し、それを（単なる）保護義務違反と区別して捉える傾向も窺えるが、ウルリッヒ・フーバーにあっては、いずれも「社会生活上の義務」違反により根拠づけており、不法行為責任構成をより徹底させている。

もっとも、ウルリッヒ・フーバーは、給付目的自体の侵害（履行利益侵害）について給付義務の不履行を根拠とし、それを超えた完全性利益侵害についてのみ「社会生活上の義務」が妥当するとしており[75]、また、「社会生活上の義務」違反も、専ら不法行為規範にのみ依拠することなく、契約規範をも斟酌すべきことを示唆する[76]。ウルリッヒ・フーバーは、契約規範と不法行為規範を峻別することなく、規範競合の観点からの解決を志向する見解だといえるであろう[77]。

四　ピッカー（*Picker*）の見解（特別責任説）

以上の学説とは異なり、保護義務違反による責任（完全性利益侵害）を特別責任として構成するのがピッカーの見解である。

ピッカーは、法律行為における自律的決定から発生する一次的給付義務と、法律行為ではなく法秩序による他律的決定に基づいて発生する損害賠償義務を明確に区別することから出発する。そして、このような損害賠償義務を統一的に捉え、完全性利益侵害に対する損害賠償責任も、契約上または契約類似の義務から構成されるべきではなく、法秩序による他律的決定を根拠とする責任（特別責任）だとして、以下のように述べる[78]。

(一)　給付義務と損害賠償義務の区別

契約は、当事者が自律的に決定した給付のみに関わるものである。つまり、契約は、当事者が明示または黙示に約束した一次的給付である価値移転に関する原因を与えるだけである。これに対して、損害賠償へ向けられた給付は、一次的給付を根拠づけるものではない。なぜなら、損害賠償義務は、義務者の自律的行為から生じるものではなく、したがって、給付約束に基づくものではないからである。損害賠償義務は、誤った行為に対する制裁として、義務者の意思とは無関係に課される義務であり、その意味で、自律的拘束ではなく他律的拘束に根拠を有する。そして、このような理解からは、損害賠償義務は、成文または不文の法規範により設定される「法定の義務」として位置づけられ、完全性利益侵害の場合のみならず、契約責任として捉えることに異論の唱えられてはいない債務不履行に基づく損害賠償義務もここに組み入れられる。このように、法律行為上の給付義務と損害賠償へ向けられた法定の義務とを厳格に区別することは、積極的債権侵害や契約締結上の過失責任、あるいは(旧)ＢＧＢ一二三条・三〇七条（消極的利益）の損害賠償義務を、契約責任と法定責任のいずれに位置づけるべきかという争いに終止符を打つことにもなる。(79)

(二)　損害賠償義務の二分化

以上の理解からは、損害賠償責任の法的根拠は損害賠償義務のみに求められ、この点で、債務不履行責任と不法行為責任の違いもなくなる。

その上で、ピッカーは、これまで法律行為上の損害賠償責任として捉えられてきたものを、法律行為上の特別結合との関連性から二つに分けて論じている。その一つは、法律行為上の特別結合、とりわけ契約の存在が、損害賠償責任の発生と内容にとって重要な意義を有する場合である。契約は、一般的な権利・財貨帰属秩序を超えた当事者間で尊重されるべき特別の法的地位を設定し、債権者に、合意した時点での財産の増加をもたらすという、厳密な意味での積極的利益を関連づける。その限りでは、債務者によるこのような特別の法的地位の侵害

(例えば、給付目的物の瑕疵損害) については、契約が作用することになる。(80)

これに対し、完全性利益侵害 (例えば、給付目的物の瑕疵による結果損害) に対する損害賠償責任にとっては、契約は重要な意義を有しない。そこでは、契約は、損害発生原因の一部をなしているものの、当事者間での特別の地位、すなわち、特別の権利・財貨帰属秩序に関わるものではない。したがって、この責任を契約上の義務または契約類似の義務から説明する見解は、擬制を伴うものであり、法律行為上の責任とみることはできない。その結果、完全性利益侵害に対する損害賠償責任は、当事者間の特別結合に基づく「特別責任」として位置づけられることになる。それ故、このような特別責任は、法律行為上の取引内部での行為に制限されるべきではない。決定的なのは、当事者間に特別の密接な結合に基づいて特別の影響可能性が事実上存在するという、事実状態だけである。(81)

(三) 特別責任の現行法上の位置づけ

特別結合に基づく損害賠償責任 (特別責任) は、基本的には、不法行為責任と同様の性質を有する。ただし、一般的不法行為法の保護法益は、絶対権及び保護法規上保護される法的地位に制限されることから、特別責任がそれを補完するものとして機能することになる。(82)

なお、現行の給付障害法の体系も、法的特別結合の枠内での法定責任として、BGB八二三条以下 (不法行為) が有する原状回復秩序の機能も担う。特に、積極的債権侵害や契約締結上の過失責任は、違法な・帰責可能な侵害が損害賠償義務を根拠づけるという、一般的損害賠償原則の適用場面である。(83)

(四)　他説への批判

ピッカーの見解は、「統一的法定保護義務関係」論及びその批判説とは全くその様相を異にする。その結果、完全性利益侵害に対する責任（特別責任）の根拠に関する学説に対しても批判を加えている。[84]

すなわち、特別責任の根拠を「社会的接触」ないし「高められた影響可能性・損害発生可能性」に求める見解に対しては、このような概念は多義的であり、接触の度合いが密になればそれだけ損害発生の可能性、責任肯定の可能性も高まるが、それも単なる推論の域を出るものではない。

同じく、「信頼責任説」に対しては、信頼は、ある特定の時点において定まるが、これは社会心理学的な事実であり、また、信頼を生ぜしめた侵害行為の一連の原因の部分的な精神状態でもあり、同時にあらゆる社会的相互作用の原因・結果でもある。それ故、契約当事者としては、相手方が専門的かつ適切な行為をなすことを信頼して、自己または自己の財産を相手方に委ねるであろうし、契約関係にない場合にはその他の理由づけが必要となる。信頼は、あらゆる責任形態を総括する要因とはなるが、責任を根拠づけるものではない。[85]

さらに、「不法行為責任説」に対しても批判的な態度をとっている。いわゆる純粋財産損害の賠償を契約責任ではなく、不法行為法上の職業責任として理解する見解（職業責任説）については、完全性利益保護を図るべき特別結合にある当事者としては万人が考えられるが、この見解からは、特別の職業・地位に依存しない当事者は保護されないことになる。また、「社会生活上の義務説」は、ＢＧＢ八二三条（不法行為による損害賠償義務）とは別に「社会生活上の義務」を承認し新たな責任を構築することになるが、これは裁判所の任務を逸脱したものであり、そもそもなぜ「社会生活上の義務」が論者の認める特殊な事例において根拠づけられるのか、また、なぜそこから責任が生じるのかも明らかではないとする。

完全性利益侵害に対する責任について、学説は、これを契約責任、不法行為責任、あるいは両責任の中間に位置する第三の責任としてみる見解に分かれている。これに関して、ピッカーにあっては、これを契約責任として捉える立場を否定するものの、それ以上に責任性質をめぐる私見は必ずしも鮮明ではない。したがって、そのような侵害を被違反義務からではなく、専ら債権者に生じた被侵害利益に着目して捉えている。[86] その結果、ピッカーの見解は、契約義務構造をめぐる議論に対応するものではなく、給付義務を別個に捉えてはいるが、義務構造論にみられるような、主・従の給付義務の析出やその存立根拠は明らかにはされず、給付関係に属する義務（自律的決定に基づく義務）も非常に狭いものとして位置づけられることになる。ピッカーの見解に対しては、給付義務の履行過程における完全性利益侵害に対して保護義務が妥当する余地はないのかが問題となろう。このことは、ラーレンツ、メディクスなどが「統一的法定保護義務関係」論に対して加えた批判がそのまま妥当する観点でもある。[87]

五　小　括

㈠　批判説の前提

一般には、給付義務は給付利益（給付結果）という将来の利益状態の保持へ向けられ、保護義務は、完全性利益という現状利益の保持へ向けられるものとして理解される。そして、このような義務の目的方向性から契約義務構造が分析され、保護義務論が展開されている。そこでは、契約交渉段階や契約が無効・取消された場面などにおいては、契約関係に類似し濃密化された特別関係にある当事者を保護する必要から、「法定の保護義務」が存立するとみる点ではほぼ異論はみられない（批判説にあるラーレンツ、レーヴィッシュ、ハインリッヒス、フィッケンチャーも同旨)。したがって、特に有効な契約の成立を前提とする債務履行過程が問題となる。

「統一的法定保護義務関係」論者は、給付関係(契約債務関係)から分断された保護関係において「法定の保護義務」が機能すると理解している。したがって、債務履行過程においては、給付関係と保護関係という二重の債務関係が存立する場面として捉えられることになる。そして、保護義務違反に対する責任は、契約責任と不法行為責任の中間的様相を呈する「第三責任(信頼責任)」として位置づけられる。しかし、保護関係は、給付関係の存在を前提とする法律行為的ないし取引的接触関係として捉えることから、そこでの保護義務違反は契約責任に類似することになる。また、保護義務違反で問題となる完全性利益という被侵害利益の側面を強調することにより、不法行為責任にも類似することになる。したがって、前述したように、このような保護関係の曖昧さを回避しようとの見解(保護義務領域限定説)が展開される。すなわち、給付義務の不履行が存しない完全性利益侵害場面のみを保護義務違反により根拠づけ、また、給付義務たる保護義務の認められる契約類型を析出しようとの動向である。ただし、これら二つの保護義務領域限定説の動向は、なお性質を異にする問題を有している。前者では、その場面は契約責任規範に服するのか、不法行為規範へ放逐されるのか、あるいは「第三責任」の構築へ向かうことになるのかという、責任構成が改めて問われることになる。これに対し、後者では、あくまで契約規範が妥当する場面であると解されている。

このような「統一的法定保護義務関係」論に対して、批判説は、現行の責任法の存在を前提にして議論している。「統一的法定保護義務関係」論者の主張する「第三責任(信頼責任)」構成は、契約責任と不法行為責任の間の限界を曖昧なものとし、現行の責任法を複雑にするとの批判(ゲルンフーバー、ハインリッヒス、ギーゼン(88)(*Giesen*))にもみられるように、保護義務違反(完全性利益侵害)を契約責任と不法行為責任のいずれにおいて位置づけるべきか、という見地から出発する。

(二)　債務履行過程における保護義務

批判説の第一は、債務履行過程における給付関係と保護関係の峻別に対する批判であるが、保護義務の内容及びその違反の効果が給付関係と不可分に関わる場合のあることを指摘する点で説得的である。保護義務の内容・程度、その違反に対する免責についても、当事者の合意や契約の効力と無関係ではなく（メディクス、ゲルンフーバー、レーヴィッシュなど）、給付関係もその細目は広範囲にわたり、信義則により当事者意思が補充される場面であるとされる（ラーレンツ）。このような批判説にあっては、保護義務の存立根拠は契約に求められ、その契約義務としての性質が鮮明なものとなることから、[89]「統一的法定保護義務関係」論に比べ、契約債務関係はより広いものとして観念されることになる。反面、保護義務を契約債務関係の枠内において位置づける結果、保護義務と他の契約義務との関係は必ずしも明らかにはされないという傾向も窺える。より柔軟な債務関係を観念する立場（ラーレンツ、メディクス、ゲルンフーバーなど）ではこのような傾向が顕著であり、また、諸義務の具体的内容・役割に着目する立場（レーヴィッシュ、ハインリッヒス）からは諸義務の相互関係が明確になりつつあるが、なお保護義務の訴求可能性や給付義務に関する責任軽減規定の保護義務への適用可能性の可否をめぐり見解は分かれ、さらには、保護義務が給付利益（給付結果）の保持へも向けられる場合のあることが指摘されるなど、理解は一致してはいない。そんな中、包括的な給付概念も主張されているが（フィッケンチャー、エルンスト・ヴォルフ[90]（*Ernst Wolf*））、具体的な事案の解決へ向けた指標を提示するには、債務関係上の異なる利益に対応する多重構造を有する債務をその特性に即して類型化しておくことが有益であり、契約義務構造論の動向を無視することはできないように思われる。

このように、保護義務と他の契約義務との関係が必ずしも明確ではないという傾向は、完全性利益の具体的な侵害態様に対する帰責根拠の問題にも関わってくる。ラーレンツは、積極的債権侵害としていずれも完全性利益侵害場面を問題視するが、そこでは給付利益（給付結果）の侵害も存することから、被違反義務も給付義務と保護義務が交錯する事態だとみている。しかし、同じく批判説にあっても、「統一的法定保護義務関係」論にみられる保護義務領域限定説と同様の動向も見受けられる。すなわち、給付義務の不履行が存する場合には、そこでの完全性利益侵害に対する帰責根拠を給付義務違反に求める見解（ハインリッヒス）が表明され、また、履行不能・遅滞に基づく完全性利益侵害は専らそれらの規律に服するものとみる見解（メディクス、レーヴィッシュ）もここに位置づけられるであろう。さらには、給付義務たる保護義務の認められる契約を析出する見解（メディクス）[91]もみられる。このような傾向は、不法行為責任説においても同様であるが、ウルリッヒ・フーバーにあっては、給付義務の不履行が存する完全性利益侵害は、不法行為法上の義務違反として不法行為責任へ放逐されるものと理解する。

(三)　不法行為法上の義務との同質性

批判説の第二は、「法定の保護義務」と不法行為法上の義務との同質性を前提にして、保護義務違反に対する責任を不法行為責任として構成すべきだとする見解である。不法行為責任説は、不法行為法の不備は同規範内で解決されるべきであるとの立場から、完全性利益侵害は「社会生活上の義務」が法律行為的接触を契機に侵害される場面であるとする。保護義務と不法行為法上の義務の同質性を肯定する見解は、「統一的法定保護義務関係」

論及びその批判説（レーヴィッシュ、ハインリッヒス、フィッケンチャー）のいずれにもみられる。したがって、不法行為責任説の主張は、「統一的法定保護義務関係」論に対する批判に留まらず、保護義務論一般に対する問題提起として位置づけることができる。「統一的法定保護義務関係」論者が、保護義務を給付関係から厳格に分断させるとき、そのような保護関係の不法行為規範との相違が明らかにされなければならないであろうし、このことは、さらに給付とは無関係な完全性利益侵害場面に着目する保護義務領域限定説に対しても同じく投げかけられた問題である。また、前述した給付関係と保護関係の不可分を主張する批判説にあっても、他の契約義務との関係が不明確であるなど、保護義務の性質決定へ向け、やはり同様の問題性を有するように思われる。ラーレンツをはじめとする批判説は、保護義務は契約債務関係に存立根拠を有するものとして、不法行為法上の義務よりも内容・程度は高められたものだと理解するに至ると一応予想できる。しかし、不法行為責任説（ハンス・シュトル、ウルリッヒ・フーバー）は、両義務は内容・程度において差はなく、「社会生活上の義務」が特定人間において具体化されたものだとみており、この点はなお解明されるべき問題として残されることになる。

(四)　保護義務論の現況

以上の批判説とは全く様相を異にするのがピッカーである。ピッカーの見解は、契約義務構造論に依拠するものではなく、給付関係（契約債務関係）は狭いものとして捉えられている。このような理解に対しては、異なった契約利益に対応した多重構造を有する債務関係を想定すべき必要性はないのかという、フィッケンチャー、エルンスト・ヴォルフに対するのと同様の疑問とともに、「統一的法定保護義務関係」論に対する債務履行過程上の保護義務の存否をめぐる批判がそのまま妥当する。そして、ピッカーが主張する完全性利益侵害の「特別責任」構成は、「統一的法定保護義務関係」論の「第三責任（信頼責任）」構成へと傾くことにもなる。この点は、契約責任と不法行為責任が交錯する領域の法的構成を考える際に留意されるべき一視点だと思われる。

かくして、ドイツにおいては、「統一的法定保護義務関係」論を契機として、給付関係と保護関係の峻別をめぐる問題性が表面化し、そこから保護義務領域を限定して捉えようとの見解が有力なものとなり、併せて保護義務と不法行為法上の義務との関係が改めて問い直されるに至っている、というのが今日の理論状況だといえる。

（1）*Karl Larenz*, Lehrbuch des Schuldrechts Bd. I, 14. Aufl. 1987, S. 7ff.

（2）一次的給付義務の代わり（不履行に対する損害賠償義務）、あるいはそれと併存するもの（遅滞による損害賠償義務）が二次的給付義務である。これに対し、不法行為（BGB八二三条）に基づく損害賠償債務は一次的給付義務である。この場合は、損害賠償債務が生じることによりはじめて（法定）債務関係が生じるからである（*Larenz*, a. a. O. (Fn. 1), S. 9.)。

（3）*Larenz*, a. a. O. (Fn. 1), S. 118, 365f. また、ラーレンツは、このような諸々の権利義務を主要な要素とする債務関係は、それを全体的にみると、給付義務やその他の行為義務のみならず、当事者の形成権（例えば、解除権や選択権）やその他の法的地位（例えば、解除を受領する権限）をも包含した複合的な組織として捉えられ（Das Schuldverhältnis als Gefüge）、他方で、債務関係はその法的同一性を損なわない限り当事者の合意や法律の規定により修正され、新たな行為義務や従たる給付義務が生じる場合には、時間的なプロセスの中で捉えることもできるとする（Das Schuldverhältnis als Prozeß）(*Larenz*, a. a. O. (Fn.1), S. 26ff.)。

なお、ラーレンツの契約解釈の方法に関する詳細は、山本敬三「補充的契約解釈（二）―契約解釈と法の適用に関する一考察―」法学論叢一一九巻四号（一九八六）一二頁以下、二八頁以下参照。

（4）ラーレンツは、給付義務を、給付行為のみならずそれにより実現されるべき給付結果も取り込んだものとして理解するようである。すなわち、債務者が給付行為を果たしたにもかかわらず給付結果が生じない場合（実現されない給付義務が残る）と、債務者が正当な行為をしないことにより債権者に付加的損害が生じる場合とを区別すべきだとして、給付義務は行為義務ではあるが、行為義務が給付義務となるのではないとする。それは、給付結果の実現を直接の目的とする本来の給付行為以外に、債務関係からはその他諸々の行為が債務者に課されるからだとする（*Larenz*, a. a. O.（Fn. 1), S. 10f. Anm. 5.)。
（5）債務関係は、給付義務と並んで、それぞれの特別結合（Sonderverbindung）の強度に応じて相手方の期待に沿うように誠実に行為すべき義務をも設定する（*Larenz*, a. a. O.（Fn. 1), S. 9ff.)。
（6）*Larenz*, a. a. O.（Fn.1), S. 11f.
（7）ラーレンツは、主・従の給付義務をいずれも当事者意思に根拠づけるが、義務構造論においては、特に従たる給付義務は必ずしも当事者意思を根拠とせずに広く捉える見解が有力である。カナーリス、ティーレにもそのような傾向がみられ、給付関係を狭まく捉えながらも、給付義務に関してはラーレンツよりも広いとも評し得る（潮見佳男『契約規範の構造と展開』（有斐閣、一九九一）一三二頁は、「給付関係を狭く捉えるカナーリス＝ティーレ理論の方が、給付義務に関してはラーレンツよりも拡張しているという、逆転現象が生じている」とする)。
（8）*Larenz*, a. a. O.（Fn. 1), S. 363ff.
（9）ここでの損害賠償義務は二次的給付義務であり、なお履行（一次的給付義務）が可能な場合にはこれらが併存し、双務契約においては解除権が認められる（*Larenz*, a. a. O.（Fn. 1), S. 369ff.)。
（10）*Larenz*, a. a. O.（Fn. 1), S. 104ff.
（11）*Larenz*, a. a. O.（Fn. 1), S. 14f., 119f.
（12）前掲注（3）参照。
（13）カナーリスは、ラーレンツの批判に対して以下のように反論する。ラーレンツが、契約が無効・取消された場合にのみ法定債務関係が存続し、契約が有効な場合には（それは給付関係に吸収されることから）このような構成は不要とする点について、これでは契約締結後の第三者の責任を論理的に説明することができず、また、契約締結上の過失における第三者保護効の理解も困難となる。また、ラーレンツが固有契約上の義務との限界づけが困難であると批判する点については、このことは正当であるが、直接に競合を認めればよく、同じことは不法行為法上の「社会生活上の義務」についてもいえることだという。責任制限が保護義務違反にも及ぶとする点については、ある事態が異なった法的観点の下で重要であるというにすぎず、例えば、不法行為責任が同時に契約責任を描出することもあるとする（*Claus-Wilhelm Canaris*, Schutzgesetze-Verkehrspflichten-Schutzpflichten, Festschrift für Karl Larenz, 1983, S. 103f.)。
（14）*Larenz*, a. a. O.（Fn. 1), S. 117f. なお、ラーレンツは、積極的債権侵害に関連づけてではあるが、完全性利益侵害を契約規範に服させるべき長所は、ＢＧＢ（旧）二七八条（履行補助者規定）の適用と立証責任の点にあり、短所としてはＢＧＢ（旧）八四七条（非財産的損害の賠償）の適用がないことにあるという（*Larenz*, a. a. O. (Fn. 1), S. 368f.）。

（15）*Larenz*, a. a. O. (Fn. 1), S. 118f.

（16）ラーレンツは、積極的債権侵害論においては給付利益と完全性利益が交錯する場面を問題とし、また、保護義務論においては保護義務を契約債務関係の中で位置づけることから、契約規範の中で完全性利益の保護を図ろうとするようである。しかし、一方で、契約債務関係において目的とされる利益は「債権者の給付利益」であり、それを超える経済的利益や人的利益はこれに含まれないとも述べており（*Larenz*, a. a. O. (Fn.1), S. 28.）、この点はなお判然としない。

（17）なお、古典的契約観からは解決困難な新たな問題（約款取引や消費者取引など）をそこに内包する契約概念あるいは契約観から解明するための手掛かりを得る意図から、客観的観念論という哲学的方法論的視点からラーレンツ法学の体系的再構成を試みるものとして、藤田貴宏「客観的観念論と私法学（一）〜（八・完）―ラーレンツ法学の体系的再構成の試み―」早稲田法学七四巻二号（一九九九）一四三頁以下、同七四巻四号（一九九九）六一五頁以下、同七五巻一号（一九九九）二四九頁以下、同七五巻二号（二〇〇〇）三九九頁以下、同七五巻四号（二〇〇〇）二〇七頁以下、同七六巻一号（二〇〇〇）七七頁以下、同七六巻二号（二〇〇〇）一頁以下、同七六巻四号（二〇〇一）一頁以下参照。

（18）*Dieter Medicus*, Bürgerliches Recht, 18. Aufl. 1999, S. 148ff. なお、契約の本来の目的は給付をなす一次的義務の履行であり、それに支障がある場合に二次的義務が生じ、二次的義務は一次的義務の代わりとなり（例えば、ＢＧＢ（旧）二八〇条の不履行に基づく損害賠償）あるいはそれと併存する（例えば、ＢＧＢ（旧）二八六条一項の遅延損害賠償請求権）として、ラーレンツと同様の説明をする。

（19）*Medicus*, a. a. O. (Fn.18), S. 151f.; *derselbe*, Schuldrecht I Allgemeiner Teil, 12. Aufl. 2000, S. 204f. 訴求可能な行為義務が制定法上規定されている例としてはＢＧＢ六一八条（雇用者の被用者に対する安全配慮義務）があり、また、警告義務は実際上訴求できないことが多いとする。

（20）メディクスは、以下のような判例（BGHZ 93, 23ff.）を挙げている。すなわち、ポテトチップの製造業者であるＳは、その製造の際発生する液状のジャガイモかすを農家Ｇに家畜飼料として無償で引き渡したが、Ｇは大量のジャガイモかすを牛に与えたため、牛が死亡するに至った。そこで、Ｇは、Ｓには損害発生の危険性についての説明義務違反があったとして、損害賠償を請求した。これに対し、ＢＧＨは、責任軽減規定（ＢＧＢ五二一条（贈与者は故意及び重過失についてのみ責任を負う)）は、「契約の目的（本件では、契約上予定されていたジャガイモかすを飼料とすること）と関連する」保護義務にも認められるとして、Gの請求を棄却した（*Medicus*, a. a. O. (Fn. 18), S. 153.)。

（21）*Medicus*, a. a. O. (Fn. 19), S. 198ff.

（22）*Medicus*, a. a. O. (Fn. 18), S. 218ff.

（23）メディクスは、「積極的契約侵害（positive Vertragsverletzung)」という名称は不適切だとする。すなわち、積極的契約侵害は契約上の義務についてだけではなく、法定の債務関係についても生じ得ること、また、積極的な作為によってだけではなく、積極的な作為と関係した不作為（例えば、買主に対して購入した機械が寒いときにはうまく機能しない旨を説明しない場合）によっても生じ得ることから、「不完全給付（Schlechtleistung)」という名称を用いるべきだとする（*Medicus*, a. a. O. (Fn. 18), S. 218f. ; derselbe, a. a. O. (Fn. 19), S. 199f.)。

（24）*Medicus*, a. a. O. (Fn. 18), S. 222f. なお、「契約終了後の過失」に関する例は（義務はなお存続しており、契約関係はまだ完全に終了していないから、契約終了という呼び方は誤りであるが）、解約や告知は問題とならず、損害賠償だけが問題となり、積極的契約侵害（不完全給付）として位置づけられる。これに対し、「履行拒絶（契約拒絶)」は、履行遅滞の問題であり、場合によっては履行期前の損害賠償が可能であるとする（*Medicus*, a. a. O. (Fn. 18), S. 219f.)。

（25）*Medicus*, a. a. O. (Fn. 18), S. 146f.

（26）ドイツ民法は、他人の生命、身体、健康、自由、所有権またはその他の権利の侵害がある場合に、不法行為に基づく損害賠償義務が発生すると規定し（BGB八二三条一項参照）、そこでは保護法益が列挙され限定的であるが、他人の生命などを侵害することなく他人に財産損害（純粋財産損害（reiner Vermögensschaden）または純粋財産利益（reines Vermögensinteresse）ともいう）を与えた場合（例えば、契約交渉の挫折により無駄になった費用や他の有利な契約の締結を逃したことによる損害、あるいは、売買目的物の用法説明がなかったためにその物を利用できなかったことによる損害など）は、原則として不法行為法上の賠償義務は生じない。しかし、当事者間に契約関係のような特別結合関係があれば、それを根拠に純粋財産損害の場合でも賠償義務があると解されている（Vgl. *Medicus*, a. a. O. (Fn. 19), S. 59ff. 中村哲也「純粋財産損害とドイツ不法行為法―他人の財産の保護のための社会生活上の義務論をめぐって―」法政理論二一巻一号（一九八八）一頁以下)。

（27）このようなメディクスの疑問に対しても、カナーリスは反論を加える。メディクスの指摘する第一点に対しては、保護義務が契約の効力と無関係であるという原則は、すべての無効原因について例外なしに妥当するものではないが、このことは周辺部分の修正にすぎず、すべての保護義務を法定債務関係に統一させることを困難にはしない。むしろ無効原因が契約締結前の保護義務違反にも影響を及ぼすこと（例えば、行為無能力者または制限された行為能力者は保護義務違反に対する責任を負わない）は、統一的法定債務関係によって説明できる。また、第二の点に関しては、このことは本質に付随した問題にすぎず、そもそも保護義務は、契約締結前であろうと後であろうと、履行利益ではなく完全性利益が問題となっている点に特質がある（*Canaris*, a. a. O.（Fn. 13), S. 104f.）。

（28）さらに、給付義務たる保護義務が認められる契約（例、警備契約）にも言及する（*Medicus*, a. a. O.（Fn. 19), S. 2.）。

（29）*Joachim Gernhuber*, Handbuch des Schuldrechts Bd. 8, 1989, S. 6ff.

（30）このような理解は、契約締結上の過失と積極的債権侵害の関係を論じる際にもみられる。すなわち、これまで、両者は契約の締結を規準に区別されてきたが、契約締結上の過失は契約準備段階における積極的債権侵害の問題に他ならないとする。契約準備段階の債務関係は、給付を義務づけるものではないが、「その他の行為義務」（給付誠実・協力義務）からなる債務関係として理解する。さらに、「その他の行為義務」は、契約準備段階のみならず給付の履行過程さらには履行後にも存するとみる（*Gernhuber*, a. a. O.（Fn. 29), S. 26, 177.）。

（31）*Gernhuber*, a. a. O.（Fn. 29), S. 15ff.

（32）その他、合意がある場合の売主の物品梱包義務、さらに債権者の「従たる給付義務」の例として、土地の買主は隣地に居住する売主の用益を侵害するような建物を建てない義務などを挙げる（*Gernhuber*, a. a. O.（Fn. 29), S. 18.）。

（33）*Gernhuber*, a. a. O.（Fn. 29), S. 26–29.

（34）給付障害は、給付義務違反のみを意味するものではなく、したがって、給付とは「関係した債務に適ったすべての行為」として定義されるとする（*Gernhuber*, a. a. O.（Fn. 29), S. 17.）。

（35）*Staudinger BGB-Manfred Löwisch*, 13.Aufl. 1995, Rn. 22ff. der Vorbem. zu §§275–283.

（36）*Staudinger-Löwisch*, a. a. O.（Fn. 35), Rn. 30f. der Vorbem. zu §§275–283.

（37）*Staudinger-Löwisch*, a. a. O.（Fn. 35), Rn. 25f. der Vorbem. zu §§275–283.

（38）保護義務（例えば、屋根葺職人の配慮に欠けた仕事により煉瓦が落ちてくる危険があれば、慎重に危険のないように仕事をすることを求める）のみならず、従たる義務（説明義務（Aufklärungspflichten）や協力義務（Mitwirkungspflichten））についても認められるとする（例えば、自動車の買主がその使用方法の説明を求める場合である）（*Staudinger-Löwisch*, a.

a. O.（Fn. 35), Rn. 50f. der Vorbem. zu §§275–283.)。

（39）*Staudinger-Löwisch*, a. a. O.（Fn. 35), Rn. 25f., 36f., 42f., 51, 56ff. der Vorbem. zu §§275–283.

（40）*Staudinger-Löwisch*, a. a. O.（Fn. 35), Rn. 26. der Vorbem. zu §§275–283.

（41）*Claus-Wilhelm Canaris*, Haftung Dritte aus positiver Forderungsverletzung, VersR 1965, S. 114ff. カナーリスは、建築者が建築職人に不適切な指示を与えたことにより生じた損害について、契約締結上の過失に基づき建築職人（履行補助者）自身の責任を認めた判例（BGH VersR 64, 997.）を素材に論じている。

（42）*Staudinger-Löwisch*, a. a. O.（Fn. 35), Rn. 42f. der Vorbem. zu §§275–283.

（43）*Staudinger-Löwisch*, a. a. O.（Fn. 35), Rn. 51. der Vorbem. zu §§275–283. なお、前掲・注（38）参照。

（44）*Palandt BGB-Helmut Heinrichs*, 60. Aufl. 2001, Rn. 6f. zu Einleitung vor §241, Rn. 23ff. zu §242.

（45）*Palandt-Heinrichs*, a. a. O.（Fn. 44), Rn. 23. zu §242. この点で、後述するフィッケンチャーの説示と類似するが、ハインリッヒスにあっては、包括的な給付概念を強調するものではない。

（46）「Nebenpflichten」は、「主たる給付義務」に従属するその他の義務を総称するときには「従たる義務」と訳されるべきだとも思われるが、ハインリッヒスは、「従たる給付義務」とともにさらに種々の行為義務を析出しており、ここでは「付随義務」と訳出しておく。もっとも、ハインリッヒスにおいて「従たる給付義務」とその他の「付随義務」との区別規準は必ずしも明確ではない。

（47）例えば、自動車修理工場が修理のために預かった自動車を盗難から保護すべき義務である（*Palandt-Heinrichs*, a. a. O.（Fn. 44), Rn. 35. zu §242.)。

（48）*Palandt-Heinrichs*, a. a. O.（Fn. 44), Rn. 6. zu Einleitung vor §241.

（49）*Palandt-Heinrichs*, a. a. O.（Fn. 44), Rn. 104ff. zu §276.

（50）*Palandt-Heinrichs*, a. a. O.（Fn. 44), Rn. 35. zu §242.

（51）前掲注（47）参照。また、保護義務には、例えば、自動車の保有者が自動車に保険をかけるような、保険による保護に配慮すべき義務を含む（*Palandt-Heinrichs*, a. a. O.（Fn. 44), Rn. 36. zu §242, Rn.117. zu §276.)。

（52）Vgl. *Palandt-Heinrichs*, a. a. O.（Fn. 44), Rn. 8. zu Einleitung vor §241.

（53）*Palandt-Heinrichs*, a. a. O.（Fn. 44), Rn. 26. zu §242. 説明義務も同様である。

（54） *Palandt-Heinrichs*, a. a. O. (Fn. 44), Rn. 117. zu §276.

（55） *Palandt-Heinrichs*, a. a. O. (Fn. 44), Rn. 106. zu §276.

（56） *Wolfgang Fikentscher*, Schuldrecht, 9. Aufl. 1997, S. 34–36.

（57） 同様に、エルンスト・ヴォルフ（*Ernst Wolf*）も包括的な給付概念を主張している。すなわち、ラーレンツのように給付義務と行為義務とを分離して捉えるときには、注意義務（Sorgfaltspflichten）が給付義務とは別に析出されることになるが、債務者は、決して「注意（義務）」を負うのではなく、注意深く給付すべき義務を負うにすぎない。したがって、「注意」は給付（作為・不作為）の性質（態様）であり、債務の内容とはならないとする（*Ernst Wolf*, Rücktritt, Vertretenmüssen und Verschulden, AcP 153 (1954), S. 111ff.）。

なお、北川善太郎『債権総論（民法講要Ⅲ）［第三版］』（有斐閣、二〇〇四）一七頁は、「附随義務論はドイツ法学の影響を受けたものであるが、わが法での発展は比較的近時のものである。そのドイツ法でも包括的給付概念が主張されているのは興味深い」とする。

（58） *Fikentscher*, a. a. O. (Fn. 56), S. 216f., 266ff.

（59） 履行不能の場合も同様であるが、履行遅滞においては実現されない給付の価値に相当する賠償のみが問題になるとする（*Fikentscher*, a. a. O. (Fn. 56), S. 271.）。

（60） Vgl. *Fikentscher*, a. a. O. (Fn. 56), S. 272.

（61） *Fikentscher*, a. a. O. (Fn. 56), S. 270, 272, 275–278.

（62） 「契約法における不法行為法（Delktsrecht im Vertragsrecht）」の問題として解し、契約上の合意による免責可能性、立証責任の軽減は基本的には積極的債権侵害には認められず超履行利益の賠償は不法行為の原則により処理されること、超履行利益侵害に対する妨害排除の訴え、補助者責任についてはＢＧＢ八三一条ではなく（旧）二七八条によることを指摘する（*Fikentscher*, a. a. O. (Fn. 56), S. 276–278.）。

（63） *Fikentscher*, a. a. O. (Fn. 56), S. 66ff.

（64） 契約準備段階の法律関係の根拠を「社会的接触」（ラーレンツ）に求めることは、それが広義にも狭義にも解されることから十分ではないとする。そして、ここでの法律関係は、契約交渉において存する注意義務が有責に侵害されたことを要件とする（損害賠償請求権が発生する）ものであるとする（*Fikentscher*, a. a. O. (Fn. 56), S. 67f.）。

（65） *Fikentscher*, a. a. O. (Fn. 56), S. 68.
（66） *Fikentscher*, a. a. O. (Fn. 56), S. 69f.
（67） *Fikentscher*, a. a. O. (Fn. 56), S. 70, 277f.
（68） *Christian v. Bar*, Verkehrspflichten-Richterliche Gefahrsteuerungsgebote im deutschen Deliktsrecht -, 1980. ; *derselbe*, Entwicklungen und Entwicklungstendenzen im Recht der Verkehrs (sicherungs) pflichten, JuS 1988, S. 169ff.
　周知のように、ドイツ民法は、八二三条一項（本条は、新民法典においても変更はない）において、生命・身体・健康・自由・所有権あるいはその他の権利の侵害がある場合に損害賠償義務が発生すると規定することから、そこでは保護法益が列挙され限定的に解されているが、「社会生活上の義務」論の展開により、保護法益の拡大（主に財産的損害の保護）が図られることになる。このことは、不法行為法の不備に由来するとされる契約法上の保護の拡大とは逆に、不法行為法の側における保護の拡大傾向とも捉えられることから、両規範の関係について問題性が出てくる。なお、詳細は、錦織成史「民事不法の二元性（二）—ドイツ不法行為法の発展に関する一考察—」法学論叢九八巻三号（一九七五）二五頁以下、浦川道太郎「クリスティアン・フォン・バール著『社会生活上の義務—ドイツ不法行為法における裁判官により形成された危険防止命令—』（一）（二）」早稲田法学五七巻一号（一九八一）一一九頁以下、同五七巻二号（一九八二）二六一頁以下、青野博之「ドイツ法における無断侵入者に対する責任（一）（二）（三・完）—被害者の行為と工作物責任との関係について—」法学論集二六号（一九八三）四一頁以下、同二七号（一九八三）九三頁以下、同二八号（一九八三）三五頁以下、永盛恒男「ドイツ不法行為法における一般的注意義務の一断面」比較法雑誌二〇巻四号（一九八七）三五頁以下、中村・前掲注（26）一頁以下、同「『営業利益』とドイツ不法行為法—営業権概念と社会生活上の義務論をめぐって—」法政理論二四巻二号（一九九一）一頁以下、山本宣之「ドイツ法における社会生活上の義務と有責性」民商法雑誌一〇五巻一号（一九九一）五一頁以下、同「ドイツ法における社会生活上の義務と違法性」神戸法学雑誌四一巻三号（一九九一）九五五頁以下など参照。
（69） *Hans Stoll*, Die Beweislastverteilung bei positiven Vertragsverletzungen, Festschrift für Fritz von Hippel, 1967, S. 523-528. ; *derselbe*, Haftungsverlagerung durch beweisrechtliche Mittel, AcP 176 (1976), S. 150f. Fn.21.
（70） ハンス・シュトルは、給付義務と保護義務を峻別するハインリッヒ・シュトルの見解（*Heinrich Stoll*, Abschied von der Lehre von der positive Vertrsgsverletzung, AcP136 (1932), S. 257ff.）を批判するが、ハインリッヒ・シュトル自身も、保護義務ではなく、保護目的を伴った給付に関するいくつかの例（階段を整然に保ち、出入り口を明るく照らすべき家屋賃貸人の義務、引き渡された材料を毀損させない請負人の義務、旅客を目的地まで安全に運ぶべき運送人の義務、客の髭を剃る際に傷つけないようにすべき理髪師の義務）を知っていたとする（*Hans Stoll*, a. a. O. (Fn. 69), Die Beweislastverteilung bei positiven Vertragsverletzungen, S. 525.)。

(71) *Ulrich Huber*, Zur Haftung des Verkäufers wegen positiver Vertragsverletzung, AcP 177 (1977), S. 316–321.

(72) *Ulrich Huber*, Leistungsstörungen, in Gutachten und Vorschläge zur Überarbeitung des Schuldrechts Bd.I, 1981, S. 737f.

ウルリッヒ・フーバーは、債務法改正へ向けた鑑定意見において、履行不能・遅滞、判例法上の積極的債権侵害、瑕疵担保といった錯綜する契約責任を、国際統一売買法をモデルに「不履行（Nichterfüllung）」概念によって一元的に処理すべきであるとの見解を表明した（宮本健蔵「債務不履行法体系の新たな構築」法学志林八〇巻三・四号（一九八三）九七頁以下、小林一俊「西ドイツ債権法改正案における原始不能法の克服」同八五巻二号（一九八七）一頁以下。いずれも法政大学現代法研究所『西ドイツ債務法改正鑑定意見の研究』（日本評論社、一九八八）所収参照）。なお、本章第四節参照。

(73) *Ulrich Huber*, a. a. O. (Fn. 71), S. 320f.

(74) シュレヒトリーム（*Schlechtriem*）も、保護義務と社会生活上の義務との同質性を認める。すなわち、保護義務は契約交渉の開始から生じるが、そこでの契約的接触は「社会生活上の義務」を具現化し、その侵害は不法行為に基づく契約外の損害賠償請求権を生じさせるものだとする（*Peter Schlechtriem*, Schuldrecht Allgemeiner Teil, 4. Aufl. 2000, S. 66, 187f.)。

なお、フォン・バール（*V. Bar*）は、契約法と不法行為法の交錯領域として、契約締結上の過失責任、第三者のための保護効を伴う契約、積極的契約侵害、契約終了後の責任、信頼責任を取り上げ、今後の債務法改正をも視野に置き、これらの領域は不法行為法の中で解決されるべき問題であるとした（*Christian v. Bar*, Vertragliche Schadensersatzpflichten ohne Vertrag?, JuS 1982, S. 637ff.)。

(75) *Ulrich Huber*, a. a. O. (Fn. 71), S. 318f.

(76) ウルリッヒ・フーバーは、「契約責任の根拠としての社会生活上の義務違反」と称して論じており、契約に特有の責任規準（ＢＧＢ（旧）二七八条（履行補助者責任）の適用、積極的契約侵害に基づく証明責任の分配、（旧）一九五条（一般債権の消滅時効）の適用）をも考慮されるようである（*Ulrich Huber*, a. a. O. (Fn. 71), S. 317f.)。

(77) ウルリッヒ・フーバーは、両規範の競合が問題となる場合を、完全性利益保護が給付義務の中核をなす場合（契約規範が妥当する)、「社会生活上の義務」のみが問題となり契約に特有の責任規準が妥当しない場合（例えば、食料品店の内部が客やその同伴者にとって危険な状態にある)、さらには、これらの中間に位置する「瑕疵結果損害（Mangelfolgeschäden）」（給付目的物の瑕疵による拡大損害）事例群（この場合も「社会生活上の義務」違反を根拠とする）に分けて論じている（Ulrich Huber, a. a. O. (Fn. 72), S. 738f.)。

(78) *Eduard Picker*, Positive Forderungsverletzung und culpa in contrahendo-Zur Problematik der Haftungen ,,zwischen" Vertrag und Delikt, AcP 183 (1983), S. 369ff.

(79) *Picker*, a. a. O. (Fn. 78), S. 393-398. このようなピッカーの見解を支持するものとして、*Kleanthis Roussos*, Schaden und Folgeschaden, 1992, S. 303f.

(80) *Picker*, a. a. O. (Fn. 78), S. 399-401.

(81) *Picker*, a. a. O. (Fn. 78), S. 401-410.

(82) *Picker*, a. a. O. (Fn. 78), S. 473-485.

(83) *Picker*, a. a. O. (Fn. 78), S. 516f.

(84) *Picker*, a. a. O. (Fn. 78), S. 410-429. ; *derselbe*, Vertragliche und deliktische Schadenshftung-Überlegungen zu einer Neustrukturierung der Haftungssysteme-, JZ 1987, S. 1045-1047.

(85) フルーメ（*Flume*）も、契約締結上の過失責任を法律行為論との関係で論じる中で「信頼責任説」を批判する。すなわち、信頼とは、責任要件ではなく、むしろ契約締結上の過失責任の行態であり、損害に対する責任行態の因果性の前提にすぎないとする（*Werner Flume*, Allgemeiner Teil des Bürgerlichen Rechts Bd. II Das Rechtsgeschäft, 4. Aufl. 1992, S. 129. Anm. 36a., 132f.)。

また、ギーゼン（*Giesen*）も、直接にはカナーリスの製造物責任に関する理解（統一的法定保護義務関係は製造物責任にも妥当するとして、製造者と消費者間には高められた影響可能性を有する契約に準じた関係である信頼関係が成立するから、消費者は、この信頼関係に基づい直接製造者に対して損害賠償請求をなし得る（*Claus-Wilhelm Canaris*, Die Produzentenhaftpflicht in dogmatischer und rechtspolitischer Sicht, JZ 1968, S. 494ff., insb. S. 500ff.)）に対してではあるが、信頼責任の構成を批判している。すなわち、カナーリスのこのような理解は、責任法上の擬制にすぎず、製造者と消費者との間には契約法上評価されるべき特別な法律関係は存立せず、両者の関係をそのように一般的に根拠づけることは、契約責任と不法行為責任を区別する現行の責任法システムを破壊することになる。両者間の法律行為的接触に基づく特別関係は、損害の発生によりはじめて探求されることになるが、そこには法的なフィクションを伴わざるを得ず、信頼責任を基礎づけている「信頼」も個々のケースにおいて検証されなければならないものであるとする（*Dieter Giesen*, Die Haftung des Warenherstellers, NJW 1969, S. 583f.）。

（86）*Picker*, a. a. O. (Fn. 78), S. 406f.

（87）なお、ローラックは、ピッカーによる他説への批判を支持するが、ピッカーが、侵害行為がいつ違法と評価されるかを詳細に論ぜず、被害者の利益にのみ着目し加害者の行為（行動）の自由を考慮しないことに批判を加える。完全性利益侵害は、行為（行動）の自由と回復利益の根拠との衝突を背景とする危険の分配の問題であり、保護法益の制限については、保護義務に関連づけることにより柔軟な解決を図ることができるとする（*Tammo Rohlack*, Das Verhältnis der positiven Forderungsverletzung und culpa in contrahendo zur Sachmängelhaftung beim Kauf-und Werkvertrag, 1997, S. 40-43.）。

（88）前掲注（85）参照。

（89）このような立場からは、保護義務は、完全性利益の保護が給付対象とされる契約においては、給付義務（給付義務たる保護義務）として合意により設定されることになるが、その他の場面では、結局は信義則により要求される義務として法定的義務（「法定の保護義務」）となるであろう。

（90）前掲注（57）参照。

（91）前掲注（28）参照。

第四節　ドイツ新債務法における給付障害規定の構造

一　はじめに

ドイツでは、二〇〇二年一月一日より債務法現代化法を取り込んだドイツ新民法典が施行された。(1) この改正の最も大きな柱は、一般給付障害（履行障害）法と売買・請負における瑕疵担保法、消滅時効法であるが、従前の伝統的制度・準則とは異なるものが新たに採用された箇所が少なくない。その中でも、一般給付障害法においては、履行不能と遅滞に限定していたこれまでの規範構造を改正し、不完全履行・積極的債権侵害類型を法典中に取り込み、「義務違反（Pflichtverletzung）」概念の下ですべての給付障害を統括するシステムが採用されるに至った（もっとも、不能・遅滞概念も一定の場面で維持される）。そこで、以下では、まず、債務法改正の経緯を踏まえ新給付障害法の特徴を明らかにし、次に、給付障害の統一的概念としての「義務違反」概念をめぐる議論を概観し、そこから析出される債務・契約義務構造について検討したい。

二　新給付障害法の構造

(一)　債務法の改正

1　改正の経緯

ドイツにおける債務法改正の背景には、約二〇年に及ぶ改正へ向けた議論の一定の成果という学問的蓄積がある。(2) 一九八一年及び一九八三年に債務法改正鑑定意見(3)が出され、一九九二年には債務法改正委員会による最終報告書(4)が公にされた。その後、一時目立った動きはなかったが、EC指令（消費用動産売買指令、支払遅滞防止指令、電子取引指令）(5)を導入する必要性が生じたため、ドイツ国内法の債務法改正へ向けた動きが具体化した。EC指令を国内法化するにあたっては、直接影響を受ける売買法領域を中心とした改正に留める選択（小さな解決）もあったが、連邦司法省は、これを契機に債務法全領域にわたる大改正（大きな解決）を選択した。

二〇〇〇年八月には討議草案(6)（Diskussionsentwurf eines Schuldrechtsmodernisierungsgesetzes）が公表され、

これをたたき台として検討が加えられ、二〇〇一年三月の整理案（konsolidierte Fassung des Diskussionsentwurfs eines Schuldrechtsmodernisierungsgesetzes）の公表を経て、二〇〇一年五月に政府草案（Entwurf eines Gesetzes zur Modernisierung des Schuldrechts）として提出された。その後、連邦議会における審議を経て、二〇〇二年一月一日に債務法現代化法(7)（Gesetz zur Modernisierung des Schuldrechts）として発効した。

ドイツにおいて、このような債務法の大改正を可能にしたのは、改正へ向けての議論の蓄積があったからであることはいうまでもない。また、近時のヨーロッパの法統一を促す国際的な動向に対応するという側面も大きい。ウィーン統一動産売買法のドイツ国内法としての発効（一九九一年）と、その後のユニドロワ国際商事契約原則、ヨーロッパ契約法原則といった、将来のヨーロッパ私法の統一へのモデルともみられるものが相次いで成立したことが(8)、今回の改正をもたらしたといえるであろう。

2　給付障害法の変更

債務法の改正において重要な地位を占めるのは、給付障害法の根本的な変更である。旧（一九〇〇年）ドイツ民法では、給付障害という統一要件は示されてはおらず、周知のように履行不能（旧二七五条〜二八三条、三〇六条〜三〇九条、三二三条〜三二五条）と履行遅滞（旧二八四条〜二八九条、三二六条）のパラレル構成が採用された。しかし、前述したように、既に、民法典制定後まもなく、シュタウプが、債務者の積極的な行為態様により債権者に損害が生じる場合につき法の欠缺があるとして、第三の障害類型である「積極的契約侵害」なるものを提唱し、より一般的に「積極的債権侵害」と称され、慣習法上承認された制度として定着した。その後、債務法の改正に至る最近まで、シュタウプの主張した類型のうち、主に「不完全給付」を不能・遅滞と並ぶ第三の障害類型とみる見解が有力となり、また、そこでは被違反義務の面からも捉えられ、給付義務の不履行としての不能・遅滞に対し、信義則を媒介にして生じる付随義務・保護義務が機能する場面として理解されてきた。なお、積極的債権侵害論の展開は、不法行為法（八二三条以下）における具体的構成要件の狭隘さに起因した現象でもあった。

このように、旧民法のもとでは、積極的債権侵害に特徴づけられるように、そこに収まりきれない障害事象が顕在化し、また、債務法各則に規定のある瑕疵担保法との限界づけも問題とされた。[9] これを受け、新給付障害法においては、「義務違反」という統一的概念の採用によりまったく新しい体系が出現した。これまでの不能・遅滞のみならず、履行拒絶や瑕疵ある給付・付随義務違反といった障害も、すべて「義務違反」として包括的に理解され、売買と請負契約の瑕疵担保法も統一化され、一般給付障害法に収斂される。[10] さらに、契約締結上の過失責任、行為基礎の障害についても明文化された。

新給付障害法においては、このように判例・学説において形成されてきた障害事象を包括した一般的構成要件を採用するという目的とともに、さらに、近時の国際的動向にみられる統一法秩序に対応させるという目的があったことも指摘される場合がある。[11] 例えば、ウィーン統一動産売買法では客観的給付障害を「契約違反」という統一概念で構成され、ユニドロワ国際商事契約原則・ヨーロッパ契約法原則においても「不履行（non-performance)」という統一概念が採用されている。ドイツ法においても、給付障害における統一的概念として「義務違反」概念が採用された点で、このような動向に相応するものだといえるのかもしれない。

(二)　新給付障害法の構造

1　「義務違反」概念の採用

前述したように、新給付障害法は、すべての給付障害を包括する「義務違反」という統一的概念を採用した。[12]

二八〇条一項は、「債務者が債務関係から生じる義務に違反した場合には、債権者は、これにより生じた損害の賠償を請求し得る。債務者が義務違反につき責を負わない場合は、この限りではない」と規定する。債務関係から生じる義務の違反が、給付障害の基本的構成要件であると同時に、原則的な損害賠償請求権の客観的要件となる。[13]「義務違反」とは、一般的には、債務者の行為が債務関係に適合しないことであり、帰責事由とは無関係な客観的な概念として理解される。[14]

二八〇条一項一文にいう債務関係とは、広い意味での債務関係を意味する。すなわち、二四一条一項は、「債務関係に基づき債権者は、債務者に対して給付を請求することができる。給付は不作為でもよい」と規定し、同項は旧二四一条と変わるところはない。さらに同条二項で「債務関係は、その内容により、各当事者に相手方の権利、法益及び利益に対する配慮を義務づける」と規定した。一項は、当事者間の特別結合から生じる給付に対する権利、つまり債務者の給付義務と対峙する債権者の請求権を関係づける「狭義の債務関係」であり、旧民法においても概念規定されていたものである。これに対し、二項は、特別結合から生じる具体的な法律効果の総体を意味する「広義の債務関係」であり、狭義の債務関係を包含するものである。[15]このように、債務関係から生じる義務は、給付に関連する義務（二四一条一項）に限定されるものではなく、その他の義務（同条二項）および法律行為に類似した債務関係から生じる義務（とりわけ、契約締結上の過失に基づく義務（三一一条二項・三項））[16]も包含する。したがって、義務違反それ自体にとっては、義務のどのような種類が問題となるのか、すなわち、主たる給付義務が問題となるのか、従たる給付義務や付随義務・保護義務が問題となるのかは重要なことではない。

損害賠償請求権は、債務者に義務違反があり、その義務違反に対し債務者の責に帰すべき事由があるときに認められる（二八〇条一項二文）。帰責事由については、二七六条一項一文に「責任の過重又は軽減につき別段の定めがなく、債務関係のその他の内容、特に損害担保又は調達リスクの引受けからも推知することができない場合には、債務者は、故意及び過失について責任を負う」との包括規定が置かれた。旧法と同様に、過失責任主義を維持するが、[17]他方で、契約上の合意も視野に入れられ、損害担保または調達リスクの引受けという、結果的に過失とは無関係な責任も併存する。[18]二八〇条一項二文からは、債務者が義務違反につき帰責事由がないことを主張・立証しなければならないことが導かれる。

なお、売買契約及び請負契約における瑕疵担保法も、一般給付障害法の意味における「義務違反」概念へ収斂され、旧法において生じた債務法総則と債務法各則との間の請求権競合の問題はなくなる。[19]

2　旧法上の概念の存置

新給付障害法は、給付障害を包括する「義務違反」概念を据えたが、他方において、旧法上存在した障害類型（不能、遅滞、積極的債権侵害）は、給付に代わる損害賠償（旧法上の「不履行による損害賠償」に対応する）ないし給付遅滞による損害賠償、ならびに、双務契約における解除権という法律効果について区別して扱われる。したがって、その限度で将来においても固有の意味を有することになる。

不能（給付の不実現）の特別規定は、二七五条、二八三条、三一一a条及び三二六条に置かれた。債務者にとって給付が不可能であれば、債務者は義務を免れる（不能の免除機能（二七五条一項））。[20]給付が可能であっても、それに過大な費用を必要とする場合または給付の実現が期待できない場合には、債務者は給付拒絶の抗弁により保護される（二七五条二項・三項）。しかし、債務者は、不能な給付について、給付に代わる損害賠償義務を負う（二八〇条一項一文、二八一条、二八三条）。このような賠償は、特に給付の原始的不能の場合に義務づけられ、債務者が給付障害を知っていたか、あるいは不知につき責に帰すべきであることを要件とする（三一一a条二項二文）。この点で、義務違反とは区別された独立の請求権根拠が存することになる。[21] 双務契約においては、債権者は、債務者が給付をする義務を負わない場合には反対給付をすべき義務がなくなり（三二六条一項一文）、期間を設定することなく解除することができる（同条五項）。

給付遅滞の場合は、債務者は、二八〇条二項により、二八六条の付加的要件のもとで遅延損害の賠償義務を負う。また、債権者は、二八〇条三項、二八一条により、給付に代わる損害賠償を請求できる。双務契約においては、債権者は、給付の弁済期の到来前であっても解除し得る（三二三条一項・四項）。ここでは、債務者遅滞の要件、つまり債務者が履行しないことに対する帰責事由が存する必要はない。

積極的債権侵害は、これまで、主に当事者の生命・身体・財産といった、いわゆる完全性利益が侵害される場合として理解されてきた。新法においても、二四一条二項で、権利、法益及び利益という拡張された定式化により、当事者の現在の財産状態に対する加害行為からの保護義務（行為義務）が法律上明らかにされた。そして、保護義務違反により生じる損害賠償は二八〇条一項により認められる。また、給付に代わる損害賠償については二八二条に規定され、双務契約における解除権は、債権者を契約に拘束することがもはや期待できない重大な義務違反が存する場合に限って認められる（三二四条）。

3　学説の対応

以上のような特徴を有する新給付障害法について、学説は、問題となる障害事象を債務関係から生じる諸義務に対応させて理解する傾向が顕著である。このような傾向は、これまでの給付障害論、とりわけ積極的債権侵害論の中で被違反義務の内容・構造に関する議論が展開されてきたこと、また、それを踏まえて、新法においても義務概念が明文化されたこと（二四一条、二八〇条）によるのではないかと推察する。

学説においては、概して、二四一条一項を根拠とする給付義務（主たる給付義務・従たる給付義務）と、同条二項の意味する保護義務（行為義務）が区別され[22]、あるいは、「給付に関連する付随義務」と「給付に関連しない義務（保護義務）」に即して給付障害（義務違反）が整理される[23]。例えば、不能・遅滞は給付義務の不履行として位置づけられ、積極的債権侵害は保護義務違反（完全性利益侵害）として特徴づけられる。また、不完全履行（瑕疵ある給付）については、給付の不履行と完全性利益侵害という債務者の加害行為が併存する場面であるとの理解[24]や、瑕疵担保責任と関連づけて処理する見解[25]もみられる。しかし、学説において、義務構造や義務違反として問題とされる具体的な給付実態、その適用条文などについて、理解が一致しているわけではない。

(三) 規定構造に関する議論

1　規定構造に対する批判

新給付障害法は、「義務違反」を給付障害の統一的な責任構成要件としながらも、給付不能・遅滞・積極的債権侵害という旧法上の概念をなお維持している。先にみたように、不能・遅滞については特別規定が設けられ、また、積極的債権侵害も、二八〇条・二八一条の不完全履行、二八〇条・二八二条・三二四条の保護義務違反などに組み入れられた。

しかし、このような規定構造に対しては批判もある。例えば、ツィンマー（*Zimmer*）は、新給付障害法の特徴は、給付障害の構成要件の抽象化により規定構造が単純化されたことにあるが、このままでは、結果的にこれまで具体的に定められてきた規定・原則（不能、遅滞、不完全給付、保護義務違反、契約締結上の過失責任を根拠づける説明義務など）の間の隔たりが拡大することになるとする[26]。さらに、ヴィルヘルム（*Wilhelm*）は、新法においても不能・遅滞・積極的債権侵害という伝統的な給付障害の三類型が維持される限りで、二八〇条一項の統一的構成要件（義務違反）は既に崩壊している（Brüche im Tatbestand）とする。[27]

特に、これまで長らく議論され、給付障害法改正の契機となった積極的債権侵害は、不能・遅滞と限界づけることによって明らかとなる障害類型であり、しかも、そこに含まれる不完全給付（瑕疵ある給付）や付随義務・保護義務違反などの様々な侵害態様をまず判断する必要がある。したがって、これらの批判からは、義務違反は果たしてあらゆる給付障害を包括し得るのか否か、また、それを肯定するとしても、義務違反をどのように概念規定すべきかが問題とされることになる。

2　帰責構造の問題性

新給付障害法が、「不履行」ではなく「義務違反」の語を用いたのは、ドイツ民法学では伝統的に「不履行」は「給付の不実現」を指し、給付義務以外の付随義務（とりわけ保護義務）の違反を包含できないことを考慮したことによる。[28]また、二八〇条一項が「債務関係から生じる義務」に対する違反とし、端的に「債務」の不履行としていないのは、契約締結上の過失についても賠償責任を認めようとしたこと（三一一条二項・三項）にあるものと思われる。

そして、損害賠償を帰責するに際しては、まず第一段階として、客観的に義務違反（給付障害）が存在するかどうかが判断され（二八〇条一項一文）、次に第二段階において、それが存在する場合に債務者の帰責事由の有無が判断される（同条一項二文）。このような「義務違反」と「帰責事由（有責性）」を区別することを問題視する見解もある。カナーリス（*Canaris*）は、両概念の区別は明確ではないとする。[29]すなわち、「帰責事由」は二七六条より「取引上要求される注意を怠る」場合をいうが、伝統的な不能・遅滞については「義務違反」と「帰責事由」は区別できるが、積極的債権侵害で扱われる「給付利益に奉仕する契約上の付随義務」と保護義務については問題となる。「給付利益に奉仕する契約上の付随義務」違反は、主たる給付義務の不完全または瑕疵ある給付とは別個に帰責事由の判断は可能であるが、保護義務違反については、それが確定的であれば帰責事由はもはや問題にはならないとする。

また、メディクス（*Medicus*）は、義務違反概念は債務者に帰責事由がある場合とない場合の両方を含むが、この点は厳密に区別されず一貫性もないとする[(30)]。例えば、義務違反は主に債務者に帰責事由がある場合に規定されるが（二八〇条一項、二八二条）、解除については債務者の帰責事由は必要とされない。しかし、解除の中心的規定である三二三条一項には義務違反という表現もないが、三二四条の解除権には義務違反の定めがあるなど一貫してはいない。したがって、「義務違反」は、用語として給付障害の一般的構成要件を表現できないとする。同じく、シャップ（*Shapp*）は、債務者に責のある義務違反は損害賠償請求権を根拠づけるが、解除権については、義務違反ではなく、むしろ「重大な契約障害（schwere Vertragsstörung）」に根拠を求めるべきであるとする[(31)]。

以上の議論は、義務違反を帰責根拠及び法的救済手段との関連で問題とするが、それはやはり義務違反概念をどのように理解するかに関わってくる論点である。

3　「義務違反」の理解

新法のもとでは、「義務違反」という上位概念の中に給付障害類型が包括されたが、債務関係から生じる義務については、さらに給付に関連する義務とその他の義務に区別される（二四一条）。しかし、これらの義務の種類、内容などは必ずしも明白ではない。したがって、これまで主に積極的債権侵害論において展開されてきた債務・義務構造をめぐる議論は、新法のもとでも継続されることになるものと思われる。

二四一条に対しては、特に「給付に関連する付随義務」と「給付に関連しない付随義務」の区別規準が明確でないことが指摘され[32]、また、一項では給付義務が、二項では保護義務が観念されるが、給付義務と保護義務を対峙させることにより、多種多様な諸義務を論じ尽くすことができないのではないかとの指摘[33]もある。さらに、このような疑問は、給付障害の統一的概念たる「義務違反」の理解にも関わってくる。それは、例えば、義務違反には、給付義務の不履行（給付の不実現）という側面と債務者の行為に関連する（債務者の行為が債務関係に適合しない）側面の二つの異なった概念が混在しているとの理解[34]にみられる。このように、新法においても、「義務違反」とはそもそもどのような事態を指すのか、また、そこでは具体的にどのような被違反義務が存在することになるのか、という問題が浮き彫りにされるのではなかろうか。

三　給付障害の統一的概念としての「義務違反」

㈠　「義務違反」概念に関する議論

1　「義務違反」概念の内容

ドイツ新民法は、一般給付障害法における統一的要件として「義務違反」をその中心に据えた。この義務違反概念をめぐっては議論がある。ウルリッヒ・フーバー（*Ulrich Huber*）は、その鑑定意見において、不履行がいかなる形態であるか、いかなる理由に基づくものなのかなどとは関係なく、債務者が義務を履行していないという事態を給付障害の中心的な構成要件に据えるべきであるとして、統一売買法の規律を参考に「不履行（Nichterfüllung）」概念を導入することを提案していた[35]。

その後、いかなる概念・用語を給付障害の中心に置くかが立法過程において議論された(36)。まず、「契約違反」という用語は、契約関係に関連しない債権侵害や行為義務も問題とされることから排除された。そして、「義務違反」と「不履行」のいずれにするかが問題となったが、そこでは以下のような点が考慮された。すなわち、通常、不履行と不完全履行は区別して用いられており、他の上位概念が必要となること、義務違反概念は債務者が債権者の完全性利益を保護すべき行為義務を含み、それは履行されたかどうかではなく、当事者間に存する特別結合に従ったかどうかが規準となること、などである。こうして、債務法改正委員会は、不履行という用語は、給付が行われなかった場合だけをさす狭い概念として解されるおそれがあることを理由に、「義務違反」概念を採用した(37)。もっとも、起草者は、義務違反はウルリッヒ・フーバーの提案した不履行概念と実質的な相違はなく、単なる用語上の相違にすぎないと考えている。

前述したように、義務違反とは、一般的には、債務者の行為が債務関係に適合しないことであり、帰責事由とは無関係な客観的な概念として理解される(38)。つまり、義務違反は、債務者の行為が債務関係から生じる義務に客観的に適合しないことを指すものであり、給付義務の違反のみならず付随義務・保護義務の違反も包含する概念として捉えられる。

2　「義務違反」概念に対する批判

しかし、このような義務違反概念に対しては批判もある。かつて「不履行」概念を提案したウルリッヒ・フーバーは、義務違反は矛盾した概念であると批判する(39)。すなわち、売主瑕疵担保責任を義務違反に含めるとしても、特定物売買では始めからから隠れた瑕疵があり、種類売買においても種類のすべてに瑕疵があれば、いずれも義務違反は存しない。債務者に責のない後発的不能の場合（例えば、コンサートホールを賃借したが、コンサート直前にホールが貸主の過失なくして焼失した）には義務違反を認めるのは困難であり、原始的な給付障害においても義務違反により債務者の責任を根拠づけることはできない（契約準備段階の義務が問題となるのではなく、契約締結上の過失として信頼損害の賠償責任が生じるだけである）とする。同じく、エルンスト（*Ernst*）も、債務者の帰責事由とは無関係な客観的な概念である義務違反は、例えば、給付の不実現について債務者に帰責事由がない場合や債務者が給付拒絶権を有する場合にもあてはまるが、そこでの義務違反は適法なものであり、矛盾する概念だとする。(40) このような義務違反概念が給付障害法規定において一貫しないことは、前述したようにメディクスも指摘している。(41)

他方で、義務違反には二つの異なった概念が混在することを問題とする見解がある。(42) ハンス・シュトル（*Hans Stoll*）は、義務違反概念は積極的契約侵害論を一般化させたという意味では評価できるが、給付障害法の中心は債務の不履行に対する責任であり、その他の義務違反は付随的な問題にすぎないとして以下のように述べる。(43) 義務違反は、二四一条二項にいう配慮・行為義務違反を意味するが、給付義務の不履行には適合しない。なぜならば、（給付）結果の不実現は不履行を意味するにすぎず、義務違反ではないからである。したがって、二八〇条一項においては、まず、債務の不履行に対する損害賠償義務が認められ、それとは別に、債務者が免責されない限り配慮義務違反による損害賠償が義務づけられるべきである。

さらに、シャップも同様の見地から義務違反概念を批判する。(44) すなわち、債務法現代化法は、「広義の債務関係」と「狭義の債務関係」の上に「義務違反」を置き、債務者の給付義務を積極的債権侵害及び契約締結上の過失において存する注意義務に包括する。つまり、給付障害の一般的構成要件である義務違反は、注意義務違反として包括される。注意義務は、不法行為法上の義務（社会生活上の義務）概念から構成されるが、その違反は、広義の債務関係の障害となる違法な行為が評価規準となる。これに対し、給付義務は、履行されないということが評価規準となる。このように、本来区別されるべき給付義務と注意義務を一つの義務概念に統合することは問題である。その上で、シャップは、給付障害を「義務違反」として捉える代わりに、「広義の債務関係の障害(Störung des Schuldverhältnisses i.w.S.)」として評価されるべきであると主張する。したがって、義務違反は債務者の違法な行為として現れることから、二八〇条一項は、不能・遅滞・不完全給付といった給付義務違反と、義務違反自体が違法行為となる注意義務違反に類型化して捉える必要があるとする。(45)

3　議論状況の評価

以上から明らかなように、新民法の起草者は、義務違反を、帰責事由とは無関係に、給付障害という事態を客観的に把握する概念と考えている。つまり、義務違反概念は、給付障害が存在するかどうかの評価規準として機能する。そして、義務違反(給付障害)が存在する場合に、それを債務者に帰責できるものかどうかが別に問われることになる。

前述したように、このような義務違反概念に対しては、まず、義務違反によりすべての給付障害を包括することは困難であるとの批判(ウルリッヒ・フーバー、エルンスト)がある。しかし、これは、客観的な給付障害の存在を「義務違反」というか、あるいは不履行・契約違反と称すべきかという問題に帰着するように思われ、そうすると単なる用語上の相違にすぎないこととなる。もう一つの批判は、義務違反には給付義務の不履行と保護義務(行為義務)の違反という異質な概念が混在するが、義務違反は、本来、保護義務違反に馴染む概念であるとの主張(ハンス・シュトル、シャップ)である。旧法においては、当事者の合意に基づく給付義務の不履行(不能・遅滞・瑕疵ある給付)を中心とした体系を採っており、積極的債権侵害論の展開過程で完全性利益保護義務の特殊性が浮き彫りにされてきた。前述したように、特に、保護義務の（契約）債務関係における位置づけや不法行為法上の義務との関係については、今日でもなお議論がある。そんな中、新債務法は、債務者の行為が契約その他の債務関係の本旨に適合しないという事態を義務違反概念に即して判断するというシステムを採用するに至ったのである。したがって、問題は、給付障害を根拠づける被違反義務をどのように捉えるかであり、その帰責事由や法律効果との関連をどのように理解するかであると考える。

(二) 契約義務構造の理解

1　学説による理解

新債務法は、二八〇条一項で給付障害の統一的概念として「義務違反」を定め、さらに、債務関係から生じる義務概念については、二四一条において、給付に関連する義務（同条一項）とその他の義務（同条二項）に分けて規定する。したがって、積極的債権侵害論の展開過程で析出された諸義務の存立根拠が法律上明確にされたことになる。学説も、これまで明らかにされた（主・従の）給付義務、給付に関連する付随義務、保護義務を二四一条を根拠に理解する。

新債務法の制定を受け、例えば、ハインリッヒス（*Hinrichs*）は、契約義務としては、債務関係を特徴づける「主たる給付義務」を中心に、その準備・実行・保護に奉仕する「従たる給付義務」の他、種々の付随義務が存在し、諸義務の束（Bündel von Pflichten）が形成されるとして、詳細に分析を加える(46)。すなわち、付随義務は、「給付に関連する付随義務」とその他の「行為義務」に分けられ、さらに、それぞれについて訴求が可能かどうかから「独立の付随義務」と「非独立の付随義務」に細分される。「給付に関連する付随義務」としては、「主たる給付義務」を補完し、あるいは給付結果・契約目的を侵害したり危殆化させない義務である「給付誠実義務」（給付目的の保護・保管義務や競業避止義務などに具体化される）及び「協力義務」（例えば、必要な官庁の許可を得るための協力）が挙げられ、原則的には前者は訴求できない（非独立の付随義務）が、後者は可能（独立の付随義務）である。その他の「行為義務」には、「保護義務」の他「説明義務」、「情報提供義務」が存する。「保護義務」は、相手方当事者の完全性利益の保護を主たる目的とするものであるが、給付利益の保護へも向けられる場合がある。いずれにしても保護義務の訴求可能性は否定される（非独立の付随義務）。「説明義務」は、任意に相手方当事者に重要事項を知らせる義務であり（非独立の付随義務）、この点で権利者への情報提供が義務づけられる「情報提供義務」（例えば、四〇二条・六六六条の報告義務＝独立の付随義務）と区別されるが、いずれも相手方当事者の完全性利益を脅かすような危険について警告すべき場合には、保護義務と交錯する。このように、ハインリッヒスは、給付利益と完全性利益の保護へ向けられる諸々の義務を債務関係の中で一体的に位置づけ、債務関係は給付結果の実現に尽きるものではなく、信義則が支配する特別結合関係として広く捉えている。そして、（主・従の）給付義務は二四一条一項を根拠とするが、同条二項の義務の範囲・内容は、契約目的や取引慣行などにより定まり、契約締結段階においても生じ（三一一条二項）、保護義務と説明義務がここに位置づけられるとする。しかし、従たる給付義務と付随義務の区別規準、特に「給付に関連する付随義務」の法文上の根拠については必ずしも明らかではない。

また、クラマー／ロート（*Kramer/Roth*）は、付随義務について以下のように説明する。(47) 給付義務は「主たる給付義務」と「従たる給付義務」に分けられ、「付随義務」と「従たる給付義務」の相違は、前者は履行請求権を構成せずに損害賠償請求権を導く点にある。このような付随義務には、「給付に関連する付随義務」（配慮義務、通知義務、情報提供義務、助言義務など）と専ら債権者の保持利益（＝完全性利益）へ向けられる「完全性に関連する付随義務（保護義務）」があり、前者は二四一条一項に規定される。「給付に関連する付随義務」と「完全性に関連する付随義務（保護義務）」の限界づけは容易ではないが、これを区別する実際上の意義は、双務契約の解除権に関し、前者は三二三条によるのに対し、後者は三二四条の要件のもとで認められること、また、保護義務違反は二八〇条一項（場合によっては二八二条）の請求権根拠として機能するのに対し、給付に関連する義務（主・従の給付義務、給付に関連する付随義務）の違反は、二八一条一項による損害賠償が認められる点にある。

学説は、（主・従の）給付義務は二四一条一項により、保護義務は同条二項を根拠に認められ、損害賠償請求権や契約解除権の法律効果についても規定上区別して処理されるとみる点ではほぼ異論はない。「給付に関連する付随義務」については、前述したように、その違反が「給付結果の不完全」（＝給付義務違反）の評価へ解消されると考えると、給付義務と同様に位置づけられると考えられるが（クラマー／ロート）、「給付に関連しない義務（保護義務）」との区別は不明確であるとの指摘もある(48)。また、具体的な侵害に対する帰責根拠としての被違反義務の理解も明らかではない。例えば、不完全給付（瑕疵ある給付）による完全性利益侵害（拡大損害）について、給付義務違反による因果関係上の問題として解するのか、あるいは保護義務違反に求めるべきかどうかは、適用条文との関連でも問題となるように思われる。

2　保護義務の位置づけ

保護義務は、これまで、債務関係における位置づけや不法行為法上の義務との異同をめぐり議論されてきた。新法のもとでは、保護義務は、二四一条二項により、契約またはその他の債務関係から生じる義務であること、また、不法行為法上の義務とは異なる性質を有することが明らかにされた。このような保護義務の内容・根拠については、債務法改正委員会の最終報告書の中で詳細に述べられている[49]。すなわち、第一に、二四一条二項において、相手方の権利及び法益に対する「特別の配慮」を強調することにより、保護義務が一般不法行為法が命じるもの（社会生活上の義務（社会生活保安義務））とは異なるものであることを示した。第二に、保護義務は給付義務がない場合にも生じることを明らかにした（とりわけ、契約準備段階の過失、第三者及び無効な契約の保護効の場面にみられる）。第三に、「権利」とともに「法益」に言及することにより、不法行為に関する八二三条一項の保護領域を超えた単なる財産も保護されることを示した。第四に、「債権者」・「債務者」の代わりに「各当事者」・「権利者」という表現を用いて、給付義務において債権者・債務者の地位に立つ者が保護義務におけるそれとは必ずしも一致しないことを示した（給付義務の債権者は保護義務の債務者でもある）。第五に、債務関係の「内容と性質」という概念を用いることにより、保護義務が具体的な債務関係に応じて確定されることを示した。ただし、保護義務を生じる債務関係は法律に基づくのか、あるいは有効な法律行為に基づくのかどうかという問題の立法的解決は、法律学によって与えられる体系的整理の問題であるとして、意識的に放棄されている。学説においては、今日もなお、保護義務と不法行為法上の義務の同質性を認める見解も散見されるが[50]、保護義務は不法行為法上の義務よりも内容・程度は高められたものであると理解し、新法のもとで両者の異同をめぐる問題は解消されたとみる見解[51]が有力だといえる。

新法においては、債務関係から生じる義務が規定され（二四一条）、それが「義務違反」概念（二八〇条一項）に接合するとともに、法律効果とも関連づけられる。また、これまで長らく議論されてきた保護義務と不法行為法上の義務との関係についても、一応の立法的解決が図られている。このような規定構造は、諸説が林立する状況にあった義務論に対して、一定の解決方向性を提示するものとして評価されてよい。

しかし、他方で、(主・従の)給付義務、給付に関連する付随義務、行為義務・保護義務といった種々の義務を、新法の規定に対応させて再検討すべき課題も残されている。保護義務についても、その存立基盤や給付に関連する義務との関係、不法行為規範との限界づけなど、解明されるべき論点が改めて浮き彫りにされたといえる。その限りでは、義務構造をめぐる議論は今後も継続されることになるであろう。

四　小　括

新給付障害法は、旧法の下では規律対象とされていなかった積極的債権侵害や契約締結上の過失などの給付障害をも取り込み、それを「義務違反」として概念規定した。そして、そこでの被違反義務は、給付義務に限定されず、付随義務・保護義務なども評価対象とされ、さらに、それが損害賠償や双務契約における解除権の法律効果について区別して扱われる。このように、新法が義務違反を給付障害の中心的な構成要件とした限りでは、規定の単純化をもたらしたといえるが、他方において、給付不能・遅滞という付加的な概念も規定するに至った(52)。

既にみたように、このような規定構造に対する評価は各論者により分かれている。債務関係及びそこから生じる義務構造を明文化し、それを貫徹させた形での規定構造も考えられるであろうが、不能・遅滞という伝統的な障害類型を捨象することに躊躇があったとも予想できる。これは、わが国において新たな契約責任(債務不履行)法を構築する際にも留意されるべき点だといえそうである。

新法が、義務違反・被違反義務の根拠規定を置いたことは、これまで議論が錯綜していた侵害態様や義務構造について、それらを整理・解明すべき方向性を提示するものとして評価できる。しかし、なお検討されるべき点も残されている。

学説は、二四一条一項は給付義務を、二項は給付に関連しない保護義務を規定するものと捉える傾向にあるが、「給付に関連する付随義務」をどのように位置づけるかは判然としない。同条一項は旧二四一条と変わるところはなく、これまで給付義務に関する規定とされてきたものである。しかし、帰責根拠としての付随義務違反は給付義務の不履行判断の中へ解消されるとも考えられ、あるいは、保護義務も給付利益の保持へ向けられる場合があるとすると、付随義務と保護義務の相違も鮮明ではなくなる。もっとも、これは具体的な債務関係に即して解明されるべき問題ではあるが、基本的な義務構造を明らかにする作業も必要になるものと思われる。義務の性質・内容の確定は、帰責事由の判断や法律効果に関する適用条文にも関わってくる。

保護義務は、契約その他の債務関係から生じる義務であることが法律上明確になったが、義務内容や成立範囲については未だ明らかではないといえるであろう。二四一条二項により保護義務は債務関係の中へ組み入れられたが、それは給付義務が存しない場面でも存立する（三一一条二項・三項）。新法は、債務関係を特徴づける規定を置かず、契約上の保護義務とその他の債務関係における保護義務が併存するが、保護義務の存立基盤の解明へ向けこれまでの「統一的法定保護義務関係」論を契機とする議論は残される。また、保護義務は必ずしも不法行為法に吸収されないことが明らかになったことから、「統一的法定保護義務関係」論に対して主張された「不法行為法上の義務との同質性」を論拠とする批判は、その活力を失う方向へ向かうものと予想できる。ただし、保護義務領域と不法行為規範との限界づけについては、なお議論の余地がある。

（1）　ドイツ債務法改正作業の全体像の邦語研究として、岡孝編『契約法における現代化の課題』（法政大学出版局、二〇〇二）、半田吉信『ドイツ債務法現代化法概説』（信山社、二〇〇三）、小野秀誠「ドイツの二〇〇一年債務法現代化法～給付障害法と

消費者保護法～〔上〕〔下〕」国際商事法務二九巻七号（二〇〇一）八〇九頁以下、同二九巻八号（二〇〇一）九二四頁以下、潮見佳男「ドイツ債務法の現代化と日本債権法学の課題（一）（二・完）」民商法雑誌一二四巻三号（二〇〇一）一頁以下、同一二四巻四・五号（二〇〇一）一七一頁以下（同『契約法理の現代化』（有斐閣、二〇〇四）所収）、河原格「ドイツ改正新債務法の紹介」東洋法学四六巻一号（二〇〇二）一三一頁以下など参照。

（2）　債務法改正の経緯については、*Reinhard Zimmermann*, Schuldrechtsmodernisierung ?, in : Wolfgang Ernst / Reinhard Zimmermann, Zivilrechtswissenschaft und Schuldrechtsreform, 2001, S. 1ff. ; *derselbe*, Schuldrechtsmodernisierung ?, JZ 2001, S. 171ff. ; *Jan Wilhelm*, Schuldrechtsreform 2001, JZ 2001, S. 861ff. 参照。

（3）　*Bundesminister der Justiz* (Hrsg.), Gutachten und Vorschläge zur Überarbeitung des Schuldrechts, Bd.I, Bd.II (1981), Bd.III (1983). なお、下森定他『西ドイツ債務法改正鑑定意見の研究』（日本評論社、一九八八）参照。

（4）　*Bundesminister der Justiz* (Hrsg.), Abschlußbericht der kommission zur Überarbeitung des Schuldrechts, 1992 (以下では、Abschlußbericht として引用). なお、総論部分の翻訳として、ドイツ連邦共和国司法大臣編／岡孝＝辻伸行（訳）「ドイツ債務法改正委員会の最終報告書・総論（上）（中）（下）」ジュリスト九九六号（一九九二）三六頁以下、同九九七号（一九九二）八二頁以下、同九九八号（一九九二）一〇四頁以下、報告書の研究として、下森定＝岡孝編『ドイツ債務法改正委員会草案の研究』（法政大学出版局、一九九六）がある。

（5）　「消費用製品売買における一定の側面及び消費用製品の保証に関する一九九九年五月二五日の欧州議会及び閣僚理事会指令」（RL 1999/ 44/ EG des Europäischen Parlaments und des Rates vom 25. Mai 1999 zu bestimmten Aspekten des Verbrauchsgüterkaufs und der Garantien für Verbrauchsgüter (ABl. EG Nr. L 171 S.12))、「商取引における支払遅滞の克服に関する二〇〇〇年六月二九日の欧州議会及び閣僚理事会指令」（RL 2000/ 35/ EG des Europäischen Parlaments und des Rates vom 29. Juni 2000 zur Bekämpfung von Zahlungsverzug im Geschäftsverkehr (ABl. EG Nr. 200 S. 35))、「情報化社会、特に域内市場における電子商取引の役務における一定の側面の役務に関する二〇〇〇年六月八日の欧州議会及び閣僚理事会指令」（Art. 10, 11 und 18 der RL 2000/ 31 / EG des Europäischen Parlaments und des Rates vom 8. Juni 2000 über bestimmte rechtliche Aspekte der Dienste der Informationsgesellschaft, insobesondere des elektronischen Geschäftsverkehrs, im Binnenmarkt (Richtlinie über den elektronischen Geschäftsverkehr (ABl. EG Nr. L178 S. 1)))。

（6）　同草案の邦訳として、岡孝＝青野博之＝渡辺達徳＝銭偉栄「ドイツ債務法現代化法案（民法改正部分）試訳」学習院大学法学会雑誌三七巻一号（二〇〇二）一二九頁以下がある。

（7）改正法の解説として、*Herta Däubler-Gmelin*, Die Entscheidung für die sogenannte Große Lösung bei der Schuldrechtsreform, NJW 2001, S. 2281ff（連邦司法大臣による政府草案の解説）.；*Wolfgang Däubler*, Neues Schuldrecht-ein erster Überblick, NJW 2001, S. 3729ff.；*Martin Schwab*, Das neue Schuldrecht im Überblick, JuS 2002, S. 1ff.；*Claus-Wilhelm Canaris*, Schuldrechtsreform 2002, 2002. 参照。なお、改正法文の邦訳は、岡・前掲注（1）一八一頁以下、半田・前掲注（1）四三三頁以下に掲載されている。本稿もこれらを参考にした。

（8）ヨーロッパ私法の統一化へ向けた動向については、川角由和＝中田邦博他編『ヨーロッパ私法の動向と課題』（日本評論社、二〇〇三）、ユルゲン・バセドウ編（半田＝滝沢他訳）『ヨーロッパ統一契約法への道』（法律文化社、二〇〇四）など参照。

（9）Abschlußbericht, a. a. O. (Fn. 4), S. 128f.；*Gmelin*, a. a. O. (Fn. 7), S. 2283.；*Barbara Dauner-Lieb*, Das Leistungsstörungsrecht im Überblick, in：Barbara Dauner-Lieb/ Thomas Hidel/ Manfred Lapa/ Gerhard Ring (Hrsg.), Das Neue Schuldrecht Ein Lehrbuch, 2002, S. 69-71.

（10）売買、請負の瑕疵担保法の改正については、今西康人「ドイツにおける売主の瑕疵担保責任の改正問題—債権法の現代化に関する法律の検討草案について—」法学論集（関西大学）五一巻二＝三号（二〇〇一）一六九頁以下、同「ドイツ新債権法における仕事の瑕疵に関する請負人の責任」同五二巻四＝五号（二〇〇三）八五頁以下、青野博之「売買目的物に瑕疵がある場合における買主の権利と売主の地位」判例タイムズ一一一六号（二〇〇三）一二頁以下、芦野訓和「ドイツ新債務法における請負法の改正—我が国への示唆を含めて—」駿河台法学一七巻一号（二〇〇三）三頁以下、石崎泰雄「ドイツ新民法における瑕疵担保責任の統合理論」同四七頁以下など参照。

（11）*Gmelin*, a. a. O. (Fn. 7), S. 2283.

（12）新給付障害法を概観するものとして、*Claus-Wilhelm Canaris*, Das allgemeine Leistungsstörungsrecht im Schuldrechtsmodernisierungsgesetz, ZRP 2001, S. 329ff.；*derselbe*, Die Reform des Rechts der Leistungsstörungen, JZ 2001, S. 499ff.；*Daniel Zimmer*, Das neue Recht der Leistungsstörungen, NJW 2002, S. 1ff. など参照。

（13）なお、請求権の原則的な消滅時効期間は、三〇年から三年に短縮され（一九五条）、時効の起算点は、従来のような請求権の発生時から起算するのではなく、さらに債権者が請求権の根拠となる事情及び債務者を知ったこと、あるいは重過失がなければ知りえたことを要件とする（一九九条一項）。そして、損害賠償請求権については、生命、身体、健康または自由の侵害を理由とする損害賠償請求権は、侵害行為時から三〇年で時効消滅し、その他の損害賠償請求権は段階づけされ、三〇年または一〇年の時効に服する（一九九条二項・三項）。

（14） *Gmelin*, a. a. O. (Fn. 7), S. 2284f.; *Däbler*, a. a. O. (Fn. 7), S. 3731.; *Wolfgang Ernst*, Kernfragen der Schuldrechtsreform, JZ 1994, S. 805.; *Jan Wilhelm*, Die Pflichtverletzung nach dem neuen Schuldrecht, JZ 2004, S. 1056f.

（15） *Jauernig BGB-Peter Mansel*, 11. Aufl. 2004, Rn. 1f. zu §241.

（16） 三一一条は契約交渉段階の債務関係を定めており、これまで判例・学説において認められてきた「給付義務なき債務関係」が明文化された（*Palandt BGB-Helmut Heinrichs*, 64. Aufl. 2005, Rn. 4. zu Einl §241.）。なお、「行為基礎の障害」（三一三条）、「重大な事由に基づく継続的債務関係の解約告知」（三一四条）についても新たに規定が設けられた。

（17） *Claus-Wilhelm Canaris*, Die Neuregelung des Leistungsstörungs und des Kaufrechts, in: Egon Lorenz (Hrsg.), Karlsruher Forum 2002: Schuldrechtsmodernisierung, 2003, S. 29-31. 参照。なお、カール・リーゼンフーバー／渡辺達徳（訳）「不履行による損害賠償と過失原理」ジュリスト一三五八号（二〇〇八）一四一頁以下参照。

（18） 詳細は、渡辺達徳「ドイツ債務法現代化法における帰責事由—その内容及び機能について—」判例タイムズ一一一六号（二〇〇三）二二頁以下、渡邉拓「帰責事由としての性質保証と損害担保—ドイツ債務法改正における損害担保責任の導入とその企業買収実務に与える影響を参考にして—」法政研究（静岡大学）八巻三・四号（二〇〇四）一四三頁以下参照。

（19） 前掲注（10）所掲の論考を参照。

（20） 債務法改正へ向けた議論においては、不能概念がドイツの伝統的な給付障害論において中心的な位置を占めていると解されてきたことに対し、不能概念を放棄すべきであるとの主張も有力になされた。しかし、新法では、債権者の履行請求権を制限するものとしての不能概念が復活した（詳細は、吉政知広「『履行請求権の限界』の判断構造と契約規範（一）（二・完）—ドイツ債務法改正作業における不能法の再編を素材として—」民商法雑誌一三〇巻一号（二〇〇四）三七頁以下、同一三〇巻二号（二〇〇四）二五〇頁以下参照）。

（21） *Schwab*, a. a. O. (Fn. 7), S. 3.

（22） *Wilhelm*, a. a. O. (Fn. 14), S. 1056ff.; *Palandt-Heinrichs*, a. a. O. (Fn. 16), Rn. 5-8. zu §241, Rn. 13-31. zu §280.; *Canaris*, a. a. O. (Fn. 17), S. 30f.; *Dieter Medicus*, Bürgerliches Recht, 20. Aufl. 2004, S. 172-174.; *derselbe*, Schuldrecht

I Allgemeiner Teil, 16. Aufl. 2005, S. 155f.

（23） *Zimmer*, a. a. O. (Fn. 12), S. 6f., 9f. ; *Ingro Koller*, Recht der Leistungsstörungen, in : Ingro Koller /Herbert Roth / Reinhard Zimmermann, Schuldrechtsmodernisierungsgesetz 2002, 2002, S. 60f.

（24） *Wilhelm*, a. a. O. (Fn. 14), S. 1060.

（25） 瑕疵担保規定を有する契約（売買、賃貸借、請負、旅行契約）については、通常、当該規定の及ばない損害について二八〇条が適用される（Palandt-Heinrichs, a. a. O. (Fn. 16), Rn. 15–23. zu §280.）。

（26） *Zimmer*, a. a. O. (Fn. 12), S. 12.

（27） *Wilhelm*, a. a. O. (Fn. 14), S. 1056–1058. なお、渡辺達徳「ドイツ債務法現代化法における一般給付障害法　債務者の給付義務からのアプローチ」岡編・前掲注（1）七一頁は、旧法の概念・制度を残存させる新給付障害法規定は、二一世紀における債務法の姿を鮮やかに示したというよりも、未だ一九〇〇年一月一日の装いを纏ったままで登場した、とする。

（28） Abschlußbericht, a. a. O. (Fn. 4), S. 130. ; *Dauner-Lieb*, a. a. O. (Fn. 9), S. 74f. ; *Dieter Medicus*, Leistungsstörungsrecht, in : Lothar Haas / Dieter Medicus /Walter Rolland /Carsten Schäfer /Holger Wendtland, Das Neue Schuldrecht, 2002, S. 84.

（29） *Canaris*, a. a. O. (Fn. 12), JZ 2001, S. 512. なお、Thomas Riehm, Pflichtverletzung und Vertretenmüssen-Zur Dogmatik der §§280 ff. BGB -, Festschrift für Claus-Wilhelm Canaris Bd. I, 2007, S. 1079 ff. 参照。

（30） *Medicus*, a. a. O. (Fn. 28), S. 84f.

（31） *Jan Schapp*, Probleme der Reform des Leistungsstörungsrecht, JZ 1993, S. 638, 640f.

（32） *Zimmer*, a. a. O. (Fn. 12), S. 6.

（33） *Medicus*, a. a. O. (Fn. 28), S. 124f.

（34） *Wilhelm*, a. a. O. (Fn. 14), S. 1056f., 1059f.

（35） *Ulrich Huber*, Leistungsstörungen, in : Gutachten und Vorschläge zur Überarbeitung des Schuldrechts Bd. I, 1981, S. 647ff. 宮本健蔵「債務不履行法体系の新たな構築」法学志林八〇巻三・四号（一九八三）九七頁以下、小林一俊「西ドイツ債権法改正案における原始不能法の克服」同八五巻二号（一九八七）一頁以下（いずれも下森他・前掲注（3）所収）参照。

（36） *Palandt-Heinrichs*, a. a. O. (Fn. 16), Rn. 3. zu §280. ; Kai Kuhlmann, Leistungspflichten und Schutzpflichten, 2001,

S. 135 ff. 参照。

（37）Abschulußbericht, a. a. O.（Fn. 4), S. 130. これは、債務法改正委員会メンバーであるディーデリクセン（*Diederichsen*）の見解に従ったものである（*Uwe Diederichsen*, Zur gesetzlichen Neuordnung des Schuldrechts, AcP 182（1982), S. 117ff. 参照）。

（38）なお、カナーリスは、保護義務については義務違反と帰責事由の判断が重複することを指摘する（前掲注（29）参照）。

（39）*Ulrich Huber*, Die Pflichtverletzung als Grundtatbestand der Leistungsstörung im Diskussionsentwurf eines Schuldrechtsmodernisierungsgesetzes, ZIP 2000, S. 2276–2278. ; *derselbe*, Das geplante Recht der Leistungsstörungen, in : Wolfgang Ernst / Reinhard Zimmermann, Zivilrechtswissenschaft und Schuldrechtsreform, 2001, S. 98–104.

（40）*Ernst*, a. a. O.（Fn. 14), S, 805f. ; *derselbe*, Zum Kommissionsentwurf für eine Schuldrechtsreform, NJW 1994, S. 2180.

（41）Vgl. *Medicus*, a. a. O.（Fn. 28), S. 84ff.

（42）前述したビィルヘルムもこのような理解を表明する（前掲注（34）参照）。

（43）*Hans Stoll*, Notizen zur Neuordnung des Rechts der Leistungsstörungen, JZ 2001, S. 593.

（44）*Schapp*, a. a. O.（Fn. 31), S. 638–640. ; *derselbe*, Empfiehlt sich die „Pflichtverletzung“ als Generaltatbestand des Leistungsstörungsrecht ?, JZ 2001, S. 583–586.

（45）このように「義務違反」概念は、本来、行為義務・保護義務に適合するとの見解からは、さらに、二八〇条一項は行為義務・保護義務違反に限定されるとの理解もでてくる（*Horst Ehmann / Holger Sutschet*, Schadensersatz wegen Kaufrechtlicher Schlechtleistung, JZ 2004, S. 67, 69. 参照）。

（46）*Palandt-Heinrichs*, a. a. O.（Fn. 16), Rn. 4. zu Einl §241, Rn. 5–8. zu §241, Rn. 23ff. zu §242. なお、ハインリッヒスと同旨の見解として、*Heinz Georg Bamberger / Herbert Roth BGB-Christian Grüneberg*, 2003, Rn. 13–15, 33ff. zu §241.

（47）*MüchKomm-Ernst A. Kramer / Günter H. Roth*, 4. Aufl. 2003, Rn. 16–19. zu §241.

（48）*Zimmer*, a. a. O.（Fn. 12), S. 6. ; *Michael Kittner*, Schuldrecht, 3. Aufl. 2003, S. 214f（例えば、給付目的たる器具の使用上の注意書は、器具の適切な使用に向けられる（給付に関連する付随義務）とともに、その使用に際しての損害発生からの保護（保護義務）も含む）.

(49) Abschlußbericht, a. a. O. (Fn. 4), S. 113–115.

(50) *Jauernig-Mansel*, a. a. O. (Fn. 15), Rn. 24. zu §242.; *Palandt-Heinrichs*, a. a. O. (Fn. 16), Rn. 28. zu §280.; *Bamberger / Roth-Grüneberg*, a. a. O. (Fn. 46) Rn. 92. zu §241.

(51) *Kittner*, a. a. O. (Fn. 48), S. 214f.; *Peter Krebs / Manfred Lieb / Arnd Arnold*, Kodifizierung von Richterrecht, in: Dauner-Lieb / Thomas Hidel/ Manfred Lapa/ Gerhard Ring (Hrsg.), Das Neue Schuldrecht Ein Lehrbuch, 2002, S. 124ff.; *Erman BGB-Harm Peter Westermann*, 11. Aufl. 2004, Rn. 8. zu Einl §241.; *Dirk Looschelders*, Schuldrecht Allgemeiner Teil, 3. Aufl. 2005, S. 9.

なお、新債務法における保護義務の構造を検討するものとして、*Hans Christoph Grigoleit*, Leistungspflichten und Schutzpflichten; *Dieter Medicus*, Zur Anwendbarkeit des Allgemeinen Schuldrechts auf Schutzpflichten, Festschrift für Claus-Wilhelm Canaris Bd. I, 2007, S. 275 ff., 835ff.

(52) なお、ドイツ新債務法制定後のドイツの判例・学説の動向については、半田吉信『ドイツ新債務法と民法改正』(信山社、二〇〇九)二一頁以下参照。

第五節　結　び

以上の理論状況を踏まえ、完全性利益侵害に対する契約規範の適用可能性及び不法行為規範との関係を解明する上で、留意されるべきいくつかの問題点について整理しておく。およそ以下のような点に集約できるであろう。

第一は、給付関係と保護関係の峻別可能性である。ドイツの保護義務論の主たる争点は、保護義務を給付関係と保護関係のいずれにおいて位置づけるべきかにある。「統一的法定保護義務関係」論者のように、保護義務を給付関係から分断された保護関係において位置づけるときには、保護義務と契約義務との相違や保護義務違反の責任性質・不法行為責任との区別規準といった問題が浮き彫りとなる。また、給付関係の枠内において保護義務の契約義務としての性質を認めるときにも（批判説にみられる）、義務構造上保護義務をどのように位置づけるべきか（とりわけ給付利益（給付結果）の保持へ向けられる義務群との関係）、契約債務関係へ取り込むべき論拠が問題となる。そして、保護義務領域の限定化を志向する見解にあっては、給付関係と保護関係の峻別可能性という視点から、さらに保護義務内部における峻別の是非を論ずべき方向へ向かうことになる。これらは、完全性利益侵害に対する契約規範の適用可能性を解明する上で出発点とされるべき論点であり、契約債務関係概念が改めて問われることになる。新債務法においても、契約債務関係における保護義務（ＢＧＢ二四一条二項）のみならず、給付関係が存しない場面における保護義務の存立も認めることから（契約締結上の過失責任の前提となる保護義務）、同様の問題が残される。

第二は、保護義務領域の画定であり、保護義務違反（完全性利益侵害）を契約責任として捉える立場からは、その不法行為責任との限界づけに関わる問題でもある。積極的債権侵害の態様に関しては、それが契約義務論と直結し、しかも各論者により義務構造の捉え方は異なることから、理解が一致しているわけではない。しかし、問題となる給付実態（履行不完全）における被違反義務としては、およそ給付義務違反とその他の付随義務違反に類型化する見解（二分説）と、付随義務違反をさらに給付利益の保護へ向けられる義務違反と完全性利益の保護へ向けられる義務（保護義務）違反とに細分する見解（三分説）がみられる。そして、いずれにおいても主として完全性利益が侵害される場合（拡大損害）を中心に論じられている。ここでは、先にみた保護義務領域限定説の動向を踏まえ、完全性利益の具体的な侵害態様とそこでの帰責根拠を探る作業が必要となる。完全性利益侵害に対する契約責任構造の解明は、保護義務の目的方向性（完全性利益保護）に着目するだけでは足りず、その違反が具体的に債務履行過程のいかなる場面において生じ、債権者のいかなる法益がどのように侵害されたのか、また、そこでは給付義務との関連性をどのように評価できるのかを、類型的に確定する作業を通して図られるべきものだといえる。その意味でも、完全性利益の侵害態様に即した分析が不可欠となる。

第三は、保護義務の存立基盤をどのように理解するかである。「統一的法定保護義務関係」論者は、保護義務が存立する保護関係（信頼関係・特別結合関係）を当事者間での法律行為的ないし取引的接触場面として捉える傾向にある。そこでは、このような保護関係の特質を明らかにすることが、契約規範及び不法行為規範とも異なる規範の定立を目指す場合には重要な観点となる。また、保護義務を給付関係（契約債務関係）の枠内において位置づける立場にあっても、完全性利益という被侵害利益の面からは不法行為規範との同質性を否定することはできないとしても、契約責任構成の論拠及びその限界づけに関わる論点となる。保護義務領域限定説からは、とりわけ保護義務違反のみが存する完全性利益侵害場面が問題となる。なお、新債務法は、債務の履行過程に限定されないより広義の債務関係の中で保護義務を位置づけるが、それはあくまで契約規範（給付障害法）の適用場面だとみており、「統一的法定保護義務関係」論者にみられるような「第三責任」の構築には至ってはいない。

第四は、以上の諸観点から導き出される保護義務及びその機能領域と不法行為規範との関係である。学説においては、保護義務は契約当事者たる特定人間において設定されるものであるから、内容・程度において不法行為法上の義務よりも高められる可能性があるとの主張もみられるが、なお両義務の同質性を肯定する見解も有力である。新債務法は、債務関係から生じる保護義務を規定し（BGB二四一条二項）、不法行為規範との峻別は一応明らかにされた。しかし、保護義務と不法行為法上の義務は性質・内容において、どの程度の違いがあるのかについては議論の余地があり、また、両者の限界づけが問題となる。果たして、契約関係において不法行為法上の義務とは異なる保護義務を概念規定することが可能なのか、また、ある特定の領域において保護義務の特質が認められることになるのか、あるいは最終的には両義務が同一規準により収束されるに至るのか、といった点に留意する必要がある。そして、このような検討を踏まえ、完全性利益侵害の帰責構造が明らかにされるべきである。

第二章　わが国における理論動向

第一節　緒　　論

第一章でみたように、ドイツにおいては、積極的債権侵害論を契機に、完全性利益の契約規範による保護が定着するとともに、契約義務構造に関する理論的深化が図られる中で、完全性利益保護義務の特殊性が明らかにされてきた。

そんな中、わが国においても、ドイツ民法理論の受容を通して保護義務論が展開されてきた。すなわち、明治末期以後のドイツ法の影響により、ドイツ積極的債権侵害論が不完全履行論という形で学説継受される中で、契約当事者の完全性利益の侵害が契約責任と不法行為責任の交錯場面として問題視され、同時に、ドイツ法的な義務論も受容され、給付義務に対比させた付随義務・保護義務という形での理解がかなりの支持を集め今日に至っている。反面、不完全履行の意義を疑問視する見解や、契約義務論に対して否定的な見解もみられる。

以下では、まず、不完全履行論の展開を整理した上で、保護義務論の動向について検討を加えたい。完全性利益侵害に対する責任構造については、不完全履行論の展開過程で議論されてきた問題であるが、さらに、今日、不完全履行をめぐり、民法典における責任法の全体にまたがる問題も提起されており、契約責任（債務不履行）法の再構築へ向けた理論的素材を提供するものとして注目できる。そこで、不完全履行論の理論動向の特徴を明らかにし、それを踏まえて保護義務論の検討に入るのが有益であろう。

第二節　不完全履行論の展開

一　はじめに

不完全履行[1]とは、外形的にみて債務の履行行為がなされたにもかかわらず、それが債務の本旨に従ったものではない場合をいう。債務者の消極的な行為態様による不履行形態である履行遅滞・履行不能に対し、実際に行われた履行行為が不完全であるという、積極的な行為態様による不履行形態として理解されてきた概念である。不完全履行は、ドイツ民法理論からの学説継受の結果として定着した概念であるが[2]、ドイツにおいては、履行遅滞と履行不能に限定した（旧）民法典に対する批判から、それらには収まりきれない不履行形態として構築された概念であり、民法典に規定がない概念・制度として生成展開されてきたといえる。

これに対し、わが民法の債務不履行規定（四一五条）は、（旧）ドイツ民法とは異なり、債務不履行を遅滞と不能に限定せず、むしろ不能を例示した形となっている[3]。その一方で、四一二条において履行遅滞を規定し（その効果として、四一四条で強制履行、四一五条で損害賠償を規定する）、また、契約の法定解除に関する五四一条は履行遅滞の規定と解され[4]、五四三条で履行不能について規定されていることなどからみて、民法は、不履行形態の典型としては遅滞と不能に重点を置いているとみることもできる。[(5)] このような規定構造にあって、不完全履行概念は、一般的・包括的な構造を有する四一五条（同条前段にいう「債務の本旨に従った履行をしないとき」）の中に含まれるとする解釈が定着し、実定法上の根拠を有するものとして、いわば民法典に規定がある概念・制度として理解されてきたとも目される。

しかし、このような「はめ込み」を行っても、損害賠償を請求できるということ以外に何が不完全履行の内容であるかは一切規定がなく、また、追完請求ないし完全履行請求ができるとされているが、これらも債務不履行法のどの規定からも検出できない（ただし六三四条参照）。しかも、民法典の成立当時には、ドイツ民法における解釈論から出てきた「積極的契約侵害」という概念すら未だ明確に認識されていなかったのであり、わが国にあっても、不完全履行に関して法の欠缺が存するともいえる。

今日、不完全履行をめぐっては、それを債務不履行の独立した一態様とすることの是非をはじめとして、債務不履行責任の要件・効果の見直し、さらには、瑕疵担保責任や不法行為との関係など、民法典における責任法の全体にまたがる問題を提起している。そこで、以下では、まず、これまでの不完全履行論の展開と今日の理論状況を明らかにし、不完全履行概念の関わりが顕著であるいくつかの領域の中での理論展開を整理する。その上で、完全性利益侵害をめぐる契約責任論の動向を検討したい。

二　不完全履行論の現況

(一)　「不完全履行」概念の導入と定着

先にみたように、ドイツでは、（旧）民法典制定後まもなく、シュタウプ（*Staub*）が「積極的契約侵害（positive Vertragsverletzung)」概念を提唱し、遅滞に準じて損害賠償と解除の規定を類推適用することを主張したが、その後、より一般的に「積極的債権侵害（positive Forderugsverletzung)」として定着してきた。[6]

一方、わが国では、岡松博士がシュタウプの所論をいち早く紹介し、シュタウプが主張した諸類型のうち「不完全給付」を四一五条の「債務の本旨に従った履行をしないとき」という文言に含ませることは無理な解釈ではないことを示し、[7]その後、債務不履行の第三類型として「不完全履行」という名称が定着し、遅滞・不能の要件・効果をそのままパラレルに不完全履行にも当てはめる見解が通説化する。そして、我妻博士は、不完全履行としての侵害態様について詳述し、「給付目的物に瑕疵がある場合」「履行方法が不完全な場合」「給付する際に必要な注意を怠る場合」に類型化し、それと相当因果関係にある全損害が賠償の対象となる、との見解を表明し、[8]結局、遅滞・不能のいずれにも属さないものすべてを不完全履行と考えるようになり、ここに通説的見解が完成した。

この時期にあっては、「債務者の帰責事由」（主観的要件）に関する言及はほとんどみられず、専ら「不完全な履行」（客観的要件）の内容の検討に主たる関心が置かれており、また、そこから析出される侵害態様としては、債権者の生命・身体・財産といった完全性利益の侵害（拡大損害）事例が中心であった。[9]

以上のような不完全履行概念の導入と定着という初期の理論動向の特徴としては、およそ以下のような点を指摘できるであろう。

第一に、わが国では、社会の実情からみて第三の不履行形態を認める必要がある、といった実務上の要請という観点からの考察は見当たらず、理論として受け入れるという色彩が強い点で、ドイツとは対照的であること。[10]

第二に、四一五条の「債務の本旨に従った履行をしないとき」という一般的・包括的な文言からは、日本では不完全履行という概念は不要ではないかという疑問も内在していたが、このような認識の論理展開としては、日本でも不完全履行概念を認める、という方向へ進んだこと。(11)第三に、不完全履行は、完全性利益侵害（拡大損害）原因となる債務不履行の独立種として認識されながらも、四一五条への包摂と因果関係の問題として定着し、遅滞・不能と並列されたが、遅滞・不能でもないという不履行態様上の特殊性が強調されるとともに、遅滞・不能のように履行しないために生じる損害とは異なる損害（完全性利益侵害）が生じ得るという、損害の特殊性にも着目されて理解されていった、(12)という点を指摘できる。

(二) 不完全履行論の展開

その後、戦後になって、いくつかの視角からの研究が進展する。

その第一は、わが国における不完全履行概念の役割をいわば機能的に考察する動向であり、通説的見解のようにドイツ民法の解釈を取り入れて不完全履行ないし積極的債権侵害を論じることへの疑問が提示された。すなわち、川島博士は、四一五条がドイツ民法とは異なることを指摘し、(13)さらに、平井教授との共同論文の中で債務不履行類型を機能的に考察し、不完全履行は遅滞または不能のいずれかに吸収されてしまうこと、判例上も遅滞と不能を区別する意味は乏しいとして、三類型は債務不履行の例示にすぎず、「本旨不履行」の内容を明らかにすべきことを主張した。(14)

ここでは、初期の学説とは逆に、日本法においては不完全履行概念は不要であるという論理の展開へと向かうことになる。そして、このような見解が、今日の債務不履行の三分体系（遅滞・不能・不完全履行）を疑問視する見解や、債務不履行規範の適用の拡張を説く見解へ影響を与える契機となったと目される。

第二は、ドイツにおいてシュタウプ以後の積極的債権侵害論を契機として展開された、契約義務構造論に依拠する見解の台頭である（「ドイツ民法学説の再移入」とも称される）。初期の学説は、侵害態様・不履行形態という債務者の履行行為の態様・特性に着目したが、やがて、履行行為の分析という観点と並び、債務不履行の前提となる債務（不完全履行における被違反義務）の内容や・構造に着目する一連の見解が主張された(15)。

このような動向は、今日有力となっている義務論へつながる。また、初期の学説も、前述したように不完全履行は完全性利益侵害（拡大損害）原因としての特殊な不履行形態として認識しながら、これを遅滞・不能と同列に位置づけたが、義務論は、このような理論における異次元性を債務構造の観点から再浮上させ、それを正当化したとも評し得る(16)。

(三)　今日の理論状況

そこで、今日の不完全履行論の状況としては、およそ以下のような動向が特徴的である。

第一は、契約義務論の展開であり、不完全履行における被違反義務の内容・構造に着目する見解が有力である。例えば、不完全履行の給付実態を「給付結果の不完全」と「完全性利益侵害（拡大損害）」とに二分する見解は、被違反義務として給付義務とそれに付随する義務ないし給付義務から独立した信義則上の義務を観念し、また、給付義務違反は遅滞・不能の規律により処理され、不完全履行は専ら付随義務・保護義務違反による「完全性利益侵害（拡大損害）」が問題となる場面だとみる見解もある(17)。さらに、このような理論動向は、医療過誤における債務不履行責任構成や労災事故における安全配慮義務論などの各論的な研究へも波及している。

このように、義務論が理論的に深化し、義務・債務の内容が厳密に特定されていくならば、その債務をその通り履行した場合以外はすべて債務不履行となり、不完全履行を論じる意味も小さくなることも予想し得る[18]。

第二は、四一五条の妥当範囲は遅滞・不能・不完全履行に尽きるものではないとの解釈も有力となっており[19]、同条はいわば「開かれた体系」を提供するものだと解する傾向も見受けられる[20]。ここでは、不完全履行を論じる意味が改めて問い直されるに至るとも思われ、不完全履行概念がもはや不要ではないかとの見解にも通じることになる。

第三は、三分体系が定着し、不完全履行の法的処理も単に遅滞・不能に準ぜしめる結果、これら三分類の区分規準が不明確となることに対する批判から、債務不履行の構成要件としては、「債務の本旨」に従わざる履行の内容を明確にすることが重要だとして、三分体系を否定する見解も有力になっていることである[21]。被違反義務から不完全履行を捉える立場（義務論）では、まさに本旨不履行の内容が明らかにされねばならず、また、債務不履行規範の適用を拡張する傾向からは、このように不完全履行概念に固執しない理論動向が出てくることも当然の流れだといえる。

第四は、これまでの不完全履行論は主に売買（財産権譲渡）型契約を念頭に置いたものだといえるが、次第に多種多様な役務（サービス）提供型契約が登場してくると、そこでの不完全履行論を独自に展開する必要性が浮き彫りにされたことである[22]。特に、医療過誤事例において、帰責事由の証明責任を債務者（医師側）へ転換するというルールが債権者（患者側）にとって必ずしも有利には機能しないことが明らかにされ、新たな応接理論を構築する必要性がその契機となった。また、このような状況から、フランス法に依拠した結果債務・手段債務二元論も登場する。これらも、不完全履行概念の存否にかかわる動向であるといえる。

このような動向を踏まえ、以下では、不完全履行概念との関わりが顕著であるいくつかの領域の中での理論展開をみる。

三　「不完全履行」概念の現代的展開

㈠　債務不履行類型の見直し

教科書レベルでは、債務不履行の三分体系の骨格は依然として維持されてはいるが、それが必ずしも一致した理解であるとはいえない状況にある。[23] そして、不完全履行論を契機として、従来の三分体系の見直しを図る見解が有力となっている。

そのような動向の第一は、三分体系を維持しながらもそれを修正する一連の見解である。そこでは、三分体系は部分的な不履行類型であるとの認識を前提にして、ドイツの契約義務論に示唆を得て、被違反義務として給付義務、付随義務、保護義務などを定立し、それに即して不完全履行を捉える見解が有力である。[24] そして、給付義務レベルでの不完全履行、すなわち「給付結果の不完全」という侵害態様が遅滞・不能と並ぶ第三類型として位置づけられ、それとは別に保護義務違反としての完全性利益侵害（拡大損害）が析出される。[25] また、三類型の枠外で不履行類型の拡張を志向する見解もある。[26]

第二は、不完全履行概念を排除して債務不履行形態を捉える理論動向である。債務不履行の基本類型としては遅滞と不能のみを考えれば足りるとの見解[27]や、債務の本旨に従った履行をしないという一元化構成に立つ見解、[28] さらには、債務内容の類型（フランス法の結果債務・手段債務概念）による分析を試みる見解[29]である。

以上の学説理論に共通するのは、従来の三分体系に固執せず、むしろ三分体系は債務不履行の例示にすぎないという認識である。このような状況からは、不完全履行概念は債務不履行の諸類型を再構成する契機となったものと評し得るのではなかろうか。

裁判例においては、売買型契約では、不完全履行として「瑕疵ある目的物の給付」事例[30]のほか、帰責根拠を付随義務に求める事例も定着してきている[31]。ただし、給付目的物の瑕疵事例という同種の事案にあっても、帰責根拠を給付義務違反に求めるものと、それとは別の付随義務違反に求めるものに分かれており、責任構成は未だ一致してはいない。さらに、学説が不完全履行の一態様として挙げる「給付する際に必要な注意を怠る場合」（給付義務の不履行がない場合）に該当する事例も散見される[32]。

貸借型契約においては、「賃貸目的物の瑕疵」事例で、賃貸人の使用収益させる義務や修繕義務といった給付義務違反が問題とされている[33]。また、「失火責任」事例では、当事者の管理義務や注意義務違反を問題とする事案も存するが、賃借人の返還義務の履行不能として構成するものもみられる[34]。いずれの事例も完全性利益の侵害に至ったものが多く、学説は帰責根拠を付随義務（保護義務）に求める見解が多数説であるが、このような傾向は裁判例には未だ浸透していない。

役務（サービス）提供型契約については、役務の提供という「なす債務」の内容をどのように確定し、当事者の保護法益をどのように限界づけるべきかという困難な問題がある。裁判例としては、請負型では、「給付行為（役務）の瑕疵」事例[35]と「給付行為に際しての債権者（注文者）の利益侵害」事例[36]が中心であり、委任（準委任）型では、診療契約や保育委託契約など債権者の完全性利益の保護が契約目的（給付義務の内容）とされる場合が主要事例となっており[37]、寄託契約でも同様である[38]。また、安全配慮義務・保護義務違反による事故事例[39]も多く、その他、専門家責任として近時論じられる事例[40]や各種の非典型契約に関する事例[41]が散在する。そして、その中で、帰責根拠として種々の義務が析出されており、付随義務、表示義務、機密保持義務、競業避止義務などを問題とする事例もあり、さらには、契約交渉段階での説明義務違反や契約終了後の責任を問うものなど、不履行類型の拡張を説く学説理論に対応する事例もみられる。しかし、裁判例では、同種の事案において帰責根拠たる被違反義務の理解は一致せず、また、債務内容の特定や債務者のなした行為の事実認定と本旨不履行の評価に関する判断過程が明らかではない場合も少なくない。

このように、学説においては、義務構造論的なアプローチが有力となり、債務不履行規範の適用の拡張が説かれ、さらには、不完全履行概念の有用性を否定したり、債務不履行の一元化も主張され、裁判例においても学説理論に対応するかのような傾向をみせている。このような状況からは、三分体系の存在意義及び不完全履行の債務不履行類型としての独自性が改めて問い直されることになる。

(二) 債務不履行責任の要件・効果

三分体系を維持することに否定的な見解により、「債務不履行（履行不完全）」と「帰責事由（＝過失）」という従来からの債務不履行責任の要件を柱にすることに対する問題性が明らかにされてきた。既に、医療過誤を不完全履行責任として構成する判例の傾向において、履行不完全は具体的な内容において帰責事由と重複する場合のあることが指摘され、他の二類型のような債務不履行と帰責事由の峻別を前提とする主張・証明責任の分配方法を維持し得るのかが問題とされる。[42] さらに、三分体系の存在意義を疑問視する見解からも、両要件の関係が問題とされてきたように思われる。[43]

すなわち、義務構造に立脚して不完全履行を捉える見解においては、債務の性質から与える債務となす債務の区別がなされ、被違反義務の面からは給付義務、付随義務、保護義務などが析出され、また、被侵害利益の面から給付利益と完全性利益を区別し、それに従って要件・効果が説明される。そして、義務を細分化し、それを尽くさなかったことが履行不完全（本旨不履行）と構成されることになるが、それと帰責事由との関係は明らかではなく[44]、三類型ごとに説明を加える従来の通説とは違ったものになっている。

また、債務不履行を本旨不履行として一元化する見解にあっても、本旨不履行の判断枠組みをどう捉えるのか、それと帰責事由との関係など、解明されるべき問題が残る。同様に、結果債務・手段債務概念を用いる見解[45]も、この区別を本旨不履行の問題として捉えるのか、あるいは帰責事由について適用されるものとするのか不明確な点が多い[46]。

さらに、不完全履行は、効果の面からも検討を要することになる。一般には、不完全履行責任の内容として、追完ないし完全履行請求権、損害賠償請求権、契約の解除が挙げられる。しかし、給付義務違反レベルでの不完全履行と加害的履行（完全性利益侵害）に分けて分析する見解からは、前者は遅滞・不能として処理できるから、完全履行請求権（瑕疵修補請求権）のみが導き出され（債務者の帰責事由も不要）、それが無意味な場合には契約の解除が認められ、後者では専ら損害賠償請求が問題とされる[47]。また、契約義務論にあっては、給付義務違反についてはこれら三つの効果が認められるのに対し、付随義務・保護義務違反については損害賠償請求権のみが生じるとされるようであり、義務の性質論は効果の点でも違いを生み出している。

このように、不完全履行論は、従来の三分体系に即した理解を離れ、独自の理論的進展を図る中で、債務不履行責任の要件・効果を再検討すべき問題を浮き彫りにする。履行不完全と帰責事由という要件の内容をどのように定義するのか、両者はあくまで峻別されると考えるか、あるいは同一規準により収束されることになるのか、効果論も含めた検討が必要となる。

(三) 瑕疵担保責任との関係

担保責任、特に物的瑕疵担保責任と不完全履行責任の関係は、古くから議論のある論点の一つである。売主の瑕疵担保責任をめぐる法定責任説と契約責任説（債務不履行責任説）の対立において、民法五七〇条の性質論、不特定物売買の処理の問題だけではなく、効果の面においても、損害賠償請求権の性質、完全履行請求権の有無、責任の期間制限の長さなどが議論されてきた。(48) しかし、法定責任説にあっても、信頼利益賠償を原則としながら、履行利益賠償を担保責任の枠内において認める立場や、完全履行請求権（瑕疵修補請求権）についても黙示の特約・商慣習や当事者意思の合理的解釈により例外的に認める見解が表明されるなど、効果の面で両説の接近がみられる。さらに近時、担保責任における損害を瑕疵自体による減額とそれを超える損害とに分け、各々の要件を相違せしめる理論が登場している。

一方、請負人の瑕疵担保責任に関する通説的見解は、請負人は瑕疵のない完全な仕事をする債務（仕事完成義務）を負うから、瑕疵担保責任は不完全履行責任であり、民法六三四条以下の規定は一般不完全履行責任の請負における特則であるとする。したがって、不完全履行責任の一般理論は排除され、損害賠償の範囲も瑕疵によって生じるすべての損害に及ぶとする。そして、売主瑕疵担保責任が法定の無過失責任であるとの法定責任説の理解に引きずられ、同じく無過失責任と解している。これに対し、近時、売主瑕疵担保責任の再構成（とりわけ損害賠償請求に関する）の成果を請負人の瑕疵担保責任にも転用し、あるいは、より直截に請負人の瑕疵担保責任は不完全履行責任そのものであると捉え、その要件・効果の再構成を試みる見解がみられる。そこでは、請負人の債務内容から導かれる瑕疵修補請求のほか、解除、代金（報酬）減額請求については請負人の過失を要しないが、代金減額と区別された意味での損害賠償は請負人の過失を要するとの見解も表明されている。[49]

売主の瑕疵担保責任については、法定責任説と契約責任説が効果の面では接近し、とりわけ、損害賠償の範囲を広く認める限りでは、瑕疵担保責任が不完全履行責任へ収束される方向へと向かう可能性も否定できない。しかし、他方で、瑕疵担保責任は無過失責任であり、売買の有償性を具現するものであるという、これまで慣用とされてきた理解を前提とする限りでは、別の理解も可能となる。また、請負人の瑕疵担保責任については、売主の瑕疵担保責任以上に不完全履行責任としての性質がより顕著なものとして理解されている。瑕疵担保責任と不完全履行責任の関係をどのように捉えるかは、結局、瑕疵担保責任の法的性質及びその機能領域の理解に関わると考えるが、ここでの議論は、不完全履行の処理方法に関するいくつかの観点が浮き彫りにされた点で意義が認められるであろう。

(四)　役務（サービス）提供型契約における責任論の展開

不完全履行概念は、履行遅滞と履行不能という従来からの二つの態様には収まりきれないものを捉えるための、いわば補充的な態様として不履行責任の適用範囲の拡張をもたらした。そして、サービス経済の進展とともに多種多様な役務（サービス）提供型契約が登場したことにより、「なす債務」の重要性が増すに至ったが、この種の債務においては、「与える債務」以上に不完全履行が重要な意味を持つことが明らかにされた。

三分体系の修正を意図する学説においては、「なす債務」の特質に応じた独自の債務不履行責任を構成すべきであるとの認識がみられる。契約義務論からは、「与える債務」については細分化された義務に即した侵害態様を析出できるものの、「なす債務」については、給付義務と保護義務が不可分に結合している場合のあることが指摘される。[50]また、債務不履行を一元化して捉える見解にあっても、「なす債務」（行為債務）では履行遅滞・不能とは異なる形の債務不履行が存することが明らかにされ、[51]さらに、債務内容の類型（結果債務・手段債務）からの分析も加えられている。学説においては「なす債務」の特殊性は認識されてはいるものの、そこでの責任構造は未だ解明されるには至っていない。一方、裁判例においても、典型・非典型契約を含む多くの役務提供型契約に関する事例が集積されている。

民法典における契約法の諸規範は、専ら「物」給付を中心に構成されており、役務への法的対応は不十分であるといえる。また、役務提供にあっては、「物」給付とは異なり、給付結果が約束されているのかどうか、瑕疵のない役務とは何かがそもそも定まっていない上に、実際になされた役務の質を客観的に評価することも困難である。このように、役務提供型契約の内容的な適正化とその履行不完全に対する被害者救済の問題は、不完全履行論の展開過程で浮き彫りされてきたものである。そして、不完全履行論を出発点として、役務提供契約の特徴や提供者責任の構造をめぐる理論的深化が図られつつある。[52]

(五)　完全性利益侵害の責任構造

以上のような諸観点において、不完全履行概念をめぐる現代的展開を特徴づけることができるとして、いずれにおいても、そこでは、不完全な履行行為により生じる当事者の完全性利益の侵害（拡大損害）に着目する傾向が顕著である。給付目的物の不完全がその目的物自体に留まる場合には、その不完全が追完可能か否かに応じて一部遅滞または一部不能とみられ、また、近時の有力説によれば瑕疵担保責任の問題となる。このような理解からは、不完全履行不要論が台頭することにもなるが、同時に、遅滞・不能とは別に債務不履行類型としての特色を有するのは、完全性利益侵害の場合であることが明らかにされてきた。

初期の学説においても、不完全履行の主要な侵害態様として認識されており、その特殊性に着目する見解が主張され(53)、今日でも、「狭義の不完全履行」(給付義務違反)と並べて、それとは別に完全性利益侵害を位置づける見解や(54)、専ら完全性利益侵害事例のみを析出する見解が多数説となっている(55)。このような傾向がドイツにおいても一般的な理解であることは、前述したとおりである。

また、このような理論動向は、瑕疵担保責任論へも影響し、いわゆる瑕疵結果損害の帰責構造をめぐり損害賠償請求権の要件をどのように解するべきか、不完全履行との関係如何が問題とされている(56)。役務提供契約についても、役務の提供が債権者の権利・利益領域に介入する場合が多く、当事者の完全性利益保護が重視されることが、その特徴の一つとして指摘される(57)。

裁判例においても、不完全履行として完全性利益侵害事例が多数みられる(58)。財産権譲渡型契約では、給付目的物の瑕疵による拡大損害や給付する際に債権者(買主)の完全性利益の侵害が生じた事例が多い。また、財産権利用型契約についても、賃貸目的物の瑕疵事例及び失火責任事例においても、その多くが完全性利益侵害を問題とする。役務提供型契約では、雇用契約上の安全配慮義務に関する理論的進展がみられたが、他の契約においても完全性利益侵害に関わる事案が増加している。もっとも、遅滞・不能と並ぶ給付義務違反としての不完全履行と、付随義務(保護義務)違反たる完全性利益侵害(積極的債権侵害)との区別構成は、役務提供型契約(とりわけ手段債務)にあっては困難であるとの指摘もあり(59)、そこでは各々の契約に応じた当事者の保護法益の画定作業が必要となる。

以上の状況からは、不完全履行をこのような完全性利益侵害に限定すべきなのか、また、不完全履行の独自の効果を考慮すべきか、あるいは、あくまで遅滞・不能と併存するものとして捉えるのか、といった点が問題となる。また、このような不完全履行論の展開が、いわゆる「契約責任の拡大化」傾向をもたらしたことは周知のとおりである。次節において、改めて完全性利益侵害に対する契約責任論の展開を検討したい。

四　解決方向性

不完全履行をめぐる以上の理論状況を踏まえ、各論点の解決方向性について若干の検討をしておきたい。

(一)　不完全履行責任の位置づけ

まず、問題とされるべきは、不完全履行の債務不履行類型における位置づけである。初期の見解は、不完全履行を遅滞・不能以外の債務不履行を包括する補充的な概念として理解していた。しかし、その後の義務論の展開や不履行類型の拡張を説く見解、さらには、三分体系を否定的に解する見解などからは、不完全履行とされる場合は必ずしも遅滞・不能以外のすべての不履行を包括し得ないことが明らかにされた。このような動向からは、本旨不履行という包括的定式を採用する民法四一五条の下では、従来の三分体系はそれ自体維持し得なくなるのではないか。そして、債務不履行が債務履行の完全な反対概念になったとの認識に立てば、債務不履行を履行がない場合と不完全な履行をした場合とに分けることなく、「債務の本旨に従った履行をしない」というメルクマールで統一的に捉える方向へ向かうものと思われる。このように考えると、損害賠償請求の可否を判断するに際して重要となるのは、単なる遅滞・不能などの存否を探ることではなく、債務者が「債務の本旨」に従ったかどうかを判断することだといえる。

このような方向が適当であると考えるが、問題は本旨不履行の判断規準をどのように捉えるかである。この点で、債務・契約義務構造に立脚して債務不履行を判断する理論動向に注目できる。債務の本旨に従わざる履行は何かという問いは、債務の本旨、つまり義務の内容は何かという問いへつながるものであり、また、義務違反を問題とせずに不完全履行を捉える見解にあっても、債務の本旨か否かは債務内容に即して判断されるべきであることから、義務論と無縁ではない。そして、義務論が深化し、債務・義務の内容が厳密に特定されていくならば、その債務をその通り履行した場合以外は債務不履行となり、その意味では不完全履行を論じる意味も小さくなることも予想できる。なお、債務不履行を統一的要件で構成するとき、遅滞・不能・不完全履行という類型を完全に排除すべきかどうかについては、なお検討を要する。

(二)　債務不履行の帰責構造

本旨不履行を被違反義務の面から捉えることが可能であり、また、そのような方向が適当であると考える立場からは、「債務不履行（履行不完全）」と「帰責事由＝過失」という伝統的な二元論的構成について改めて検討する必要がある。(60) 二元論的構成は、「与える債務」を中心とした理論構成であり、「なす債務」に対しては十分に対応し得ないことが、医療過誤事例を債務不履行（不完全履行）責任により構成されるようになったことを契機に明らかにされた。そして、三分体系は不要であるとして債務不履行を本旨不履行に一元化して捉える見解が、債務不履行判断と過失判断を債務不履行判断に一元化（要件の統一化）する構成を主張する。すなわち、結果債務では不可抗力によらない限り結果の不実現を過失と判断し、手段債務では、契約上要求される注意または思慮を尽くしていないという債務者の行態評価をすべきであるとする一連の見解である。このような主張は、履行不完全と過失判断とは区別できないのではないかという疑問に対し、解決の糸口を提示するものとも思われるが、なお、結果債務・手段債務の分類がどこまで妥当し得るかが問題となる。

したがって、被違反義務に立脚し、なお二元論的構成に従うとしても、債務不履行と帰責事由の関係をどのように理解すべきかは問題となる。給付義務の不履行がある場合は、一応、約束された債務が履行されてはいないという客観的状態を観念することができ、それとは別に過失（行為義務違反）の判断は可能である。しかし、給付義務違反を両要件にも関わるものとして統一化させて捉えるべきなのか、あるいは客観的義務違反を債務不履行とみて、債務者の主観的事情（予見可能性・結果回避可能性）は帰責事由の問題としてあくまで別個に考えるべきかは問題とされよう。(61) 特に、「なす債務」の不完全履行においては、債務の内容と過失の内容たる行為義務との区別はより不鮮明なものとなる。履行不完全判断と行為義務違反の判断を一元化する方向が妥当なのか、あるいは、あくまで債務不履行を構成する義務違反と帰責事由は理論的にも概念的にも区別できるかが問題となる。同様の問題は、付随義務・保護義務違反の場合にも当てはまる。

また、責任内容（効果）についても、不完全履行論を契機に検討されるべき問題がある。伝統的理論によると、損害賠償・解除は帰責事由（過失）を要件とするが、履行請求権については、それを債権の本来的効力とみる限りでは帰責事由は不要であり、これらが不履行類型に即して理解されてきた。これに対し、不履行を一元的に捉えるときには、基本的には遅滞・不能の区別は重要ではなくなり、救済手段個々の法的構成及び相互の関係について明らかにされるべき点がある。損害賠償をめぐっては、帰責事由の要否の他、賠償範囲に関し議論され、履行請求については、債権概念との接合や複数レベルでの履行請求権（本来的履行請求権と補完的履行請求権、履行訴求権との区別など）が問われ、解除についても、その要件や催告の有無など、検討されるべき問題がある。

瑕疵担保責任と不完全履行の関係どう考えるかは、結局は、瑕疵担保責任の法的性質の理解に関わる。

㈢　瑕疵担保責任との関係

1　売主の瑕疵担保責任

売主の瑕疵担保責任に関して、古くからの法定責任説は、特定物売買＝法定責任（民法五七〇条）、不特定物売買＝不完全履行（民法四一五条）が区別して捉えられる。しかし、今日では、瑕疵担保責任の内容として完全履行請求権（瑕疵修補請求権）を認め、損害賠償の範囲も履行利益・完全性利益を含め広範に理解されるようになると、担保責任と不完全履行が交錯するとともに、契約責任説にも接近する。そして、契約責任説にあっては、不完全履行が瑕疵担保責任を補充するものとして機能することになる。

このように、瑕疵担保責任が不完全履行責任に近似するということは、瑕疵担保責任の存在意義が薄れ、実際上、担保責任の発生根拠たる五七〇条が機能する領域は狭まることになる。確かに、契約関係の比重の増大に伴う契約内容の適正化と被害者保護の要請から、契約責任の拡大化傾向を肯定的に捉えるときには、瑕疵担保責任の債務不履行責任化も将来的にはあるべき方向の一つである。しかし、現時点で五七〇条の存在意義をなお認めるべきであるとの理解を前提とする限りでは、近時の見解が、売買契約の有償性と瑕疵担保責任の無過失責任性を具現するものとして、代金減額的効果を導き出したことは正当である。そして、代金減額については（契約の解除及び例外的に認められる瑕疵修補も含め）売主の過失を問わないものとして担保責任の枠内で位置づけられ、それを超える損害賠償請求は一般の債務不履行（不完全履行）責任の問題として処理することになる。このような理解からは、結局、瑕疵担保責任は、売買契約の有償性と無過失責任性を具現するものとして限定された範囲

において機能し、不完全履行とは区別して位置づけられる。(62)

2　請負人の瑕疵担保責任

請負人の瑕疵担保責任については、請負人は仕事完成義務を負うことから、売主瑕疵担保責任とは異なり、その不完全履行責任としての性質がより顕著なものとなり、民法六三四条以下の規定は一般の不完全履行の請負における特則と解することになる。このような請負人の債務内容からは、問題となる瑕疵も、売買におけるような「隠れた瑕疵」（五七〇条）に限定されることなく、請負目的物の材料の瑕疵の他、請負人の仕事の不完全もその対象とされるから、瑕疵修補義務が担保責任の中核をなすものとして捉えられる。学説も、瑕疵修補との選択が認められる損害賠償（六三四条二項）について、可能な限りまず修補請求をするべきであるとしており、また、解除（六三五条）についても、修補が可能な限りその催告をした後でなければならないとする。そして、近時の見解は、瑕疵修補請求の他、解除、代金（報酬）減額請求については請負人の過失を要することなく認められるとする点では、ほぼ一致をみている。問題は、請負人の過失を要件として認められる履行利益・瑕疵結果損害の賠償請求であるが、これも担保責任の問題として処理する傾向にある。

しかし、売主瑕疵担保責任と同様に、請負人の瑕疵担保責任についても、とりわけ請負の有償性を維持すべく機能するものとして位置づけることも可能である。このとき、担保責任は、請負人の仕事完成義務から出てくる瑕疵修補義務を中核として、請負人の過失を要しない損害賠償・解除を内容とするものとして理解し、請負人の過失を要件に認められる損害賠償は、一般の不完全履行の問題として担保責任の枠外で位置づけられる。つまり、六三四条二項の損害賠償としては、代金（報酬）減額の他、修補に要する費用（建築請負において場合によっては その建て替え費用）がその中心となるものと思われる。このような理解からは、売買におけると同様に、瑕疵担保責任と不完全履行は交錯せず、別個に位置することになる[63]。

(四)　役務（サービス）提供者責任

前述したように、債務不履行責任判断の構成をめぐり、特に「なす債務」が問題となる。したがって、役務（サービス）提供型契約における債務不履行（不完全履行）責任の構造を解明することが重要な課題である。裁判例からも明らかなように、多くの役務提供型契約事例が台頭してきてはいるが、役務提供契約の特徴や提供者責任の構造については、未だ共通の理解は得られてはいない。

このような状況において、役務提供者責任の基本構造を理解する上で、役務提供という債務内容をどのように特定するのか、換言すれば、欠陥・瑕疵ある役務の価値をどのように評価するのか、その判断規準が問われることになる。そこで、役務提供契約においても、不完全履行論の成果を踏まえ、債務の内容及び当事者の保護法益を給付義務、付随的義務、保護義務といった義務類型に即して整理することが、不完全な役務を評価するためにも必要な作業であるといえる。特に、（主たる）給付義務をまず明らかにすることにより、それを尽くしたか否かが役務の質の評価に取り込まれることになろう。そして、このような作業を通して、不履行責任の要件と義務違反に対する救済手段が解明されるべきである。後に改めて検討したい[64]。

役務提供型契約における責任構造の解明は、財産権譲渡型契約を主軸に展開されてきた不完全履行・契約責任論に対して、再検討の理論的素材を提供するものである。そして、その展開過程で、個別の契約ごとの責任論が進展するとともに、不完全履行概念の有用性が改めて問われることになる。

五　小　括

以上からは、不完全履行論においては、不完全履行概念の独自性を明らかにするという問題を超えて、債務不履行一般の構成規準が改めて問い直されるに至っている、というのが今日の理論状況だといえるであろう。

前述したように、不完全履行論は、契約上の債務・義務構造に関する理論的深化をもたらした点で評価されてよい。債務・義務構造に立脚して債務不履行を捉えるという分析手法は、本旨不履行の判断規準として有益であり、また、当事者の契約関係における行為態様が評価の対象とされることから、債務者の帰責性の判断にも資することになろう。結局、不完全履行論、とりわけ義務論は、契約関係に対する評価及び当事者の行態に対する評価を媒介にして、当事者が契約関係において設定した規範が尊重されるという方向性を明らかにしたといえるであろう。特に、役務提供契約では当事者の行為自体が評価の対象とされることから、このような要請が顕著な場面であると思われる。

先に挙げた諸論点については、本考察の以下の叙述の中でもまた検討を加えることにする。そこで、次節では、不完全履行論の下で展開されてきた完全性利益侵害に対する契約責任論の動向を取り上げたい。

（1）　前章でみたように、ドイツでは「積極的債権侵害（positive Forderungsverletzung）」と称される場合が多い。契約上の債権侵害に限らない点で「積極的契約侵害（positive Vertragsverletzung）」という名称は適当ではないとされ、また、必ずしも積極的な侵害態様に限らないとして「不完全給付（Schlechtleistung）」とも称される。

（2）　北川善太郎『契約責任の研究―構造論―』（有斐閣、一九六三）三〇七頁以下、同『日本法学の歴史と理論―民法学を中心として』（日本評論社、一九六八）三四頁以下参照。

（3）四一五条の立法過程については、中田裕康「民法四一五条・四一六条（債務不履行による損害賠償）」広中俊雄＝星野英一編『民法典の百年 Ⅲ』（有斐閣、一九九八）八頁以下参照。
（4）なお、北居功「付遅滞解除要件論—伝統的債務不履行論から現代的債務不履行論への転回—」タートンヌマン九号（二〇〇七）四七頁以下は、五四一条は、履行遅滞に基づく解除ではなく、「付遅滞」（催告によって債務者が遅滞に付される）に基づく解除を定める規定であることを検討する。
（5）奥田昌道『債権総論〔増補版〕』（悠々社、一九九二）一五六—一五七頁は、民法は遅滞・不能以外の債務不履行を知らないわけではないとして（四〇〇条、六〇〇条など）、不完全履行を含めた三分類以外の債務不履行形態の広範化を主張し、今日の学説の一傾向となっている。
（6）なお、シュタウプ以前の積極的債権侵害論の状況については、高橋弘「後期ドイツ普通法学説における積極的債権侵害論（一）（二）」法学雑誌一六巻一号（一九六九）四八頁以下、同一六巻二・三・四号（一九七〇）一六六頁以下、小野秀誠「不完全履行と積極的契約侵害—現代的展開—」一橋論叢一二六巻一号（二〇〇一）一頁以下参照。
（7）岡松参太郎「所謂『積極的債権侵害』ヲ論ス」法学新報一六巻一号五七頁以下、同二号一二頁以下、同三号一五頁以下、同四号三五頁以下（一九〇六）。なお、不完全履行論の学説史的展開については、田沼柾「いわゆる積極的契約侵害論のわが国における展開〈1〉〈2〉—契約上の責任の構造を考察する手掛りとして—」中央大学大学院研究年報三号（一九七三）三五頁以下、同四号（一九七四）四三頁以下、五十嵐清「不完全履行・積極的債権侵害」法学セミナー三二〇号（一九八一）三七頁以下、早川真一郎「不完全履行、積極的債権侵害」星野英一編代『民法講座4 債権総論』（有斐閣、一九八五）四九頁以下、平野裕之「完全性利益の侵害と契約責任論—請求権競合論及び不完全履行論をめぐって—」法律論叢六〇巻一号（一九八七）四三頁以下に詳しい。
（8）我妻榮『新訂 債権総論』（岩波書店、一九六四）一五〇頁以下。
（9）当時、完全性利益侵害（拡大損害）の特別処理を志向する見解も主張された（本章第三節二参照）。
（10）早川・前掲注（7）五七—五八頁参照。
（11）このような背景には、四一五条の規定の性質の他、当時の日本民法学がドイツ民法学の影響を受け始めていたという事情、また、岡松説の論述が簡潔で説得的であったこと、が指摘されている（早川・前掲注（7）五七頁）。
（12）平野・前掲注（7）六〇—六一頁、下村正明「不完全履行には、どういう基本的論点が残されているか」椿寿夫編『講座・現代契約と現代債権の展望 第二巻』（日本評論社、一九九一）七四頁。なお、このような状況から、わが国では不完全履行と積極的債権侵害の関係をめぐる用語上の混乱も生じた。
(13) 川島武宜『債権総則講義 第一』（岩波書店、一九四九）一二六頁は、「不完全履行という概念は、債務不履行の概念の拡大・発達および損害のカテゴリーの拡大・発展の一つの現象形態として、そのかぎりにおいて承認されるべきである」とする。
(14) 川島武宜＝平井宜雄「契約責任」加藤一郎＝野村好弘他『企業責任 経営法学全書18』（ダイヤモンド社、一九六八）二六五—二六八頁。
(15) 本章第三節参照。
(16) 下村・前掲注（12）七四頁。
(17) 本章第三節三参照。
(18) 早川・前掲注（7）六八—六九頁、同「不完全履行、積極的債権侵害」法学教室七六号（一九八七）二四頁参照。
(19) 後掲注（29）参照。
(20) 下村・前掲注（12）七四—七五頁は、通説における遅滞・不能・不完全履行と四一五条の妥当範囲の同一視は、今日すでに確実に崩壊しつつある、とする。また、辰巳直彦「契約責任と債務不履行類型—三分体系批判—」磯村保＝潮見佳男他編『北川還暦・契約責任の現代的諸相（上巻）』（東京布井出版、一九九六）八九頁は、四一五条は本旨不履行一般の中に遅滞と不能が例示的に取り込まれているという構造を有するとの理解からは、一般的包括的債務不履行責任の発生要件として再認識する必要がある、とする。
(21) 例えば、川島＝平井・前掲注（14）二六六—二六八頁、平井宜雄『債権総論〔第二版〕』（弘文堂、一九九四）四五頁以下は、債務不履行を一般的・包括的に規定する日本民法四一五条においては、ドイツ流の解釈を採る必要はなく、むしろ「債務の本旨」に従わざる履行の内容を具体的に明確にすることが必要であるとして、債務不履行の三分体系を否定する（一元化構成）。しかし、「債務の本旨」を契約・法規の解釈から引渡債務と行為債務（引渡以外の作為・不作為）に分類するが、引渡債務については履行不能と履行遅滞が、その他の不履行については行為債務において問題となることが多いとするに留まり、債務不履行の判断規準について今後の課題を残している。また、「債務の本旨」に従わざる履行は何かという問いは、債務の本旨、つまり義務の内容は何かという問いへもつながるものであり、必ずしも義務論的アプローチを否定するものとは思われず、平井説も、安全配慮義務を中心にいくつかの義務を例示する。

（22） 五十嵐・前掲注（7）四〇頁、下村・前掲注（12）七五頁参照。

（23） 例えば、林良平（安永正昭補訂）＝石田喜久夫＝高木多喜男『債権総論〔第三版〕』（青林書院、一九九六）八八―八九頁（林良平執筆）は、債務者の責めに帰すべからざる履行不能のみが除外されるという構成が妥当ではあるが、判例・通説に定着した三分体系を変更することは混乱をきたすとし、潮見佳男『債権総論』（信山社、一九九四）一七七―一七八頁は、三分体系は契約規範の内容と侵害態様を認識するための整理概念としては有用であるとする（但し、同『債権総論〔第2版〕Ⅰ』（信山社、二〇〇三）二八二頁においては、債務内容からの逸脱を債務不履行と捉え、その下位類型としての遅滞・不能は思考過程を整理する上での有用性を否定しない、というに留める）。なお、早川眞一郎「債務不履行の類型論」内田貴＝大村敦志編『民法の争点』（有斐閣、二〇〇七）一八〇―一八一頁参照。

（24） 奥田・前掲注（5）一五―二〇頁、一五二頁以下、辰巳・前掲注（20）二〇頁以下、前田達明『口述債権総論 第三版』（成文堂、一九九三）一二〇頁以下など。

（25） 本章第三節三参照。なお、水本浩『債権総論』（有斐閣、一九八九）四四―四五頁、近江幸治『民法講義Ⅳ 債権総論〔第三版補訂〕』（成文堂、二〇〇九）八二頁以下は、給付義務レベルでの不完全履行としては、遅滞・不能が成立しない完全履行請求権（瑕疵修補や取替え）が救済方法となる場合のみが該当するとする。

（26） 履行期前の履行拒絶、労働者に対する安全配慮義務、取引停止・出荷停止、競業避止義務違反、契約締結上の過失、契約上の不作為義務違反、特約違反など（北川善太郎「債務不履行の構造とシステム」法学論叢一一六巻一―六号（一九八五）二一七頁以下（下森定編『安全配慮義務法理の形成と展開』（日本評論社、一九八八）所収）、同『債権総論（民法講要Ⅲ）〔第三版〕』（有斐閣、二〇〇四）九一頁以下、奥田昌道編『注釈民法⑽』（有斐閣、一九八七）三一八頁以下（北川執筆）、星野英一『民法概論Ⅲ（債権総論）』（良書普及会、一九七八）四七―四九頁、林良平編『債権総論』（青林書院、一九八六）五四頁以下（松本恒雄執筆）、船越隆司『債権総論―理論と実務の体系4』（尚学社、一九九九）一二二―一二三頁、前田・前掲注（24）一一九―一二四頁（契約締結上の過失や契約終了後の責任は四一五条の体裁には収まらないが、契約にかかわる義務の不履行として債務不履行で処理するべきであるとする））。なお、水本・前掲注（25）四〇頁は、安全配慮義務（債権者の債務者に対する義務）や契約締結上の過失は不完全履行ではないとする。

（27） 鈴木禄弥『債権法講義 三訂版』（創文社、一九九五）二六二―二六三頁、三〇三―三〇五頁、六五七頁は、売主の債務不履行類型としては、遅滞と不能のみを考えれば足り、不完全履行概念を不要とするが、保護義務違反による拡大損害の発生

（積極的債権侵害）は肯定される。また、手段債務（診療債務）については、遅滞・不能とはいえないあいまいな形の債務不履行が存するとして、これを不完全履行と解している。

(28) 川島＝平井・前掲注（14）、平井・前掲注（21）。

(29) 下村・前掲注（12）八一頁以下、川島＝平井・前掲注（14）二六九頁、吉田邦彦「債権の各種―『帰責事由』論の再検討―」星野英一編代『民法講座　別巻2』（有斐閣、一九九〇）一頁以下、森田宏樹「結果債務・手段債務の区別の意義について―債務不履行における『帰責事由』―」太田知行＝荒川重勝編『鈴木古稀・民事法学の新展開』（有斐閣、一九九三）一〇九頁以下（同『契約責任の帰責構造』（有斐閣、二〇〇二）所収）、淡路剛久『債権総論』（有斐閣、二〇〇二）一〇六―一〇七頁、一一六―一一九頁など。

(30) 東京高判昭和四八・四・二六判時七〇六号八一頁（偽造商品の給付）、岐阜地裁大垣支判昭和四八・一二・二七判時七二五号一九頁（サルモネラ菌汚染の卵豆腐）、神戸地判昭和五三・八・三〇判時九一七号一二八頁（遊戯用バドミントンラケットの瑕疵）、高松地判昭和五五・一一・二八判時一〇一五号一〇九頁（ダイヤモンドカッターの瑕疵）、高知地判昭和五九・五・一五判時一一四〇号一二八頁（養魚用ベンドロータリーポンプの瑕疵）、大阪地判昭和六一・二・一四判時一一九六号一三二頁（遊戯用アーチェリーの瑕疵）、神戸地判昭和六一・九・三判時一二三八号一一八頁（建売住宅の地盤・基礎工事の瑕疵）、東京高判昭和六一・九・二五判時一二一一号五二頁（ブタンガス消費設備の欠陥）、浦和地判平成元・八・三〇判タ七二一号一九五頁（中古乗用車の瑕疵）、東京地判平成二・二・二三判時一三六四号四五頁（暖房機スイッチの瑕疵）、横浜地判平成三・三・二六判時一三九〇号一二一頁（ペット（インコ）のオウム病感染）、鹿児島地判平成三・六・二八判タ七七〇号二一一頁（潜水用具の瑕疵）、岐阜地裁大垣支判平成四・三・一七判時一四四八号一五五頁（家畜飼料の瑕疵）、東京高判平成六・二・二四判タ八五九号二〇三頁（新築マンションの欠陥）、横浜地判平成一三・一〇・一五判時一七八四号一一五頁（ペット（犬）のパルボウィルス罹患）など。

(31) 前掲注（30）の岐阜地裁大垣支判昭和四八・一二・二七（信義則上給付義務に付随する買主の生命・身体・財産上の法益を害しないよう配慮すべき義務違反）、神戸地判昭和五三・八・三〇（安全配慮義務違反）、東京高判昭和六一・九・二五（保守管理義務違反）、横浜地判平成三・三・二六（付随義務違反）、岐阜地裁大垣支判平成四・三・一七（付随義務違反、なお、拙稿「売買目的物の瑕疵により生じた拡大損害と契約責任―岐阜地裁大垣支部平成四年三月一七日判決―」清和法学研究二巻二号（一九九六）一三五頁以下参照）の他、売主の告知義務違反事例が多い（大阪高判昭和五八・七・一九判時一〇九九号五九

頁、東京地判平成六・九・二一判時一四三八号一九八頁、東京地判平成一一・三・二五判時一六七六号七一頁など）。

（32）前橋地裁高崎支判昭和四七・五・二判時六八七号八八頁（ガスレンジからの出火＝用法説明義務違反）、高知地判昭和五一・一・一九判時八一九号八三頁（肥料からの有毒ガスの発生＝教示義務違反）、京都地判昭和五六・一二・一四判タ四七〇号一五四頁（プロパンガスの爆発事故＝安全確保義務違反）、東京高判平成六・九・一四判タ八八七号二一八頁（誤注文（灯油とガソリン）による出火＝付随義務違反、なお拙稿「売主の付随義務違反と債務不履行責任―東京高裁平成六年九月一四日判決―」帯広畜産大学学術研究報告人文社会科学論集一〇巻四号（二〇〇一）一三九頁以下参照）など。

（33）東京控民一判昭和一〇・七・三一新聞三九〇一号一五頁（借地の排水設備の不備＝修繕義務違反）、東京地判昭和五六・三・二六判時一〇一三号四七頁（建物の欠陥による漏水事故＝修繕義務違反）、東京地判昭和六一・七・二八判タ六二四号一八六頁（借地擁壁の沈下・傾斜＝修繕義務違反）、東京地判平成二・八・三〇判時一三八八号七三頁（目的動産の欠陥）、大阪高判平成三・八・二九判時一四一〇号六九頁（賃借建物の配水管の欠陥＝使用収益義務違反）、東京地判平成一〇・九・三〇判時一六七三号一一一頁（他の賃借人の迷惑行為）など。

（34）賃貸人の失火責任事例として、東京高判昭和四九・一二・四判時七七一号四一頁（協力義務違反）、東京地判昭和五一・四・一五判時八三九号九一頁（管理義務違反）、東京地判昭和五二・三・三〇判時八七〇号八二頁（注意義務違反）、山形地裁米沢支判昭和五四・二・二八判タ三八一号五五頁（注意義務違反）など。

賃借人の失火責任事例として、大阪地判昭和五四・三・二六判時九四一号七二頁（保管義務違反）、大阪地判昭和五四・七・二〇判タ三九四号一二一頁（管理義務違反）、東京地判平成三・七・二五判時一四二二号一〇六頁（善管注意義務違反）など。なお、賃借人の返還義務の履行不能構成するものとして、東京高判昭和四〇・一二・一四判タ一八九号一五九頁、東京地判昭和四七・一二・二〇判時七〇八号六三頁、東京地判昭和四八・九・二五判時七三九号九五頁など。

（35）横浜地判昭和五〇・五・二三判タ三二七号二三六頁（建物新築工事の瑕疵）、大阪高判昭和五三・三・三〇判時九〇八号五四頁（電解冷却装置製作の瑕疵）、大阪地判昭和五七・五・二七判タ四七七号一五四頁（建築物の瑕疵）、大阪地判昭和六二・一〇・二六判時一二六六号五四頁（焼却場設計施工上の瑕疵）、大阪地判平成三・一一・二七判時一四一一号一〇四頁（判例データベース作成義務の不完全）など。

（36）東京地判昭和四八・二・一九判時七一三号八三頁（雑誌発送業務におけるコンピューター用磁気テープの悪用＝機密保持義務違反）、東京地判平成二・六・一四判時一三七八号八五頁（美容院内での事故＝注意義務違反）など。

（37）　福岡高判平成三・三・五判時一三八七号七二頁（精神病院内での事故）、千葉地判平成五・一二・二三判時一五一六号一〇五頁（無許可保育所内での乳幼児の死亡事故）、東京地裁八王子支判平成一〇・一二・七判例地方自治一八八号七三頁（保育園事故）など。

（38）　大阪地判昭和四二・九・二六判タ二一四号二二八頁（モータープールに保管中の自動車の盗難）、東京地判昭和五七・三・二四判時一〇五六号二〇二頁（係船管理中の船内への浸水）など。

（39）　雇用契約上の安全配慮義務違反事例（最三小判昭和五〇・二・二五民集二九巻二号一四三頁、東京地判昭和五三・七・二七判時九一二号七七頁など）、元請負人の安全配慮義務違反事例（大阪地判昭和五六・五・二五判タ四四九号一五三頁、福岡地裁小倉支判昭和五七・九・一四判時一〇六六号一二六頁など）、学校事故事例（福岡地裁甘木支判昭和六二・九・二五判時一二六七号一三〇頁、福岡地判昭和六二・一〇・二三判時一二六七号一二二頁、福岡高判平成元・二・二七判時一三二〇号一〇四頁など）の他、施設利用契約や宿泊契約上の事故など（東京地判昭和六三・二・一判時一二六一号二八頁、富山地判平成六・一〇・六判時一五四四号一〇四頁、東京地判平成七・九・二七判時一五六四号三四頁、東京地判平成八・九・二七判時一六〇一号一四九頁、東京地判平成八・一〇・二九交通民集二九巻五号一五四九頁など）多岐にわたる。

（40）　建築士、税理士、司法書士、弁護士など（大阪地判昭和五七・五・二七判タ四七七号一五四頁、東京高判平成七・六・一九判時一五〇四号四八頁、大阪地判平成九・九・二六判時一六三九号七九頁など）、多くの責任肯定事例がみられる。

（41）　例えば、教育契約（大阪地判平成五・二・四判時一四八一号一四九頁、神戸地判平成五・三・二九判時一四九八号一〇六頁など）、旅行契約（東京地判平成五・一二・一五判時一五一一号八九頁、東京高判平成七・六・一九判時一五四〇号四八頁など）、興信所の誤った調査（東京高判昭和四八・九・一八判時七一九号四四頁、名古屋地判平成七・一・三〇判タ八八四号一八六頁など）、新薬共同開発契約（東京高判平成三・一一・二八判タ七七四号一〇七頁）、プラント建設ノウハウ提供・技術指導契約（東京地判平成八・九・二七判時一六一一号八四頁）、出版契約（福岡地判平成八・一・三一判時一五六四号一二八頁）、労働者派遣契約（東京地判平成九・一二・二六判タ一〇一一号一七八頁）に関する事例など多岐にわたる。

（42）　倉田卓次監『要件事実の証明責任（債権総論）』（西神田編集室、一九八六）八二頁（國井和郎執筆）参照。

（43）　問題状況の詳細は、淡路・前掲注（29）八四頁以下、國井・前掲注（42）八一頁以下参照。

（44）　履行不完全として問題となる義務違反と過失の前提たる注意義務との関係については、両者をほぼ同視する見解（林・前掲注（23）一一〇頁）や、保護義務違反を契約責任とみるときには帰責事由の挙証責任は加害者（債務者）に転換されるとの見解（澤井裕『テキストブック債権総論〔補訂版〕』（有斐閣、一九八五）五五頁）もあり、一致した理解には至っていない。

(45) 前掲注（29）参照。

(46) 結果債務・手段債務の区別については、結果債務とされるものも、結果の実現・不実現だけが決め手とならず、そこに至る債務者の行為態様が重要となるし、手段債務とされるものも給付結果の不実現を問題とせざるを得ない、との批判がある（北川・前掲注（26）『注釈民法⑽』三九九—四〇〇頁）。

(47) 例えば、近江・前掲注（25）八三—八四頁参照。

(48) 議論の詳細は、本書第五章第一節参照。

(49) 議論の詳細は、本書第五章第二節参照。

(50) 奥田・前掲注（5）一六五—一六六頁、松本恒雄「契約責任と安全配慮義務」Law School二七号（一九八〇）二三頁参照。

(51) 前掲注（27）参照。

(52) 議論の詳細は、本書第五章第三節参照。

(53) 本章第三節二参照。

(54) 林・前掲注（23）一〇八—一〇九頁、一一一—一一二頁、前田・前掲注（24）一二四頁以下、澤井・前掲注（44）四四—四五頁など。なお、北川・前掲注（26）「債務不履行の構造とシステム」二八〇頁以下は、給付義務の不完全履行（=給付結果の不完全）のみを履行遅滞・不能に対する第三類型とし（給付一元説）、拡大損害を給付義務から分離し、したがって、給付義務についての問題である不完全履行とは別に、拡大損害が生じる事例を積極的債権侵害（安全保護義務違反）として区別して整理する（同旨、下森定「不完全履行論の新たな展開—契約責任再構成の視点から—」司法研修所論集九〇号（一九九四）二五頁）。

(55) 篠塚昭次=好美清光編『講義債権総論』（青林書院新社、一九八一）六五頁以下（浦川道太郎執筆）、白羽祐三『債権総論』（中央大学出版会、一九八七）四七頁以下など。

(56) 新田孝二「賃貸人、売主の瑕疵（とくに瑕疵結果損害に対する）担保責任」広瀬善男編代『法と政治の現代的課題—明治学院大学法学部二十周年論文集—』（第一法規出版、一九八七）一頁以下、岡孝「不完全履行・積極的債権侵害—拡大損害を中心に—」安達三季生監『債権法重要論点研究』（酒井書店、一九八八）一頁以下、（本書第五章第一節・第二節参照）。

(57) 本書第五章第三節参照。
(58) 本書第三章参照。
(59) 前掲注（50）参照。
(60) 債務不履行責任の判断構造に関する理論動向の詳細は、平野裕之「契約上の『債務の不履行』と『帰責事由』」伊藤進＝國井和郎他編『椿古稀・現代取引法の基礎的課題』（有斐閣、一九九九）四八九頁以下参照。
(61) 辰巳・前掲注（20）二一頁以下、國井・前掲注（42）一〇七―一〇八頁参照。
(62) 私見の詳細は、本書第五章第一節参照。
(63) 私見の詳細は、本書第五章第二節参照。
(64) 本書第五章第三節参照。

第三節　完全性利益侵害と契約責任論

一　はじめに

以下では、完全性利益侵害に関する契約責任論の展開をみる。既にみたように、給付義務・付随義務・保護義務といった債務の理解は、ドイツ法学の影響を受けたものであるが、わが国での議論の進展は比較的近時になってからである。積極的債権侵害概念の導入というドイツにおけるような特殊事情のないわが国にあっては、当初、完全性利益侵害も給付義務違反に基づく拡大損害として構成するに留まっていた。その後、保護義務論が展開されるが、今日でも、債務・義務構造に立脚した分析手法に対する批判的見解もあり、一致した理解には至っていない。

二　保護義務論に至る初期の見解

ドイツ積極的債権侵害論のわが国への導入により、不完全履行が履行遅滞・履行不能と並ぶ第三の不履行形態として定着する中で、完全性利益侵害場面が注目されるようになる。しかし、当初は、ドイツ民法理論の影響を受けつつも、財産権供与の給付義務を中核とする理論体系に倣い、完全性利益侵害も給付義務違反に基づく「拡大損害」として構成されるに留まる。そこで、以下では、義務論からの分析ないし保護義務論に至る初期の理論動向をみておく。概して、不完全履行を一括して論じる中で、完全性利益侵害については専ら給付義務（「主たる給付義務」）違反により生じた損害賠償の範囲の問題とする見解が存する一方で、同じく給付義務違反構成を採りつつも、因果関係の面で「拡大損害」の特別処理を志向する見解がみられる。

(一)　損害賠償の範囲の問題として捉える見解

鳩山説[1]は、不完全履行を「債務者ガ積極的ニ其負担セル給付ト異リタル或ルコトヲ為ス」ことによる侵害（債権ノ積極的侵害）として観念する（例、流行病に罹った鶏を給付したために債権者のところにいる鶏にも伝染し全部斃死した、鉱山調査をなすべき債務者が不完全な報告書を交付したためにその鉱山が無価値となった、ビールの継続的供給をなすべき者が品質の粗悪なものを供給したために債権者が顧客の大半を失った）。そして、この場合の損害賠償は、遅滞・不能の場合と同様に相当因果関係の範囲において考慮されるべきものとする。

同じく末広説[2]は、不完全履行を、期限に弁済があったけれどもその弁済として給付されたものに数量もしくは品質上の欠点がある場合として捉える。例えば、六法全書の携帯を許された試験を受けるため、大学門前の書店より一冊の六法全書を買い求めた上試験場に入ったところ、たまたま必要な部分に落丁があったため試験不成績にて落第した学生は、不完全履行を理由に書店に対して損害賠償を請求できるのか、また、一匹の豚を買い求めたところ、たまたまその豚が伝染病に罹っていたため買主所有の他の豚全部に感染してこれを斃死せしめたならば、売主はその損害に対して賠償責任を負うべきか、という事例を問題として挙げる。そして、問題の損害が民法四一六条所定の相当因果関係の範囲内にあり、かつ債務者が履行の不完全について不可抗力の抗弁を提出できない限り、債務不履行の一場合として、なお損害賠償の責任を負わなければならないものと解するべきであるとする。

このように、完全性利益侵害を給付義務違反に基づく損害賠償の範囲の問題として捉える見解は、さらに我妻説(3)において詳細に論じられるに至る。我妻説は、履行不完全を①「給付された目的物（債務者の行為を内容とする場合には給付の内容）に瑕疵がある場合」（例、鶏の売主が病気のあるものを給付した、鉱山の調査を委託された者が不完全な報告書を交付した、ビールの継続的供給をなすべき者が品質の粗悪なものを供給した）、②「履行の方法が不完全な場合」（例、運送人の運送方法が乱暴であった、借主の返還方法が礼を失する）、③「給付する際に必要な注意を怠る場合」（例、注文主の室に運んで備えつける債務を負う家具商が不注意でカーペットを損傷した）の三つに分類する。しかし、以上の分類は、当該場合の債務内容の理解に関わり、必ずしも明確に区分できず、遅滞・不能のいずれにも属さないものすべてを不完全履行と考えている。ここで①の「給付目的物の瑕疵」は瑕疵担保責任（民法五七〇条）と関連し、不法行為との競合が問題となるのは主として②・③の態様についてであり、拡大損害が生じる場合はこれをあえて積極的債権侵害として区別する必要もなく（遅滞・不能のときにも生じ得る）、特別事情による損害（民法四一六条二項）として、相当因果関係の適用に当たって注意すれば足りるとする。なお、同様の分類は今日でもみられ、例えば、星野説は[4]、履行不完全を(a)「給付目的物に瑕疵がある場合」、(b)「給付目的物の瑕疵あるいは給付内容の瑕疵により拡大損害が生じた場合」、(c)「給付に際し必要な注意を怠り拡大損害が生じた場合」、(d)「履行方法が不完全な場合」に分類する[5]。ここで(a)(b)は我妻説の①に、(c)は③に、(d)は②に対応する。

いずれも契約義務構造の分析には触れられず、したがって、完全性利益という独立の法益に対する侵害という観点には着目せず、専ら給付義務違反により生じた損害の賠償範囲を問題とする。そして、そこで問題とされる給付実態（履行不完全）についても、主に給付義務の不履行の結果として完全性利益が侵害される場合（「給付目的物（または給付行為）の瑕疵による拡大損害」）を析出するに留まる。ただし、我妻説においては、さらに給付義務の不履行はないがその履行に際して完全性利益が侵害される場合（特に③の態様）も問題としており、侵害態様をより詳細に分析する。しかし、我妻説がそこでいう「不注意」とは、責任発生の主観的要件たる過失を基礎づけるものだとしても、給付利益とは異なる利益侵害に対する責任を根拠づけるために何らかの操作が必要ではないか、との疑問も生じる。したがって、かかる損害を生ぜしめてはならないという義務を具体的に構成し、その契約債務関係に取り込むべき根拠を探るものとして、保護義務論が展開されることになる。

(二)　拡大損害の特殊性に着目する見解

完全性利益侵害を同じく給付義務違反構成しながらも、拡大損害の因果関係の面での特別処理を志向する見解がある。不完全履行の分析において、完全性利益侵害という特別な態様の存することは、既に勝本説・石田（文）説より指摘されている。

勝本説[6]は、不完全履行を「履行期に関する不完全履行（遅滞後の履行）」「履行方法（履行の目的を実現する手段）に関する不完全履行」「履行の目的物に関する不完全履行」「加害的履行（債権の積極的侵害）」の四つに分類する。このうち「加害的履行」は、もし債務者がまったく履行しなかったならば被らなかった積極的な損害を発生せしめた点にその特徴があり、履行として不完全性の最も強大なものであるから、不完全履行の特殊な一態様として他のものと区別して論じる必要があるとする。

同じく石田（文）説[7]も、不完全履行を「瑕疵ある給付」と「積極的債権侵害」に区別し、後者は、例えば、債務者が腐敗した料理を供給したために債権者が病気になった場合、債務者が劣悪の品質を有する物を供給したために債権者が顧客を失った場合、鉱山の調査を請け負った技師が提出した調査報告書に誤謬があったために債権者が損害を被った場合のように、債務者が不完全な給付をしたために債権者に損害を与えた場合だという。そして、積極的債権侵害が成立するために、履行行為と損害との間に因果関係の存することが必要とされ、履行行為の際に債務者が債権者の器物を破損するとか、または、履行行為の際に投げた煙草の吹殻により債権者の家を焼いたような場合は不法行為の問題だとする。

前述の鳩山・末広の両説は、不完全履行を専ら完全性利益侵害事例に限定して理解するのに対し、それに続く勝本・石田（文）説は、これに限定せず、「給付結果の不完全」も不完全履行の中に包含させる。我妻説も、種々の侵害態様を例示し、この点で勝本・石田（文）説を承継したものといえようが（もっとも、我妻説の挙げる③の態様は石田（文）説では不法行為責任に放逐される）、我妻説にあっては、積極的債権侵害を別個に観念することとは程度の差にすぎないものとして否定する。

拡大損害の特別処理を指向する見解は、さらに舟橋説[8]により因果関係の面から論じられた。舟橋説は、いわゆる相当因果関係の起点として考えられるべき不履行とは、その消極的態様である遅滞と不能の他に、不履行の積極的態様ともいうべきものを考えなければならず、後者については、不完全給付のなされる時期が履行期の前であるか後であるかを問わないとする。そして、不完全履行（積極的債権侵害）による損害と、遅滞・不能による損害とは、それぞれその前提ないし因果関係の起点を異にするものであって、前者は、積極的に余計にも不完全給付をしたことを前提とし、これを起点にして相当因果関係の系列が辿れるのに対し、後者は、消極的に給付をしなかったことを前提とし、それを起点にして相当因果関係の系列が認められるとする。(9)

三　保護義務論の展開

以下で、今日のわが国における保護義務論の動向をみるが、未だその理解が一致してはおらず、諸説が林立している状況にある。既にみたように、ドイツにおいては、契約債務関係における保護義務の位置づけという観点から、とりわけ「統一的法定保護義務関係」論とそれに対する批判説という形で整理でき、保護義務の属性やその妥当領域などの問題が浮上する。したがって、わが国の議論についても、このような観点、特に給付関係と保護関係の峻別可能性という構造論的観点から諸説を整理した上で検討を加えることにする。もっとも、各論者独自の理論装置により諸説が展開されており、必ずしも明確に分類することはできないが、一応の理論動向を知る糸口としてこのような分析手法を採ることにする。

㈠ 給付関係と保護関係の峻別を強調する見解（峻別徹底説）

1 松坂説

完全性利益侵害を契約責任構成するための根拠たる保護義務を、わが国において最初に明らかにしたのは松坂説[10]である。松坂説は、主にハインリッヒ・シュトル（*Heinrich Stoll*）の見解に依拠しつつ契約義務構造を提示する。

すなわち、契約の商議の開始により信頼関係を基礎とする債務関係が成立し、ここから、契約の成立による給付関係とは別に、契約目的の達成に当たり信義誠実の原則に従って行為すべき誠実義務（Treuepflichten）が発生する。誠実義務は、給付結果の実現が信義則に従ってなされることを要求するだけでなく、債務関係の発展過程において相手方の物的ないし精神的財貨に対する特別な干渉によって生じ得る損害の防止を目的とした保護義務を発生せしめる。そして、給付義務を「主たる給付義務」と「従たる給付義務」に分け、さらに「従たる給付義務」は、独立して履行請求が可能か否かから「独立のもの」（例、給付目的物の使用方法の教授）と「非独立のもの」（例、目的物保管義務）に細分する[11]。これに対し、保護義務は、当事者が相互的な信頼関係に立つという事実によって成立し、当事者の意思に基づくものではなく、また、既に契約の商議の開始により生じるものとして、給付義務との関連性は認められず、契約が取消または解除された場合にも存する。このように、給付義務と区別された形で保護義務が観念される結果、これまで積極的債権侵害と呼ばれてきたものは、保護義務の不履行に他ならないとし、その主要な例として、①「瑕疵ある目的物の給付」（例、売主が買主に虫の喰った林檎を送付し、買主のところにある林檎に感染して損害を生じた）と②「瑕疵ある履行方法」（例、賃貸人が賃貸物を債権者の住所で引き渡す際に置き方に過失があった結果、それが倒れて債権者の調度品を毀損した）を挙げる。①は、履行期までに債務者がその瑕疵を追完しない限り給付利益の侵害として履行遅滞、さらに完全性利益の侵害の場合（他の林檎への感染）には保護義務違反となり、②は、保護義務違反であるが、目的物もまた毀損すれば給付義務の不能を招来する。このように、給付利益と完全性利益という義務の目的方向性から整理する。

前述した舟橋説は、給付義務違反による拡大損害の特殊性に着目し、その因果関係面からの特別処理の必要性を説いたが、松坂説は、拡大損害を保護義務構成することにより（この点で給付義務違反による「拡大損害」という用語も不要となる）、責任根拠を明確にしたものとして評価できる。また、保護義務の存立基盤たる信頼関係としての債務関係（法定債務関係）は、既に契約商議の段階において存在し、契約が有効に成立したと否とに関せず、契約成立後においてもなお存続し、契約関係の中に吸収されるものではないとする限りで、[12]ドイツの「統一的法定保護義務関係」論に近い構成となる。ただし、松坂説が、給付義務・保護義務といった具体的な義務のみならず、債務関係内のすべての行態が最高次の義務である誠実義務に還元されると解するときには、個々の侵害場面の帰責根拠については必ずしも明確ではなくなる。

2　奥田説

契約義務をその目的方向性から分析し、保護関係の給付関係からの峻別を徹底させる見解は、奥田説[13]においても主張される。

すなわち、給付利益の保護へ向けられる給付義務及びそれに付随する「附随的注意義務」（例、履行の準備・目的物の保管・使用方法の開示など）とは別に、保護義務を観念する。保護義務は、その内容からではなく、[14]目的方向性において給付義務から区別され、契約関係の成立を要することなく、むしろそれとは無関係に両当事者の接触（その目的は契約関係の形成にある）という事実に基づいて成立するものである。そして、履行行為として何らかの行為がなされたが、給付目的物の瑕疵（与える債務）、給付行為の瑕疵（為す債務）、あるいは履行に際しての注意の欠如から、給付目的物ないし給付結果以外の債権者の法益に損害を生ぜしめた場合を保護義務違反として捉える。より具体的には、「与える債務」については、目的物の瑕疵が原因となって拡大損害が生じたとき（例、虫の喰ったリンゴ、病気の家畜の給付によって債権者の健全なリンゴや家畜に損害を生ぜしめた場合）、または履行過程において債権者の一般法益に損害を与えたとき（例、売却した家具の搬入に際して壁や絨毯を毀損した場合）に保護義務違反が問題となる。「為す債務」については、これを結果債務（例、賃貸借・使用貸借における借主の目的物保存義務、受寄者の目的物保管義務、物品・旅客運送における運送人の運送義務、保育所・託児所の預かった子供の安全を守る義務、請負人の仕事完成義務など）と手段債務（例、病院・医師の診療契約上の義務など）に分けて分析する。このうち、結果債務については、例えば、借主が目的物を返還する際に債権者（貸主）の他の物を損傷させたとか、壁の塗装作業中に注文者の家具を毀損したという場合は、給付義務とは別の保護義務を侵害したことになるが、給付内容の理解如何によっては両者の区別は必ずしも単純ではないとされ、手段債務については給付義務と保護義務は不可分に結合しているとする。なお、「給付の欠如（履行遅滞・不能）による拡大損害」（例、家畜飼料の供給契約において履行がなかったために債権者の家畜が餓死した場合、家畜の病気予防のワクチンの供給契約において、その履行がなかったために債権者の家畜が伝染病に罹患して死んだ場合）については、これを給付義務違反による因果関係上の問題として捉えている。(15)

奥田説は、契約義務構造や契約責任と不法行為責任の関係をめぐる問題点を網羅しており、義務論における到達点とも目される見解である。奥田説において注目できる点をいくつか挙げれば、第一に、松坂説と同様、保護関係の給付関係からの峻別を徹底させ、近時のドイツ民法理論に依拠する点で、「統一的法定保護義務関係」論とほぼ同様の構成となる。第二に、保護義務と不法行為法上の義務の関係に言及する。すなわち、保護義務は、目的方向性ないし保護対象の点で、また、契約の有効な成立を前提とせず、かつ当事者と一定の身分的・社会的関係に立つ第三者に対しても成立するものとして、その時間的・人的範囲の拡大という点からも、不法行為法上の不可侵義務に接近するとし(16)、完全性利益侵害場面の契約責任（保護義務違反）と不法行為責任の競合を主張する。しかし、このように一応保護義務と不法行為法上の義務の同質性を主張する一方で、保護義務（ないし安全配慮義務）の内容は、不法行為法上の義務（一般的不可侵義務）のような消極的内容（権利不可侵型）に尽きるものではなく、積極的な保護措置義務をも含むとすれば、少なくともその場面においては保護義務の積極的存在意義が出てくるとする(17)。保護義務の属性を考える上で、一つの論拠とされるべき指摘である。第三に、保護義務が給付義務化された契約類型を析出しており、ドイツの保護義務領域限定説と同様の主張もみられる。ここでは、完全性利益の保護が主たる給付内容となり、またはそれと密接不可分の関係にある契約が析出される（警備契約、幼児保護預かり契約、ホテル宿泊契約、在学契約など）(18)。このことから、保護義務は主に給付義務違反が問題とされない場面において機能するものとして観念されることになり、奥田説は強調しないが、保護義務領域を履行過程との関連（履行に際しての注意義務違反により債権者の完全性利益が侵害された場合）により限界づけるようである(19)。

松坂・奥田の両説は、給付利益ないし履行利益の保持へ向けられる給付義務と完全性利益保護義務の目的方向性の相違、及び保護義務が契約関係とは無関係に契約の前・中・後を通した信頼関係において存し得ることを主たる論拠に、給付関係と保護関係の分断を強調する(20)。しかし、保護義務の目的方向性という点からは、奥田説も指摘するように不法行為法上の義務との同質性を承認せざるを得ず、保護義務の契約義務性、さらには契約責任規範（保護義務違反）の妥当領域が明確に限界づけられなければならない。

(二) 中間的立場にある見解

1 北川説

北川教授は、既にこの分野における先駆的研究といえる『契約責任の研究』の中で、給付義務違反である基本的契約責任と付随義務・注意義務違反である補充的契約責任の理論構造を分析したが、さらに近時の債務構造論議を踏まえ、保護義務（安全（保護）義務と称する）論を展開する。[21]

まず、給付義務は、契約類型決定規準たる「主たる給付義務」と、給付結果実現の一翼を担うが契約類型の決め手とはならない「従たる給付義務」（例、売買目的物の備付け・組立など）に分類される。そして、これらとは別に付随義務を観念し、これも契約目的の実現と関連するもの（例、調査の開示、説明義務など）と契約目的と直接に関連しないもの（安全（保護）義務）とに二分する。安全（保護）義務は、契約目的に直接関連することなく、契約債務関係の外膜に相当し、契約利益とは内容的にも時間的にも独立した付随義務である。しかし、北川説においては、松坂・奥田説のように、給付関係と保護関係の峻別を徹底させるものではなく、また、後述する見解のように保護義務を給付義務との関連で捉えるものでもなく、給付義務を中心とした契約関係の外延へ拡がる保護義務・安全義務の体系が契約の前・中・後に存するという段階的構造を提示したものとして捉えることができる。したがって、安全（保護）義務が契約目的ないし契約利益とは内容的にも時間的にも独立しているということは、給付義務が履行されてもこの義務違反が発生し得ることを意味するに留まる。[22]そして、安全（保護）義務の不履行形態としては、本来の給付が本旨履行であっても発生する場合（例、瑕疵のない給付物の搬入にあたり相手方の財産を傷つけた）と、給付行為が本旨不履行であってなおそれとは別に発生する場合（例、欠陥商品の供給により拡大損害が生じた）を挙げる。また、「給付の欠如（履行遅滞・不能）による拡大損害」についても、安全（保護）義務違反として位置づける。[23] これらの完全性利益侵害場面は、不法行為責任でカバーされるものではあるが、一般私人間とは異なった取引関係における侵害であるから、契約的保護の付与が妥当することになり、安全（保護）義務の懈怠といえるためには、懈怠と評価される債務者の行為・態様ないし懈怠を生じるに至った債務者に帰せしめ得る諸事情が契約目的と無関係であってはならないとする。[24] したがって、たまたま債務者の給付行為の機会に安全（保護）義務の対象となっている債権者の法益に被害が生じたような場合（例、履行を終わっての帰途、債務者の従業員が債権者の営業所にあった高価な絵を盗んだ）には、債務者の安全（保護）義務の懈怠はなく、その従業員の不法行為責任が生じるにすぎない。

北川説は、ドイツ民法学説における債務関係の構造的理解を踏まえ、契約関係の中で作用する各種義務を、その機能的評価という観点から体系的・段階的に構成し、その中で安全（保護）義務は契約目的の外延を保護するものとして、その違反は補充的契約責任として位置づけられることを解明した。しかし、安全（保護）義務の妥当領域は、「契約目的との関連性」という観点から不法行為責任との限界づけを図るが、さらに具体的な事例ごとに類型的な検討が必要となる。[25] なお、奥田説にみられるような、給付義務たる保護義務が認められる契約類型の析出については、北川説は消極的である。[26]

2　前田説

前田説も、契約義務を給付利益の保持へ向けられるものと完全性利益の保持へ向けられるものに分類する。[27] 給付利益へ向けられる義務として、「本来的履行義務」（例、売買目的物の引渡義務）と「附随的（注意）義務」（例、善管注意義務）が析出され、附随的（注意）義務違反により本来的履行義務が不履行となれば、帰責事由としての過失と判断される。また、附随的（注意）義務は法規や契約により履行義務に高められることがあり（「附随的履行義務」）、この高められた履行義務を守るためにさらに附随的（注意）義務が成立する（「義務の『入れ子型』構造」と称する）。これに対し、保護義務もそれ自身訴求したり強制できない点、また、履行義務に高められる点で附随的（注意）義務と同性質であるが、保護義務違反では不法行為責任との競合が生じる点で異なる。保護義務の不履行形態としては、北川説と同様、給付義務の不履行の結果として完全性利益が侵害される場合と、給付義務の不履行はないがその履行に際して完全性利益が侵害される場合を挙げる。

前田説は、保護義務の不履行は不法行為責任と規範競合し得る点に、他の義務との相違を認める。したがって、義務の保護法益から給付関係と保護関係を区別することになり、この点で、松坂・奥田説と異なるところはない。しかし、契約の前・中・後に存する保護義務を給付関係に対峙させた形で統一的に捉えるものではなく、必ずしも給付関係と保護関係の峻別を徹底されないように思われる。また、保護義務は、履行に際して債権者・債務者が相互に相手方の生命・身体や財産的利益などを侵害しないように配慮・保証すべき義務だと説明し、不法行為との限界を「履行時」に求めるようである。なお、保護義務を履行義務に高められる場合のあることを指摘し、給付義務たる保護義務が観念される契約類型を示唆する(28)。

3　鈴木説

鈴木説は、「売買当事者相互の相手方保護義務」を論じる中で、保護義務の不履行形態として北川・前田説と同様な二つの事例を挙げた上で、契約に基づく義務を給付義務のみに限定するドイツ民法とは異なり、わが国では、債務の本旨に従う履行をすることがすべて契約に基づく義務であるから、保護義務もまた契約に基づく債務そのものであり、これを特別に「付随義務」として強調する必要はないとする(29)。したがって、およそ契約関係に入った以上、契約当事者は一律に相手方に対して保護義務を負うとか、すべての売買契約から一様の内容の保護義務が発生すると考えるべきではなく、その具体的内容は、個々の契約ごとに異なり得る。鈴木説は、松坂・奥田説にみられるような給付関係と保護関係の峻別を徹底させるものではなく、また、保護義務を給付義務履行との関連から位置づけるものでもなく、保護義務を給付義務と同列に位置する契約義務として捉えようとするようである。

ここでみた中間的立場に立つ見解は、保護義務を給付目的（結果）以外の債権者の完全性利益へ向けられるものとして、義務の目的方向性から給付義務関係との分断を主張する限りでは、先にみた峻別徹底説との相違はない。しかし、峻別徹底説にみられる、契約締結の前後にともに保護義務が存することによって契約の前・中・後を通した単一の債務関係が存するという視点は鮮明にはされない。給付義務を中心とした契約義務の段階的構造の理解や、保護義務を給付義務と同列化しようとの傾向にみられるように、必ずしも給付関係と保護関係の分断を徹底させてはいないように思われる。むしろ、契約の前・中・後のそれぞれの場面において、保護義務を生ずべき信頼関係が存し得るとの視角が窺えるのではなかろうか。しかし、これらの見解においても、保護義務の妥当領域ないし不法行為規範との限界づけについて明らかにされる必要がある。(30)

(三) 給付関係と保護関係の峻別を強調しない見解（峻別不徹底説）

これまでみたように、給付関係と保護関係を分断し、ドイツにおける「統一的法定保護義務関係」論と同様の構成をする見解、あるいは保護義務の特殊性を認めながらも、保護義務を含めた義務構造を一体的に捉える見解がある一方で、契約責任規範を基本的に給付義務履行との関連から位置づける見解がある。そこでは、保護義務は構造上、給付義務に「付随する」との理解が鮮明にされ、また、多様な保護義務の不履行形態が析出される中で、契約責任を履行または履行過程との関連において限界づけ、さらには保護義務の給付義務性を認めようとする理論動向が窺える。

1　於保説

於保説は、積極的債権侵害を、債務者が給付義務に付随する「注意義務」に反して、瑕疵ある目的物を給付したり（例、虫の喰った林檎や伝染病に罹った家畜を給付したため債権者の他の健全な林檎や家畜に伝染した、調査依頼を受けた者が誤った調査報告をしたために債権者が損害を被った）、履行の方法を誤ったりして（例、債務の履行に際して債権者の器物を毀損した）、債権者に積極的な損害を生ぜしめることである、と説明する。[31] 於保説は、「注意義務」を給付義務の履行に付随する行為義務として理解し、保護義務の給付関係からの分断を説く松坂・奥田説とは一線を画する。於保説と同様の理解は、さらに中井[32]、浦川[33]、川村[34]、神田[35]、澤井[36]の各説においてもみられる。いずれの見解も、履行過程における完全性利益侵害に着目し、給付義務に付随する義務（保護義務）を析出する点で一致している。しかし、契約義務構造を詳細に分析するものではなく、特に給付義務の不履行が認められないところでの完全性利益侵害について、契約責任と不法行為責任の区別規準は明らかにされない。[37]

2　林説

林説は、債務履行過程に着目し、契約債務関係を給付結果実現に向けられた規範群として捉える。[38] 完全性利益侵害によって発生した損害（付加損害）は、給付義務とは別の「附随的義務」違反の結果生じた損害として位置づけ、これを債務不履行に結びつけるためには何らかの意味で履行行為広くは履行過程に関連する必要があり、少なくとも社会的事象として客観的に同一現象内とみられることを要するとする。そして、完全性利益の侵害事例としては、不完全履行（例、病気の豚の給付による在来の豚の感染により生じた損害[39]）の他に、契約債務関係は欠くがそれに近い特殊な法的結合関係の存する場合（例、デパートの買物の途中で階段ですべったり、シャンデリアの落下で傷ついた場合）を析出し、社会的接触による法的関係への拡がりを示唆する。このうち、前者の不完全履行において問題とされる附随的義務は給付義務に近く、履行のための注意深い行動の誤った操作という点で履行と結びつく。これに対し、後者の（より広範な）場面での完全性利益侵害は、履行の過程といえるとしても、履行のための行動に直接関係してはいないが、いわば債権という特殊な法的結合関係で結ばれた当事者間であるが故に、相手方の財産・生命を特に保障するための義務群が問題になるとする[40]。前者の場合を注意義務、後者は保護義務と称する。

このように、林説は、契約債務関係という枠の中で、債権者・債務者間の権利義務を包括的に位置づけることから、給付利益ないし履行利益も完全性利益も、ともに債権者の利益という点では並び、給付義務も保護義務も利益の規範的守りという点では同列に扱われることになる[41]。したがって、完全性利益保護義務の妥当領域も、履行行為ないし履行過程との関連性という規準から限界づけ[42]、給付義務履行過程の保護義務の理論構造の理解へ向け有益な指摘をする。反面、このように契約義務を一つの債務関係の枠内に取り込み、完全性利益侵害を履行行為・履行過程との関連から段階的な拡がりの中で捉えるとき、そのどこまでの範囲を契約責任規範に服させるべきなのか、そのメルクマールをさらに明確に提示する必要があるように思われる。とりわけ、林説の指摘する契約債務関係を欠く場面が問題となろう[43]。次にみる潮見説は、林説と同様の視点に立ちながら、契約責任領域の限界規準の明確化を図るものである。

完全性利益に配慮する義務を安易に契約責任として結論づけることを避け、拡がりすぎた契約責任を限定しようとの見解が潮見説である。(44)

3　潮見説

潮見説は、契約責任の前提ないし根拠となる義務といえるためには、債務履行過程に関連する必要があるとして（基本的視点は林説と同様）、履行過程における給付義務・付随義務の論理構造を解明しようとする。まず、給付結果を「債権者が債務者に請求できる利益」として捉え、給付義務を給付結果実現義務と定義する。給付義務は、「主たる給付義務」と「従たる給付義務」に分けられ、後者は、給付結果を取り巻く利益（付随利益）に対し、履行の際に配慮すべき付随義務であり（例、売主の目的物用法説明義務、登記協力義務、賃貸人の賃借物修繕義務など）、これらは給付結果と付随利益の主従に照らして識別される。そして、これら給付義務の内容が履行過程の具体的状況下において具体化したものとして種々の「具体的行為義務」を観念する。給付結果が実現した場合には、具体的行為義務違反はもはや問題とはならないが、債務不履行責任が問題となる場合に、責任要件・内容との関係において考慮されるものとする。

保護義務についても、履行過程との関連で段階的に論じる。すなわち、(1)「主たる給付義務」となる場合（例、警備契約、寄託契約、幼児保護預り契約における保護義務）、(2)「契約目的達成のための従たる給付義務」となる場合（例、運送契約、診療契約、宿泊契約、在学契約、運動施設利用契約における保護義務）、(3)完全性利益保護が契約目的達成のための必要条件とはなっていないけれども、「取引的接触」つまり給付結果を実現する目的でなされた具体的行為に際して発生し得る完全性利益侵害から相手方の保護を図るべき保護義務、(4)およそ特別の事実的接触が存在すれば、そこにおいて生じ得る完全性利益の保護に対するもの、の四つに分け、このうち(4)は、契約との接点を欠く故に不法行為の問題となる。そして、⑶の場面が問題であり、これを契約上の義務として捉えるためには、マクロ的には、債権者の完全性利益を侵害する債務者の具体的行為が、給付結果ないし契約目的達成を目指す履行過程に組み込まれていること、ミクロ的には、①給付結果ないし契約目的実現のために、債権者の完全性利益が債務者に対して開示されたこと、②そうして開示された完全性利益を保持・管理するために必要とされる注意を相手方（債務者）に委ねたこと、③債務者による完全性利益侵害が、給付結果ないし契約目的の達成へと向けられた行為の中で生じたこと、④当該完全性利益侵害は、給付結果ないし契約目的の達成に伴う特殊の危険の実現であること、の四つの要件を必要とする。これらの要件を充足した場合に、⑶段階の保護義務は契約責任の規律に服され、履行過程で契約に特殊な完全性利益侵害の危険が具体化した場合には、事前に対処するためにこれに対応する請求権が付与されることから、これは「完全性利益保護のための従たる給付義務」としての地位が承認されるという。そして、こうして把握される「完全性利益保護のための従たる給付義務」の不履行としては、(a)給付義務の不履行の結果として完全性利益が侵害される場合（例、食品売買契約において売主が腐った商品を交付したために買主が健康を害した、飼料の売主が有毒物質の入った飼料を交付したためにこれを食べた買主の家畜が病死した、養魚池の請負契約の履行が遅滞している間に注文者の飼っている鰻が流出してしまった）[45]、(b)給付義務の不履行はないがその履行に際して完全性利益が侵害される場合（例、売主が売買されたピアノを買主宅に搬入する際に玄関の戸や窓ガラスを壊した、溶接工事を請け負った技師が工事そのものは適切に行ったものの、使用したバーナーの火が壁に飾ってあった絵画に引火してこれを焼失させてしまった）[46]を挙げる。しかし、例えば、壁塗りを請け負った職人のくわえタバコの火がカーテンに燃え移って注文者の家を全焼するに至ったような場合は、前述の⑷段階の保護義務に該当し、不法行為責任として処理されるべきであるとする。

潮見説は、ドイツ民法理論の詳細な検討を経て私見を展開しており、その主張は有益かつ説得力に富む。その評価されるべき点をいくつか挙げるならば、第一に、主・従の給付義務たる保護義務が析出され、それ以外の完全性利益侵害場面を問題とする点で、ドイツの保護義務領域限定説の動向を踏まえたものとして理解できる。第二に、完全性利益の侵害を履行過程との関連で位置づける点で林説と同様であるが、林説では保護義務領域の広範化をを示唆するに留まるが、潮見説にあっては、保護義務が存立すべく判断規準をその段階的把握という見地から提示した点を挙げることができる。第三に、従来の学説が、とりわけ義務の目的方向性という観点に着目し、そこでは給付関係と保護関係の峻別可能性ないし保護義務の他の契約義務との関係、さらには保護義務領域の限界について問題性を有するのに対し、潮見説は、同じく保護義務の目的方向性に着目しながらも、それを義務構造上「(完全性利益保護のための) 従たる給付義務」に組み入れることにより、従来の問題性を払拭しようとの志向は評価されるべきである。

しかし、なお検討されるべき問題もあるように思われる。潮見説は、当事者の合意に基礎を置いて設定されるのが「主たる給付義務」であり、合意からは出てこないが、当事者を取り巻く諸事情の下で契約の解釈を通して導き出される給付義務や、信義則に照らして法秩序により設定された給付義務が「従たる給付義務」であるとして、これはさらにその義務の保護目的の相違に対応して「契約目的達成のための従たる給付義務」と「完全性利益保護のための従たる給付義務」に二分して理解する(47)。そして、前述の(3)段階の保護義務は、そこで挙げられる要件を具備することにより「完全性利益保護のための従たる給付義務」として析出する。ここで、完全性利益の危険が具体化した場合に対処するため、これに対応する請求権を付与するために「従たる給付義務」としての性質を認める限りでは、(2)段階の保護義務である「契約目的達成のための従たる給付義務」と同列に位置づけられることになる。潮見説は、従来の給付義務に対峙させた保護義務という構成を採らず、給付義務一元化構成に立つ。確かに、従来の見解は、保護義務の給付義務に対する関係について問題があり、この点で「従たる給付義務」として位置づけることにより、保護義務の契約義務性をより鮮明にしようとの考えが窺える。[48]しかし、契約責任構成の前提たる保護義務を、給付義務として徹底させるべき必要性が果たしてあるのかは検討の余地がある。[49]例えば、潮見説が挙げる「売主がピアノを買主宅に搬入する際に玄関の戸や窓ガラスを壊した」という場合は、これまで給付義務とは別の保護義務の問題として論じられてきたものであり、[50]また、欠陥食品の例についても、目的物の瑕疵という「主たる給付義務」違反が存するものと考えられ、その他どの点に「従たる給付義務」たる保護義務違反があるのか（食品の衛生管理という点に義務違反があるのか）など必ずしも明らかではない。保護義務一般について、給付義務構成を妥当とする実質的根拠が明らかにされなければならないであろう。

また、このような保護義務の給付義務化と関連して、(3)段階の保護義務を「従たる給付義務」として析出するための要件である①〜④の諸規準についても問題となる。このうち③・④規準については、(1)・(2)段階の保護義務についても妥当するが、①・②規準はこれらの段階の保護義務にあっては、完全性利益の保護が給付結果ないし契約目的を形成しているということで既に充足しているものとする。[51]そうすると、(3)段階の保護義務については、この①・②規準がまず問題となるが、[52]これらは「従たる給付義務」性を承認するがために必要とされるようであり、給付義務構成については前述したような疑問が残る。[53]また、③・④規準についても、その内容の理解によっては、(4)段階の保護義務（不法行為責任）との限界づけは微妙となる。潮見説が挙げる「壁塗りを請け負った職人のくわえタバコの火がカーテンに燃え移って注文者の家を全焼するに至った」という(4)段階の保護義務違反の例も、諸規準の理解によっては(3)段階の保護義務の事例として位置づけられなくもない。しかし、いずれにしても、潮見説の提示した諸規準（特に③・④規準）が、契約責任の限界づけへ向けた論拠となり得ることから、潮見説を踏まえさらに検討が進められるべきであろう。

4　四宮説

四宮説は、請求権競合を論じる中で、いわゆる全規範統合説と称される考えを提唱するに際し、債務不履行と不法行為において請求権規範の調整が問題となる契約上の義務として、他人の人格権・財産権の安全について配慮すべき義務（「安全義務」と称される）を挙げる。[54]

すなわち、ドイツにおいて展開された保護義務は、契約からではなく、社会的接触から信義則に基づいて発生する義務であるのに対し、安全義務は契約上の義務（給付義務）であり、それが本来的給付義務（医療契約、事務処理契約）または副次的給付義務（運送契約、寄託契約など）の内容をなす場合に、契約規範によるリスク配分がどこまで及ぶかが、法規範解釈、特に契約解釈の問題となる。そして、契約によるリスク配分は、原則として当該契約の履行と「内的関連」を有する行為によって安全義務が侵害された場合（「内的関連行為による場合」）[55]には及ぶが、契約の履行と内的関連をもたない行為による安全義務違反の場合（「逸脱行為による場合」）[56]には及ばない。なぜなら、契約責任規範によるリスク配分は、一般的法義務の違反に比し違反者に有利に定められる（責任軽減に役立つように定められる）ことが多いが、逸脱行為による場合には、契約責任規範の想定する行為よりも違法性の程度が高い行為によるものといえるからだとする。しかし、請求権者にとって有利な規範の定立を図るために、いくつかの規範調整を行っている。[57]なお、安全義務と不法行為法上の義務の関係については、内容的にはほとんど差はないものの、ただ契約法上の安全義務は必ずしも不法行為法上の一般的法義務そのものではなく、それが契約の類型と個別的合意によって変容を受けたものだと説明する。[58]

四宮説は、従来の契約義務論を前提にして展開されたものではないが、契約責任規範は、主に契約履行との「内的関連」を有する行為により安全義務が侵害された場合に妥当するものとする点に特色がある。完全性利益侵害に対する契約責任構成を「契約債務の履行」という見地から限界づける点では、林・潮見説などと同様である。しかし、安全義務は給付義務としてのみ析出され、ドイツの保護義務領域限定説が説くような給付義務違反の存しない場面での保護義務違反を問題とする見解、あるいは潮見説のように、そのような場面での保護義務も段階的把握により（従たる）給付義務として位置づける見解とも、一線を画している。したがって、四宮説は、（給付義務としての）安全義務違反とは区別される保護義務（付随義務）違反に関しては、契約責任規範が当然に適用されるわけではない。ただこの場合、当事者間には社会的接触による特別の信頼関係―「契約類似」の関係―が発生していることに鑑み、契約責任規範を取り入れた不法行為規範によって処理されるのが妥当だとし[59]、この点でカナーリス（*Canaris*）の見解（第三責任としての性質付与）に近似することになろう。

四　義務論に対する批判的見解

今日、債務・義務構造論に対する批判的見解も有力である。先にみたように、既に、ドイツ民法の解釈を取り入れて不完全履行を論じることへの疑問が提示されていたが、さらに、債務の内容をなす義務構造に立脚して債務不履行を判断する一連の動向に否定的な見解がある。また、より体系的な観点から、契約責任（損害賠償責任）を捉え直す見解も表明された。

(一) 批判説

平井説は、一般的・包括的な債務不履行を規定する民法四一五条においてはドイツ流の解釈を採る必要はなく、「債務の本旨」に従わざる履行の内容を具体的に明確にすることが必要であるとして、債務不履行の一元化構成を主張する。[60] 同様の理解は、今日、有力となりつつある。[61] また、義務の性質により違反の効果が異なるとの理解を疑問視する見解もある。淡路説[62]・野澤説[63]は、給付義務とそれ以外の義務との間で、履行請求権及び解除権の有無を一律に区別することは適切ではなく、債務の性質が個別に検討されるべきだと主張する。

しかし、このような義務論に対する批判説[64]にあっても、客観的な「債務不履行」要件をいかに把握すべきかが問題となろう。平井説は、債務を引渡債務と行為債務（引渡以外の作為・不作為）に分類し[65]、引渡債務については履行不能と履行遅滞が、その他の不履行については行為債務において問題となることが多いとするに留まり、不履行の判断規準について課題が残る。なお、淡路説は、本旨不履行の判断枠組として、結果債務・手段債務概念からの分析を加える。[66]

そんな中、種々の義務を包括させた給付概念を主張する見解もある。加藤説[67]は、厳正契約的解釈を離れ、信義則を内包した誠意契約的解釈を前提とすると、付随義務・保護義務等は契約債務に吸収され、独自の概念としての意義を失うとして、契約的合意を基礎とする単層的な契約ないし債権構造を主張する。このような理解は、ドイツの学説の一部（包括的給付概念を主張するフィッケンチャー（*Fikentscher*）、エルンスト・ヴォルフ（*Ernst Wolf*）など）にもみられた。確かに、給付義務・付随義務・保護義務も、義務の存立根拠、諸義務の内容、義務違反の法的評価といった諸観点からは、いずれも契約債務関係の枠内において位置づけられ、契約規範の適用に服すると考えると[68]、契約債務として一括して捉える方向も必ずしも否定できない。しかし、当該契約の特質とそれを前提にした債務不履行の評価や責任内容を把握するための規準が必要になるものと思われる。また、加藤説は、従来の不完全履行論を敷衍する形で、債務不履行を追完可能債務不履行と追完不能債務不履行に二分するが[69]、この追完を問題とする前提としての客観的な不履行要件をどのように把握すべきかについては、明らかではない。

(二)　不法行為責任説（統一的責任説）

これまでのわが国の議論は、ドイツ民法理論の影響の下、完全性利益侵害に対する契約責任構成を肯定的に受け入れてきた。学説によるドイツ積極的債権侵害論及び保護義務論の受容、また、医療過誤の契約責任構成や安全配慮義務を中心とした判例理論においても、このような問題処理が根付きつつある。そんな中、完全性利益侵害をめぐり不法行為責任から契約責任へと展開されてきた理論動向に対し、より体系的な見地からこれを否定し、いわば不法行為責任への回帰を主張する見解が平野説[70]である。

平野説によれば、財産法は、既存・既成の利益状態の積極的変更を対象とする動的利益保護法と、既存・既成の利益状態の維持・回復を対象とする静的利益保護法に大別される。このような利益保障体系の峻別は、自ずと責任体系の峻別をも導くこととなり、契約利益（動的利益）の不実現に対するものが契約責任、完全性利益（静的利益）を侵害するものが不法行為責任として構造的に区別される。このような理解は、義務構造の観点からも、契約責任は給付義務の不履行として、また、不法行為責任は一般的不可侵義務の違反として捉えられ、完全性利益侵害の場面における契約ないし契約的接触は、この一般的不可侵義務を契約法的なものに変質させるものでも、ましてや責任を変質させるものでもなく、単に抽象的な不可侵義務を作為義務などに具体化させる契機をなすものにすぎないとする。そして、このことは、他の学説が問題事例として挙げる「給付義務の不履行の結果として完全性利益が侵害される場合」（「不完全給付型」と称する）や「給付義務の不履行はないがその履行に際して完全性利益が侵害される場合」（「付随損害型」と称する）のみならず、完全性利益の保護が給付義務として位置づけられるような場合（平野説は、寄託ないし寄託的要素を含んだ契約において保管者が目的物を滅失させた場合を例に「寄託型」と称する）にあっても、同様に不法行為責任構成されるべきだとした。

その後、平野説は、契約責任と不法行為責任は本質的には違いはないものとして、統一的な責任概念が作られるべきであるとした上で、契約責任について再論する。[71] すなわち、契約の不履行を契機として生じた損害賠償は、契約の効力の問題ではなく、財貨帰属法の問題である。得べかりし利益の喪失、費用の支出という損害は、特定の法益の侵害なくしても生じ（純粋経済損害）、また、契約の有無如何にかかわらず生じ得るものであり、契約の存在は、どの範囲の利益まで保障されるかを決定するために必要な義務の内容を具体化するという機能を有するが、損害賠償という問題をここだけ財貨帰属法からはみ出させるものではない。したがって、「契約責任の拡大」については、それがどこまで拡大するのか、中間責任かといったことを論じる必要はなく、その特殊性を考慮すればよく（契約締結に際して損害を予め取り決め、また、過失判断における注意義務が契約内容、契約状況、信義則を考慮する）、責任性質を考える必要もない。もっとも、契約義務論を必ずしも否定してはいない。[72] 平野説は、ここで、財貨帰属法において、債務不履行は一般的利益保障（一般的注意義務）を拡大する効果を担っていると解しており、あくまで不法行為責任を基本に責任構成するものであり、従前の説明と異なるところはないように思われる。[73]

平野説は、これまでの学説が、例えば契約当事者間の特別結合ないし信頼関係を強調する見解に象徴されるように、契約責任の拡大に奔走し、完全性利益の契約責任規範への取り込みについての論拠を必ずしも明確にしてこなかったことに対して、反省を迫るものと評価できる。反面、完全性利益侵害をすべて不法行為責任へ放逐しようとする見解に対しては、契約責任も妥当するとの論者からの批判がある。その視点は多岐にわたるが、およそ何故に完全性利益だから契約債務の対象外に置かれなければならないのか、という点に集約されるであろう。(74)

不法行為責任構成を主張する見解は、ドイツ民法学説においてもみられた。しかし、ドイツでは（ハンス・シュトル（*Hans Stoll*）、ウルリッヒ・フーバー（*Ulrich Huber*）に代表されるように）、保護義務違反を不法行為法上の「社会生活上の義務」違反とみて不法行為責任構成するものの、完全性利益の保護が給付義務とされるような場合には、一応「社会生活上の義務」としてではなく保護義務の契約義務としての性質を肯定する。これに対し、平野説はこの場合も基本的に不法行為法上の義務とみており、契約責任規範をかなり限定して理解する。(75)このように、給付義務としての保護義務の存在を否定することに対しては、他の学説と同様に疑問が残るが、さらに、動的利益と静的利益という保護利益の相違を強調する点も問題となるように思われる。すなわち、ドイツにおいては、不法行為の狭隘さ（とりわけ絶対権への直接侵害に対する保護が原則とされ、財産侵害に対しては保護が与えられない）故に、保護義務が主張され契約責任が拡張されてきた（これに対し、ハンス・シュトル、ウルリッヒ・フーバーは不法行為責任への回帰を主張する）。これに対し、わが国の不法行為法は、厳格な意味での「権利侵害」は要求されず、法的保護に値するものであればいかなる利益も保護対象となり得る。このことは、契約責任のレベルにおいても、そこで保護されるべき利益は、所有権等の絶対権から経済的利益あるいは生命・身体等の人格的利益をも含み得る可能性が出てくることになる。したがって、保護されるべき利益という側面からみるならば、両責任規範は重なり合うものとして捉えることができ、保護利益から両責任領域を画することは困難なように思われる。また、債務不履行による損害賠償請求の要件として、過失責任の原則に依拠しない近時の一部の動向か(76)

らは、不法行為責任と統一することはできず、契約法固有の守備範囲を画定する必要も出てくる。もっとも、完全性利益侵害に対して契約責任構成を妥当とする立場に立っても、不法行為責任と限界づける根拠を明らかにすべき課題は残り、また、不法行為責任との関係において契約責任の本質をめぐる理論的深化が図られるべきことは、平野説の指摘する通りである。

五　小　括

保護義務論に至る初期の見解においては、完全性利益侵害を専ら給付義務違反により生じる損害賠償の範囲の問題として捉えていた。もっとも、我妻説にあっては、完全性利益侵害の態様が詳細に析出され、また、舟橋説は、履行遅滞・不能と区別された不完全履行による損害（拡大損害）の因果関係面からの特別処理を主張したが、契約責任の根拠としては未だ不十分であったといえる。

そんな中、契約義務構造の分析から保護義務論が展開されたが、ドイツ民法理論と同様に、給付義務と保護義務をその目的方向性の相違から理解する。松坂説は、当時のハインリッヒ・シュトルの見解に依拠し、奥田説は「統一的法定保護義務関係」論の影響を受け、給付関係と保護関係の峻別を徹底させて捉える。そして、いずれも、保護義務違反に対し、契約責任・不法行為責任と区別された「第三責任」たる性質を付与することについては鮮明にされず、あくまで契約責任構成を妥当とするようである。しかし、これらの峻別徹底説が保護義務の存立根拠とする信頼関係の存在及び完全性利益の保護という目的方向性からは、保護義務と不法行為法上の義務の相違は必ずしも明確ではなく（もっとも、奥田説は保護義務の積極的内容を提示する）、両者の限界づけが問題となる。

これに対し、北川・前田・鈴木の各説は、保護義務の特殊性を認めながらも、保護義務を含めて契約義務構造を一体的に捉えている。そして、契約の前・中・後を通した統一的保護関係の存在を明らかにせず、むしろそれぞれの場面において保護義務を生ずべき信頼関係が存し得るとの理解が見受けられる。そこでは、保護義務の不履行形態としては、給付義務の不履行の結果として完全性利益が侵害される場合（拡大損害）のほか、給付義務の不履行とは無関係な場面での完全性利益侵害が析出される。しかし、不法行為責任との限界につき、例えば、北川説は「契約目的との関連」から捉えられるものの、なおより具体的な事例ごとに明確にされる必要がある。

このような保護義務論の展開の中で、保護義務をあくまで給付義務との関連から位置づける峻別不徹底説の動向に注目できる。まず、於保説に代表されるように、完全性利益侵害を給付義務に付随する注意義務違反として捉える見解がある。しかし、ここでは、「付随義務」の契約義務構造における位置づけは明らかにされず、また、特に給付義務の不履行が存しない場面での完全性利益侵害につき、不法行為責任との区別規準も明らかではない。これに対し、林・潮見の両説は、保護義務を債務履行過程との関連において捉え、拡大されてきた契約責任の妥当領域の限界を明確にしようとする。林説にあっては、保護義務を履行行為ないし履行過程との関連から捉えることにより、債権者利益という見地からは完全性利益も履行利益と同列に位置づけられるとする。しかし、このような見地からは、保護義務領域はかなり広範なものとして理解され、その限界規準についてなお問題性を有している。これに対し、潮見説は、保護義務を履行過程の中で段階的に捉えることにより、不法行為責任との限界を詳細に論じる。そして、契約責任の前提となる保護義務を「従たる給付義務」として理解し、その契約義務性をより鮮明にする。契約責任構造の解明へ向け、注目できる理論動向である。

さらに、今日、義務論に対して批判的な見解も有力である。しかし、前述したように、それらの見解にあっても客観的な債務不履行（本旨不履行）要件を把握すべき規準が模索されねばならないであろう。また、完全性利益侵害の契約責任構成に消極的な見解からは、契約責任の本質及び不法行為責任との限界づけを明らかにすべく課題が浮き彫りにされた。

わが国の議論は、ドイツ民法理論を前提とするものであり、ほぼ同様の理論状況にある。峻別徹底説に位置する見解は、ドイツの「統一的法定保護義務関係」論の動向に依拠し、中間的立場にある見解や峻別不徹底説にあっては、「統一的法定保護義務関係」論に対する批判説と同様の視点も見受けられる。また、給付義務たる保護義務が析出され（奥田、前田、潮見説など）、さらに、それ以外の場面での保護義務の問題性も意識されており、ドイツ保護義務領域限定説と同様の傾向もみられるのである。したがって、ドイツと同様、とりわけ保護義務概念の明確化ないし契約責任構成の限界づけが問題となる。ただし、わが国にあっては、完全性利益侵害における被違反義務としては、給付義務は問題とされずに、専ら保護義務により根拠づけれらる傾向にある。また、保護義務違反は、契約責任と不法行為責任のいずれが妥当するのかという見地から直視され、ドイツ（「統一的法定保護義務関係」論）のように両責任の中間的様相を呈するものと捉えるような、責任性質に関する議論は、保護義務論において正面から論じられることは少ないということも指摘できる。後者の点は、契約責任の拡大へ向かう理論前提（特に不法行為法の保護構造）の差異に起因するものといえる。

（1）　鳩山秀夫『日本債権法（総論）』（岩波書店、一九一六）一四一―一四六頁。
（2）　末広厳太郎『債権総論』（日本評論社、一九四〇）六三―六五頁。
（3）　我妻榮『新訂　債権総論』（岩波書店、一九六四）一五〇―一五七頁。

（4）星野英一『民法概論Ⅲ』（良書普及会、一九七八）五一―五三頁。
（5）同様の見解として、甲斐道太郎編『債権総論』（法律文化社、一九八七）六五頁（森孝三執筆）、安達三季生『債権総論講義（第四版）』（信山社、二〇〇〇）五八―五九頁など。
（6）勝本正晃「不完全履行序論」同『民法研究 第一巻』（厳松堂書店、一九三二 初出一九二九）一七五―一八五頁。
（7）石田文次郎『債権総論講義』（弘文堂書房、一九三八）二二五―二二八頁。
（8）舟橋諄一「不完全履行について」浅井清信他編『末川還暦・民事法の諸問題』（有斐閣、一九五三）六九頁以下。
（9）舟橋・前掲注（8）七九―八〇頁は、不完全履行による損害も遅滞・不能による損害と同一系列の相当因果関係の範囲内のものとみる我妻説を批判し、「このような議論の出てくるもとを探ってみると、『鶏が病気であること』のごとき、『給付に瑕疵あること自体』を出発点とされたため、『それより他に拡大せる損害』が、当然に導き出されるように、考えられたのではなかろうか。もし、そうだとすると、そもそも、この出発点自体が、問題なのである。というのは、『鶏が病気であること』それ自体は、何ら責任発生原因となるものではなく、ここに問題となりうるのは、―他の鶏に感染したという積極的債権侵害を別にして考えれば―約束どおりの健康な鶏を期日までに給付しなかったことだけである。いいかえると、『給付に瑕疵あること自体』は、そのままでは責任の原因とはならないのであって、不完全な給付をしていて、完全な給付をしなかったことにこそ、履行遅滞の責任が認められるのである。かように、出発点を考え直してみたとき、はたして、不完全履行ないし積極的債権侵害による損害を、『それより他に拡大せる損害』だとして、同一因果関係の系列のうちに、とらえることができるものであろうか、はなはだ疑わしい」という。
（10）松坂佐一「積極的債権侵害の本質について」・「信頼関係としての債務関係」同『債権者取消権の研究』（有斐閣、一九六二 初出一九四四・一九五三）二一七頁以下、二七九頁以下、同『民法提要 債権総論〔第四版〕』（有斐閣、一九八二）六―七頁、八三―八六頁。
（11）松坂説は、給付利益の保持へ向けられる義務として（主・従の）給付義務を析出するに留まり、他の学説が認める付随義務を観念しない点で給付義務概念の拡張がみられる（この点で、カナーリスの見解に近い）。
（12）松坂・前掲注（10）「信頼関係としての債務関係」二八六頁。なお、松坂説にあっては、当時のナチス期ドイツ民法理論の影響からか、「国家目的に適える財貨の配分という共同目的のために相互に協力すべき関係にある結果として、債務関係はその当事者間に信頼関係を成立せしめる」とする（松坂・前掲注（10）「積極的債権侵害の本質ついて」二一四五頁）。

（13）奥田昌道「契約法と不法行為法の接点―契約責任と不法行為責任の関係および両義務の性質論を中心に―」磯村哲他編『於保還暦・民法学の基礎的課題 中』（有斐閣、一九七四）二五七―二六五頁、同『債権総論〔増補版〕』（悠々社、一九九二）一五―二〇頁、一五二―一六八頁、二〇二―二〇四頁、六一八―六二六頁。

（14）例えば、売主が買主に目的物の使用上の注意を与えなかったために、買主が大怪我をした場合、売主が買主に対し目的物の使用上の注意を与えるべき義務は、債権者（買主）の給付利益の保護の観点からは附随的注意義務であるが、債権者の一般法益の観点からは保護義務でもあるとする（奥田・前掲注（13）『債権総論』一六四頁）。

（15）他の保護義務論者からは、この場合にも給付義務とは別に保護義務の不履行として構成されるべきであるとの批判がある（例えば、奥田昌道編『注釈民法⑽』（有斐閣、一九八七）四八四―四八五頁（北川善太郎執筆））。

（16）奥田・前掲注（13）「契約法と不法行為法の接点」二六〇頁、同『債権総論』一八―一九頁。

（17）奥田昌道「安全配慮義務」石田・西原・高木三先生還暦記念論文集刊行委員会編『石田＝西原＝高木還暦・中巻 損害賠償法の課題と展望』（日本評論社、一九九〇）三八―四一頁。

（18）奥田・前掲注（13）『債権総論』六一九―六二〇頁。

（19）奥田・前掲注（13）『債権総論』六二〇頁、同・前掲注（17）四〇―四一頁参照。

（20）その他、給付関係と保護関係の峻別を徹底させる見解として、白羽祐三『債権総論』（中央大学出版部、一九八七）四七―五八頁（信義則上の義務違反を「拡大損害」が問題となる場面として捉え、給付義務との関連性を否定する）、近江幸治『民法講義Ⅳ　債権総論〔第三版補訂〕』（成文堂、二〇〇九）六一―六二頁、七九―八四頁、九一―九四頁（契約義務として、給付義務（本来的給付義務）と付随義務（付随的注意義務）、さらにこれらとは直接的関係をもたない保護義務（独立的注意義務）を析出し、完全性利益侵害をすべて保護義務違反により根拠づける）など。

（21）北川・前掲注（15）三二三頁以下、同『契約責任の研究―構造論―』（有斐閣、一九六三）三〇〇頁以下、同「債務不履行の構造とシステム」法学論叢一一六巻一―六号（一九八五）二一七頁以下（下森定編『安全配慮義務法理の形成と展開』（日本評論社、一九八八）所収）、同『債権総論（民法講要Ⅲ）〔第三版〕』（有斐閣、二〇〇四）一五―一七頁、二九―三一頁、八九頁、九二―九三頁、一〇五―一〇八頁。

（22）北川・前掲注（15）三五一頁、同・前掲注（21）『債権総論』三〇頁。

（23）この場合も、本来の給付利益と異なる法益の侵害であることは否定できず、相当因果関係における特別損害として構成する見解は、拡大損害を生ぜしめないように注意する義務をも取り込んだ包括的で拡張された給付義務概念を採用することになる、と批判する（北川・前掲注（15）三四二頁、同・前掲注（21）「債務不履行の構造とシステム」一三二―一三三頁）。

（24）北川・前掲注（15）三八一―三八二頁。

（25）北川・前掲注（15）三八一―三八三頁も指摘する。

（26）北川説においては、給付義務と安全義務が一体となっている場合（とりわけ手段債務）、または給付義務、付随義務、安全（保護）義務の混在が認められる場合があるとの指摘に留まる（北川・前掲注（21）「債務不履行の構造とシステム」二三一頁）。ただし、同・前掲注（21）『安全配慮義務法理の形成と展開』三〇四頁「追記」では、「安全義務・安全配慮義務は本来の給付義務と区別された信義則上の付随義務の一種であるとみるが、かかる義務に対応して、安全配慮を目的とした付随債権までが信義則上発生しているのではない。ただ、契約の目的から主たる給付と並んで契約の相手方の生命・身体・健康・財産の安全維持を目的とする従たる給付が明示または黙示で特約されていると解しうる場合がある。この場合にはそうした内容の従たる給付請求権が認められる。いかなる契約関係でまたいかなる条件でかかる義務が合意されたといえるのか、この従たる義務と主たる義務、あるいは、それと付随義務である安全義務・安全配慮義務との相互関係をどう解すればよいのかは今後の検討に待ちたい。」とする。

（27）前田達明「債務不履行責任の構造」判例タイムズ六〇七号（一九八六）二―四頁（同『民法随筆』（成文堂、一九八九）所収）、同『口述債権総論　第三版』（成文堂、一九九三）一二〇頁以下。

（28）前田・前掲注（27）『口述債権総論』一二〇頁は、物品委託契約、警備契約に言及する。

（29）鈴木禄弥『債権法講義　三訂版』（創文堂、一九九五）三〇三―三〇六頁。なお、鈴木説は、売主の債務不履行類型としては履行遅滞と履行不能のみを考えれば足り、不完全履行概念を不要とするが、保護義務違反による拡大損害の発生（積極的債権侵害）は肯定する。また、手段債務（診療債務）については、遅滞・不能とはいえないあいまいな形の債務不履行が存するとして、これを「不完全履行」と称している（同二六二―二六三頁、六五七頁）。

（30）その他、保護義務に言及する見解として、下森定「契約責任の再構成をめぐる覚書」Law School二七号（一九八〇）四頁以下、松本恒雄「契約責任と安全配慮義務」同二二―二四頁、半田吉信「契約責任と不法行為責任の交錯」前田達明編代『奥田還暦・民事法理論の諸問題　上巻』（成文堂、一九九三）三九〇―三九一頁。

（31）於保不二雄『債権総論〔新版〕』（有斐閣、一九七二）一一〇頁、一一二頁。

（32）　森泉章＝中井美雄＝森孝三他『民法講義4』（有斐閣、一九七七）七三頁（中井執筆）。なお、中井美雄「履行の契約不適合性」遠藤浩＝林良平＝水本浩監『現代契約法体系 第二巻』（有斐閣、一九八四）一二五頁以下は、契約義務構造に依拠した債務不履行の分析と、それに対応させた具体的法効果の検討の必要性を強調する。

（33）　篠塚昭次＝好美清光編『講義債権総論』（青林書院新社、一九八一）六七頁（浦川道太郎執筆）。浦川説は、「給付自体・方法に欠陥がある場合」（例、倉庫の屋根の修繕を請け負った屋根職人が不十分な修理をしたために雨漏れがして倉庫内の商品に損害が生じた）を給付義務の不完全履行として、また、「給付にさいして要求される債務者の注意義務に違反がある場合」（例、機械を売った者が購入者にその使用方法を十分に説明しなかったために購入者が機械使用中に大怪我をした）を「付随義務」違反による不完全履行として処理する。

（34）　川村泰啓『増補 商品交換法の体系Ⅰ』（勁草書房、一九八二）二六二―二六五頁。川村説は、給付目的物または給付行為の不完全による拡大損害の他に、さらに、本来の給付そのものの不完全からだけでなく、本来の給付と不可分に、しかし本来の給付の前後において損害が生じる場合（例、屋根の修繕そのものは完全だったが、修繕を終えた後、屋根の上でタバコを一服したさいに点火したマッチの燃えさしから火事を起こし家を全焼させた）といったより広範な場面での完全性利益侵害も「付随的な注意義務」の違反として構成する。そして、これらの場合（不完全履行）を契約責任として基礎づけているものは、私的所有権の侵害が、裸の所有者・「非」所有者の間で生起していること、しかも債務者が契約上負担している給付行為と不可分に生じているという事実による、とする。もっとも、「不完全履行の記述の部分は、『約束』帰責プリンシプルによって全面的に書き直されることが必要となる」とする。

（35）　神田博司『民法―債権法』（南雲堂深山社、一九八三）五〇―五一頁は、給付義務の不履行の結果として完全性利益が侵害された事例のみを挙げ、この損害は給付義務に付随する注意義務（付随義務）の不履行に起因するものだと説明する。

（36）　澤井裕『テキストブック債権総論〔増補版〕』（有斐閣、一九八五）四四―四五頁は、不完全履行を「不給付（債権）侵害型」（給付目的物の瑕疵）と「積極的（債権）侵害型（拡大損害）」に二分し、後者は、一般的には信義則に基づく「履行に関連する範囲で債権者の身体・財産を保護すべき付随義務」で説明できるが、結論は、債権者の身体・財産を侵害するような給付は、信義則上「債務の本旨に従った履行」と解しえないというに尽きる、とする。

（37）　於保・前掲注（31）一一一頁は、「給付義務に附随する注意義務違反による債務不履行責任と履行に際しての一般的注意義務違反による不法行為責任、例えば、履行に際して債権者の物を盗んだり毀損したりしたことによる責任とは区別しなければばならない。もっとも、実際問題としては、両者の区別は困難な場合が多い」とするに留まる。

(38)　林良平＝石田喜久夫＝高木多喜男『債権総論〔改訂版〕』（青林書院、一九八二）九五―九九頁（林執筆）（林良平（安永正昭補訂）＝石田喜久夫＝高木多喜男『債権総論〔第三版〕』（青林書院、一九九六）一〇五頁以下参照）、林良平「契約責任の構造―その素描―」林良平＝甲斐道太郎編代『谷口追悼・第二巻　契約法』（信山社、一九九三）一頁以下。

(39)　これを履行遅滞・履行不能に基づく民法四一六条の特別事情による損害とする我妻説に対し、「遅滞・不能の時期と、付加損害を生じた原因の不完全履行の生じた時期と一致しないから、損害発生との因果関係の説明に困難を生じる。損害の発生は不完全にあるのであり、履行不能にあるのではない」として、前述の舟橋説を支持する（林・前掲注（38）『債権総論〔改訂版〕』九八頁）。

(40)　林・前掲注（38）『債権総論〔改訂版〕』九八―九九頁、林良平編『注解判例民法　債権法Ⅰ』（青林書院、一九八七）七〇―七二頁（林執筆）。

(41)　林・前掲注（38）「契約責任の構造」一八頁。

(42)　林・前掲注（38）「契約責任の構造」二五頁は、ドイツ民法における契約責任の理論史的展開を説く中で、「すでに給付義務と給付結果―給付利益の系列、給付義務以外の付随義務違反―付加損害（今日の完全性利益）、両者の間に、外形的に給付行為につながりつつ、結果的に給付結果以外の利益を害するとき、という三つの系列が示されている」として、興味ある指摘をする。

(43)　林説は、前述した契約債務関係を欠いているとする広義の完全性利益侵害場面について、例えば、売主が買上品を届けた際に、たばこを吸いその消し損ないで買主の家の一部を焼いたような場合には、もはや保護義務の対象ではないとするが、その論拠を明確にしない（林・前掲注（38）「契約責任の構造」一六頁、二七―二八頁参照）。

(44)　潮見佳男『契約規範の構造と展開』（有斐閣、一九九一）一―一七〇頁、二八二―三〇五頁、同『債権総論講義案Ⅰ』（信山社、一九九一）九―二〇頁、一〇九―一二五頁、同『債権総論〔第二版〕Ⅰ』（信山社、二〇〇三）一五―一八頁、九五―一一六頁。

(45)　主たる給付結果の侵害とともに、買主の完全性利益侵害が生じているという意味で「第二次的完全性利益侵害」と称する（潮見・前掲注（44）『債権総論』一一〇頁）。

(46)　主たる給付結果が実現され契約目的も達成されているが、完全性利益のみが侵害されているという意味で「第一次的完全性利益侵害」と称する（潮見・前掲注（44）『債権総論』一一〇頁）。
（47）潮見・前掲注（44）『契約規範の構造と展開』七九頁以下。
（48）林・前掲注（38）「契約責任の構造」一八―一九頁も、履行利益も完全性利益も債権者の利益という点では並び、給付義務も保護義務も利益の規範的守りという点では同列と考えれば、保護義務について従たる給付義務性を承認してもよいのではないか、とする。
　なお、潮見説は、保護義務と不法行為法上の一般的不可侵義務の関係について、義務そのものが設定されるのかどうかに関して相違するとし（特別の関係を無視して考えられるべき一般的不可侵義務の場合には、そもそも特定の他人の完全性利益を保護するために特別に配慮することを義務づけるものではない）、また、不法行為法上の安全義務（特別の関係にある当事者間で相対的に設定されたもの）との関係については、前述の①～④の規準判断から絞りを受けた「従たる給付義務」たる保護義務は、安全義務よりも限定された範囲で設定されること、内容的にも給付結果ないし契約目的の達成に伴う危険を回避するために必要な行為が要求されるが故に、安全義務よりも高度化されるとする（潮見・前掲注（44）『契約規範の構造と展開』一五三―一五四頁）。
（49）下村正明「不完全履行には、どういう基本的論点が残されているか」椿寿夫編『講座・現代契約と現代債権の展望　第二巻』（日本評論社、一九九一）七七頁は、潮見説が保護義務一般について給付義務構成を妥当とすることを疑問とし、また、宮本健蔵『安全配慮義務と契約責任の拡張』（信山社、一九九三）三六七―三六八頁は、潮見説が契約法の領域で問題となる義務に広く履行請求権を付与しようとする点を疑問視する。
（50）例えば、北川説による批判（前掲注（23））を参照。
（51）潮見・前掲注（44）『契約規範の構造と展開』一五一―一五二頁。
（52）潮見・前掲注（44）『契約規範の構造と展開』一五二頁は、①・②規準に対応するものとしては、「完全性利益の保護が合意されていること、あるいは、給付結果の適切な受容のために完全性利益が保護される必要のあることが確定されれば足りる」とする。
（53）半田・前掲注（30）三八八頁は、潮見説が①規準を要件とすることは不当であり、また、③規準を要件とすると契約締結上の過失や契約終了後の過失ないし契約の余後効の場合を包含できなくなるとする。
（54）四宮和夫『請求権競合論』（一粒社、一九七八）八八頁以下。

(55) ドイツのオルトマン(*Oertmann*)の見解を引用し、債権関係が損害発生に対して外的機会を提供したというだけではなく、損害発生が、ほかならぬ契約関係の展開・実行の過程のなかでそれと結合しており、そして、契約上の権利・義務を遂行する際の不注意によってのみ生じた場合、とする(四宮・前掲注(54)九七頁注(6))。

(56) 故意行為による場合、及び故意行為でなくても契約の履行行為として通常予想される過程を逸脱した行為によって債権者の権利を侵害する場合とする(四宮・前掲注(54)九七―九八頁注(7))。

(57) すなわち、債務者の不利に作用する契約責任規範のリスク配分は、「逸脱行為」による場合にも適用され、また、「内的関連行為による場合」にも不法行為規範の権利保護機能を重視すべき場合には、責任軽減になるような契約責任規範はその適用を制限され、さらに、いずれの場合においても、リスク配分以外の属性は権利者に有利な規範を適用すべきだとする(四宮・前掲注(54)九五―九六頁、九八―九九頁、一〇六頁)。

(58) もっとも、契約上の「安全義務」の中には、例外的に、不法行為法上の一般的不可侵義務を取り込んだというのではなく、契約の本来的給付目的が相手方の権利の安全をはかることに存するものがあり(例、管理契約)、この場合には、二つの義務は平行的であり、全法秩序の立場からする請求権規範の統合は行われ得ない、とする(四宮・前掲注(54)一〇九頁)。

(59) 四宮・前掲注(54)九六―九七頁注(3)。

(60) 平井宜雄『債権総論〔第二版〕』(弘文堂、一九九四)四五頁以下。

(61) 角紀代恵『基本講義 債権総論』(新世社、二〇〇八)一三一―一三二頁、中田裕康『債権総論』(岩波書店、二〇〇八)一〇九―一一〇頁(個々の契約の解釈(本来的解釈と規範的解釈)によって債務内容を確定することを基本とした上で類型化を図る方向が妥当だとする)。

(62) 淡路剛久『債権総論』(有斐閣、二〇〇二)九六―九七頁。

(63) 野澤正充「債務不履行による損害賠償(1)―要件論」法学セミナー六三四号(二〇〇七)八六頁)。

(64) もっとも、中田・前掲注(61)一〇九―一一〇頁は、債務構造分析アプローチをまったく否定するものではなく、それは整理概念としては便利であり、具体的問題を解決する際の分析枠組みとなり得るし、また、給付義務以外の義務について実質的根拠の考察を促すという機能もある、とする。

(65) 平井・前掲注(60)一九―二〇頁。同旨、内田貴『民法Ⅲ〔第三版〕債権総論・担保物権』(東京大学出版会、二〇〇五)一五頁。

(66) 淡路・前掲注(62)一〇六頁以下。

(67) 加藤雅信『新民法体系Ⅲ 債権総論』(有斐閣、二〇〇五)五三—五四頁、六二—六七頁、一一五頁。

(68) 本書第四章参照。

(69) 加藤・前掲注(67)一〇八頁以下。

(70) 平野裕之「契約責任の本質と限界—契約責任の拡大に対する批判的考察(序説)—」法律論叢五八巻四・五合併号(一九八六)五七五頁以下、同「完全性利益の侵害と契約責任論—請求権競合論及び不完全履行論をめぐって—」同六〇巻一号(一九八七)五一頁以下、同「利益保障の二つの体系と契約責任論—契約責任の純正化及び責任統合否定論—」同六〇巻二・三合併号(一九八七)五一九頁以下、同「安全配慮義務の観念は、これからどの方向へ進むべきか」椿寿夫編『講座・現代契約と現代債権の展望　第二巻』(日本評論社、一九九一)三三頁以下、同「契約責任と不法行為責任の競合論について—保管型契約に関する商事特別規定をめぐって—」法律論叢六八巻三・四・五合併号(一九九六)三二四頁以下。

なお、石田喜久夫＝佐藤義彦他『債権総論』(成文堂、一九八三)五八頁(青野執筆)も、不完全履行は不法行為的債務不履行という性格を帯びているとする。そして、雇用契約における安全配慮義務違反事例についても不法行為的側面が強調されるべきであるとして、消滅時効では被害者に不利になるが、不完全履行による損害は当事者の予期なく発生し、被告の防御の可能性を考えると、不法行為として取り扱う方がよいとする。

(71) 平野裕之『債権総論(第二版補正版)』(信山社、一九九六)一八一頁以下。

(72) 平野・前掲注(71)一六〇頁は、付随義務、保護義務、安全配慮義務などは、行為規範を明確にし、また、責任判断においても過失の前提である注意義務の内容を示すものとして評価する。

(73) なお、平野裕之『民法総合6 不法行為法』(信山社、二〇〇七)四六三頁以下参照。

(74) 潮見・前掲注(44)『契約規範の構造と展開』一四七—一四八頁は、「履行過程といっても、社会的事情として捉えられる有形的価値移転を指すものとしてではなく、債権者の実現への期待が法認されている利益状態が析出されるプロセスとして、把握されるべきこと」、したがって、「完全性利益の保護をも給付結果として契約の中に組み込まれ得ること」を指摘する(なお、林説も同様の見地に立たれるようである(前掲注(48)参照))。

また、宮本・前掲注(49)三六六頁は、「寄託契約や運送契約などの場合にも、そのための役務のみが契約利益であり、完全性利益は契約利益とならないとする点に象徴的に現れるように、極めて硬直的・観念的なものである。また、財貨の移転を有形的な価値移転行為に限定する理解がその前提となっているが、この点も問題であろう」とする。さらに、半田・前掲注（30）三八九頁は、「論理的にみた場合でも、……債権者の生命、身体、財産上の損害が給付行為または契約に基づいて債務者の負担する義務の違反によって生じたものである以上は、本来的には不法行為責任的保護の与えられるべき領域であるとしても、一応それとは別個に契約責任的保護を与えることも可能とみるべきであり、かような場合に契約責任を肯定することになんら論理的矛盾はない」とする。

（75）　平野・前掲注（70）「完全性利益の侵害と契約責任論」一〇九頁、同「利益保障の二つの体系と契約責任論」五三〇―五三三頁によれば、給付が意味をなさなくなったことに対する代償給付の約束ないし反対給付の調整が問題となるにすぎない、とする。また、同じく平野・前掲注（71）一五六頁では、契約という交換秩序に収まるのは、契約前の財貨秩序とは異なる給付の請求、強制そして受領の正当化という点、さらに、対価関係の破壊の場合の調整という点においてだけである、と説明する。

（76）　本書第六章参照。

第四節　結　び―解決方向性―

これまでの保護義務論の分析を踏まえ、完全性利益侵害の契約責任構造を理解する上で検討されるべき問題点とその解決方向性について整理する。既に、ドイツ民法理論についてはまとめたが（第一章第五節）、以下では、わが国の状況も踏まえ整理することにする。第一は、給付関係と保護関係の峻別可能性という観点から、保護義務を契約義務構造においてどのように位置づけるべきかである。第二は、契約責任が妥当し得る完全性利益侵害場面の画定についてであり、保護義務の機能領域を限定化する理論動向の評価に関わる問題である。第三は、契約責任が妥当する場面での保護義務の存立基盤をめぐる理解であり、学説が主張する当事者間の信頼関係・特別結合をどのように概念規定し、それにどのような内容を付与すべきかという問題である。第四は、以上の観点から析出される保護義務と不法行為法上の義務の関係であり、契約責任と不法行為責任の限界づけにも関わる。

一　保護義務の構成（給付関係と保護関係の峻別可能性）

ドイツの「統一的法定保護義務関係」論及びわが国の峻別徹底説は、給付関係（契約債務関係＝給付義務）と保護関係（信頼関係＝保護義務）を給付利益と完全性利益という保護対象の相違から分断させて捉える。そして、保護義務は、必ずしも合意に基づくものではなく、法秩序により認められる（信義則を媒介として確定される）義務として理解する。ただし、ドイツ（「統一的法定保護義務関係」論）においては、保護義務違反を契約責任と不法行為責任の中間に位置する「第三責任」として捉えられるのに対して、わが国ではあくまで契約責任が妥当するものとして捉える傾向にある。したがって、保護義務の構成としては、給付関係から分断された信頼関係において位置づけるのか、あるいは給付関係において保護義務の契約義務性を積極的に認めていくのか、という違いが出てくる。

問題は、契約義務構造における保護義務の位置づけである。このことは、給付利益と完全性利益という義務の目的方向性の相違をどこまで強調するかに関わってくる。契約義務論からは、およそ給付利益ないし履行利益に向けられる義務として、主・従の給付義務と付随的義務が解明されてきており、このような給付結果の実現に結びつけられた義務群から保護義務は排除されるのか否かという形で問題となる。この点で、ドイツの「統一的法定保護義務関係」論においても、給付義務と保護義務の区分規準は必ずしも明確ではなく、給付義務としての性質を有する保護義務の存在も承認するようでもある。また、保護義務の内容という観点からは、消極的なもののみならず積極的な行為態様も含み得ることから、保護義務は給付利益・完全性利益のいずれの方向にも向けられることにもなる。(1)

したがって、「統一的法定保護義務関係」論に対する批判説も指摘するように、義務の目的方向性を強調するだけでは保護義務の存在意義は明確にはならない。この点、保護義務領域の限定化を主張する見解は、給付結果や契約目的に結びつけられた義務群との関係を明らかにする意味で妥当な方向性を提示していると考える。また、不法行為法上の義務との限界を探る意味でも有益である。保護義務領域の限定化としては、第一に、給付義務たる保護義務の存在が表明されている。これは、信義則あるいは合理的意思解釈を通して完全性利益が給付利益に取り込まれる契約類型を析出する見解である。第二に、給付義務違反の存する場合と存しない場合における完全性利益侵害が分析されており、保護義務の不履行形態をめぐる検討が必要となる。いずれにせよ、給付関係と保護関係の峻別という見地から、保護義務内部における峻別の是非を論ずべき方向へ向かう。

二　保護義務領域の明確化

前述したように、保護義務の属性及び保護義務違反（契約責任）と不法行為責任の限界を探る上で、保護義務の機能領域を限定する理論動向に注目できる。

第一は、完全性利益が給付利益に取り込まれる場合のあることが肯定され、主たる給付義務ないし従たる給付義務としての性質を有する保護義務が析出される。ドイツにおいて、「統一的法定保護義務関係」論とその批判説のいずれにもこのような傾向がみられ、わが国においても、今日、有力である。そこでは、雇用、寄託、警備、運送、医療契約など、完全性利益の保護が要請される契約がここに位置づけられている。このように、給付義務たる保護義務を観念できる契約類型の析出という作業は、積極的に展開されるべきである。これまでの債務構造論もしくは義務論的アプローチは、主に財産権譲渡型（売買型）契約を対象として展開されてきたものだといえ、近時、医療過誤や安全配慮義務違反事例にみられるように、とりわけ役務提供型契約が問題とされることから、そこでの理論的深化が進められるべきである。

第二は、第一とは別の観点から、不履行形態（侵害態様）に着目し、給付義務の不履行が存しない場面での保護義務違反を問題とする動向である。ドイツにあっては、例えば、エマリッヒ（*Emmerich*）は、売買、賃貸借、請負といった主要な契約類型における「給付目的物（給付行為）の瑕疵による拡大損害事例」を給付義務違反として根拠づけ、保護義務は給付義務違反の存しない場面でのみ問題とされており、アイケ・シュミット（*Eike Schmidt*）やメディクス（*Medicus*）などの見解にも同様の傾向がみられる。これに対し、わが国では、義務の目的方向性を強調することにより、完全性利益侵害はすべて保護義務により根拠づける傾向にある。しかし、完全性利益侵害をめぐる契約責任構造は、保護義務の目的方向性に着目するだけでは不十分であり、その不履行が具体的に契約債務関係のいかなる場面において生じ、債権者のいかなる法益がどのように侵害されたのか、また、そこでは給付義務との関連性をどのように評価できるのかを、類型的に確定する作業を通して解明されるものだと考える。その意味でも、保護義務の不履行形態（侵害態様）に即した分析が不可欠となる。

そこで、積極的債権侵害・不完全履行論からは、保護義務違反が問題となり得る場面として、およそ①「給付義務の不履行の結果として完全性利益が侵害される場合」、②「給付義務の不履行はないがその履行に際して完全性利益が侵害される場合」、③「給付義務と何ら関連性がない場合」を析出できる。①は、具体的に「給付目的物（与える債務）または給付行為（なす債務）の瑕疵による拡大損害」あるいは「給付の欠如（履行遅滞・履行不能）による拡大損害」として捉えられる。ここでは、給付義務違反（給付結果の不実現）と保護義務違反（完全性利益侵害）が併存しており、給付義務により根拠づけられるのか、あるいは被侵害利益により両義務の射程を画定することが妥当なのか、検討を要する。②は、一般に「給付する際に必要な注意を怠る場合」（我妻説）として捉えられており、③は給付義務履行とは無関係に生じ得る完全性利益侵害である。これら②・③の場面は、保護義務違反のみが問題となり得るが、さらに給付結果ないし契約目的の不実現が生じる場合も考えられよう(2)。②・③の場面は、保護義務がもっとも効果を発揮する場面であるといえるが、同時に、不法行為との限界領域としても問題となり、その契約義務性についてもっとも問題性を有する場面である。

三　保護義務の存立基盤

保護義務の存立根拠とされる契約当事者間の特別結合・信頼関係をどのように理解すべきかは、特に保護義務と不法行為法上の義務との異同、及び不法行為責任との限界づけを解明する上で重要な観点となる。ハンス・シュトル（*Hans Stoll*）、ウルリッヒ・フーバー（*Ulrich Huber*）に代表される不法行為責任説は、保護義務論者が保護義務の発生根拠とする当事者間の接触により始まる信頼関係の曖昧さに問題性を見出したものとみることも可能である。しかも、それは、保護義務論者においても、保護義務と不法行為法上の義務との同質性を肯定する傾向にあるということにも起因するようにも思われる。

ここでの当事者間の特別結合・信頼関係とは、法律行為的ないし取引的接触場面として理解されている(3)。これは、論者により程度の差はあるものの、保護義務違反に対し契約責任規範も妥当させるために、保護義務を法律行為と関連づけて位置づけていくべきである、との考えに拠るものである。問題は、保護義務の存立する法律行為的ないし取引的接触とはいかなる意味を有するのか、また、これが妥当する限界をどうみるかである。つまり、保護義務の機能領域如何に関わり、不法行為との境界を接する義務のどこまでを契約法の領域に取り込むべきなのかという限界づけに関わる。

この点、わが国では、保護義務違反を契約責任構成するに際し、履行行為ないし履行過程との関連から不法行為責任と限界づけようとする見解（林・潮見説など）がみられる。ここからは、契約当事者間で生じた損害であっても、契約に基づく給付とは無関係に生じた事態については、契約関係が単に不法行為をなす機会を提供したにすぎないことから、不法行為責任が生じるに留まるとされる(4)。しかし、例えば、林説は、完全性利益の保護に向けられる附随的義務（＝保護義務）違反を債務不履行とするには何らかの意味で履行行為広くは履行過程に関連する必要があるとして、不完全履行のように給付義務に近いものと、債務関係は欠くがそれに近い特殊な法的結合関係の中に存する保護義務を析出するという拡がりを認めるときには、不法行為責任との限界づけについてなお問題が残る。そして、潮見説により、履行過程の中で保護義務の段階的構造が検討されるに至り、当事者間の取引的接触の中で保護義務の妥当する範囲がかなり鮮明にされたといえようが、さらに他の要因（例えば、契約類型、当事者の属性、給付目的の種類、具体的な取引内容など）を考慮することも検討されてよい。なお、前述した保護義務の不履行形態の分析からは、とりわけ保護義務違反のみが存する完全性利益侵害場面が問題となる。

四　不法行為法上の義務との関係

完全性利益侵害場面は、被侵害利益という観点からは不法行為責任と異なるところがないことから、保護義務と不法行為法上の義務の関係が問題となる。特にドイツでは、不法行為法の不備を回避するために契約責任の拡大ないし保護義務論が展開されたこともあって、保護義務は不法行為法領域で発展してきた「社会生活上の義務（社会生活保安義務）」に他ならないとの見解が有力に主張された（もっとも、新債務法においては両義務の峻別は一応明らかにされた）。わが国においても、保護法益の観点から、完全性利益侵害の不法行為責任構成が主張されている。

これに対し、保護義務論者においては、保護義務と不法行為法上の義務の異同に関し見解が分かれている。両者の同質性を主張する見解も有力ではあるが、義務の程度が、保護義務では「社会生活上の義務」よりも高められたものになっているとする見解がある。カナーリス（*Canaris*）は、保護義務が法律行為的ないし取引的接触の中に存するものとして不法行為法上の義務と区別され、ティーレ（*Thiele*）にあっては、保護義務が特定人間の特別結合を前提とすることから、その内容において不法行為法上の義務よりも高められた配慮が要求されることを強調する。また、ラーレンツ（*Larenz*）、メディクス（*Medicus*）も、保護義務が給付関係と連動するものだとする限りでは、同じく相違を認めることになろう。

わが国においても見解が分かれる。一応、保護義務と不法行為法上の義務（一般的不可侵義務）の同質性を認めながらも、保護義務違反は一般私人間とは異なった取引関係における侵害であることを理由に、契約的保護が妥当するとされ（北川説）、また、保護義務の内容は消極的内容に尽きるものではなく、積極的義務をも含み得ることから、両者の相違に言及する見解（奥田説）がある。これに対し、あくまで両義務の相違を正面から論じる見解もみられ、潮見説は、保護義務は特定人間において設定され、その範囲は限定的であること、内容的にも不法行為法上の義務よりも高度化されることを強調する。

以上から、保護義務と不法行為法上の義務の異同を考える際に留意すべき観点が浮き彫りにされよう。保護義務は、一般私人間においてではなく契約当事者たる特定人間において設定されるものであり、給付結果・契約目的の実現へ向かう特別結合・信頼関係の中で機能していること、したがって、保護義務は内容及び程度において不法行為法上の義務よりも高められる可能性がある、といった点をどう評価すべきかである。わが国においても、ドイツにおけるような「社会生活上の義務」なるものが明らかにされ、それはある程度限定された範囲にある当事者間で設定される義務であるとみれば、保護義務との相違はほとんど認められないことにもなる。(5) また、不法行為責任が追及される場合には、抽象的な一般人の注意義務が規準となるのではなく、責任が追及される当事者の職業・地位等を有する一般人に要求される注意義務が規準とされることから、裁判例においても、契約関係にある当事者間で不法行為責任が追及され、契約責任と不法行為責任が競合する場合には、実際上は両者の違いはほとんど認められない、との指摘もある。(6) 果たして、契約関係において不法行為法上の義務とは異なる保護義務の独自性を認めることができるのか、また、ある特定の範囲において保護義務の特質が認められることになるのか、あるいは、最終的には両義務が同一規準により収束されることになるのかが問題となる。

(1)　例えば、給付目的物の用法説明について指摘されている（カナーリス（*canaris*）の見解、奥田説など）。また、保護義務が給付利益の保護へも向けられる例として、自動車修理工場の修理のために預かった自動車を盗難から保護すべき義務も挙げられる（ハインリッヒス（*Heinrichs*）の見解）。

(2)　例えば、北川善太郎「債務不履行の構造とシステム」法学論叢一一六巻一―六号（一九八五）二四一頁（下森定編『安全配慮義務法理の形成と展開』（日本評論社、一九八八）所収）は、「売買の目的物たる附属機械を搬入据え付けたが、その作業中、メインになる設備をこわし機械が使えなくなってしまった」という事例を挙げる。

(3)　例えば、カナーリス（*Canaris*）、アイケ・シュミット（*Eike Schmidt*）の見解、わが国においても松坂、奥田説において同様の傾向がみられる。なお、ティーレ（*Thiele*）は、何らかの事実的結合があれば保護義務が肯定されるとするが、当事者間の目的的接触の中で捉える点で不法行為責任と限界づけるようである。

（4）前述の北川説を参照。また、潮見説では(4)段階の保護義務とされ、四宮説では「逸脱行為による場合」となり、不法行為により処理される。なお、滝沢聿代「安全配慮義務の位置づけ」星野英一＝森島昭夫編『加藤古稀・現代社会と民法学の動向上』（有斐閣、一九九三）三〇〇頁は、契約責任構成の可能性を認める。

（5）潮見佳男『契約規範の構造と展開』（有斐閣、一九九一）一五三頁以下は、特別の関係にある当事者間で相対的に設定される不法行為法上の「安全義務」を析出し、保護義務との相違を説く。

（6）半田吉信「契約責任と不法行為責任の交錯」前田達明編代『奥田還暦・民事法理論の諸問題　上巻』（成文堂、一九九三）三九一頁以下。

第三章　完全性利益侵害事例と契約責任構成
――裁判例の傾向分析――

第一節　緒　論

ここまで、完全性利益保護義務をめぐる理論状況について検討した。そこでは、前述したように、完全性利益侵害に対する契約責任構造を理解する上で留意されるべき論点として、給付関係と保護関係の峻別可能性、保護義務の機能領域、その存立根拠と不法行為法上の義務との関係などが問題となり得る。

学説においては、完全性利益侵害に対する帰責根拠を保護義務に求める傾向にある。ただし、給付義務との関連性をどのように捉えるかについては議論がある。そこで、保護義務も契約規範の適用に服すると解する立場からは、保護義務を契約上の義務としてどのように位置づけるべきか、契約債務関係の枠内に取り込むべき論拠が問題となる。そして、そのような検討の中で、保護義務の存立根拠及びその機能領域の限界づけが図られるべきである。学説は、給付利益（給付結果）と完全性利益という義務の目的方向性の相違を強調するが、具体的な侵害態様においては給付義務と保護義務の区分規準は明確ではなく、また、保護義務の内容も、消極的なものに尽きず損害の発生を防止すべき積極的な行為も含み得るとみると、義務の目的方向性を強調するだけでは保護義務の存在意義は明らかにはされない。したがって、不履行が契約関係のいかなる場面で生じ、債権者のいかなる法益がどのようにして侵害されたのか、また、そこでは給付義務との関連性をどう評価できるのかを類型的に確定する作業が必要となる。

そこで、以下では、裁判例を素材にして、具体的な契約関係の中で完全性利益侵害をどのように契約責任構成してきたのかについて分析・検討を加えたい。その際、学説理論から析出された問題点と対応させる意味から、各事例で問題とされる侵害態様（不履行形態）において帰責根拠としていかなる義務（被違反義務）の存在が説かれ、その義務は当該契約関係におけるいかなる事情から導き出されるものなのか、といった義務設定の根拠、また、被違反義務の具体的内容や他の契約義務との関係といった観点に着目したい。

これらの観点の理解は、それぞれの契約関係の特質により異なることから、諸契約をいくつかに類型化する必要があろう。そこで、本稿では、取引形態あるいはその機能的見地から、とりあえず財産権譲渡（売買・供給）型契約、財産権利用（貸借）型契約、役務（サービス）提供型契約に分類した上で整理する。[1] なお、以下では、完全性利益侵害に対する契約責任肯定例を中心にみていくことにする。

（1）　本稿の分類は、基本的には奥田昌道編『注釈民法（10）』（有斐閣、一九八七）三四三頁以下（北川善太郎執筆）に拠る。なお、今日、教科書レベルでも、非典型契約も含め契約を贈与・売買といった「財産権譲渡・移転型契約」、賃貸借を中心とした「財産権利用・貸借型契約」、さらに「役務提供契約」に類型化して捉える傾向がみられる（本書第五章第三節参照）。

第二節　財産権譲渡（売買・供給）型契約

一　はじめに

これまでの契約責任論、とりわけ保護義務論は、主に財産権譲渡型契約を対象にして展開されてきたといえる。以下では、売買契約を中心に二二件の裁判例を挙げるが、中でも欠陥商品事故事例が多くを占める。そこでは、具体的な侵害態様は同様であっても、被違反義務の捉え方は事例により異なっており、判例理論の動向も流動的である。学説においても諸説が林立し未だ帰一するところを知らない状況にあることからみて、裁判例においても混乱があるように思われる。

なお、製造販売業者については、今日、製造物責任法により欠陥責任（無過失責任）が適用され、債務不履行責任を論じる意義は乏しい。もっとも、時効の点ではなお債務不履行責任の適用も考えられるであろう。製造業者ではない販売業者については、債務不履行責任の問題となる。

二　事例の概要

【一】前橋地高崎支判昭四七・五・二判時六八七・八八

〔事実〕　Xは、ガスレンジメーカーYより営業用ガスレンジを購入し調理場に設置したが、ガスレンジ背後から出火しXら所有の家屋、家財を焼損したことから、Yに対し焼失建物、休業補償等の損害賠償を請求した。

〔判旨〕「営業用ガスレンジという火力を使用する危険な製品の製造納入をするメーカーは、製品の納入に際しその安全な使用法を十分に指示説明すべき契約上の義務を負い、これをしなかった場合には、よって生じた損害につき債務不履行（不完全履行）責任を負担する」として、Xの請求を一部認容した。

【二】東京地判昭四七・三・一一判時六七九・二六（東京高判昭四八・四・二六判時七〇六・八一（控訴審））

〔事実〕商品の輸入販売業者X（被控訴人）は、製造業者Y（控訴人）よりサインペンを購入し販売したが、これが偽造商品でA社の商標権を侵害したため、Aに支払った示談金とその関係費用の賠償をYに請求した（Yは、信用状を第三者に譲渡したことにより売主の地位から脱退したとして、債務不履行責任はないと主張）。

〔判旨〕「信用状の譲受人において債務の本旨にしたがわない不完全給付をした場合には、受益者はあたかも履行補助者が不完全給付をした場合と同様に、売主としての責任が具体的に発生するものと解する」として、Xの請求を一部認容した。

【三】岐阜地大垣支判昭四八・一二・二七判時七二五・一九

〔事実〕小売業者から買った卵豆腐がサルモネラ菌に汚染されていたため、これを食した買主及びその家族等が食中毒に罹り、うち二名が死亡したことから、Xら（買主とその家族、死者の両親）がYら（製造業者、小売業者、卸売業者）に対し逸失利益、治療費等の損害賠償を請求した。

〔判旨〕小売業者について、「売買契約の売主は、買主に対し、単に、売買の目的を交付するという基本的な給付義務を負っているだけでなく、信義則上、これに付随して、買主の生命・身体・財産上の法益を害しないよう配慮すべき注意義務を負って」おり、「食品販売業者は、消費者より多くの安全性確認・確保の措置を直接若しくは卸売業者を通じて製造業者に対してとり得る立場にあり、食品販売を業としてそれによって収益を挙げているのだから、食品販売業者は売主として、買主の生命・身体・財産上の法益を害しないよう食品の安全性確認確保の極めて高度の注意義務を負」うとして、Xらの請求を一部認容した。

【四】高知地判昭五一・一・一九判時八一九・八三

〔事実〕　Xは、肥料販売業者Yより肥料設計をしてもらった上で肥料を購入したところ、肥料から発生したガスにより作物の収穫が皆無となったとして、Yに対し損害賠償を請求した。

〔判旨〕　肥料設計が、「肥料販売のためのサービス（無料という意味で）としてなされたものであったとしても、右教示した内容に誤りないしは相当でない部分がある場合においては、Yには過失ありとして法的責任を負担しなければならない」として、Xの請求を一部認容した（過失相殺三割）。

【五】神戸地判昭五三・八・三〇判時九一七・一〇三（大阪高判昭五四・九・二一判時九五二・六九（控訴審）、最一小判昭五八・一〇・二〇民集三七・八・一一四八（上告審））

〔事実〕　X（被控訴人・被上告人）は、バトミントンの遊戯中ラケットの柄が抜けて飛び出し受傷したことから、Yら（ラケットを公売した国（控訴人・上告人）、これを買い受け販売した業者）に対し、治療費等の損害賠償を請求した。

〔判旨〕　販売業者については、「一般に、売主は、売買契約上買主に対して、売買の目的物を交付するという基本的給付義務に付随して、買主の生命、身体財産上の法益を侵害しないよう配慮すべき義務を負って」おり、この安全配慮義務として「他人の生命、身体、財産上の法益を侵害する虞れのあることを予想し、販売を中止するか、その欠陥を補うため、加工し使用方法を限定するなど適切な措置をとるべき義務があった」として、Xの請求を一部認容した。

【六】高松地判昭五五・一一・二八判時一〇一五・一〇九

〔事実〕　Xは、ダイヤモンドカッターで石材を切断中、ダイヤモンドの歯が折損、飛散して右眼を負傷したことから、その製造販売業者Yに対し、治療費、逸失利益等の損害賠償を請求した。

〔判旨〕「カッターを使用する者等の生命身体に危害を加えるおそれのあることは十分に予想されるのであるから、右のような本件カッターを製造販売するYとしては、完全な欠陥のない溶接をするように努めると共に、完成品の品質検査を十分にして、右で述べたような欠陥のない完成品を販売すべき売買契約上の債務を買主に対して負担しているというべきである」として、Xの請求を一部認容した（過失相殺二割）。

【七】京都地判昭五六・一二・一四判タ四七〇・一五四

〔事実〕　Xは、炊事場のガス元栓を誤って開栓したところプロパンガスが爆発して受傷し、家屋の一部が損壊したことから、ガス供給業者Y_1と保安点検員Y_2に対し、家屋の修繕費、治療費等の損害賠償を請求した。

〔判旨〕「Y_1はプロパンガス供給契約に伴う義務として受給者に対して安全を確保すべき義務があり、Y_2はY_1から委託された者として、また自らも保安点検員としてより確実にプロパンガス使用者の使用状況を実地に点検し安全を確保すべき義務がある」として、Y_1（民法四一五条）とY_2（民法七〇九条）の責任を肯定し、Xの請求を一部認容した（過失相殺三割）。

【八】高知地判昭五九・五・一五判時一一四〇・一二八

〔事実〕　養鰻業者Xは、養鰻を池から他所へ移動させるベンドロータリーポンプの製造販売業者Y_1とその販売代理店Y_2との間で、ポンプによる養鰻の搬送試験を行い結果が良ければ購入するとの契約を締結し、搬送試験中多量の養鰻が死傷したことから、Yらに対し、得べかりし利益の損害賠償を請求した。

〔判旨〕「一般にいわゆる試験売買において、当該商品の実演の結果損害が発生した場合において、売主側がどのような責任を負うかは、もとより一概にはいえず、当該契約において売主側がどこまでの義務を負担したといえるかという契約の解釈にかかわる問題である。……Yらは Xに対し、本件契約に際し、養鰻を『無傷』で搬送することを、黙示に諾約したものというべきである」として、Xの請求を一部認容した（過失相殺三割）。

【九】大阪地判昭六一・二・一四判時一一九六・一三二

〔事実〕　アーチェリー（玩具）の卸売業者Xは、アーチェリーで遊戯中に矢の先端がはずれ受傷した者に対し損害賠償金を支払い、また、売却済み商品の回収等による損害を被ったとして、製造業者Yに対してその賠償を請求した。

〔判旨〕　本件アーチェリーの矢は、「幼児の使用に際しての安全性を欠いていたと解するのが相当である。そして、Yが本件売買契約上Xに対し幼児の使用に際し安全な構造を有する製品を納付すべき債務を負っていた」として、Xの請求を一部認容した（過失相殺四割）。

【一〇】神戸地判昭六一・九・三判時一二三八・一一八

〔事実〕　Xは、Yより建売住宅をその敷地と共に購入したが、地盤及び基礎工事の欠陥による不当沈下が生じ建物が損傷したことから、Yに対し、取壊し建替え費用等の損害賠償を請求した。

〔判旨〕　「（宅建）業者が一般消費者に対し新築住宅として建物を売却する場合、明示の特約がなくとも、瑕疵なき（すなわち、通常有すべき品質、性能を備えた）建物を給付すべき債務、従ってまた、給付した当該建物に瑕疵がある場合にはこれを修補すべき債務を負う」として、Xの請求を一部認容した。

【一一】東京高判昭六一・九・二五判時一二一一・五二

〔事実〕　Xら（控訴人）は、ブタンガス消費設備の欠陥によりガスが漏洩、噴出して賃借建物が焼失し、借家権及び営業上の損害を被ったとして、ガス供給業者Y（被控訴人）に対し損害賠償を請求した。

〔判旨〕　「高圧ガスホースを含む本件ガス消費設備は専らYにおいて保守、管理に当たっていたのであるから、右ガスホースを点検し、劣化したゴムホースを適切な時期に新しいものと取り替えることもYの契約の義務」であるとして、Xの請求を認容した。

【一二】浦和地判平元・八・三〇判タ七二一・一九五

〔事実〕　Xは、自ら所有する中古乗用車を走行中に出火により乗用車とこれに積載していた現金及び動産類が焼失したことから、Yら（販売業者・点検業者）に対し損害賠償を請求した。

〔判旨〕　Yらはフォグランプの取付け、及びその配線上の誤りを発見し修理すべき債務の不履行があるとして、Xの請求を一部認容した。

【一三】東京地判平二・二・二三判時一三六四・四五

〔事実〕　暖房機を製造販売するXは、暖房機のスイッチ部分からの出火によりスイッチの取替えを余儀なくされたことから、スイッチを納入したYに対しその取替え費用等の損害賠償を請求した。

〔判旨〕　本件スイッチの欠陥により火災が発生したことから、「YはXに対し契約の本旨に適合した履行をしたとはいえない」として、Xの請求を認容した。

【一四】横浜地判平三・三・二六判時一三九〇・一二一

〔事実〕　Xらは、Y経営の店舗内のペットショップAから購入し飼育していたインコがオウム病に感染しており、Xらがオウム病に罹患しうち一名が死亡したことから、Yに対し逸失利益等の損害賠償を請求した。

〔判旨〕　「一般に、売買契約の売主は、買主に対し、売買の目的物を交付するという基本的な給付義務を負う他に、信義則上、これに付随して、買主の生命、身体、財産上の法益を害しないように配慮すべき注意義務を負う」として、Aに債務不履行責任（積極的債権侵害ないし不完全履行による責任）があるとした上で、Yの責任（旧商法二三条（名板貸責任）の類推適用）を認め、Xの請求を一部認容した。

なお、控訴審（東京高判平四・三・一一判時一四一八・一三四）は、YとAとは営業主体の区別が一応講じられていたとしてYの責任を否定したが、上告審（最一小判平七・一一・三〇民集四九・九・二九七二）は、XがAの営業主体をYであると誤認するのもやむを得ない外観が存在したことなどを理由に、原判決を破棄し差し戻した。

【一五】鹿児島地判平三・六・二八判タ七七〇・二一一

〔事実〕　Xは、潜水作業中、潜水用具の空気残量計の欠陥により潜水病に罹患したことから、本件空気残量計の販売業者Yに対し、入院費用、休業損害、後遺障害による逸失利益等の損害賠償を請求した。

〔判旨〕「空気残量計は潜水者の安全な潜水を確保するための命綱ともいうべきものであり、仮にも空気残量計に、設計上の欠陥があったり、本来の作動をしないといった不都合があってはならないものである」として、Xの請求を一部認容した。

【一六】岐阜地高山支判平四・三・一七判時一四四八・一五五

〔事実〕　肉用豚の繁殖飼育業者Xは、Yら（家畜飼料製造・販売業者）から購入した飼料を母豚に与えたところトキソプラズマ病により病死、流産したことから、Yらに対しその損害賠償を請求した。

〔判旨〕　販売業者について、「本件売買契約の売主として、本件商品の給付義務のほか、抽象的には、契約当事者間の信義則上の付随義務として、商品である食肉家畜飼料にトキソプラズマ原虫のごとき病気の原因体が混入しない状態でこれを買主に引き渡すべき注意義務があった」として、Xの請求を一部認容した。

【一七】東京地判平四・五・二六判時一四五八・七一

〔事実〕　Xは、Yからの工業用バルブの購入が遅れたことによりAへの転売ができず、Aに対し賠償金等を支払ったことから、Yに対しその損害賠償を請求した。

〔判旨〕　Yは、自己の債務の履行について履行遅滞の責任を免れないとして、Xの請求を一部認容した。

【一八】浦和地判平五・一二・二七判時一五〇六・一二八

〔事実〕　Xらは、Yよりストーブ用燃料として灯油を注文するところを誤ってガソリンを購入し、石油ストーブに給油し点火したため火災により家屋が焼損したことから、Yに対し焼失家財等の損害賠償を請求した。

〔判旨〕「Yの履行補助者Aには、遅くともポリタンクをマンションのエレベーター内に運び込んだ時点までに、Xが灯油を注文するところを誤ってガソリンの購入を申し込んだのではないかと疑問を持つことは十分可能であり、Aにおいて Xが注文の間違いをしていることに気付き、注文を確認すべき信義則上の付随義務があった」として、Xらの請求を一部認容した（過失相殺八割）。

なお、控訴審（東京高判平六・九・一四判タ八八七・二一八）においても同様の判断がされている。

【一九】東京高判平六・二・二四判タ八五九・二〇三

〔事実〕　X（被控訴人）は、Y（控訴人）から購入した新築マンションに欠陥があり第三者に賃貸できなくなったことから、Yに対し逸失賃料、修理費用等の損害賠償を請求した。

〔判旨〕「本件売買契約は新築マンションを目的としたものであり、同契約には、売主であるYが買主であるXに対し、瑕疵のない建物を引き渡す旨の合意が存在していたことが認められ」、Yには債務不履行責任があるとして、Xの請求を一部認容した（過失相殺一割）。

【二〇】横浜地判平一三・一〇・一五判時一七八四・一一五

〔事実〕　ペットの販売等を業とするXは、Yから、シーズー一匹とマルチーズ一匹の犬を買い受けたが、右マルチーズがパルボウイルスに感染して死亡し、右シーズーがパルボウイルスを発症したほか、他の犬にも感染して死亡するに至った。そこで、Xは、Yに対し、右犬二匹の売買契約を解除した上、売買代金の返還とその他の拡大損害の賠償を請求した。

〔判旨〕「本件マルチーズは、Yのもとにおいて既にパルボに感染していたもので、Yも認める健康で病気に罹患していない動物を売り渡すという売買契約の基本的義務に反していた」として、Xの請求を一部認容した。

【二一】福岡地小倉支判平一四・一〇・二九判時一八〇八・九〇

〔事実〕　XがYより購入した立体駐車場装置の車載台の回転に巻き込まれ発生した死亡事故につき、売主Yが同装置に人的センサの設置のないことをXに告げなかったことなどが原因であるとして、XがYに対し、Xが右事故の被害者の遺族に賠償した金額相当の損害を被ったとしてその賠償を請求した。

〔判旨〕　Yには、「本件装置の危険性とその安全装置であるセンサの内容等について、Xに具体的に説明すべき信義則上の義務があった」が、それに違反したとして、Xの請求を一部認容した（過失相殺三分の二）。

【二二】東京地判平一九・一〇・二九判時二〇〇二・一一六

〔事実〕　カタログ通信販売等を業とするXは、自転車の開発販売等を業とするYより「電動ハイブリッド自転車」を購入し、消費者に「自転車」として販売したが、同自転車は道路交通法所定の原動機付自転車に該当し、公道を走行するためには運転免許やブレーキランプ等の装備が必要であることが判明したため、購入者に対して返品や装備品の無償提供の事後処理を余儀なくされたとして、Yに対し、それらの損害賠償を請求した。

〔判旨〕「Yは、Xに対し、最も重要な使用方法について誤った説明をしたために、Xをして、本来自転車として使用できないにもかかわず公道で自転車として使用することが可能であると誤信させたものと認定することができる。そうすると、Yは、Xに対して、本件商品で必要とされる説明義務を果たしていたと認めることはできず、Yは、Xに対して、不十分な説明をしたと認めるのが相当である」として、Xの請求を一部認容した（過失相殺二割）。

三　事例の分析・検討

ここで挙げた裁判例は、いずれも物の売主または継続的供給業者の責任が肯定されたものであり、各事例間で契約形態による差違はほとんど問題とはならないように思われる。[1]したがって、以下では、裁判例を基本的に売買契約事例として捉え、侵害態様、被違反義務の構成、その存立根拠、具体的内容といった観点から分析・検討を加えたい。

(一)　侵害態様（不履行形態）

給付関係と保護関係の峻別の是非や保護義務の契約義務構造上の位置づけ、さらに、保護義務の機能領域などを理解する前提として、裁判例において問題とされた侵害態様（不履行形態）について整理しておく。

問題とされた完全性利益の侵害場面としては、(1)給付義務の不履行の結果として完全性利益が侵害された場合と、(2)給付義務の不履行はないがその履行に際して完全性利益の侵害に至った場合を析出できる。この点で、学説が主張する不履行形態と異なるところはない。具体的には、(1)では、「給付目的物の瑕疵（欠陥）による拡大損害」事例が多い。[2] いわゆる欠陥商品事故に関する事例であり、【二】【三】【五】【六】【八】【九】【一〇】【一一】【一二】【一三】【一四】【一五】【一六】【一九】【二〇】がこれに該当する。また、売買目的物の瑕疵事例ではないが、同じく給付義務の不履行に関する事例として、【一七】（「給付の欠如（履行遅滞）による拡大損害」事例）がある。これらに対し、(2)の形態に属する事例は、「給付する際に必要な注意の欠如」（我妻説参照）[3] という侵害態様として捉えられ、【一】【四】【七】【一八】【二一】【二二】をここに位置づけることができる。(2)に属する事例においても、結果的に給付目的物自体の瑕疵（欠陥）が問題となるに至ったものも散見されるが、裁判所はいずれも帰責根拠を給付義務以外の被違反義務に求めている。

(二)　被違反義務の構成

次に、以上のような完全性利益侵害に対し契約責任の根拠をいかなる義務（被違反義務）に求めているのかをみる。

「給付目的物の瑕疵（欠陥）」事例では、給付目的物自体の瑕疵に起因する完全性利益の侵害であることから、給付義務履行との関係が問題になる。まず、【二】【六】【八】【九】【一〇】【一二】【一三】【一五】【一九】【二〇】は、いずれも給付義務違反として責任構成し、それと相当因果関係にある損害の賠償責任を肯定する。これに対し、【三】【五】【一一】【一四】【一六】は、給付義務自体ではなく、それに「付随する」注意義務が問題とされている。【三】は、目的物の給付義務とは別に、それに付随する買主の完全性利益の保護のための注意義務を認定し、その違反を積極的債権侵害ないし不完全履行責任（民法四一五条）として位置づけている。そして、このような売主の責任は、単に買主だけではなく、さらに目的物の使用・消費が合理的に予想される買主の家族や同居者に対してもあるとする。[4] 同様の構成は、【五】（給付義務に付随する完全性利益の保護へ向けた安全配慮義務）・【一四】（買主の完全性利益を侵害しないように配慮すべき注意義務）においても採られ、付随義務違反の責任は、商品の使用・消費（ペット商品である場合は飼育）が予想される買主以外の者に対しても生じるとする。【一一】は、ブタンガス供給業者（Y）のガス消費設備の保守管理（ゴムホースの点検、劣化したゴムホースの取り替えを内容とする）を認定し、【一六】も契約当事者間の信義則上の付随義務たる注意義務を認める。

付随義務構成する裁判例については、一応、学説理論（保護義務論）との整合性を肯定できそうではあるが、各事案の捉え方によっては給付義務と付随義務の区分規準は必ずしも明確ではない。保護義務論者は、例えば、【二】【一二】【一三】は、この場合も保護義務構成が妥当だとするが、[5] 判決では給付義務違反とするだけでそれ以上の言及はない。【九】は、事案からは同じく幼児用玩具の欠陥が問題となった【五】と類似しており、売主の責任認定の論拠についても同様の判断がされていることからみて、付随義務構成が可能な事例であるともみられる。同じく給付義務構成する【六】【一〇】【一九】についても、契約内容からは、【六】では完全に欠陥のない製品の製造販売に努めるべく完成品の品質検査義務が認められ、【一〇】【一九】では、新築建物・マンションの瑕疵なき給付義務を認めるに際し、「調査点検義務」（【一〇】）、「瑕疵から生ずる損害防止義務」（【一九】）に言及しており、これらを給付義務とは別個の義務構成をすることも可能な事例であったといえる。また、【八】では、試験売買の性質、当事者の意思解釈に関わり、【一五】でも空気残量計という製品の特質から判断されるが、保護義務との関係が問題とされよう。逆に、付随義務（保護義務）構成をしていると思われる【一一】は、Yがガス消費設備の保守管理にあたることが合意されていたことから、これを給付義務（従たる給付義務）構成することも可能であり、ガスの供給という基本的給付義務の解釈に関わり、両義務の限界事例と目される。さらに、【一六】が認定する契約当事者間の信義則上の付随義務とは、「商品である食肉用家畜飼料にトキソプラズマ原虫のごとき病気の原因体が混入しない状態でこれを買主に引き渡すべき注意義務」と解しており、基本的給付義務の内容・程度に関する判断であると捉えることもできる。同様に、【一四】では、給付義務とは別に、それに付随する買主の完全性利益を保護すべき注意義務を認めるが、同じくペットの瑕疵に関する【二〇】では、完全性利益の保護を給付義務の中で考慮する。このように、同じく「給付目的物の瑕疵」事例でありながら、被違反義務の捉え方自体一致してはいない。

これに対し、給付義務の履行に際して完全性利益が侵害される場合（前述の「給付する際に必要な注意の欠如」という侵害態様）においては、一応、給付義務と区別された義務違反を根拠に責任構成されている。この点で、学説理論と整合するように思われる。ここでは、売買目的物自体の瑕疵（欠陥）は問題とはされておらず、目的物の危険性や使用方法に関する説明義務（【一】（危険性を有する製品の用法説明義務違反）、【四】（肥料の配合割合や施肥量に関する教示義務違反）、【二一】（製品の危険性とその回避手段に関する説明義務違反）、【二二】（製品の使用方法に関する説明義務違反））、プロパンガス受給者に対する安全確保義務（【七】）が問題とされた。【一八】は、買主が誤注文により購入したガソリンを石油ストーブに給油したため発火し、家財等を焼失するに至った事例である。本件のような火災事故では、不法行為責任を問うにしても「失火ノ責任ニ関スル法律」（以下では、単に「失火責任法」と称する）が壁となり、損害賠償責任を引き出すことが不可能な場合も出てくる。買主が誤ってガソリンを購入した本件においても、売主側の過失を重過失として認定することが不可能となる結果、そこで構成されたのが「売買契約に付随する義務」であり、これによって売主側に債務不履行に基づく損害賠償責任を肯定したところに特徴がある。そして、本判決では、ガソリンのような発火性の強い危険物を販売する者は、その注文が誤注文であることを看取できるような場合には、その注文を確認し、誤注文による被害の発生を防止するように努めることが売買契約に付随する義務であるとする。そして、火災による損害を付随義務違反と相当因果関係にある通常損害として認定する。

(三)　被違反義務の存立根拠

以下では、裁判例において帰責根拠とされる被違反義務は、当該契約から直接に導き出されるものなのか、あるいは、契約関係におけるいかなる事情から認められるのか、という観点から分析したい。

1　「給付目的物の瑕疵（欠陥）による拡大損害」事例

「給付目的物の瑕疵」事例については、目的物の瑕疵に起因する（その意味では給付結果自体が不完全である）完全性利益侵害であり、契約責任を肯定することについては異論はないと思われるが、ここで帰責根拠とされる義務は、前述したように、給付義務またはそれとは別の付随義務に分かれる。【三】【五】【一一】【一四】【一六】では、「付随義務（注意義務）」「安全配慮義務」「保守管理義務」が認められ、保護義務論との関係に注目できる。【三】は、売買の目的たる「食品の安全性は、直ちに人間の生命・健康に影響を及ぼすもので極めて重大である」こと、「消費者は、この安全性を確かめる適当な手段を持たず、食品販売業者である売主を信頼し、食品を安全であると信じて買う外ないのに対し、食品販売業者は、消費者よりも多くの安全性確認・確保の措置を直接若しくは卸売業者を通じて製造業者等に対してとり得る立場にある」ことを付随義務存立の根拠とする。(6) つまり、食品という「給付目的物の特質」、及び損害の防止へ向けていずれの当事者が専門的知識・技術を有するのかといった「当事者の属性」が重視される。(7)【五】では、目的物が「幼児用の玩具」であること、販売業者は「危険性を防止しうる立場にあったこと」(場合によっては販売を中止するか、その欠陥を補うため加工し使用方法を限定するなどの措置をとり得ること)を強調する。(8)同じく【一四】は、完全性利益の保護に配慮すべき注意義務の内容・程度について、「売買の目的となった動物の種類、その動物が人間に対してもたらすおそれのある害悪の内容およびその防止方法、売主と買主それぞれが有し得る右害悪についての認識および防止手段の程度など諸般の事情を総合的に考慮してこれを決すべき」だとして、給付目的物の特質、危険性、その防止方法、当事者の属性が詳細に論じられる。(9)【一六】も、Y(販売業者)は常に付随義務を負うものではないが、本件では製造業者とともに製造・販売の過程で生じた商品の瑕疵につき責任を負う立場にあり、製造業者に対して欠陥のないよう指示・監督できる立場にあったことを付随義務の存立根拠とする。本件では、Yは単なる流通業者ではなく、総発売元として、本件商品の製造・販売の過程に包括的に関与し得る立場にあったものとする。また、【一一】でも、ブタンガスの危険性が根拠となり得るが、前述したように、合意内容からは保守管理義務の付随義務を承認する必要は必ずしもないように思われる。

以上からは、裁判例において問題となる付随義務なるものは、財産権譲渡型契約(売買)に基づくことから直ちに導き出されるものではなく、当該契約関係をめぐる諸事情、すなわち、給付目的物の種類・性質、その瑕疵(欠陥)から生じ得る危険性の度合や被害内容と買主(消費者)保護の必要性、また、責任ありとされた者が瑕疵を防止し得る立場にあったのか否かという当事者の立場の相違、さらには、商品流通過程の実態などの諸観点から導き出されるものであるといえる。

このことは、同じ侵害態様に対して帰責根拠を給付義務に求める裁判例においてもいえることである。【六】

【九】【一五】【二〇】は、Yの瑕疵なき目的物の給付義務を認めるに際し、目的物の危険性やYがその危険を防止し得る立場にいたことを根拠にしており、付随義務構成する裁判例と同様の傾向が認められる。また、【一〇】【一九】も、Yは建物・マンションの販売業者として瑕疵を除去し得る立場にあったことを強調する。これらは、先に指摘したように、付随義務構成することも可能な事案である。ここでは、目的物の瑕疵から生じ得る危険性を防止すべき品質検査、調査、点検等が、給付義務の中で包括して捉えられているとみることもできる。

このように、目的物の瑕疵事例においては、給付義務構成と付随義務構成に分かれるが、いずれにおいても学説理論がいう保護義務がどこまで妥当するのかが問題となる。付随義務構成する裁判例も、給付義務から完全に分断された付随義務を観念するものではなく、あくまで給付義務に対する「付随」性に固執している。しかも、そこでは完全性利益の侵害のみならず目的物の瑕疵という給付利益（給付結果）の侵害も存することから、給付関係と保護関係の峻別可能性が改めて問題となろう。[10]

2　「給付する際に必要な注意の欠如」事例

給付義務の履行に際して完全性利益の侵害が問題とされた裁判例（【一】【四】【七】【一八】【二一】【二二】）は、いずれも給付目的物自体の侵害は存しないといえることから、一応、給付義務とは別の義務（説明義務、教示義務、安全確保義務、付随義務）違反を根拠に責任構成する。【一】では、営業用ガスレンジは危険性を伴う製品であり、しかもYはそれを製造販売するメーカーであるから、用法説明義務が課されるとし、【四】では、肥料からのガス発生についてYが予見しXに説明すべき立場にあったこと、【七】【二一】【二二】も、商品の危険性、当事者の立場の相違、具体的な契約内容といったことが根拠とされている。【一八】は、Yには、ガソリン販売業者としてXの誤注文を看取できる場合にはこれを確認すべき付随義務があったことを認定し、それを根拠に債務不履行責任を肯定する。そして、付随義務の存立根拠について、Xの注文方法や言動等から、YがXの誤注文に気づき、そこから生じる被害の発生を防止し得る立場にあったことを詳細に認定している。(11)

以上からは、目的物の瑕疵事例に関して給付義務構成を採る裁判例との違いはないといえる。ただし、ここでの完全性利益侵害は給付義務履行と関連して生じているものの、給付目的物自体には瑕疵はなく（その意味で給付義務違反は問題とはならず）、あくまで完全性利益の保護へ向けられる義務が問題となるものと解することができる。したがって、保護義務を認定することが容易な事例だといえる。【一八】では、専らXの完全性利益侵害が問題とされてはいるが、それは灯油と誤ってガソリンを購入したことに起因することから、給付目的物自体の侵害にも至っていると捉えることも可能かもしれない。しかし、本判決では、付随義務を直接の根拠に責任構成しており、また、その内容として「誤注文による被害の発生を防止するように努める」という点を強調し、あくまでXの完全性利益の保護へ向けられる義務を観念する。したがって、その付随義務は、学説が称する保護義務が具体化されたものと解される。(12)

(四)　被違反義務の内容・目的方向性など

一応、給付義務とは別の義務を設定して責任構成する裁判例にあっては、当該契約に基づき商品の安全性の確保、教示（警告指導）、用法説明、品質検査、保守管理、調査点検といった、商品の危険性を除去し、被害の発生を防止すべき積極的行為内容が付与されているものとみられる。(13)不法行為法上の義務との関係を考える上で留意されるべき観点である。

そして、義務の目的方向性については、目的物の瑕疵事例において付随義務構成する裁判例は、いずれも完全性利益侵害のみを問題とするが、そこでは給付目的物の瑕疵という給付利益の侵害（給付結果の不完全）も存しており、これをどのように評価すべきかが問題となる。これに対し、給付義務の履行に際して完全性利益が侵害された事例においては、給付義務とは別の完全性利益の保持へ向けられた義務を構成することが可能である。このような傾向は、特に給付関係と保護関係の峻別可能性をめぐり、学説理論（保護義務論）の妥当性ないしその限界を探る上で問題となる点である。

四　小　括

以上、財産権譲渡型契約（売買）における完全性利益の侵害態様、そこでの帰責根拠たる被違反義務の構成、その存立根拠・内容といった諸観点から、これまでの裁判例の傾向分析を行った。

完全性利益の侵害場面としては、給付義務の不履行がある場合（「給付目的物の瑕疵（欠陥）」「給付の欠如」事例）とない場合（「給付する際に必要な注意の欠如」事例）に整理できるが、前者にあっては、その帰責根拠を給付義務に求めるものと、それとは別の付随義務に求めるものとに分かれており、責任構成は一致しない。これは、給付目的物の侵害のみならず、完全性利益侵害に対する帰責根拠として付随義務に着目した結果だといえるであろうし、学説（契約義務論）の影響によるものとも思われる（裁判例としては昭和四〇年代後半から付随義務構成が浮上する）。これに対し、給付義務の不履行がない場合は、完全性利益侵害に対する責任構成のみが問題となるにすぎない。

そこで、これらの完全性利益侵害場面において帰責根拠としていかなる被違反義務が妥当し、給付義務との関係をどのように評価できるのかをまず明らかにする必要がある。その上で、学説理論から導き出された保護義務との関係が問われるとともに、不法行為法上の義務との同質性及び限界づけについて検討されねばならないであろう。

（1）　例えば、【一】【一三】は製作物供給契約に関する事例であるが、判決は売買に関する規定を適用すべきものとする。

（2）　売買目的物の瑕疵に起因する拡大損害については、瑕疵担保責任（民法五七〇条）との関係も問題となるが、この点は後に検討を加えたい（本書第五章第一節参照）。

なお、平野克明「欠陥商品に対する売主の責任」遠藤浩＝林良平＝水本浩監『現代契約法体系 第4巻』（有斐閣、一九八五）一六一―一六二頁によると、瑕疵担保責任にみられる「瑕疵」とは、目的物自体の取引上の価値の低落をもたらす状態であるのに対し、「欠陥」とは、人の生命・身体その他の財産に対する侵害そのものであり、商品の有害性・危険性を内包する「瑕疵」を指称するものとして、後者の方が「欠点」の程度が大きくより広義だとする。これによると、本稿で検討対象とする裁判例でいう「瑕疵」とは「欠陥」を意味することになる。

（3）　本書第二章第三節二㈠参照。

（4）　【三】は、「売買の交渉に当たった者がその家族や同居者のためにそれらの者の使者又は締約補助者として売買契約を結んだもので、これらの者全員が買主であるとか、買主がそれらの者に対する注意義務を伴う契約（第三者のためにする契約）を結んだからだと考えることもできる」とする。

（5）　奥田昌道編『注釈民法⑽』（有斐閣、一九八七）三五二頁（北川善太郎執筆）は、【二】は保護義務違反の好例だとする。

（6）　本判決では、卸売業者は販売業者より製造業者に近い関係にあり、本件卵豆腐の安全性を確保し易い立場にあったとして、注意義務の程度は重くなるとする。

（7）　平野・前掲注（2）一六九―一七一頁、植木哲「判例評釈」判例評論一八六号（一九七四）七頁〔【三】の評釈〕、川村フク子「判例評釈」判例タイムズ三一二号（一九七四）一三三―一三四頁〔【三】の評釈〕は、小売業者に対してこのような義務が常に認められるのか否かについては、当該食品の種類（包装食品・インスタント食品や缶詰・瓶詰などはどうか）や小売業者の商品流通過程における役割（商品を消費者に伝達する単なる「通過駅」なのか）等から考慮されるべきであるとする。

（8）　宮本健蔵「判例評釈」法学志林七八巻三号（一九八一）一一〇頁〔本判決の評釈〕は、本件が【三】と異なる点は目的物が絶対的な安全性を要求される食品ではないことにあるとする。
(9) 注意義務の内容として、オウム病に関心を持ちその知識習得に努めること、商品の健康状態の観察、薬剤の投与、卸売業者・生産業者に対する確認、顧客に対する飼育方法の説明を挙げる。しかし、栗田哲男「判例評釈」判例タイムズ七八六号(一九九二)四五頁〔本判決の評釈〕は、このような注意義務をもってしてもオウム病の感染は防止できないとする。
(10) このような問題性は、「給付の欠如(遅滞)による拡大損害」事例である【一七】についても、履行遅滞という給付義務違反との関係から同様のことがいえよう。
(11) 野口恵三「判例解説」NBL五六一号(一九九五)五八頁以下〔本判決の解説〕参照。
(12) 本田純一『契約規範の成立と範囲』(一粒社、一九九九)二〇六—二〇九頁も、本件について保護義務構成が妥当だとする。
(13) 積極的行為内容が付与されるということは、例えば、販売業者が製造業者や卸売業者から仕入れた時点で既に商品に瑕疵が存したというだけでは免責されず、何らかの具体的な義務を尽くしたことが立証されない限り免責されないことになる(平野・前掲注(2)一六七頁参照)。

第三節 財産権利用(貸借)型契約

一 はじめに

以下に掲げた裁判例は、いずれも賃貸借契約に関するものである。そこでは、賃貸人・賃借人双方の責任肯定例がみられる。賃貸人の責任事例としては、修繕義務(民法六〇六条一項)の不履行と賃貸人の失火責任に関するものが多くを占めるが、その他に給付義務(使用収益させる義務)の不履行、引渡義務の履行不能事例がある。賃借人の責任事例は、いずれも失火責任に関するものである。ここでは、完全性利益侵害を責任構成するに際し、学説理論（保護義務論）がどこまで妥当し得るのかが問題となる。

二　事例の概要

【二三】東京控民一判昭一〇・七・三一新聞三九〇一・一五

〔事実〕　Y（控訴人）所有地上に建物を所有する借地人X（被控訴人）は、土地の排水設備の不備により常に床下に雨水・下水が浸水することから、Yに対し修繕義務の不履行を理由に建物腐朽による損害と喪失賃料を請求した。

〔判旨〕「賃貸人タルYハ賃借人タルXニ對シ……本件宅地ヲ普通建物所有ノ目的ニ適スル如ク修繕スヘキ義務アルノミナラス爾来之カ義務不履行ニヨリXニ蒙ラシメタル一切ノ損害ヲ賠償スヘキ義務アル」として、Xの請求を認容した。

【二四】東京高判昭四〇・一二・一四判タ一八九・一五九

〔事実〕　共同住宅の部屋を賃貸したX（被控訴人）は、賃借人Y（控訴人）の雇人（履行補助者）の失火により被った建物被害について、Yに対し損害賠償を請求した。

〔判旨〕「共同住宅の部屋の賃貸借の場合には、火災による右賃借物返還義務の履行不能による損害としては、当該賃借部屋のみに限られず、これを維持存立せしめる上において不可分の一体をなす隣接の部屋、廊下等の部分その他階下の部分に対する損害についてもその賠償をなすべき義務あるものと解するのが相当である」として、Xの請求を一部認容した。

【二五】東京地判昭四七・一二・二〇判時七〇八・六三

〔**事実**〕　一棟の建物の一部を賃貸したXは、賃借人Yの失火により、建物及び所有動産の被害、逸失賃料等の損害を被ったとしてYに賠償請求した。

〔**判旨**〕　Yには賃借物返還義務の履行不能による損害賠償義務があり、「Yの賃借部分は本件建物のうち二階南西側部分であって本件建物とは構造上不可分一体をなしており、このような場合には、Yの右損害賠償義務は賃借部分だけでなくこれに接している本件建物の他の部分に生じた損害についても及ぶものと解するのが相当である」として、Xの請求を一部認容した。

【二六】東京地判昭四八・九・二五判時七三九・九五

〔**事実**〕　一棟の建物を賃貸したXは、賃借人Y_1からの転借人Y_2が占有使用中に建物が火災により焼失したことから、Yらに対し、焼失建物・所有動産等の損害賠償を請求した。

〔**判旨**〕「他の原因に基づくものであるとの可能性もY_2の側の過失に疑問をもたせる事情も認められない以上、本件火災はY_2の過失によるものと推認すべきである。そして、Y_2はY_1からの転借人であるから、Y_1も過失責任を免れない」として、Xの請求を一部認容した。

【二七】東京高判昭四九・一二・四判時七七一・四一

〔**事実**〕　一棟の建物の一部をXら（被控訴人）が賃借しその残部に賃貸人Y（控訴人）が居住していたところ、Yの居住部分から出火し、Xらの賃借部分も被災したことから、XらがYに対し、賃借部分の使用収益の不能及び所有動産の焼失による損害賠償を請求した。

〔判旨〕「凡そ賃貸人は賃借人に対しその賃貸物件につき、単にこれを貸渡して使用収益し得る状態におけば足るものではなく、進んで常時賃借人が当該物件を約旨の用法に従って充分使用収益し得るよう協力すべき積極的な義務を負う（民法六〇一条、六〇六条一項参照）ものというべきであるから、賃貸人の作為又は不作為に基因して賃借物件に使用収益の不能ないし困難が生じたときは、右協力義務の違反ありとして賃貸人につき債務不履行が成立するものといわなければならない」として、Xの請求を認容した。

【二八】東京高判昭五一・四・一五判時八三九・九一

〔事実〕アパート式建物の一部をXらが賃借しその残部に賃貸人Y_1が居住していたところ、Y_1と同居の妻Y_2が使用していたガスコンロから出火しアパートが全焼したことから、XらがYらに対し焼失動産等の損害賠償を請求した。

〔判旨〕「賃貸人は建物の賃借部分を管理し、契約終了時まで賃借人に使用収益させる義務を負うのみならず、賃借人がその賃借部分の目的の範囲内で使用収益するために設置、保管している物を損傷して賃借人に損害を与えることのないように賃貸部分を管理する義務を負うものと解すべき」として、Xの請求を一部認容した（なお、Y_2には失火責任法を適用）。

【二九】東京地判昭五二・三・三〇判時八七〇・八二

〔事実〕一棟の建物の一部を亡Aが賃借し隣接部分でY_2会社が工場として使用していたところ、Y_2の従業員Y_3が使用中のガスコンロから出火しAの賃借部分が全焼したことから、Xら（Aの妻子）が賃貸人Y_1（Y_2の代表者）、Y_2・Y_3に対し、A所有動産、逸失利益等の損害賠償を請求した。

〔判旨〕「建物賃貸人は賃借人に対し、賃貸建物につき賃貸目的に従ってその使用に支障のないように提供を継続すべきものであり、特に自己の使用する建物と賃貸建物が一棟の建物となっているときは、自己の使用する建物から火を発するときには、賃貸建物をも焼失せしめるに至ることは十分予見し得られるところであるから、特にかかることのないよう注意を尽くすべきである」として、Xらの請求を一部認容した（Y_2・Y_3の責任は否定）。

【三〇】山形地米沢支判昭五四・二・二八判タ三八一・五五

〔事実〕Aは一棟の建物の一室に下宿しその残部で賃貸人Y_1が工務店を経営していたところ、そこで作業中のY_2・Y_3の火の不始末から出火しAが死亡したことから、Xら（Aの両親）がYらに対し、Aの逸失利益の損害賠償を請求した。

〔判旨〕「建物賃貸人は賃借人に対し、賃貸建物につき賃貸目的に従ってその使用に支障のないようにすべきものであり、自己が所有しこれを管理する建物と賃貸建物が一棟の建物となっているときは、自己が所有し管理する建物から火を発するときは、賃貸建物をも焼失せしめるに至ることは十分予見し得られるところであるから、特にかかることのないよう注意を尽くすべきである」として、Xらの請求を一部認容した（Y_2・Y_3の責任は否定）。

【三一】大阪地判昭五四・三・二六判時九四一・七二

〔事実〕X_2はX_1から建物を賃借しその一部をYらに転借していたところ、Yらの使用部分から出火し建物が毀損したことから、XらがYらに対し建物被害の損害賠償を請求した。

〔判旨〕「Yは、賃借人として善良な管理者の注意をもって賃借物である本件建物……を保管する義務があり、右のように自己の賃借し排他的に支配する部分から出火し……構造上不可分である本件建物全体に、復旧に大修理を要するような被害を与えた場合には、その責を免れるためには、Yにおいて善良なる管理者としての注意を尽くし右火災が不可抗力によるなど責に帰すべき事由によらざることを立証しなければ右保管義務に違反したと認められる」として、Xらの請求を一部認容した。

【三二】大阪地判昭五四・七・二〇判タ三九四・一二一

〔事実〕 建物の一部の賃借人Yの失火により当該賃借部分以外にも被害が及んだことから、賃貸人XがYに対し、建物焼失による損害賠償を請求した。

〔判旨〕「建物の規模、構造にかんがみ、右賃借部分の焼失は、それだけで当然に本件建物の他の部分の効用、価値をも無に帰せしめたものと推認するのが相当であるから、Yは、Xに対し右賃借部分に対する管理義務不履行と相当因果関係に立つものとして同建物全体の価値に相当する損害を賠償する責を負」うとして、Xの請求を一部認容した。

【三三】東京地判昭五六・三・二六判時一〇一三・四七

〔事実〕 XはYから建物の一部を賃借し飲食店を営んでいたところ、建物の欠陥による漏水事故が発生したことから、Yに対し、補修工事費用、逸失利益等の損害賠償を請求した。

〔判旨〕「賃貸人は、賃借人に対し、賃借人が賃借物を約旨の用法に従って充分に使用収益できるように協力すべき義務を負担する」として、Xの請求を一部認容した。

【三四】東京地判昭六一・七・二八判タ六二四・一八六

〔事実〕　Yらの所有地上に建物を所有していた借地人Xらは、借地の擁壁が雨水で沈下、傾斜して危険であるため建物を取り壊して転居せざるを得なくなったことから、Yらに対し建物・借地権代金、家屋修繕費等の損害賠償を請求した。

〔判旨〕　「賃貸人は賃借人に対し、賃借物を賃貸借の目的に適った状態で使用収益させる義務（民法六〇一条）及び必要な修繕をする義務（同六〇六条）を負担している」として、Xの請求を一部認容した。

【三五】東京地判平三・七・二五判時一四二二・一〇六

〔事実〕　Y_1協会はXらの共有建物を賃借しその内装工事をY_2に請け負わせていたところ、内装工事中に出火し本件建物が焼失したことから、XらはYらに対し基礎工事・解体工事費用、逸失賃料等の損害賠償を請求した。

〔判旨〕　Y_1の構成員もY_2の作業に従事しており、「Y_1の履行補助者というべき構成員らは、格別の予防措置を講ずることもなく、漫然と本件工事のための作業を続け、それがために本件火災発生に至った」ことから、Y_1には賃借人として善管注意義務違反があるとして、Xらの請求を一部認容した。

【三六】大阪高判平三・八・二九判時一四一〇・六九

〔事実〕　X（被控訴人）は、Y_1所有ビルの一部を賃借しクラブを経営していたところ、配水管の欠陥により他の賃借人Y_2の専用部分からの漏水により店舗の改修、休業を余儀なくされたとして、Yら（控訴人）に対しその損害賠償を請求した。

〔判旨〕「Yは賃貸借契約上、賃料請求権の対価として、賃借人であるX店舗を水漏れのしない良好な状態で使用させる一般的な義務を負っている」として、Xの請求を一部認容した。

【三七】最一小判平三・一〇・一七判時一四〇四・七四

〔事実〕X（控訴人・被上告人）は一棟の建物の一部を店舗として賃借しその残部に賃貸人Y（被控訴人・上告人）が居住していたところ、Yの居住部分から出火し賃借部分が焼失したことから、Yに対し、Xが蔵置した動産類の損害賠償を請求した。

〔判旨〕「Yの使用部分である一階の風呂場の火気の取扱いの不注意に起因する本件失火によってXの賃借部分に蔵置保管されていた衣料品等が焼失し、Xはその価額に相当する損害を被ったものというべきであるから、Yは右被害について賃貸人として信義則上債務不履行による損害賠償義務を負う」として、Xの請求を認容した。

【三八】最一小判平六・一〇・一一判時一五二五・六三

〔事実〕X（被控訴人・上告人）は、Y（控訴人・被上告人）に建物を賃貸していたところ、Yの居住部分から出火し右建物が全焼したため、その敷地の使用借権を喪失したことから、Yに対し同使用借権喪失に基づく損害等の賠償を請求した。

〔判旨〕原判決がXの損害賠償請求権を棄却したことについて、「焼失時の本件建物の本体の価格と本件土地使用に係る経済的利益に相当する額との合計額を本件建物の焼失による損害としてYに請求することができる」として、原判決を破棄し差し戻した。

【三九】東京地判平八・五・九判時一五九一・五四

〔事実〕　Xは店舗を賃借していたが、賃貸人Yの建物建替計画に応じて新築後のビルの一部分を賃借することを前提として賃借建物を明け渡したところ、Yが新築ビルのうちXの賃借予定部分を第三者に賃貸したためXの賃借を不能にしたとして、Yの債務不履行に基づき借地権・営業利益の喪失による損害賠償を請求した。

〔判旨〕　本判決はまず、本件合意中の新建物完成後の賃貸借に関する部分は、YがXに対し新建物の一部を賃貸することが既に明確に合意されていたと認められ、新建物の完成を停止条件とする賃貸借契約であるとした。そして、「Yは、本件合意に基づき、Xに対し、X賃借予定部分を賃貸して引き渡すべき債務を負っていたにもかかわらず、その完成を遅延させた後、……訴外会社に対してこれを引き渡した結果、これによって、Xに対する右債務の履行を不能にした」として、Xの請求を一部認容した。

【四〇】東京地判平一五・一・二七判タ一一二九・一五三

〔事実〕　ビルの一階部分を賃借して婦人服販売店を経営していたXが、後に別の賃借人が飲食店の経営を始め悪臭を発生させたとして、同ビルの賃貸人Yに対して、営業利益の喪失による損害賠償を請求した。

〔判旨〕　本判決は、賃貸借の目的からみて、目的物をその目的に従って使用収益する上で、社会通念上、受忍限度を逸脱する程度の悪臭が発生する場合に、これを放置しもしくは防止策を怠る場合に、賃貸人に債務不履行が生じるとした上で、「本件についてみると、Xの三〇数名の顧客が、〇〇からの魚の臭いについて、かなりの不快感を示しており、主たる商品である婦人服等に魚の臭いが付着し、悪臭によって被害を被った事実が認められ、他方、Y側において、悪臭に関する抜本的な解決策をとらなかった」として、Yの債務不履行を肯定し、Xの請求を一部認容した。ただし、Yより予備的に主張された未払賃料債権による相殺を認め、Xの本訴請求（損害賠償請求）自体は棄却した。

【四一】札幌地判平一七・五・一三判タ一二〇九・一八〇

〔事実〕　Aは、Y_1が所有・賃貸し、Y_2が管理するマンションの一室を賃借したが、本件室内において一酸化炭素中毒により死亡した。本件居室には、ガス瞬間湯沸器及び天井裏を経て戸外へ通じる燃料ガスの排気筒が設置されており、Aの死亡は本件排気筒の末端部分が腐食し、外壁の排気口と分離するなどしていたために、本件湯沸器の燃焼に伴う燃焼ガスの排出不良をもたらし、これにより発生した一酸化炭素が同室内に環流したことが原因であった。そこで、Xら（Aの両親）は、Y_1・Y_2及びガス事業者Y_3に対し、Aの逸失利益、慰謝料等の損害賠償を請求した。

〔判旨〕　本判決は、Y_1について、「Y_1は、本件建物賃貸借契約に基づき、本件居室の付帯設備である本件湯沸器及び本件排気筒を使用収益させる義務を負い、その義務の内容には、通常の使用方法の範囲であれば安全かつ有用に使用できるように性能を保持すべき義務が含まれる」とした。そして、Y_1は、Y_3による自主点検の結果から、本件マンション内の各居室の湯沸器及び排気筒の不具合から一酸化炭素が発生する危険性を告知され、本件事故が発生する危険性を認識し得たとした上で、「Y_1は、本件マンションの賃貸人として、Aを含む本件マンションの居住者に対し、本件自主点検の結果を速やかに通知し、湯沸器の使用に当たっての注意を喚起するとともに、欠陥のある排気筒を交換するなどして、湯沸器の不完全燃焼による一酸化炭素中毒事故の発生を未然に防止すべき義務を負っていた」が、これを果たさなかったとしてXらの請求を一部認容した（過失相殺二割）。なお、併せて、Y_2の不法行為責任（安全配慮義務違反）及びY_3の債務不履行責任（ガス供給契約上の安全配慮義務違反）を肯定した。

【四二】東京地判平一九・一〇・二五判時二〇〇七・六四

〔事実〕　Xは、Yに対し工場の用途の建物を賃貸したが、その後、Yが土壌汚染物質を除去せずに本件建物を明け渡したことから、本件土壌調査費用及び汚染処理工事費用の支出を余儀なくされたとして、Yに対しその損害賠償を請求した。

〔判旨〕　本判決は、本件土壌汚染はYに原因があるとした上で、「賃借人は、建物の賃貸借においては、敷地である土地についても、これを原状に復した上で返還する義務を負っているのであり、Yは、本件土地について汚染物質を取り除き原状に復した上でXに返還しなければならず、土壌汚染を除去しないまま本件建物及び本件土地を返還したYは、債務不履行に基づく損害賠償責任を負う」として、Xの請求を認容した。

三　事例の分析・検討

ここに挙げた裁判例は、いずれも賃貸借契約に関するものである。建物賃貸人の給付義務・修繕義務違反の他、賃貸人・賃借人の失火に基づく債務不履行責任事例が多い。失火責任においては、賃貸人の失火による賃借人の死亡・物的被害、また、賃借人の失火により賃貸人の所有家屋・動産類に生じた損害賠償が問題とされるが、帰責構造をめぐり判断は分かれている。以下で、賃貸人と賃借人の責任について順次分析・検討を加えたい。

(一)　賃貸人の責任

1　給付義務・修繕義務の不履行

賃貸人の契約責任を肯定した裁判例は一三件であり、このうち【一三】【三三】【三四】【三六】【三九】【四〇】【四一】は、賃貸人の給付義務（使用収益させる義務）（民法六〇一条）及び目的物に対する修繕義務（民法六〇六条一項）の不履行が問題となっている。【一三】【三四】は、借地の瑕疵により借地人所有建物に損害が生じ、【三三】【三六】は、賃貸建物の瑕疵により賃貸部分の損傷、賃借人所有動産等に損害が生じた事例である。裁判所は、いずれも賃貸人の給付義務または修繕義務の不履行とみて、それと相当因果関係にある損害賠償を認定する。【四〇】は、他の賃借人が原因となった営業利益の侵害を放置した賃貸人の責任を肯定し、【四一】は、賃借人の一酸化炭素中毒による死亡について賃貸人の責任が問題とされたが、両事例は賃貸人の給付義務違反を帰責根拠とする。特に、【四一】では、賃借人の完全性利益の保護が当事者の合意を基礎とする給付義務の対象となるものと解して被害者保護を図っている、とみることもできる。なお、【三九】は、新築建物の完成を停止条件とする賃貸借契約において、賃貸人が第三者に賃貸したことにつき履行不能責任を認めるが、これは「給付の欠如（不能）による拡大損害」事例として捉えることができるであろう。

賃貸人の修繕義務の法的性質については議論の余地があるが、一般には、修繕義務は賃貸人が賃借人に賃貸物の使用収益をさせる義務（六〇一条）を負うことの当然の結果として認められるものだとされる（通説・判例[(1)]）。すなわち、賃貸人としては、賃貸物を賃借人に引き渡すのみならず、賃貸借の存続する間、当該物を契約目的に従った使用収益ができるような状態に置くべき積極的義務（協力義務）があり、修繕義務もその一態様であるとする。したがって、修繕義務をこのように解するときには、その履行請求（修補請求）も可能となり、賃貸人の給付義務として位置づけることができるであろう。[2] ただし、修繕義務の対象となる瑕疵の範囲は問題となるが、修繕費用が著しく高額となるような場合は、賃貸人に大修繕をさせてまで賃貸借を維持させるのは酷なこともあり、経済的な修繕不能とみて免除ないし軽減することも考えられよう。[3]

このように、これらの事例はいずれも給付義務の不履行が存する場合だとみられるが、その完全性利益の侵害を給付義務の不履行による拡大損害として捉えることができるのか否かは問題となる。修繕義務については、その給付義務性を承認できるとしても、それは本来、給付目的たる賃貸物自体に関わるものであり、完全性利益侵害については保護義務構成が妥当するとの見解もある。[4] また、賃貸借の合意内容によっては、当事者の完全性利益の保護が給付義務の対象とされる場合（【四一】参照）も考えられる。帰責根拠をいずれの義務に求めるべきかは検討を要するであろう。

2　失火責任

建物賃貸人・賃借人の失火が債務不履行責任を構成するときには、民法七〇九条の責任を軽減する失火責任法の適用はなく、軽過失の場合にも損害賠償の責を免れないものとされている。[5]

まず、賃貸人の失火について債務不履行責任を肯定する裁判例は、いずれも一棟の建物の一部を賃貸しその残部を賃貸人が居住ないし管理しており、賃貸人使用部分からの失火により賃借人に生じた損害の賠償が問題とされた事例である（【二七】【二八】【二九】【三〇】【三七】）。[6] そこでは、賃借部分の使用収益の不能自体の損害とは別に、賃借人がそこで蔵置保有する動産類の損害（【二七】【二八】【二九】【三七】）及び賃借人の焼死に基づく損害（【三〇】）が認定されている。

帰責根拠たる被違反義務としては、賃貸人の協力義務（【二七】）、注意義務（【二九】【三〇】）を認めるが、これらは賃貸人の使用収益させる義務（給付義務）の一態様として捉えられている。つまり、使用収益させる義務の中に賃借人の生命・財産という完全性利益保護を包括して債務不履行構成するものである。したがって、このような立場からは、完全性利益侵害は使用収益させる義務の履行不能を根拠とする損害賠償として処理され、給付義務違反による「拡大損害」としてその賠償の可否が決せられることになる。なお、【二八】は、使用収益させる義務とは別に管理義務を認め、学説でいう保護義務構成を認めたものとも思われるが、この点に関する理論的説示はみられない。また、【三七】は、賃貸人は「信義則上債務不履行による損害賠償義務を負う」とだけ判示するが、これをどのように解すべきかも判然としない。(7)

そして、裁判例において賃貸人の責任が肯定されるのは、一棟の建物の一部を賃借しその残部を賃貸人が使用しているという、両者間に「不可分一体性」が認められる場合に限定する傾向が窺える（【二七】【二九】【三〇】【三七】）。【二七】では、賃貸人の協力義務は、賃借人と家主の居住家屋が別棟である場合には問題とはならないが、一棟の建物の一部の賃貸借において賃貸人に課されるべきものとする。(8)

以上の責任肯定裁判例からは、一応の傾向を析出できるものの、賃借人の完全性利益の保持へ向けられる賃貸人の義務として保護義務が妥当するかが問題となる。賃貸建物の構造や使用状況からみて、賃借人の生命・身体・財産等を侵害し得る関係にある賃貸人の保護義務を認めることは、理論上可能である。後述するように、学説においては、一連の賃貸人の失火責任事例について保護義務構成を妥当とする見解が多い。特に、賃貸人の給付義務は、あくまで賃貸目的物の使用収益という目的に向けられた義務であって、賃借人の財産の安全を図ることまでを含む義務ではないという点を強調するときには、(9)それとは別個の保護義務を肯定することになる。(10)裁判例にも、賃貸人の使用収益させる義務の中に賃借人の完全性利益の保護を包含させる構成に疑問を呈し、賃借人保有の動産類の焼失についてその責任を否定したものがある（大阪地判昭和五六・六・一六判タ四五五号一三五頁（賃借建物の賃貸人（内縁の夫）居住部分から出火）、東京地判昭和五九・四・二四判時一一四二号六四頁（同一敷地内にある賃貸人所有家屋から出火）)(11)。そして、保護義務を認める場合、それは賃貸目的や建物の構造、使用状況、火気管理体制等、賃借人に対する侵害の危険性を考慮して存立させることになろう。また、保護義務違反（失火責任）は、契約目的の実現へ向けられた賃貸借契約の履行と関連性のある行為態様として捉えられ、契約責任構成が妥当する場面であるとみることもできる。ただし、これら保護義務の存立根拠とされるものは、給付義務構成を採る裁判例においても同じく完全性利益侵害に対する責任を肯定する際の根拠とされるものである。したがって、給付義務と保護義務の関係については、なお検討の余地がある。

(二)　賃借人の責任

【四二】は、賃借人の建物返還に伴う原状回復義務違反を問題とするが、それ以外はすべて賃借人（またはその転借人）の失火による債務不履行責任を肯定した裁判例である（【二四】【二五】【二六】【三一】【三二】【三五】【三八】）。【二四】【二五】【三一】【三二】は、一棟の建物の一部を賃借した者（【三二】ではその転借人）の失火により、賃借目的以外の建物部分に焼失等による損害が生じた事例であり、ここでは、賃借部分と非賃借部分の不可分一体性が賃借人の責任を認めるに際しての重要なファクターとされており、この点で賃貸人の失火責任事例との相違はない。また、【二六】【三五】【三八】は、一棟の建物の賃借人の失火が問題とされ、賃借建物の損害の他、そこに存置していた賃貸人所有の動産類の焼失（【二六】）、隣接する賃貸人所有家屋への延焼（【三五】）、建物敷地使用借権の喪失による損害（【三八】）についてもその賠償を認める。

そして、被違反義務として、賃借物の返還義務違反（【二四】【二五】【二六】【三八】）または保管義務違反（【三一】【三二】【三五】）を根拠に責任構成する。一般に、賃借人は、賃料支払義務の他、目的物を善良な管理者の注意をもって保管し、また、賃貸借終了時には目的物を返還する義務を負うものとされており、これらは契約で特に引き受けた給付義務だといえる。そうすると、裁判例は、賃借人の給付義務の中に賃貸人の完全性利益保護を包含させて債務不履行構成するものであり、先にみた賃貸人の失火責任肯定裁判例と同様の構成となる。しかし、被違反義務の保護法益ないしそれに基づく賠償範囲については明確に言及されてはいない。賃借物返還義務が履行不能となったことにより賃借部分を超えた賠償責任が肯定され、また、保管義務違反についても、【三二】では、賃借人は賃借部分を含む建物全体の価値に相当する賠償責任を負うものの、賃貸人保有の動産類や隣接建物には及ばないとするが、【三五】は、隣接建物への延焼も保管義務違反による通常損害だとしており、判断は分かれている。そのため、賠償範囲を厳格に賃借部分に限定し、それを超えた部分については不法行為責任へ放逐すべきことを明言する裁判例も散見される（東京地判昭和五一・三・三一判時八三四号七一頁、横浜地判昭和五六・三・二六判タ四四八号一二三頁、大阪地判平成八・一・二九判時一五八二号一〇八頁）。

以上からは、裁判例は失火責任の根拠を給付義務違反に求めてはいるが、失火による賃借目的物以外の賃貸人所有物に対する損害については、保護義務違反の可否が問題とされよう。裁判例からは、債務不履行による損害賠償が何故に賃借部分と不可分一体となった部分にまで拡張されるのか、その理由づけは必ずしも明らかではない。したがって、この場合には、賃借人の保護義務違反を別に認めるべきであるとの見解がある。[12]

このように、賃借人の保護義務を認めることが妥当な場合があるとするとき、それは賃借部分以外の賃貸人側の財産（あるいは場合によっては賃貸人側の身体）に対する保管・保護義務としての作為・不作為が内容となり得る。そして、この義務は、賃借人についていかなる場合にも認められるものとして観念することは適当ではないことから、保護義務構成されるべき根拠が問題となる。基本的には、賃貸人の失火の場合と同様に、賃貸目的、建物の構造[13]、使用状況等、当該建物賃貸借契約における具体的な諸事情を勘案して導き出されるものだといえよう。しかし、裁判例では一貫して給付義務構成が採られている。

(三) 失火責任の構造

1　基本的論点

賃貸人・賃借人の失火による債務不履行責任を肯定する裁判例は、その帰責根拠として、当事者の本来的給付義務たる賃貸人の使用収益させる義務、賃借人の目的物返還義務・保管義務違反から完全性利益の侵害に対する賠償責任を肯定する傾向が窺える。そこでは、学説において理論的進展がみられる保護義務への応接はみられない。しかし、賃貸人の使用収益させる義務とは、あくまで賃貸物自体の使用収益という目的（給付結果）に向けられるものであり、賃借人の生命・財産の安全を図ることまで包含するものではないとすると、その保護法益の限界づけをめぐる問題性が浮き彫りとなる。同様の観点からは、賃借人の目的物返還義務・保管義務違反に起因するのは当該賃借物（部分）に生じた損害に限られ、類焼等により目的物以外の物件に生じた損害について責任を肯定することは妥当ではないということにもなる。この点で、責任肯定裁判例は、当事者の給付義務を拡張して捉えているものとも評し得るのであり、責任否定裁判例の判断も必ずしも無視できないように思われる。

このような動向からは、裁判例においては、賠償範囲を賃貸借目的部分に限定するのか、これを超えた部分にまで及び得るものとして捉えるべきなのか、その判断は分かれる。また、仮に債務不履行責任による賠償範囲は明確だとしても、何故にそれが目的物を超えた部分にまで拡張されることになるのか、その理由づけが明らかではないといえよう。したがって、賃貸人・賃借人の本来的給付義務はいかなるものであり、完全性利益侵害について当事者はいかなる義務に違反したのか、その保護法益をどのように捉え、賠償範囲はどこまで及ぶものとして解すべきかが明らかにされる必要がある。その際、債務不履行責任と不法行為責任の関係についても、留意すべき重要な論点となろう。

2　責任構成に関する議論

学説においては、一般論として、契約当事者は相互に相手方の完全性利益を侵害しないように配慮すべき義務（保護義務）を負う旨が説かれることはあるが、賃貸借契約においてどのような要件の下でどの程度の義務が生じるかについてはあまり議論されてはいない。それは、従来の契約責任論が、義務構造や具体的な侵害態様の理解が容易である財産権譲渡（売買・供給）型契約を中心に展開されてきたことにもよる。

そこで、まず、賃貸人・賃借人の完全性利益侵害に対する責任構成として債務不履行責任（契約責任）でいくのか、あるいは不法行為責任として位置づけていくべきかが問題となる。当事者が自らの居住部分で生活すること自体は、賃貸借契約上の債務の履行ではなく、したがって、失火そのものに債務不履行はないとみると、不法行為責任構成により処理することも可能となる(14)。特に、債務を狭義の給付義務のみに限定的に捉えるときには、このような構成が導かれ、この考え方は先にみた失火責任を否定する裁判例にもみられる。

完全性利益侵害は、本来、不法行為規範の予定する領域であると理解し、判例においても、契約責任との競合が認められ、また、契約当事者間の債務不履行責任が不法行為に基づいて請求されることも少なくないという状況からは、不法行為責任構成も否定できない。しかし、完全性利益侵害に対し契約規範の適用を否定し、すべて不法行為責任へ放逐すべきだとみることも疑問である。また、失火責任に対し不法行為責任構成するときには、失火責任法の適用により責任が否定される場合も出てくるのであり[15]、その限りでは、裁判例の多くが債務不履行構成してきたことは妥当である。反面、失火責任法における軽過失免責の適用を排除することにより、不法行為責任の場合に比して賠償責任が加重されることになるとの批判も予想されるが[16]、契約当事者に第三者よりも内容・程度が高度な義務を課し責任を負わせることは、必ずしも背理とはいえないであろう。

そこで、債務不履行構成に立つときには、賃貸借目的物（部分）のみならず、当事者の完全性利益（その射程は問題となるが）も保護されてこそ「債務の本旨に従った履行」がある、との理解が前提となる。そして、当事者の完全性利益の保護について、大別すると二つの構成が可能である。

第一は、給付義務（賃貸人の使用収益させる義務、賃借人の目的物返還・保管義務）の中に完全性利益保護を包含させる債務不履行構成であり、責任肯定裁判例にみられる構成である。この立場からは、完全性利益侵害は、給付義務違反による因果関係上の問題（拡大損害）として、その賠償の可否が決せられることになる。しかし、学説においてこのような構成に立つ見解は少数である[17]。

第二は、給付義務とは別に当事者相互の完全性利益保護義務を観念する債務不履行構成であり、今日の多数説といえよう[18]。この立場からは、給付義務に完全性利益保護を包含させることに対する疑問（保護法益の相違）が指摘され、債務不履行構成を妥当とする限り、給付義務とは別個に信義則に基づく保護義務が認められる。保護義務は、契約当事者相互の特別な影響可能性を根拠に存立し、具体的には、建物の構造[19]や使用状況、火気管理体制などから、侵害の危険性を考慮して認められるものだとする。そして、契約義務としての保護義務の内容は、狭義の給付義務には吸収されないが、契約の本旨履行のために不可欠な行為義務（自己支配領域についての物的管

理及び自己の行為をコントロールする義務）として理解される。(20)

四　小括

当事者の完全性利益の保護を給付義務の中に位置づけることに限界が認められ、給付義務とは別個の義務を債務関係の中で位置づけていくことが可能であるならば、多数説が主張するように、保護義務を根拠とする債務不履行構成による処理を図っていく方向が適当であると考える。しかし、単に完全性利益侵害は常に保護義務違反だとみたり、あるいはまた、当事者の事実上の接触という観点から債務不履行構成を導いたところで、契約規範による保護を正当化すべき論拠としては不十分であろう。そこで、賃貸借契約の特質や合意内容及び当事者を取り巻く諸事情から、保護義務を観念する債務不履行構成を帰結することが重要である。それは、当事者の完全性利益が契約債務関係のいかなる場面においてどのように侵害されたのか、また、そこでは給付義務との関連性をどのように評価できるのかを確定する作業を通して解明されるものだと考える。(21)

（1）　幾代通＝広中俊雄編『新版 注釈民法⒂』（有斐閣、一九八九）二一〇九頁（渡辺洋三＝原田純孝執筆）。

（2）　下森定「瑕疵担保責任と不完全履行」安達三季生監『債権法重要論点研究』（酒井書店、一九八八）一四五―一四六頁は、賃貸人の本来的給付義務（使用収益させる義務）に伴う附随的給付義務とする。また、奥田昌道編『注釈民法⑽』（有斐閣、一九八七）三四六頁（北川善太郎執筆）も【三三】を給付義務違反事例として挙げる。

（3）　北川・前掲注（2）三四六頁は、対価である賃借料との関係で修繕義務の対象に入る瑕疵か否かを判断すべきだとする。詳細は、渡辺＝原田・前掲注（1）二一〇頁以下参照。

【三四】は特約により賃借人が修繕義務を負担するとされていたが、これは通常生じる破損の補修すなわち小修繕であり、大修繕は賃貸人の義務であるとした。しかし、本件の擁壁の沈下・傾斜は自然現象によるものであり、その改修費として二三〇〇万円かかり地代月額四四六〇円であることから、地主の免責ないし軽減を考慮できた事案である。

なお、瑕疵の存在時期については、契約成立後に生じたものに限らず原始的瑕疵についてもその修繕義務の対象とされるから、瑕疵担保責任との関係も問題になる。来栖三郎『契約法』（有斐閣、一九七四）三〇九頁は、修繕義務を瑕疵担保責任の内容として理解する。下森・前掲注（2）一四六頁は、特定物（特に不代替物）の賃貸借において原始的瑕疵があり、かつそれが修繕不能の場合にのみ瑕疵担保責任と競合するとみる。なお、笠井修「不動産賃貸人の瑕疵責任」田山輝明＝鎌田薫他編『高島古稀・民法学の新たな展開』（成文堂、一九九三）四八九頁以下参照。

（4）下森・前掲注（2）一四五頁は、瑕疵結果損害については附随的注意義務違反として位置づける。

（5）最二小判昭和三〇・三・二五民集九巻三号三八五頁。詳細は、澤井裕『失火責任の法理と判例〔増補版〕』（有斐閣、一九九〇）二八一頁以下参照。

（6）【二九】は、賃貸人自らが使用しておらず、賃貸人が代表者である会社が工場として使用していたものであり、【三〇】も賃貸物の一部で賃貸人が工務店を経営していたという事案であるが、いずれも失火場所を使用している会社の業務を指揮・監督できる立場を、賃貸人としての注意義務違反として構成する。この点で、履行補助者構成は採られていない。澤井・前掲注（5）三二一―三二三頁は、賃貸人が賃借人の人身・財産につき負う責任は、常に付随義務たる保護義務であり、かかる義務をストレートに被用者（失火者）に負担させることに躊躇があるのではないか、とする。

（7）民法七〇九条とは異なり、債務不履行責任の場合には失火責任法の適用はなく「信義則上」賠償責任を負うという意味なのか、あるいは、「信義則上」発生する債務（保護義務）の不履行責任を肯定するという意味なのか、この点の解釈は分かれるであろう（なお、奥田昌道「判例評釈」私法判例リマークス六号（一九九三）二四頁〔【二七】の評釈〕参照）。

（8）宮本健蔵「判例評釈」法学志林七八巻一・二合併号（一九八〇）一三四頁以下〔【三〇】の評釈〕、下森定「ビル賃貸・場屋主人の安全配慮義務と失火責任法」同『債権法論点ノート』（日本評論社、一九九〇、初出一九八三）二四〇―二四一頁は、この点を強調する。東京地判昭和五九・四・二四判時一一四二号六四頁は、同一敷地内ではあるが、別棟に居住する賃貸人所有建物からの出火による延焼について、賃借人所有の動産類の焼失による損害は、賃貸人の使用収益させる義務を履行しなかったことによるものではないとして、責任を否定する。

（9）北川・前掲注（2）三六二頁は、賃貸人の貸す債務がそこまで及ぶとするのは不自然だとする。

(10)【三七】は、賃借人の焼失動産のみが問題とされており、保護義務構成の可能な事案と思われる。

(11) 前掲注（8）参照。

(12) 北川・前掲注（2）三六三頁は、賃借人が批判されるのは、その使用収益権能に委ねられた賃貸人の財産の適切な管理義務に違反している点だとして、相手方の安全に注意すべき義務違反（積極的債権侵害）とみるべきだとする。また、澤井・前掲注（5）二八三頁も、これは当事者間における信義則上の保護義務違反に他ならないとする。後藤勇「不動産賃貸借の履行不能による損害賠償の範囲」判例タイムズ四七三号（一九八二）一七—一八頁は、賃借部分以外の損害も賃借人の賃借部分の保管義務違反による通常損害だとする。

(13)【二五】【三一】は、賃借部分との「不可分一体性」を強調する。しかし、澤井・前掲注（5）三一六頁は、巨大ビル・マンションにおいてはその「不可分一体」を一棟と解するならば、その焼失がもたらす損害は巨額に上ることから、一棟内であっても火災の拡がりが失火者に帰せしめない「構造的」な場合は、公平とか社会的相当性の観念によって賠償額を「直接火災」とみなされる部分に制限すべきだとする。また、同書三一八頁は、【三一】においては損害額についてYらは賃借部分について生じた被害に限定すべきだと主張したが、判決では、構造上の不可分性から本件建物全体に生じた被害に及ぶとしたことに対し、「全体の復旧後、賃貸部分以外の建物部分の価値は賃貸人の不当利得として再び被告に返還すべきこととなってしまう。やはり端的に、失火者は不可分一体の建物部分につき、信義則上の保護義務を負うといわなければ説明にならない」とする。

(14)【三七】掲載の判時一四〇四号七五頁のコメント。また、潮見佳男「判例評釈」阪大法学四二巻四号（一九九三）一八一頁〔【三七】の評釈〕も、完全性利益保護を履行過程との関連で段階的に捉えるときには、失火責任は契約との接点を欠く故に不法行為の問題とするようである（なお、同『債権総論〔第二版〕Ⅰ』（有斐閣、二〇〇三）二二九頁参照）。

(15) もっとも、失火責任法の適用範囲の縮減を主張する見解もある（澤井・前掲注（5）一三頁以下、平野裕之「債務不履行責任の拡大と失火責任法」伊藤進教授還暦記念論文集編集委員会編『伊藤還暦・民法における「責任」の横断的考察』（第一法規、一九九七）二八五頁以下など）。

(16) 先に挙げた責任否定例である東京地判昭和五一・三・三一判時八三四号七一頁は、この点を強調する。

(17) 後藤・前掲注（12）一三—一四頁、一七—一八頁は、賃貸人の使用収益させる義務の前提である目的物の現状のまま維持するという義務違反、賃借人の保管義務違反を根拠とする。また、山野目章夫「判例評釈」法学セミナー四五三号（一九九九二）一二四頁〔【三七】の評釈〕は、建物と切り離して動産類にのみ固有の義務を考えることは意味に乏しいとする。

(18) 北川・前掲注（2）三六二―三六三頁、澤井・前掲注（5）二八三頁、三三一頁、奥田・前掲注（7）二五頁、宮本・前掲注（8）一三四―一三九頁、同「判例評釈」民商法雑誌一〇六巻四号（一九九二）一一五頁、一一七頁〔【三七】の評釈〕、下森・前掲注（8）二四〇―二四一頁、早川真一郎「判例評釈」判例評論四〇二号（一九九二）三三―三四頁〔【三七】の評釈〕。

(19) 一般には、裁判例と同様に、学説においても賃貸人・賃借人の建物使用の「不可分一体性」が強調されるが、澤井・前掲注（5）三三二頁は、一棟内であるか否かは本質的な事柄ではないとする。【三〇】も傍論においてではあるが、このような注意義務は「建物全体の賃貸料であろうと、建物の一部である居室の賃貸料であろうと、また、本件のようにいわゆる下宿であっても、何ら異なるところはない」とする。

(20) 奥田・前掲注（7）二五頁。

(21) 早川・前掲注（18）三三―三四頁は、賃貸借契約の性質を踏まえて保護義務の存立根拠を提示し、さらに給付義務履行との関連性を規準に不法行為規範との限界について論じる。

第四節　役務（サービス）提供型契約

一　はじめに

財産権譲渡型ないし財産権利用型契約については、その法的性質も明白であり、当事者の権利・義務内容の理解も容易であることから、従来の契約責任論はこれらの契約類型を主たる考察対象として展開されてきたといえる。

そんな中、現代の社会生活では、保険・金融サービス、教育サービス、レジャーサービス、情報サービスなど、多くの分野で多種多様なサービス取引が行われており、また、新種のサービスも次々と開発され、提供されている。これに伴い、学説においても、役務（サービス）提供型契約を検討すべき重要性が認識され、「物」の供給に関わる契約類型と並立させた役務提供契約類型の定立や欠陥・瑕疵ある役務の判断などが議論されている。(1) また、いわゆる「専門家責任」の見地から、弁護士、司法書士、医師、公認会計士、建築士などの責任をめぐる理論的進展もみられる。(2) しかし、役務提供型の契約法は未だ生成途上にあり、役務提供者責任の体系化もその緒に就いたばかりである。したがって、今後、役務提供型契約ないし「なす債務」の特質とそれに対応させた責任構造の解明が、契約責任論の重要な課題となるであろう。

役務提供型契約に関わる裁判例も、医療事故や安全配慮義務事例を代表に膨大な数に上る。本稿では、これらのすべてを網羅することは到底不可能である。以下では、雇用契約を中心とする安全配慮義務事例や専門家責任に関わる事例を除き、責任構成の傾向分析の素材として適当な典型契約及び若干の非典型契約事例に限定したい。

二　事例の概要

【四三】大阪地判昭四二・九・二六判タ二一四・二二八

〔事実〕　Y経営のモータープールに保管中のX所有自動車が盗まれたことにつき、XがYに対し損害賠償を請求した。

〔判旨〕　「受寄物の保管、管理について善良な管理者の注意義務を尽くしたものとはいい難」いとして、Xの請求を認容した。

【四四】東京地判昭四八・二・一九判時七一三・八三

〔**事実**〕　XはAより雑誌発送業務を請け負い購入者の住所氏名を収めたコンピューター用磁気テープを預かったが、そのプリントアウト作業をYに下請けさせテープを交付したところ、何者かによりテープがコピーされたことから、Xは、Yに対し、Aとの契約解除による損害、顧客・同業者との関係修復のための費用等の損害賠償を請求した。

〔**判旨**〕　コンピューター用磁気テープの「保存につき法律上要求されている善良な管理者の注意義務の内容は、当該テープを物質的に保存し、その摩耗・汚損・毀滅等を防止することのほか、さらに、その収められている情報が外部に漏出することによりテープの情報としての希少価値が減少しないよう注意することも当然含まれている」として、Xの請求を一部認容した。

【四五】東京高判昭四八・九・一八判時七一九・四四

〔**事実**〕　X（控訴人）は、従業員としてAを採用するにあたりY興信所（被控訴人）にAの信用調査を依頼したところ、Yの調査報告が不完全であり採用後のAの横領行為により財産上の損害を被ったとして、Yに対し損害賠償を請求した。

〔**判旨**〕　Aは学歴を詐称し家庭生活も乱れていたにもかかわらず、Yは基礎的調査すら不十分で誤った判断による報告をXに提出したことから、「Yの債務の著しく不完全な履行と、Xの受けた損害との間に相当因果関係が存し得る」として、Xの請求を一部認容した。

【四六】東京地判昭五一・二・二四判時八二七・七二

〔事実〕　Xは、Yに対し毛皮類を委託販売目的で寄託していたところ、Y店舗内でその商品数店が盗難にあったため、XがYに対し納入価格相当の損害賠償を請求した。

〔判旨〕　「Xの寄託商品は高価なものであるから、Yとしては自己所有の商品及び他の安価な委託販売品とは異なり、受寄者としてその保管に特段の配慮をすべき」として、Xの請求を認容した。

【四七】大阪地判昭五三・三・三〇判時九〇八・五四

〔事実〕　X（控訴人）は、Aとの間で電解冷却装置製作の請負契約を結びXの従業員Y（被控訴人）に設計させたところ、YはAの注文と相違する電動機を取り付けたことからXはそのすべてをやり直さなければならなくなったとして、Yに対し修復による損害の賠償を請求した。

〔判旨〕　「Yの業務懈怠は、Xに対する業務上の重要な義務違反であり、損害賠償責任を負担するに値する債務不履行である」として、Xの請求を一部認容した。

【四八】東京地判昭五三・九・一五判タ三七七・一〇六

〔事実〕　ハンカチなどの製造販売業者Xは、CMの企画制作者Yよりプリントハンカチの原画製作請負契約に基づいて供給された原画に瑕疵があったため、予定販売価格でこれを販売することができなかったことから、Yに対し、残存商品処分による損害、支払済著作権使用料、逸失販売利益等の損害賠償を請求した。

〔判旨〕　Yが瑕疵のある原画を製作しXに交付したことは、「債務の本旨に従った履行とはいえず、Yには本件請負契約に関し不完全履行があったといわざるをえないので、Yは本件ミスによりXに生じた損害を賠償すべき義務がある」として、Xの請求を一部認容した（過失相殺七割）。

【四九】東京地判昭五四・八・三〇判時九五八・七六

〔事実〕　Xは、自動車の修理をYに依頼し、Y工場敷地内で保管中何者かに窃取されたことから、Yに対し損害賠償を請求した。

〔判旨〕　「Y主張の施錠をしたのみで本件自動車を……空地部分に駐車させておくことは、到底本件自動車の保管につき善良な管理者の注意義務を尽くしたものということはでき」ないとして、Xの請求を一部認容した（過失相殺五割）。

【五〇】東京高判昭五五・八・四判時九七七・六六

〔事実〕　養鰻業を営むX（控訴人）は養魚地堤防補修をY（被控訴人）に請け負わせたが工期内に補修工事が完成せずにいたところ、集中豪雨により堤防工事未完成部分が決壊し鰻が流出したことから、XがYに対しその損害賠償を請求した。

〔判旨〕　工期内に工事が完成していても鰻が流出したと認めるに足りる証拠はなく、「Yは、本件請負工事の履行遅滞中に発生した堤防決壊に伴い、Xが養殖中の鰻が養魚地外に逃げ去って蒙った損害を賠償する責任がある」として、Xの請求を一部認容した。

【五一】東京高判昭五五・八・二六判時九九七・一二一

〔事実〕　Y（控訴人）経営の精神薄弱児施設に入所措置が採られた児童A・Bが浄化槽内で死亡したことから、その両親Xら（被控訴人）がYに対し損害賠償を請求した。

〔判旨〕　X・Y間の委託契約関係は、「A・Bら精神薄弱児を入所させ監護教育すべきことを内容とする準委任契約であり、したがってYは受任者として善良な管理者の注意義務をもってその債務を履行すべく、もとより、A・Bの生命、身体に対する危険の予防のために必要な監護をなすべき義務がある」として、Xらの請求を一部認容した。

【五二】東京地判昭五七・三・二四判時一〇五六・二〇二

〔事実〕　XとYとの間で汽船の係船管理契約が結ばれYが保管していたが、船内に海水が浸水したことから、XがYに対し汽船の修復費等の損害賠償を請求した。

〔判旨〕　Yは有資格の保安要員を船内に宿泊、常置させ、また少なくとも毎日通船させて船内外の巡回、点検を行い汽船の管理にあたらせる保安管理義務を負うが、「Yはこれを行わず、また台風の見回りの際も吃水の位置を確認することを怠ったばかりでなく、その他浸水の防止等異常事態の発生の防止等に留意していた形跡も窺えない」として、Xの請求を一部認容した。

【五三】名古屋地判昭五九・三・七判時一一二三・一〇六

〔事実〕　Y経営の無許可保育所内で乳幼児が就寝中に嘔吐物を吸引し窒息死したことから、その両親XらがYに対し損害賠償を請求した。

〔判旨〕「Yは有償にて乳幼児を預かり保育するのであるから、かけがえのないその生命に別状のないよう保育態勢を整えるべく、とりわけ保育の対象が自らの力で自己を守ることのできない者であることに鑑みると、預かった乳幼児を事故の危険から守るための善管注意義務の程度は自ら重くならざるを得」ず、人的不備の点で債務不履行があるとして、Xらの請求を一部認容した。なお、Xらの被害乳幼児に対する安易な育児態度を理由に、八五パーセントの過失相殺を認めた。

【五四】大阪地判昭六二・一〇・二六判時一二六六・五四

〔事実〕X市はYに対し焼却場の設計施工を請け負わせその引渡を受けたが、約三年後Xの職員Aらが本件焼却場の汚水槽内に立ち入ったところ硫化水素ガス中毒で死亡したことから、Xは、Yに対し、Aらの遺族に支払った損害金、本件設備の改修費等の損害賠償を請求した。

〔判旨〕「Yは、汚染処理施設プラントの専門家として、……硫化水素の発生する可能性を一般的、抽象的のみならず個別的、具体的にも予見しえたものであり……硫化水素ガス中毒事故が発生しないように最善の防止措置を講ずる契約上の注意義務があった」として、Xの請求を一部認容した（過失相殺六割）。

【五五】東京地判昭六三・二・一判時一二六一・二八

〔事実〕XらはY会社の実施したダイビングツアー兼潜水指導教室に参加し、他の参加者が潜水用高圧空気ボンベのバルブにレギュレーターを取り付けていたところボンベが破裂し傷害を負ったことから、Yに対し損害賠償を請求した。

〔判旨〕「Yには、ボンベの検査及び取扱いを適切に行い、仮にもボンベが破裂することのないように配慮すべき義務があったものというべきであり、これは単なる不法行為法上の注意義務にとどまらず、信義則上本件ツアー契約に附随して認められる契約上の義務である」として、Yの債務不履行責任を肯定し、Xらの請求を一部認容した。

【五六】名古屋高判昭六三・六・三〇判時一二九九・一三七

〔事実〕 X（控訴人）はY（被控訴人）経営のホテルのクロークにミンクのコートを預けたが、預け入れ・返却の混雑に紛れコートが紛失したことから、Yに対し損害賠償を請求した。

〔判旨〕「Yが善良なる管理者の注意をもって本件コートを保管・返還すべき義務を負ったことは、商法五九三条に照らし明らかである」として、Xの請求を一部認容した。

【五七】東京地判平元・二・七判タ六九四・二五〇

〔事実〕 X（被控訴人）・Y（控訴人）両製薬会社は新薬を共同開発し販売をはじめたが、Yの実施した臨床試験データの一部が捏造されたものであることが発覚し、Xは新薬の製造販売停止と回収を余儀なくされたため、Yに対しその損害賠償を請求した。

〔判旨〕「Yのデータ捏造は本件共同開発契約の合意に基づきYがXに対し負担するに至った本件協力援助義務に違反する」として、Xの請求を一部認容した。

なお、控訴審（東京高判平三・一一・二八判タ七七四・一〇七）は、Yの債務不履行責任については一審と同様の判断をしたが、三割の過失相殺を認めた。

【五八】名古屋地判平二・三・一判時一三六六・一〇二

〔事実〕　商品販売業者Xは、警備会社Yとの間で、店舗内の盗難予防等のための警備業務委託契約を締結していたにもかかわらず、宝石類が盗難にあったため、Yに対し損害賠償を請求した。

〔判旨〕　本件盗難事故当時、窃盗犯人がセンサーの下周辺を通って物色しても、異常事態を関知してYの警備本部に通報する状態になかったとして、この点につきYの過失を認め、Xの請求を認容した。

【五九】東京地判平二・六・一四判時一三七八・八五

〔事実〕　Y経営美容院でその従業員がXにパーマをかける際にXの頰と首筋にパーマ液をかけてしまったがこれを漫然と放置し赤外線を放射したことから、Xは皮膚炎に罹患したとして、Yに対し、医療費、慰謝料等の損害賠償を請求した。

〔判旨〕「YはXとの間の美容契約履行に際し、Xが皮膚障害を生ずることのないよう配慮すべき注意義務に違反した」として、Xの請求を一部認容した。

【六〇】東京地判平五・六・三〇判タ八五八・一八二

〔事実〕　Xは、南アフリカ共和国より船便で輸入したソテツの通関手続をYに委託したが、Yがこれを遅滞したことから、XはYに対し、ソテツの枯死、仮植え費用、逸失利益、調査費用相当の損害賠償を請求した。

〔判旨〕「Yは船積書類の送付を受けてから通関手続が完了するまでに二か月弱もの期間がかかっており、本件ソテツの量が大量であったことを考慮しても、通常必要とされる期間と比較して著しく遅延したといわざるをえないから、この点においても、Yには債務の不履行があった」として、仮植え費用相当の損害賠償を認容した。

【六一】千葉地判平五・一二・二二判時一五一六・一〇五

〔事実〕Y経営の無許可保育所が預かった乳幼児が嘔吐し窒息死したことから、その親XがYに対し損害賠償を請求した。

〔判旨〕乳幼児は食べたものを嘔吐することがよくあり、「業として乳幼児の保育に携わる者としては、常にそのことを念頭において保育にあたる注意義務を負っている」として、Yの債務不履行責任を肯定し、Xの請求を一部認容した。

【六二】東京地判平九・一二・二六判時一〇一一・一七八

〔事実〕労働者の派遣会社Xは、コンピューターソフトの開発等を主たる業務とするYとの間の労働者派遣契約に基づき、Yに対し派遣料の支払を求めた。これに対し、Yは、Xが派遣したAの無断欠勤により代替要員を充てなければならず、余分な人件費を負担せざるを得なくなったとして、Xの本訴請求に係る派遣料と相殺した残額の支払いを求める反訴を提起した。

〔判旨〕「Xは、Yに対し、本件労働者派遣契約に基づいて問題のあるAという労働者を派遣したことによってYが被った損害を賠償する責任がある」として、Yの請求を一部認容した（過失相殺七割）。

【六三】東京地八王子支判平一七・五・一九金判一二二〇・一〇

〔**事実**〕　Xは、Yが経営するスポーツクラブの会員であるところ、本件クラブ内の貴重品ボックスに預け入れていたキャッシュカードが盗取され預金が払い戻されていたことから、Yに対しその損害賠償を請求した。

〔**判旨**〕　Yは、①貴重品ボックスの位置する場所の天井に小型カメラを一切取り付けできないような処置をする、②貴重品ボックス付近の監視を十分に行い、窃盗犯が天井に小型カメラを取り付けようとすることを未然に防止する、③盗難防止プレートが設置されるまでの間、会員の貴重品をフロントで預かるなどして、貴重品ボックスの使用を一時中止する、などの具体的対策を怠ったことから、「Yは、XからYの貴重品ボックスに預け入れた財布の保管について、Xとの会員施設利用契約に基づく業務上の安全管理義務を怠った注意義務違反があ」るとして、Xの請求を一部認容した。なお、Xには貴重品ボックスの暗証番号にキャッシュカードと同一の暗証番号を使用した過失があったとして、三割の過失相殺をした。

【六四】東京地判平一八・四・二一判時一九五六・一一一

〔**事実**〕　発電機等の製造業者Xは、カナダに発電機等を輸出するにあたり、品質保証機関Yとの間で、カナダにおける製品規格に適合するように指導を受ける旨の契約（認証試験業務委託契約）を締結し、指導を受けたものの、規格適合の判断を誤ったため、製品の改修等を余儀なくされたことから、Yに対し、改修費用及び逸失利益等の損害賠償を請求した。

〔**判旨**〕「Y担当者のAは、Xの製造した発電機等にCSA規格を満たさない点があるにもかかわらず、これを指摘せず、これらがCSAの規格を満たしている旨の報告を行ったのであるから、これがYの前記契約上の債務の不履行に当たる」として、Xの請求を一部認容した。

三　事例の分析・検討

前述したように、今日、多くの分野で多種多様な役務（サービス）提供型契約が登場してきたが、その特質と提供者責任の構造の解明は契約法における重要な課題である。役務提供契約の性質及び内容に関する性質決定が、まず問題となる。典型契約規定との関係から役務提供契約の射程が問われるべきであろうし、民法典に取り込まれるべき新たな典型契約についても議論されている。また、役務提供という「なす債務」の内容をいかに確定し、当事者の保護法益をいかに限界づけるべきかも問題となる。そして、これらの観点を踏まえ、役務の欠陥・瑕疵の判断規準、責任要件、被害者の救済手段について検討する必要があろう。

役務提供者責任については、後に検討を加えるが[3]、ここでは、裁判例を典型契約である雇用・請負・委任・寄託とその他の非典型契約に分け、分析・検討を加えたい。完全性利益の侵害事例として二二件の裁判例を挙げた。このうち、雇用契約に関するものが一件（【四七】）、請負契約が六件（【四四】【四八】【四九】【五〇】【五四】【五九】）、委任契約が六件（【五一】【五三】【五八】【六〇】【六一】【六四】）、寄託契約が四件（【四三】【四六】【五二】【五六】）、その他非典型契約と解される事例が五件（【四五】【五五】【五七】【六二】【六三】）ある。

(一)　雇用・請負

【四七】は、雇用契約上の被用者の加害行為により使用者が直接に損害を被った事例である。【四四】【四八】【四九】【五〇】【五四】【五九】は、いずれも請負人の債務不履行が問題となっている。一般には、雇用は、労務者が使用者の指揮命令の下で労務に服すること自体に主眼が置かれ、その成果がどうであろうと報酬が与えられるのに対し、請負は請負人が自らの判断において労務提供の成果としての仕事完成に対し報酬が与えられるという点で差異がある。したがって、当該契約の内容によっては必ずしもこのように明確に分類することはできず、無理に民法上の一般的性質に従う必要もなく、各々の法的問題を処理するに当たり考慮すれば足りると考える。【四七】における被用者の役務提供は、Xの顧客から注文を受けた冷却装置の設計を内容とするものであり、結果債務的性質が顕著な事案である。したがって、請負契約と併せて検討できるであろう。

　まず、侵害態様からは、役務提供という「給付行為の瑕疵による拡大損害」が問題とされたものとして、【四七】【四八】【五四】がある。【四七】は、被用者のなした設計に瑕疵があり、使用者は冷却装置の製作をはじめからやり直さなければならなくなったことから、修復費用の賠償を求めたものであり、被用者の役務提供という給付義務自体の不履行が問題とされる。【四八】は、請負目的であるプリントハンカチの瑕疵により注文者に損害が生じた事例である。【五四】も、焼却場の好気状態を保つなどの配慮がなかったとして、その構造上の欠陥が認定されており、請負人の給付行為の不履行が問題となる。判決では、責任根拠を給付義務（仕事完成義務）違反に求めているが、保護義務論者は、完全性利益の侵害について保護義務構成を妥当とする。[4] しかし、いずれの事例も、完全性利益のみならず給付利益（給付結果）も侵害されており、給付関係と保護関係の峻別は微妙である。【五四】は、ガス中毒事故の防止措置を講ずべき注意義務（安全性を確保すべき高度の調査研究義務）が肯定され、これを保護義務構成することも可能であるように思われるが、結局は、給付目的たる設備構造に関わり、つまりそれだけの構造を有していなければ給付結果が達成されたことにはならないことから、給付義務との区分規準は明確ではない。

【五〇】は、請負人の仕事完成の履行遅滞中における完全性利益侵害について、給付義務違反による因果関係上の問題として捉えている。(5) 「給付の欠如（遅滞）による拡大損害」事例とみられるが、保護義務論においては、拡大損害については遅滞とは異なる損害として捉えられ、損害発生時点で請負人の採るべき具体的行為に着目して保護義務構成の可否が問われることになる。(6) ここでも、同じく履行遅滞という給付義務違反との関係が問題となる。

これに対し、【四四】【四九】【五九】は、一応、給付義務とは別個の保護義務構成が容易な事案である。【四四】では、Yのプリントアウト作業自体には欠陥はないものの、アドレステープの保管義務（機密保持義務）が問題とされており、【四九】でも、自動車修理業者の自動車の保管義務が問題となっている。しかし、【四四】では、コンピューターを取り扱う業者間ではコンピューター用磁気テープの機密保持につき十分注意すべきことが常識となっていること、XY間でテープの機密保持について十分注意しテープは二四時間以内にXへ返還すべき合意があったことが認定されており、給付義務構成が妥当し得る事案ともいえる。(7) 【四九】も、自動車修理業者は他人の物の保管をも業とするものだとしており、やはり給付義務構成が可能である。(8) したがって、義務構造上、一応、保護義務構成が妥当し得るとしても、役務提供の性質や当事者の合意内容等からは、請負人に高度な注意義務が課される場合があり、しかもそれが給付結果の達成と密接に関連している場合には、給付関係と保護関係の峻別は明確ではない。これに対し、【五九】は、美容契約の履行に際しての保護義務違反が問題とされ、ここでは給付義務から独立した保護義務構成が妥当し得る事案だといえる。

一般的には、請負契約においては、給付結果が明確であることから、完全性利益保護義務を別個に捉えることが可能であると思われるものの、以上にみたように、事案によっては給付義務との区別は必ずしも明確ではなく、保護義務の位置づけについてはなお検討を要する。

(二) 委任

委任契約に基づく受任者の役務提供は、自己の裁量によって処理すべく独立的である点で雇用と相違し、また、一定の結果の達成を義務づけられない点で請負と区別できる。したがって、一般論としては、委任契約は、いわゆる手段債務の典型として、役務提供自体について不履行の有無が判断されることから、給付関係と保護関係の分断は明確ではないといえそうである。

完全性利益の侵害事例としては、医療事故が問題とされることが多いが、学説では、患者の生命・身体に対する完全性利益保護を給付義務の対象とみる見解が多い(9)。ここで挙げた精神薄弱児施設・保育所内での乳幼児・児童の死亡事故に関する【五一】【五三】【六一】は、子どもの生命・身体に対する保護について、準委任契約上の監護義務、善管注意義務、監視義務違反を問題とする。学説は、このような保育委託契約上の保護義務を、医療契約におけると同様に、信義則上の付随義務としてではなく、当事者の合理的意思解釈を含む契約の解釈から導き出される給付義務として解する傾向にある(10)。確かに、子どもの生命・身体等の保護が給付義務の本来的対象とはなっていないとしても、契約の履行に当たって必然的にこれらの法益を危険にさらすような事態が発生し、義務者(受任者)の手に委ねられた法的財貨に対する監視・配慮を抜きにしては、契約上の義務の履行は考えられないことから、その給付義務性を肯定しやすい。そうすると、子供を預かった者の債務は、手段債務というよりも結果債務的性質が顕著なものとして理解されることになろう(11)。そして、保護の程度・その規準については、当該契約の性質(有償・無償など)や対象となる子どもの特性等から決せられることになる(12)。

【五八】は、警備契約（準委任契約）上の給付行為（警備）自体の瑕疵による依頼者保有動産の盗難が問題となっている。ここでも、依頼者の完全性利益保護が警備会社（Y）の給付義務に取り込まれ、その不履行を根拠に責任が肯定されたものと解することができる。【六四】は、認証試験業務委託契約に基づく品質保証機関（Y）の製品規格適合の判断に誤りがあった事例であり、同じく給付義務の不履行を問題とするが、完全性利益の保護を取り込んだ給付義務を認定できるかは明確ではない。なお、【六〇】は、通関手続の遅滞による損害が問題とされ、「給付の欠如（遅滞）による拡大損害」事例として位置づけることができる。

(三) 寄　託

寄託は、物の保管のために他人（受寄者）の労務を利用する契約であり、他人の事務処理を目的とする点で委任の一亜種とも目されるが、物の保管という側面からは、むしろ結果債務的性質が強いものと解される。【四三】【四六】【五二】【五六】は、いずれも寄託物の保管を受寄者の給付義務と捉えている。学説も、給付義務構成する見解が有力である。(13) 基本的には、寄託物の保管とは、物の毀損・滅失を防止して原状の維持を図ることであり、(14) 有償寄託の場合の善管注意義務の内容・程度もこれを規準として決せられることになる。

【四三】は、モータープールの扉の鍵前が不完全であり、Yが宿直員に夜間の巡回を指示していなかったことが問題とされ、【四六】では、Yに課される保管義務の内容は必ずしも明らかではないが、寄託物が高価な物であることが責任肯定の一論拠とされている。また、【五二】は、船の火災、その盗難からの保護のみならず、船内浸水のおそれがある場合には適宜必要な措置を採ることも保守管理義務の内容とする。なお、【五六】では、Yは、無償で大量の預かり業務を履行するという業務の性質から責任はないと主張したものの、判決は、受寄者の責任を減免すべき法的根拠はないとして、商法五九三条を根拠に責任を肯定している。

寄託契約については、物の保管という役務のみを給付結果とみて、寄託物の保護（完全性利益保護）を別個に捉えることも可能ではあるが、医療契約や保育委託契約などと同様に、両者を区別することなく寄託物に対する保護も給付義務として構成することが容易である。そして、保管義務の内容・程度、その不履行の存否は、寄託物の種類・性質等を勘案して決せられることになろう。

(四)　非典型契約

非典型契約とみられる事例として、【四五】【五五】【五七】【六二】【六三】がある。非典型契約は、当該契約の法的性質の決定が困難であり、当事者が負担する役務提供の内容も明確ではない。したがって、各事例ごとに当該契約における給付結果・契約目的を確定し、完全性利益侵害に対する帰責根拠を検討せざるを得ない。

【四五】は、興信所の行った信用調査の瑕疵が問題とされている。情報提供を目的とする契約の法的性質については議論があるが、本件の信用調査については、その目的・内容がある程度明確であることからみて、ここでの情報提供は結果債務的性質が強く、請負契約に類似するものと思われる。[15] 情報の瑕疵においては、完全性利益侵害が生じる場合が多いとされ、[16] 本件では、興信所の信用調査の瑕疵を給付義務違反とみて、それと相当因果関係にある損害の賠償を認めている。これを保護義務構成することも可能であるが、本件における信用調査の内容はある程度明確であり、給付結果（給付行為）自体も不完全であることから、給付義務との分断についてはなお検討を要する。相手方の完全性利益保護も給付義務に取り込むことが容易な医療契約や保育委託契約などと同様に捉えることも適当ではなく、当該情報提供の種類や提供行為の適否等から判断されることになろう。[17]

【五五】では、ダイビングツアーの参加者の生命・身体の保護をツアー契約上の附随義務（安全配慮義務）とする。[18] これを保護義務構成するについては、役務提供という給付行為の内容の理解に関わることになる。本件ツアー契約は、YがXらのために運送、宿泊、ダイビング器材の供与、ならびにこれに付随する一連のサービスを提供し、かつダイビングの指導を行うことを内容とするものである。[19] このようなYの役務提供は、請負、委任等の性質を包含するものだといえようが、本件では特にダイビング器材の安全性が問題とされている。ダイビングが危険性を孕んだスポーツであり、特にこれに使用されるボンベの検査・取扱いが不適切であるとボンベ破裂の危険があるから、Yに課される注意義務（保護義務）の内容・程度は高度なものとなろう。[20] したがって、本件におけるYの役務提供の性質からは、附随義務を給付義務として捉えることも可能な事例であったと思われる。

【五七】は、新薬共同開発契約と称される新種の契約であり、当事者が互いに新薬の製造へ向け試験研究・情報提供を負担するものである。本件契約の法的性質の決定は困難ではあるが、新薬製造という目的達成へ向け、役務提供の内容が明確であれば請負契約に類似するが、そこまで義務づけることができないとすれば委任契約に類似することになる。いずれに解したとしても、本件ではYが捏造した臨床試験データを提供したことから、新薬共同開発契約上の義務に著しく違反しており、給付義務（協力義務）違反にあると解してよい事例だといえよう。【六二】は、労働者派遣契約に基づき派遣された労働者の無断欠勤により生じた損害賠償請求事例であり、派遣会社の給付義務違反を帰責根拠とする。

【六三】は、スポーツクラブの会員（X）が、クラブ内の貴重品ボックスに預け入れていたキャッシュカードの盗取により被った損害について、クラブ（Y）の会員施設利用契約に基づく安全管理義務違反を帰責根拠としている。そして、Yの安全管理義務違反とXの損害との間には民法四一六条の相当因果関係があり、Yの債務不履行による通常損害であるとする。本判決では、貴重品について保管を約する寄託契約が成立したのか否かには触れず、会員施設利用契約に付随しこれと一体をなしているものとして構成している。本件は、クラブ（Y）の役務（給付義務）自体は問題とはされず、Xの所有物を保護・管理すべきYの義務を認定し、その違反に対する責任を肯定する。したがって、給付義務の不履行はないが、完全性利益侵害のみが問題とされる場合として捉えることができる。

四　小　括

役務（サービス）提供型契約については、各々の契約の特質、債務の内容は明確ではなく、完全性利益侵害に対する責任構造について確定した構成を把握することも困難な状況にある。役務提供契約の性質や不完全な役務を判断するためには、役務提供者の債務の内容、特に給付義務の内容を確定することが必要であり、その上で、役務の欠陥・瑕疵が判断されるべきであろう。

そして、裁判例からは、問題となる完全性利益の侵害場面としては、およそ給付義務の不履行がある場合とない場合に分けて整理できる。給付義務の不履行がある場合としては、役務の欠陥・瑕疵により債権者の完全性利益が侵害される場合（「給付行為の瑕疵による拡大損害」）を析出できる。また、「給付の欠如（遅滞）による拡大損害」事例や債権者の完全性利益の保護が給付義務の対象とされる契約もみられる。これに対し、給付義務の不履行がない場合は、債務は一応履行されたが（給付義務違反はないが）、完全性利益侵害のみが問題とされる場合であり、裁判例においても、給付義務とは別個の義務違反を認定する事例がある。この場面では、保護義務構成の当否が問題となるとともに、不法行為と境界を接する場面として捉えられる。

（1）中田裕康「現代における役務提供契約の特徴（上）（中）（下）」NBL五八七号（一九九五）二一頁以下、同五七九号（一九九五）三二頁以下、同五八一号（一九九五）三六頁以下（同『継続的取引の研究』（有斐閣、二〇〇〇）所収）、沖野眞巳「契約類型としての『役務提供契約』概念（上）（下）」NBL五八三号（一九九五）六頁以下、同五八五号（一九九六）四一頁以下、河上正二「商品のサービス化と役務の欠陥・瑕疵（上）（下）」NBL五九三号（一九九六）六頁以下、同五九五号（一九九六）一六頁以下など。

（2）川井健編『専門家の責任』（日本評論社、一九九三）、山川一陽＝根田正樹編『専門家責任の理論と実際』（新日本法規出版、一九九四）、専門家責任研究会編『専門家の民事責任（別冊NBL二八号）』（商事法務研究会、一九九四）、「シンポジウム 専門家の民事責任」私法五七号（一九九五）、「特集『専門家の責任』法理の課題と展望」法律時報六七巻二号（一九九五）六頁以下など。

（3）私見の詳細は、本書第五章第三節参照。

（4）奥田昌道編『注釈民法⑽』（有斐閣、一九八七）三五三頁（北川善太郎執筆）は、【四七】を安全義務・保護義務違反事例として挙げる。

（5）上告審は判決集未登載であるが、潮見佳男『契約規範の構造と展開』（有斐閣、一九九一）二八二頁によると、Yが上告、Xが付帯上告し、原審が通常の予測を超える豪雨であったとの一事をもって損害額を減額した点が不当だとして、Yが予見可能かどうかで特別損害として賠償が認められるのか否かを判断すべきだとして、破棄し原審に差し戻したようである。

（6）潮見・前掲注（5）三〇二―三〇五頁参照。

（7）金井高志「フランチャイズ契約におけるフランチャイジーの秘密保持義務及び競業避止義務」判例タイムズ八七三号（一九九五）三七頁は、【四四】におけるような機密保持義務は信義則上の保護義務として認められるとする。

なお、石田喜久夫「判例評釈」判例評論一八一号（一九七四）二三―二四頁（【四四】の評釈）は、コンピューター用磁気テープは模写可能でその情報を盗取するのは容易であり、情報の価値は高額となる可能性があるとして、前者は注意義務の内容に関わり、後者は賠償額の算定に関わるとする。

（8）ドイツの学説には、【四四】のような事例を保護義務が給付利益の保護へも向けられる場合の例として挙げるものもある（*Palandt BGB-Helmut Heinrich*, 60. Aufl. 2001, Rn. 35. zu §242.）。

（9）例えば、潮見・前掲注（5）一四八―一四九頁は「契約目的達成のための従たる給付義務」であるとし、奥田昌道『債権総論〔増補版〕』（悠々社、一九九二）一六五頁、六一九頁も給付義務とする。

　なお、学校教育契約も学校（教育者）の主たる義務である教育実施役務提供の性質からは準委任契約と解されようが（拙稿「美容学校の指導等と債務不履行責任」『別冊ジュリスト 消費者取引判例百選』（有斐閣、一九九五）一二〇―一二一頁）、いわゆる学校事故に関わる安全配慮義務違反事例も多数に上る（詳細は、伊藤進＝織田博子『実務判例 解説学校事故』（三省堂、一九九二）参照）。

(10)　潮見・前掲注（5）一四八頁、奥田・前掲注（9）六一九頁は「主たる給付義務」とする。

(11)　吉田邦彦「債権の各種―『帰責事由』論の再検討―」星野英一編代『民法講座 別巻2』（有斐閣、一九九〇）四九―五〇頁によると、フランスでは子供を預かった者の債務は通常「手段債務」とされるが、有償で専門的な機関の場合は「結果債務」を負うとする。

(12)　【五三】【六一】は、有償で業として乳幼児を預かる者の義務の程度は重くなるとする。なお、最近の事例として、幼児同伴の顧客らの入店を容認しているパチンコ店でパチンコ玉搬送用の台車を使って遊んでいた幼児（二歳）が店外に出て交通事故により死亡した事案において、パチンコ店に顧客のゲーム機使用に伴う付随的な安全配慮義務として監護を補助すべき義務違反があるとして損害賠償責任を認めたものがある（福岡高判平成二一・四・一〇判時二〇五三号四七頁）。

(13)　潮見・前掲注（5）一四八頁、奥田・前掲注（9）六一九頁は「主たる給付義務」とする。なお、北川・前掲注（4）三五三頁は、安全義務・保護義務違反事例とする。

(14)　幾代通＝広中俊雄編『新版注釈民法⒃』（有斐閣、一九八九）三一〇頁（明石三郎執筆）。

(15)　ドイツでは、探偵事務所や興信所への調査依頼、弁護士との契約による法律問題の助言、会計士と会社との財務監査契約など特定の問題への情報提供の場合は請負契約とされ、弁護士の訴訟遂行の場合や契約が継続的助言活動を目的とする場合は雇用契約とされる（松本恒雄「ドイツ法における虚偽情報提供者責任論（二）」民商法雑誌七九巻三号（一九七八）三八一頁、岡孝「情報提供者の責任」遠藤浩＝林良平＝水本浩監『現代契約法体系 第七巻』（有斐閣、一九八四）三〇九頁など）。

(16)　松本恒雄「契約責任と安全配慮義務」Law school 二七号（一九八〇）二〇頁。

(17)　中井美雄「判例評釈」判例評論一八二号（一九七四）二八頁（【四五】の評釈）は、義務違反の規準・限界は、過失が調査事項の基本に関わるものかどうか、調査手続が誠実に履践されているかどうか、報告書提出後どの程度の期間経過後に被用者が不正行為をはじめたかなどから判断されるとする。

（18）奥田・前掲注（9）一六五頁は、旅客運送の場合には、乗客の人身の安全も給付内容であると解すれば給付義務構成され、給付義務を狭く運送に限れば保護義務構成されるとする。

（19）なお、責任否定例であるが、主催旅行契約に関する東京地判昭和六三・一二・二七＝東京地判平成元・六・二〇判時一三四一号二〇頁は、旅行の場所的移動・時間的経過に伴う危険性と被害者救済の困難性、旅行業者による契約内容の一方的な決定性、旅行業者の専門業者性とこれに対する旅行者の信頼等を論拠に、旅行業者に主催旅行契約上の付随義務として旅行者の生命・身体・財産等の安全確保義務を肯定する。同判決をめぐり学説は、これを安全配慮義務として位置づける見解が多い（國井和郎「判例評釈」判例タイムズ七三六号（一九九〇）四五頁、飯村敏明「判例評釈」判例タイムズ七六二号（一九九一）七三頁、高橋弘「判例評釈」判例評論三八三号（一九九一）六三頁、大橋敏道「判例評釈」ジュリスト一〇一六号（一九九三）一二六頁）。

（20）スキューバダイビング事故については、河村浩「スクーバダイビング事故をめぐる法的諸問題」判例タイムズ一〇七四号（二〇〇二）五七頁以下、東京地判平成一六・七・三〇判タ一一九八号一九三頁（スキューバダイビングツアー参加者が潜水中に溺死した事故につき、ツアー主催者のツアー契約に基づく安全配慮義務違反を認定）参照。その他、スポーツ事故に関する事例として、富山地判平成六・一〇・六判時一五四四号一〇四頁（水泳クラブ会員の溺死事故につき、クラブの安全配慮義務違反を認定）、東京地判平成一五・一〇・二九判時一八四三号八頁（自動車レース事故につきレース主催者の債務不履行責任を肯定）、横浜地判平成二一・六・一六判時二〇六二号一〇五頁（タンデムスカイダイビングの体験希望者がパラシュートが開かず墜落死亡した事故につき、企画会社の債務不履行責任を肯定）など。

第五節　学説理論への応接

一　はじめに

以上の裁判例の傾向分析を踏まえ、学説理論から析出された問題点[1]との関係について整理しておきたい。保護義務の法的性質については、学説においても未だ一致はみられず、裁判例の動向も流動的である。

給付義務とは別個の保護義務を観念しているものと思われる裁判例は、財産権譲渡型契約事例の一部にみられたが、財産権利用型・役務提供型契約事例においては明らかではない。特に役務提供型契約は、前述したように、役務提供の性質・内容や当事者の保護法益の画定を統一的な視点から捉えることは困難な状況にあり、各々の契約ごとに検討せざるを得ない。このような裁判例の状況は、従来の契約責任論が財産権譲渡型契約を主たる考察対象にして展開されてきたこと、また、そこでの契約義務構造及び具体的な侵害態様の把握が容易であることにも起因するものと思われる。したがって、以下では、財産権譲渡型契約を中心に据え、それと対応させて他の契約類型の事例を整理することにする。

二　契約責任の根拠

学説は、一般に、完全性利益の保護へ向けられる義務を「保護義務」と称して議論するが、裁判例においてはこのような名称自体定着してはいない。しかし、例えば、財産権譲渡型契約事例では、個々の契約の合理的解釈から信義則上認められる「付随義務」（その他、説明義務、安全配慮義務、安全確保義務などと称される）を根拠に責任構成するものがあり、これらは保護義務が当該契約関係において具体化されたものとして捉えることもできる。そして、学説は、契約義務の目的方向性（給付利益と完全性利益）の相違を強調し、保護義務を給付義務から分断されたものとして捉える傾向にあった（とりわけドイツの「統一的法定保護義務関係」論及びわが国の「峻別徹底説」）。しかし、給付関係と保護関係の区分規準は明らかではないことから、保護義務領域の限定化を志向する見解が主張されるに至ったことは前述した通りである。裁判例においても、財産権譲渡型契約事例において付随義務構成するものも、後述するように、それを必ずしも給付義務から分断された義務として観念するものではない。

また、財産権利用型契約事例にあっても、賃貸人の修繕義務はもちろん、失火責任事例についても給付義務の不履行として責任構成する傾向にある。賃貸人の失火については、協力義務、管理義務あるいは注意義務が問題とされるが、これらは賃貸人の使用収益させる義務の一態様として捉えているものといえ、賃借人の失火についても、目的物の保管義務の不履行（あるいは返還義務の履行不能）とされ、保護義務構成を意識するものではない。役務提供型契約事例においても、当該契約上の役務提供の理解の仕方によっては同様のことがいえそうである。

三　侵害態様（不履行形態）

裁判例からはおよそ給付義務の不履行の結果として完全性利益が侵害される場合と、給付義務の不履行はないがその履行に際して（あるいは履行過程において）完全性利益が侵害される場合を析出できる。

(一)　給付義務の不履行がある場合

学説理論を前提にするとき、これはさらに二つに分けて考える必要がある。第一は、完全性利益の保護が給付利益（給付結果）に取り込まれる契約において、給付義務たる保護義務が存在する場合である。第二は、一般には給付義務たる保護義務の存在は肯定できないにしても、給付目的物（または給付行為）の瑕疵により完全性利益が侵害されるような場合である。

1　**給付義務たる保護義務の存在**

本章で挙げた裁判例からは、保育委託契約における乳幼児・児童の死亡事故事例（【五一】【五三】【六一】）、警備契約（【五八】）、寄託契約上の寄託物の毀損・滅失事例（【四三】【四六】【五二】【五六】）がここに該当しよう。これらの契約においては、完全性利益の保護が当事者の合意を基礎とする給付義務の対象となっていると解することが可能であり、給付義務違反を根拠に責任構成することについては、学説上もほぼ異論はないものと思われる(2)。ただし、義務の内容・程度は、当該契約の性質（例えば、有償か否か）や契約目的の特質等を勘案して決せられることになる。なお、ツアー契約（【五五】）についても役務提供の内容からは同様に解してよいと思われるが、判決では付随義務（安全配慮義務）構成している(3)。

2　**給付目的物（または給付行為）の瑕疵による拡大損害**

財産権譲渡型契約に関する「給付目的物の瑕疵」（欠陥商品事故）事例（【二】【三】【五】【六】【八】【九】【一〇】【一一】【一二】【一三】【一四】【一五】【一六】【一九】【二〇】）及び財産権利用型契約における賃貸人の修繕義務の不履行事例（【二三】【三三】【三四】【三六】【四一】）、さらに役務提供型契約の【四五】【四七】【四八】【五四】【五七】【六二】【六四】が該当する。

学説は、この場面の帰責根拠を保護義務に求めるのが一般的な傾向である。しかし、財産権譲渡型契約事例では、給付義務構成するものが多く、付随義務構成するものも、それを給付義務から完全に分断された義務として観念するものではなく、あくまで給付義務に対する「付随」性に固執する。裁判例からは、この場面では既に給付目的物自体に瑕疵があり、したがって、給付義務は不履行の状態にあること、また、付随義務といっても、それは完全性利益のみならず給付利益の保護にも及び得ることから、給付義務との接点をまったく否定することはできず、給付目的物の瑕疵責任に絡めて責任構成せざるを得ないとの意図が窺えるのではなかろうか。また、賃貸人の修繕義務（民法六〇六条一項）は、使用収益させる義務（協力義務）の一態様として、その給付義務性を承認でき、ここでは「賃貸目的物の瑕疵」という給付義務違反の状態にある。役務提供型契約事例においても「給付行為の瑕疵」が問題とされ、ここでも学説理論のいう保護義務構成の可否に関し検討を要する。

なお、「給付の欠如（遅滞・不能）による拡大損害」事例（【一七】【三九】【五〇】【六〇】）も、給付義務違反の存する場面としてここに位置づけることができようが、損害発生時点での債務者の採るべき行為に着目して具体的義務を観念すべきであるとすると、別の構成も可能である。

(二) 給付義務の不履行がない場合

裁判例からは、財産権譲渡型契約の「給付する際に必要な注意の欠如」事例が、また、財産権利用型契約では賃貸人・賃借人の失火責任事例、役務提供型契約においては【四四】【四九】【五五】【五九】【六三】が問題となる。

財産権譲渡型事例（【一】【四】【七】【一八】【二一】【二二】）は、いずれも給付義務とは別の義務違反を根拠としており、完全性利益侵害は給付義務履行と関連して生じているものの、給付目的物自体に瑕疵はなく、あくまで完全性利益保護へ向けられる義務のみが問題になるものと解することができる。賃貸人・賃借人の失火責任について、裁判例は、給付義務構成するが、当事者の給付義務が相手方の完全性利益保護まで包含するものではないと解する限りでは、保護義務が妥当する場面である。また、役務提供型契約事例も同様に解することができるが、役務提供の性質や当事者の合意内容からは、給付義務との峻別は明確ではない場合も出てくる。

いずれにしても、給付義務の不履行がない場合は、主に完全性利益侵害が問題とされ、給付義務とは別個の義務構成が可能であると考えると、保護義務がもっとも効果を発揮する場面であると同時に、不法行為との限界領域として注目できる。

四　被違反義務の存立根拠

以上のような状況において、完全性利益侵害に対する契約責任の根拠として、いかなる義務構成が妥当するかが改めて問題とされることになる。そこで、裁判例においては、当該契約関係をめぐるいかなる事情から完全性利益の保護が図られているのかをみると、前述したように、財産権譲渡型契約事例では、給付目的物の種類・性質、その瑕疵から生じ得る危険性、当事者の立場の相違や商品流通過程の実態等が勘案されており、役務提供型契約事例においても同様に判断されているものと思われる。また、賃貸人・賃借人の失火責任事例においては、建物の構造（賃貸部分と非賃貸部分の「不可分一体性」）、使用状況及び火気管理態勢等から、当事者の完全性利益侵害の危険性が存在し、そのことを当事者が予測し得たことが、契約責任を認めるに際しての重要なファクターとなっているものと解される。

もっとも、このことは、財産権譲渡型契約事例では給付義務構成と付随義務構成のいずれの場合でも同様に判断されており、失火責任事例では、給付義務構成する際の判断規準である。しかし、保護義務構成する場合にもその存立根拠として考えられるべきものだといえ、これらをいかに評価すべきかが問題となる。

五　不法行為法上の義務との関係

裁判例で問題とされる完全性利益の侵害場面は、給付義務が不履行にある場合とない場合に分けることができたが、後者にあっては、履行行為ないし履行過程と関連した完全性利益侵害だといえ、いわば給付義務履行と同一現象内において捉えることができる。その意味では、保護義務の存立を肯定するにしても、不法行為責任との限界づけに向け学説で議論される当事者間の特別結合・信頼関係の理解については、あまり問題とされることなく契約責任が妥当し得るものと解することができるかもしれない。確かに、これまで不法行為責任との関係をめぐり問題とされてきた領域は、当事者間に社会的接触はあるが有効な契約関係がない場合（給付義務と何ら関係がない場合＝契約締結上の過失、契約が有効に成立しなかった場合や契約終了後の責任等）である。しかし、このような場面を検討するに際しても、契約関係がある場合の完全性利益侵害の帰責構造の分析・検討を無視することはできず、とりわけ給付義務の不履行がない場合（給付義務の履行に際して（またはその履行過程において）必要な注意の欠如）の責任構造との関係から（この場面が契約関係のない場面にどこまで妥当し得るのかという形で）検討されるべきであると考える。その意味で、裁判例から析出される場面で存立し得る保護義務と不法行為法上の義務の関係が問題となる。

既にみたように、学説は、保護義務と不法行為法上の義務の同質性を認める見解も有力であるが、保護義務は、契約当事者たる特定人間において設定され、その範囲は限定的であること、内容的にも不法行為法上の義務よりも高度化されること（消極的内容に尽きるものではなく、積極的義務も含み得ること等）が指摘され、両者の相違に言及する見解もある。

この点を裁判例についてみると、保護義務は契約関係の存在を前提としてそこから析出される諸事情を勘案して導き出されるものであり、しかも、例えば、財産権譲渡型契約においては、商品の安全性確保、教示（警告指導）、用法説明といった、商品の危険性を除去し、被害発生を防止すべき積極的内容が付与されており、その限りでは保護義務の存在意義が出てきそうである。また、賃貸借契約における失火責任事例においては、当事者が自らの居住部分で生活することは、賃貸借契約上の債務の履行ではなく、したがって失火そのものに債務不履行はないから、不法行為として扱うべきだとの批判もある。しかし、これは債務を狭義の給付義務に限定する硬直的な考えだといえ、不可分一体的な部分で生活すること自体は債務の履行とはいえないにしても、前述したような諸事情からは、給付結果・契約目的の実現へ向けられた行為であると解することもでき、当事者の支配領域ないし行為からの危険が相手方へ及ばないような安全性を確保する義務を認め、債務不履行責任構成することも可能である（さらに、不法行為責任構成するときには、失火責任法の適用により責任が否定される場合もある）。

このように、保護義務の積極的存在意義を主張する学説に対応させて裁判例をみるときには、不法行為法上の義務との相違は明らかとなる。しかし、契約関係にある当事者間で不法行為責任が追及され、契約責任と不法行為責任が競合する場合には、両者の違いはほとんど認められないとの指摘もあり、実際、裁判例においてもそのような動向も見受けられる。(4) この点については、ここで挙げた裁判例からも判然とはせず、改めて解明すべき課題として残されよう。

（1）　本書第二章第四節参照。
（2）　その他、完全性利益の保護が給付目的とされる契約に関する事例として、神戸地判平成一二・三・九判時一七二九号五二頁（乳児院における乳児の窒息死につき保母の過失を認定）、福岡地判平成一五・八・二七判時一八四三号一三三頁（介護サービス施設での高齢者の事故）、横浜地判平成一七・三・二二判タ一二一七号二六三頁（介護老人施設での高齢者の転倒事故につき施設側の安全配慮義務違反を認定）、大阪地判平成一九・一一・七判時二〇二五号九六頁（痴呆症介護施設に入居中の高齢者がベッドから転落し受傷したことにつき、施設管理者の安全配慮義務違反を認定）など。

（3）同種の事例として、大阪地判平成五・三・二四判時一四七七号八一頁（フェリーの乗客の乗船中の病死に対する運送業者の安全配慮義務違反）、東京地判平成七・九・二七判時一五六四号三四頁（宿泊契約に基づくホテルの顧客に対する安全配慮義務違反）、東京地判平成八・九・二七判時一六〇一号一四九頁（旅館の顧客に対する安全配慮義務違反）、東京地判平成一二・一・二八判時一七一六号八九頁（米国における語学研修に参加した者が宿泊施設でベッドから転落し受傷した事故につき、研修主催者の安全配慮義務違反を認定）、東京高判平成一五・六・一一判時一八三六号七六頁（重度障害者の車いす移動に際する介助駅員の一時放置につき、鉄道営業者の安全配慮義務違反を認定）など。

（4）【三】は、製造業者の不法行為責任も併せて肯定されたが、不法行為法上の注意義務と債務不履行責任上の注意義務（帰責事由）が統一的に判断されている（植木哲「判例評釈」判例評論一八六号（一九七四）六頁〔【三】の評釈〕は、Xらの立証責任の便宜を考慮してのことだろうとする）。

その他、例えば、東京地判昭和五〇・六・三〇判時八〇一号五二頁は、一酸化炭素中毒事故の事案について、ガス風呂ガマの販売業者とガス供給会社の責任につき契約上の義務と不法行為上の義務の同質性を肯定する。また、大阪地判平成一三・二・一四判時一七五九号八〇頁は、土砂崩れにより建物で就寝中の一家四名が死亡した事故につき、不動産を住居として売却するに当たっては、その生命・身体・財産等に被害を与えないよう安全性を確保するための措置を講ずべき義務があるとして、当該土地・建物の売主らに不法行為責任を認めた。同様の傾向は、さらに詐欺的商法や医療事故などの不法行為責任構成についてもいえるであろう。

第六節　結　　び

本章では、完全性利益の侵害に対し契約責任（債務不履行責任）を肯定した裁判例の傾向分析を行った。以上に指摘したように、財産権譲渡型、財産権利用型、役務提供型の各々の契約類型において特徴的な傾向が窺えるとともに、責任構造を解明する上で留意されるべき論点も浮き彫りとなる。

完全性利益の侵害態様としては給付義務の不履行の有無から把握でき、そこで損害賠償責任の根拠たる被違反義務とその存立根拠が問題とされ、これらを踏まえて契約責任の構造、さらには、不法行為規範との限界づけが検討されるべきである。このような論点は、学説理論（保護義務論）から析出された問題点とも整合させて論じることができるであろう。

そこで、次章では、これまでの学説、裁判例を素材とした検討を踏まえ、契約責任の構造と射程について考えたい。義務論（保護義務論）の意義、契約債務関係の構造、完全性利益侵害の帰責根拠、契約責任の射程について順次検討を加えたい。

第四章　完全性利益侵害と契約責任構造

第一節　緒　論

ここまで、債務履行過程における完全性利益侵害を契約責任構成する際の根拠とされてきた保護義務に関する学説理論の状況を整理し、さらに、そこから析出される問題点を前提に、裁判例の傾向分析を試みた。「契約責任の拡大」（完全性利益侵害）を被違反義務の面からみるとき、当初は給付義務に限定して捉えられていたが、次第に被侵害利益の特殊性が認識され、そこでの債権者保護の要請と相俟って保護義務が生成展開されてきた。保護義務論は、契約交渉過程から契約成立後、場合によっては契約終了後においても、各々の場面での完全性利益の保護構造を明らかにし、とりわけ本考察の分析対象である履行過程や契約義務構造を理解する上で留意されるべき論点を浮き彫りにする。そして、完全性利益の保護へ向けられる義務が各種義務との相互連関から具体化される結果[1]、債務者の帰責性の有無（いわゆる「過失さがし」）がより可視的に判断され得ることになる。このように、完全性利益侵害として帰責するに際し、契約法規範がそのような事態に対していかなる意味を付与するのかという観点からの検討は、いわば責任法を契約法的視点から見直す契機となるものであり、保護義務論の成果として評価してよい。もちろん、契約責任と不法行為責任の相互の関係及び各々の責任の構造・射程を考える上で格好の理論的素材を提供する。

もっとも、学説においては、各論者独自の理論装置により諸説が林立し、未だ帰一するところを知らない状況にあり、裁判例においても混乱がみられる。ドイツでは、不法行為法の不備から契約責任構成が志向されたが、わが国では、ドイツ民法理論の継受とともに、とりわけ安全配慮義務の出現にも影響され(2)、給付利益＝給付義務、完全性利益＝保護義務という図式が定着した。そして、給付義務とは別個独立した義務として保護義務が観念され、それが契約関係において生じる完全性利益侵害の場合に常に問題になるとする理解が、一般的傾向である。しかし、契約責任構造は、完全性利益の侵害が具体的に契約関係のいかなる場面においてどのようにして生じたのか、また、そこでは各種の契約義務との関連性をどのように評価できるのかを、類型的に確定する作業を通して解明されるものだといえる。

そこで、完全性利益侵害に対する契約責任構造を考えるに際しては、いくつかの観点から検討する必要がある。既に整理したように(3)、第一に、保護義務を契約義務構造上どのように位置づけるかである。特に、給付結果の実現へ向けられる給付義務との関係（峻別可能性）が問題となる。第二に、完全性利益の侵害態様として多様な場面が問題とされており、裁判例の傾向分析も踏まえ、それぞれの場面での帰責構造をどう捉えるかである。第三に、以上の諸観点から理解される契約責任は、不法行為規範とどのように限界づけられるかである。ここでは、保護義務の存立基盤をめぐる理解、及び不法行為法上の義務との関係が問題となる。

以下で、順次検討を加えるが、本考察は有効な契約関係が存する場面を対象とする。ここでの検討が、さらに契約関係が存しない場面（契約締結上の過失、契約が有効に成立しなかった場合や契約終了後など）の責任構造を考えるに際しても前提とされるであろう。

（1）　もっとも、裁判例においては、当該契約類型（とりわけ役務（サービス）提供型契約）の特質により、必ずしも具体的な義務を析出・設定し難い場合もみられたが、保護義務論の検討を通して、帰責構造の基本的枠組みを提示することは可能だといえる。

（2）　安全配慮義務論が、「契約責任の拡大とその再構成」へ向け理論的深化をもたらしたことはいうまでもなく、基本的には保護義務と同様の問題が妥当するであろう。ただし、雇用契約における安全配慮義務は、「ある法律関係に基づいて特別な社会的接触の関係に入った当事者間において、当該法律関係の付随義務として当事者の一方又は双方が相手方に対して信義則上負う義務」（最三小判昭和五〇・二・二五民集二九巻二号一四三頁）だとされ、この点を強調するときには、安全配慮義務は必ずしも契約債務関係の存在を前提とするものではないといえ、保護義務と同視してよいかはなお検討を要する（そこでの侵害の中心は人身損害であり、しかもそのような侵害は避けられない面が強い、といった雇用契約の特殊事情にも留意する必要がある（内田貴『民法Ⅲ〔第三版〕債権総論・担保物権』（東京大学出版会、二〇〇五）一三六―一三七頁参照））。しかし、安全配慮義務は雇用契約に限定されるものではなく、売買・在学・医療契約などにおいても論じられる場合（國井和郎「裁判例からみた安全配慮義務」下森定編『安全配慮義務法理の形成と展開』（日本評論社、一九九八、初出一九八一）一〇頁以下、高橋眞『安全配慮義務の研究』（成文堂、一九九二）一三六頁以下など）には、保護義務と同視できるようにも思われる。

（3）　本書第一章第五節、第二章第四節参照。

第二節　契約債務関係の構造—保護義務の位置づけ

一　はじめに

完全性利益侵害に対する契約責任構成を肯定する場合には、その論拠が問題となる。先にみたように、積極的債権侵害論（不完全履行論）を契機として債務・契約義務構造に関する理論的深化が図られてきた。契約義務に立脚した分析手法は、問題となる契約の性質決定・特質を明らかにし、それを踏まえた債務不履行の評価や責任内容を把握するための規準を定立する上で有益であり、とりわけ役務提供契約（なす債務）においてその意義が顕著なものとなろう。

そこで、これまでの理論展開を踏まえて契約債務関係の構造を考えてみる必要がある。一般に、「債権」とは、給付の請求を通じて給付結果が債権者に帰属することであり、このように債権者に給付を取得させるべきような、また、債権者に対して給付すべき義務が「債務」として理解される。そして、契約義務として、「給付義務」は、債務者の給付行為を通じて債権者に給付結果を生じさせる義務だとされ[1]、給付行為をどう捉えるかについては理解は一致しないが[2]、「主たる給付義務」の内容となる行為の他、それを補充するために付加される「従たる給付義務」や「付随的義務」とされるものも、債務関係の枠内において統一的に理解し契約規範の適用に服するとみる限りでは、義務論において異論はないようである[3]。さらに、保護義務もこのような債務関係の中で捉えるときには、その論拠が問題となる。

二　保護義務論からの帰結

保護義務を契約上の義務として捉えるとして、他の種々の義務との関係からどのように位置づけられるかが問題である。保護義務論から析出される問題点と解決方向性については既に整理したが、ここでは義務構造を理解する上で前提とされるべき理論動向について確認しておきたい。

学説は、概して、契約義務をその目的方向性の相違に着目して捉え、給付利益ないし履行利益の保護へ向けられる義務としては、給付義務（主・従の給付義務）と付随的義務を析出する。これに対し、完全性利益保護義務は、必ずしも当事者意思に基づくものではなく、法秩序（信義則）により設定され、給付義務とは構造上区別した形で観念することを前提に議論される。

そして、ドイツの「統一的法定保護義務関係」論及びわが国の「峻別徹底説」は、給付義務と保護義務の相違を強調する。このような動向は、かつての財産供与の給付義務を中核とする理論体系から離れ、契約義務及び債務履行過程の重層的構造を明らかにするものとして注目できる。反面、このような給付義務（給付関係）と保護義務（保護関係）の峻別可能性をめぐる問題性が次第に浮き彫りにされることになる。

「統一的法定保護義務関係」論に対する批判説は、履行過程においては、保護義務の内容及びその違反の効果が給付と不可分に関わる場合のあることを指摘し、諸義務は当事者意思と法秩序により共同決定されると理解する(4)。また、わが国においても、「峻別不徹底説」は、保護義務を履行過程との関連において捉え、拡大されてきた契約責任の妥当領域の明確化を志向する。

さらに、このような保護関係の曖昧さを回避する意味で、同じく「統一的法定保護義務関係」論を支持する論者にあっても、保護義務内部での峻別を志向する見解（保護義務領域限定説）が有力である。第一は、完全性利益が給付利益（給付結果）に取り込まれる場合のあることが肯定され、給付義務としての性質を有する保護義務を析出する動向である。ここでは、給付義務化されない保護義務についてその位置づけが問題とされることになる。第二は、保護義務を給付義務の不履行のない場面でのみ問題とする動向である。これは、ドイツにおいてみられる見解であるが、わが国では完全性利益侵害を専ら保護義務により根拠づける傾向にある。

このようにみると、給付関係（給付義務＝給付利益（給付結果））と保護関係（保護義務＝完全性利益）を対峙させて捉えることは、義務構造の系列を概略的に把握する上では意味を持つものの、保護義務の位置づけ、さらには完全性利益侵害の帰責構造の解明へ向けては不十分であるとの感を否めない。問題は、「統一的法定保護義務関係」論（「峻別徹底説」）に対する批判説、及び保護義務領域の限定化を志向する理論動向をどのように評価すべきかであり、換言すれば、保護義務と給付義務履行との関連性の評価である。

三　給付関係と保護関係の峻別可能性

保護義務論を前提とするとき、契約義務として保護義務の性質をどう理解し、それにいかなる意味を付与するかは、給付関係と保護関係の峻別をどう評価するのかという問題に集約される。そこで、以下では、両者の関係を、義務の存立根拠、義務内容、債務不履行の判断規準といった諸観点から検討する。

(一)　義務の存立根拠

義務の存立根拠をどう捉えるかという問題は、契約において実現を目指した債権者利益（給付結果・契約目的）

はいかにして確定され、債権者は何を請求し得るのか、それに対し債務者は何を給付しなければならないのかという、契約の解釈の問題として議論されてきた。

債権者利益と給付義務を中核とする債務者の義務は、基本的には当事者の合意（意思）により定まるものといえる。しかし、契約により当事者が実現を期待した利益が合意の内容からは明確でない場合もあり、また、それが明確であったとしても、当事者が約束した利益の実現へ向けられる債務者の義務を確定することが、果たして合意のみによって可能であるかは疑問である（もっとも、「主たる給付義務」については合意されていることが必要だといえる）。具体的な義務についての個別的合意がある場合は別としても、通常、義務の内容・程度について、当事者が契約締結当時どこまで明確な自覚ないし認識をしていたかは疑わしい場合も多い。結局は、義務の内容及び程度の厳格さも、合意または合意を前提とする契約の解釈、さらには信義則によって確定されることになろう(5)。

このように、義務の存立根拠については契約の解釈（評価）の問題として考えると、契約利益としての給付利益と完全性利益は必ずしも常に分断して捉えるべきものではなく、両者は併存し得ることになり、給付関係と保護関係の峻別も常に徹底させて捉えるべきではない。

(二)　義務内容

保護義務の契約義務としての位置づけを探る上で、義務内容の観点から、給付利益（給付結果）の実現に結びつけられる各種義務との異同について検討しておきたい。

債務者が負担する諸義務の内容は、当事者意思あるいは合理的意思解釈を基礎とする契約解釈や信義則から設定されるとみるときには、前述したように、給付利益と完全性利益の保護は契約義務の目的として併存し得ることになる。つまり、完全性利益の保護を契約義務から排除することはできない。したがって、学説において、完全性利益の保護を給付結果に取り込み、給付義務としての保護義務が認められる契約類型を析出する見解が主張されるのも、当然の傾向だといえる。

問題は、完全性利益の保護が給付結果として把握できない（合意されてはいない）場合である。ここでの保護義務も被害者（債権者）保護の見地から、具体化した完全性利益侵害の危険に対処するために広く履行請求権が付与されるべきだとすれば、給付義務（従たる給付義務）構成することも可能ではある。(6) しかし、学説は、一般に、保護義務の履行請求権を否定し、当事者の合意がある場合にのみ肯定（給付義務性を承認）する傾向にある。この点、通常、保護義務の不履行は完全性利益の侵害が生じることによりはじめて問題とされ、また、事後的対処手段としての履行請求権は義務違反に対しその修正を図る手段だといえようが、保護義務の不履行（完全性利益侵害）の場合にはそもそも契約関係を存続させる意味は乏しい。したがって、事前に履行請求権を認めるにしても、それはせいぜい当事者の合意により一定の行為（作為・不作為）が義務づけられる場合に限られ、常に履行請求権を付与してその給付義務性を承認する必要はないであろう。(7)

保護義務を給付義務として捉えられないとすると、次に、給付結果の実現へ向けられる具体的義務である「付随的義務」との異同が問題となる。学説は、付随的義務の例として、履行の準備、目的物の保管、用法説明などを挙げるが、一般には履行請求権は認められず、その違反が結局は給付義務の不履行に至るという意味では独立の位置を占めないものとする。(8) そうすると、帰責根拠（被違反義務）として付随的義務の存在意義自体乏しくなるようにも思えるが、付随的義務は給付結果の実現へ向けられた積極的行為義務であるのに対し、保護義務は完全性利益（現状利益）を侵害してはならないという消極的義務に尽きるとみるならば、両者の相違は一応肯定できる。しかし、保護義務も積極的作為を内容とする場合もあり[9]、行為態様の面からは明確な違いは出てこない。また、義務の存立時期についても、いずれも契約締結時点においては必ずしも認識し得ず、履行過程の展開において具体化されるものだといえ、しかも当事者の合意により給付義務性を承認し得る点でも違いはないといえよう。このようにみると、付随的義務の存在を肯定するとしても、義務内容・存立時期といった点からは保護義務と相違はなく、ただ、保護義務違反では不法行為との競合が問題となる点で異なるだけであろう。

(三)　債務不履行の判断規準

完全性利益侵害を債務不履行として判断するに際し、給付関係と保護関係の両者の関係をどう捉えるべきか、つまり保護義務の不履行という事態は給付義務履行と関連性を持つのか否かが問題となる。完全性利益侵害は、一般に不完全履行（積極的債権侵害）として位置づけられるが、ここでは損害賠償請求権の成立要件に関する伝統的な通説に従い「債務不履行」と「帰責事由」という二元論的構成に立って検討する[10]。不履行と帰責事由を一応分けて考えると、前者は、当事者が契約において設定（約束）した事態と実際の事態との間に齟齬がある場合に「不履行」が推定され、次に、個々の具体的行為につき義務違反の有無（過失の有無）が問われることになる。

これを、履行過程において生じた完全性利益侵害についてどうみるかである。まず、「不履行」とは、完全性利益が侵害されたことにより給付結果（ないし契約目的）が実現されてはいない事態として評価されることになる。例えば、売買目的物や賃貸目的物の瑕疵、あるいは役務提供契約上の給付行為の瑕疵に起因する拡大損害では、そもそも当事者が当初約した給付結果自体が実現されてはいない。また、給付義務の不履行がない場面での完全性利益侵害についても、裁判例からは、給付結果の実現を目的とした履行過程において生じ、契約をなした目的を達し得ない事態として捉えることができる。

次に、「帰責事由」としての義務（保護義務）違反についても、給付義務との関連から判断されることになるように思われる。特に、給付義務の不履行がない場面では、被違反義務として給付義務とは別個の保護義務が機能する。しかし、ここでの完全性利益侵害は、給付結果（ないし契約目的）の実現へ向かう履行過程の中で生じた事態であり、給付義務履行との同一現象内における行為態様の評価（過失の有無）が問題とされよう。

このように、いずれの要件についても、給付結果・契約目的ないし給付義務履行との関連から判断されることになり、ここでも給付関係と保護関係の峻別は必ずしも徹底されない。

さらには、債務不履行による損害賠償の範囲も広範に理解され、本来の給付結果の実現には直接関連しないものも認められる場合には、完全性利益の賠償もその中で捉えることが可能となる。すなわち、損害賠償としては、「契約の履行を求めることができないことによって被った損害の賠償」の他、「契約の履行の結果被った損害の賠償」が観念され、完全性利益侵害は後者に位置づけられる場合が多いであろう。この意味で、完全性利益の侵害とは、「契約上の給付の利益が債権者の既存財産に取り込まれ、それがさらに展開され新たに形成されたであろう利益の侵害」として（不完全履行（積極的債権侵害）の典型例として論じられてきた「給付目的物（または給付行為）の瑕疵による拡大損害」事例が該当しよう）[11]、あるいは、「契約上の給付により維持し得たはずの生活利益の挫折（侵害）」として、給付利益・履行利益に類似ないしはそれと不可分一体となった利益侵害として捉えられるのではなかろうか。

四　保護義務の位置づけ

ドイツ及び日本の議論から明らかなように、合意により設定される「主たる給付義務」の他、契約内容の解釈や信義則を媒介として導き出される義務として、給付結果の実現へ向けられる「従たる給付義務」・「付随的義務」、さらには広く契約利益を保持すべく機能する「保護義務」が観念される。(12) これらの義務群を履行過程においてどのように位置づけるべきなのか。問題は、完全性利益の保護が合意されてはいない（給付義務たる保護義務を観念できない）場合である。

学説は、保護義務は必ずしも給付義務の存在を前提とせず、契約の成立前あるいはその終了後においても認められるとして、給付結果の実現へ向けられる義務群との関連性を否定する傾向にある。確かに、給付義務に関わりなくその対象ではない財貨に対する侵害について契約責任構成する際に観念される義務として保護義務を捉える限りにおいては、関連性はないようにも思える。

しかし、既に検討したように、義務の存立根拠、義務内容や不履行の判断規準といった諸観点からは、完全性利益の保護も給付結果の実現による契約目的の達成へ向けた行為をするプロセスにおいて、換言すれば、給付義務（とりわけ「主たる給付義務」）と関連を有する行為において図られるものだと捉えることができる。したがって、契約締結の前後に共に保護義務が存し得ることによって、契約の前・中・後を通した単一の債務関係が成立するのではなく、それぞれの場面において保護義務を生ずべき信頼関係が存し得るにすぎないと解する。

このように考えると、履行過程においては、「主たる給付義務」を中核とするすべての義務が、給付結果ないし契約目的の達成へ向け一体となって機能しているとみるべきである。つまり、契約債務関係は、給付行為によって実現される結果（給付結果⇓給付利益）のみならず、契約によって追求された生活利益も含めて、債権者にとって有する社会経済的利益（契約目的⇓完全性利益＝契約目的利益とでも称し得ようか）の保護をも法的に基礎づけていると考える。[13] そして、保護義務については、少なくとも規範的解釈により当事者意思が補充され、その結果、契約規範の適用に服することになると解される。[14]

五　小括

財産権供与の給付義務を中核とする民法典の下では、契約の目的は、給付義務の履行によって給付結果（給付利益）が債権者に帰属することに尽きるともいえる。したがって、責任法システムの相違として、一般的には、不法行為責任は損害賠償を第一次的な救済手段とするのに対し、契約責任では、本来の給付の強制（履行請求）がまず問題とされ、それが不可能・不適切な場合に、いわば第二次的な救済手段として損害賠償が問題となる点で相違するとされてきた。[15] しかし、次第に「契約責任の拡大」が問題視され、とりわけ不完全履行（積極的債権侵害）論の展開において完全性利益の侵害が問題となる場面では、通常、本来の給付の強制は問題とはならないとみると、損害賠償が第一次的な救済手段として位置づけられ、この点で不法行為との相違はなくなる。

確かに、契約関係を当事者間の本来的給付義務を中心に狭く捉え、かつ被侵害利益（完全性利益）に着目するときには、この場面は不法行為責任の規律領域とみられる。しかし、ここでの当事者の関係は、一般市民相互の関係に比しより契約関係に近い場面で発生した特殊な危険（損害）であることが認識され、契約責任的救済が要請されるに至った（特にドイツでは不法行為制度の持つ限界性が契機とされた）。そして、契約上の諸義務の構造分析が進められる中で、契約債務関係・契約責任の構造と射程をめぐり理論的深化が図られてきたといえる。

そこで、私見は、前述したように、保護義務とされるものも債務関係の枠内で位置づけ、契約規範の適用に服すると考える。契約債務関係は、債権者・債務者の権利義務の結合体であり、当事者の意思と信義則が複合的に機能するものとして捉えられる。そして、このように考えると、契約上の給付が本来予定する給付結果のみならず、契約上の給付によって維持し得る生活利益（完全性利益）の保護も、いわば給付結果に付随した契約目的として、共に債務関係の枠内で位置づけられることになる。(16) したがって、完全性利益の侵害は、給付義務履行と関連性を有する事態として捉えられ、給付結果に対する侵害ではないとしても（もちろん重複する場合もあるが）、広く契約上の給付により維持し得たはずの生活利益に対する侵害として、つまり給付結果に付随した契約目的に対する侵害と解される。

以上の理解からは、ドイツにおける「統一的法定保護義務関係」論に対する批判説（特に、履行過程における給付関係と保護関係の峻別に対する批判理論）、及びわが国の「峻別不徹底説」の立場が妥当であると考える。もちろん、そこでは、完全性利益の保護が給付に取り込まれる場合や給付義務の不履行が存する場面での完全性利益侵害については、いずれも給付義務により処理され、保護義務はこれとは別の場面で機能するとみる保護義務領域限定説を前提とする。

もっとも、保護義務の内容・程度は契約の種類や性質に応じて必ずしも同一ではない。また、債務関係及び契約責任の射程を広く解するときには、その限界ないし不法行為責任との相互の関係が問題となるが、この点は後に改めて論じる。

（1）「給付」ないし「給付義務」の捉え方自体見解が一致しているわけではない。従来の説明によると、債権者が債務者に対し請求し得るものが「給付」であり、それについて債務者が債権者に対して行うべき義務が「給付義務」とされる（我妻榮『新訂 債権総論』（岩波書店、一九六四）五頁、於保不二雄『債権総論〔新版〕』（有斐閣、一九七二）三頁など）。すなわち、請求力（権）との関係から、給付義務を行為義務として捉える。このような理解によると、給付結果は給付の目的ではあるが給付義務（行為）の内容とはならない。

しかし、近時、給付結果は行為の目的であると同時に給付義務の対象でもあるとみる見解が有力である。給付とは債権者に給付結果を実現すべきことであり、給付義務は債務者の解放と同時に債権者の満足（給付結果の取得）という両面があることから、給付義務を「給付結果実現義務」とされ（奥田昌道編『注釈民法⑽』（有斐閣、一九八七）三九九―四〇〇頁（北川善太郎執筆）、潮見佳男『契約規範の構造と展開』（有斐閣、一九九一）一二頁以下）、また、給付結果実現までを包含した「給付行為義務」と称される（林良平「契約責任の構造―その素描―」林良平＝甲斐道太郎編代『谷口追悼・第二巻 契約法』（信山社、一九九三）一〇―一三頁）。

ここでは深く立ち入ることはできないが、「給付義務は、債務者の給付行為を通じて債権者に給付結果を生じさせる義務である」とみる限りでは異論はなく、問題は、行為義務という面を履行過程においてどう位置づけるのか、給付結果の観点との関連づけである。もちろん、これは債権・債務をどう捉えるべきかという債権法の根幹に関わる問題でもある（中松纓子「契約法の再構成についての覚書」判例タイムズ三四一号（一九七七）二六頁は、債権・債務の内容は決して契約内容の言い換えではなく、それは「我国の債権法のあり方から理解される債権・債務概念の検討を経て明らかにされる」とする）。

（2）給付義務は給付結果を実現する抽象的な意味での義務だと捉え、債務者が現実になすべき行為を給付義務の具体化されたもの（具体的行為義務）として別個に捉える見解（給付行為の抽象化と具体化＝潮見・前掲注（1）四三―五一頁、八二―八四頁）の他、給付義務に関連したその他の義務も共に給付結果の実現へ向けた債務者の給付行為となり得るとして、規範的評価の対象として一体的に捉える見解（林・前掲注（1）一一頁以下）もみられる。

（3）債権者・債務者の権利義務を債務関係という枠の中で包括的に位置づける分析手法は、その法律関係の発生源に遡って考えるならば、契約当事者間の法律関係をどう捉えるのかという問題でもあり、近時の現代契約法の思想的基礎をめぐる理論動向にも逆行するものではないと思われる。すなわち、このような理解は、英米法での契約論の分析に基づき契約を関係的なものと捉え、契約の拘束力の基礎を、当事者の意思に還元することなく（単に一つのファクターとしての地位を占めるにすぎない）、具体的契約をめぐる当事者の社会関係から発生する規範ないし期待に求める見解（関係的契約理論）（内田貴『契約の再生』（弘文堂、一九九〇）、同「現代契約法の新たな展開と契約法学」法律時報六六巻八号（一九九四）二八頁以下、デビット・キャンベル（齋藤彰＝東繁彦訳）「イアン・マクニールと関係的契約理論（一）（二・完）」民商法雑誌一三七巻六号（二〇〇八）一頁以下、同一三八巻一号（二〇〇八）三八頁以下など参照。これに批判的な立場からの検討として、川角由和「現代民法学における《関係的契約理論》の存在意義―内田貴教授の所説に対するひとつの批判的評注―（一）（二）（三）（四・完）」島大法学三七巻四号（一九九四）九五頁以下、同三八巻一号（一九九四）八九頁以下、同三八巻三号（一九九四）二七頁以下、同三九巻二号（一九九五）五一頁以下）においても成り立つものといえるのではなかろうか。また、法的判断の基礎となる「意思」とは、単なる表意者の内心という心理学的な意思に固定するのではなく、意思以外の諸要素との関連・評価の中でその存在が確認されるべきであるとして、契約を当事者の個人意思・利益追求の側面と社会構成（行為関係）的側面を併せ持った概念として捉える見解（山下末人「契約における個人『意思』」法と政治四六巻三号（一九九五）一頁以下）とも矛盾するものではない。

（4）　先にみたように、ラーレンツ（*Larenz*）は、契約関係を相互に結びつけられた権利義務の結合体として捉え、諸義務は当事者意思と法秩序により共同決定されると理解する（本書第一章第三節二㈠参照）。

（5）　一般的には、給付義務は合意により設定されるのに対し、保護義務は信義則を媒介として、いわば他律的に設定されるものだとされてきたが（この点で、保護義務と不法行為法上の義務との同質性も指摘される）、果たしてこのように明確に区別できるかは疑問である。例えば、役務提供契約上の給付義務（特に手段債務とされるもの）や、瑕疵担保責任論で議論された売主に課されるべき「瑕疵なき目的物の給付義務」も、その内容・程度は合意のみによっては決せられず、当該契約関係を取り巻く諸事情（先にみた裁判例から析出される被違反義務の存立根拠（本書第三章参照））も勘案され、他律的（規範的）判断をも前提とする。また、保護義務も、合意から直接には設定されないとしても、合意を前提とする契約内容の解釈を問題とするときには、給付義務との関連性を完全に遮断することはできないであろう。

（6）　潮見説は、完全性利益侵害の危険が具体化した場合に事前に対処するために、保護義務に対応する請求権を付与する必要があるとして、「完全性利益保護のための従たる給付義務」としての地位が承認されるとする。また、林説も、給付利益ないし履行利益も完全性利益も債権者利益という点では並び、給付義務も保護義務も利益の規範的守りという点では同列だと考えれば、保護義務について「従たる給付義務」性を承認してもよいのではないかとする（本書第二章第三節三㈢参照）。

（7）　もちろん、完全性利益侵害の危険が具体化し、債権者がその排除を請求することが可能な場合もあろうが、それに対応する保護義務に、常に当事者の合意を基礎として債務関係の内容を決定すべく機能する給付義務としての性質を付与する必要はないように思える。裁判例からは、財産権譲渡型契約に関する目的物の説明義務、安全確保義務違反事例や、役務提供型契約における機密保持義務、保管義務、安全管理義務違反事例などが問題となる（本書第三章参照）。これらは、給付義務の不履行はなく、保護義務違反のみが問題とされる場合であるが、概して、債権者が事前に完全性利益の保護措置を請求することは予測し難く、被害発生を防止し得る立場にあった債務者の義務（保護義務）を事後に具体化させて帰責根拠としている。

（8）　ドイツでは、「従たる給付義務」と「付随的義務」の区分規準に関しては一致せず、履行請求権の存否から両者を区分する見解が有力だといえるが、「主たる給付義務」以外を「付随義務」や「その他の行為義務」と称して一括りにして捉える見解もみられる（本書第一章第二節・第三節参照）。

（9）　裁判例からは、例えば、給付目的物の用法説明、教示義務、安全確保義務などは給付義務とは別個の義務（保護義務）として析出できるが、これらは給付結果が侵害される場合には付随的義務違反として（結果的には給付義務違反として認定される）、完全性利益の侵害に至る場合は保護義務違反として位置づけられるともいえそうであり、両者の区別は明確ではない。

（10）　本章第三節二参照。

（11）　林・前掲注（1）二一頁は、「拡大された履行利益」とする。

（12）　本書第一章第一節三参照。

（13）　保護義務を「債務」に組み入れるときには、それに対応した「債権」をどう捉えるべきかが問題となり得る。債権者が債務者に請求でき、また自ら取得し得る給付とは、作為のみならず不作為も観念されることから、契約関係が有効に何ら障害なく存続すること自体が「債権」であるとみて、保護義務たる「債務」に対応させて捉えることができよう。

（14）　完全性利益の保護が給付結果として把握できる契約においては、まさに給付義務（給付義務たる保護義務）として合意により設定されることになるが、それ以外の場面での保護義務は、結局は信義則（民法一条二項）により要求される義務として法定的な義務（ドイツでいう「法定の保護義務」）といえる。

（15）　履行請求権と損害賠償請求権につき、このように履行請求権を第一次的なものとして位置づける見解（履行請求優先型）が伝統的立場ではあるが、各々の要件を具備する限りどちらを主張するかは債権者が自由に決めてよいとの立場（自由選択型）も考えられることから、両者の関係ついて検討を要する（椿寿夫「予約の機能・効力と履行請求権・2」法律時報六七巻一一号（一九九五）四二―四五頁、同「履行請求権（下の1）（下の2・完）」同六九巻三号（一九九七）七〇―七一頁、同七

○巻一号（一九九八）七六―七八頁参照）。

なお、近時、伝統的通説が履行請求を債権の法的効力の原則とみることを疑問視し、「損害軽減義務」に着目して損害賠償請求権の原則性を主張する見解もみられる（内田貴『契約の時代　日本社会と契約法』（岩波書店、二〇〇〇）一七〇頁以下、吉川吉樹『履行請求権と損害軽減義務　履行期前の履行拒絶に関する考案』（東京大学出版会、二〇一〇）参照）。履行請求権をめぐる議論状況については、窪田充見「履行請求権」ジュリスト一三一八号（二〇〇六）一〇三頁以下参照。

(16)　なお、保護義務も給付行為として捉えることはできないであろうか。検討を要するが、給付行為を給付結果に直結した債務者の行為に限定するときには、保護義務はそこから排除されることになろうが、保護義務を債務関係の枠内で捉え、かつ給付義務との関連性を肯定し、給付行為を債務関係を維持すべく行為であるとみるときには肯定できるようにも思われる。

また、保護義務違反を給付結果・契約目的と関連させて捉えるときには、法定・契約上の責任軽減条項の保護義務への適用についても、原則的には肯定してよいと考える。

第三節　完全性利益侵害の帰責構造

一　はじめに

前述したように、契約上の保護義務が認められる場合を給付義務履行との関連から捉え、当事者間で生じる完全性利益侵害のうち保護義務違反とされる領域を限定化する方向が適当であると考える。以下では、完全性利益の侵害が具体的に契約関係のいかなる場面で生じ、給付義務履行との関連性をどのように評価できるのかを類型的にみていきたい。

学説及び裁判例からは、侵害態様としては、給付義務の不履行がある場合とない場合に分けて整理できる。前者は、さらに給付義務たる保護義務が存在する場合の他、給付目的物（役務提供型契約においては給付行為）の瑕疵による拡大損害、給付の欠如（遅滞・不能）による拡大損害に類型化できる。後者は、給付義務の不履行はないが、その履行に際して（あるいは履行過程において）完全性利益が侵害される場合であり、保護義務違反が妥当する場面だと考えられ、不法行為と境界を接する場面として注目できる。

以下では、まず、債務不履行責任（損害賠償請求権）の要件構成について整理した上で、完全性利益侵害の諸態様における帰責構造の検討に入る。

二　債務不履行責任の成立要件

(一)　損害賠償請求権の成立要件に関する議論

既にみたように、債務不履行の成立要件をめぐり、「(事実としての) 債務不履行」と「帰責事由」という伝統的な二元論的構成の当否について議論されてきた[1]。「不履行」要件に関しては、不履行類型をどうみるかが問題とされる。今日、遅滞・不能・不完全履行という三類型に立脚することは通用の理解ではなくなり、契約義務論の展開や不履行類型の拡張を志向する見解が主張され、裁判例においても同様の傾向がみられる。そして、不履行の要件を本旨不履行に一元化する見解が有力であるが、その判断規準が問題となる。もっとも、遅滞・不能という伝統的概念を残存させる方向も考えられる。

「帰責事由」に関しては、これを過失責任主義に基づく概念とみる理解が定着し[2]、今日、それを主観的に捉えるのではなく、不法行為責任と同様に、行為義務違反として客観的に捉えられている[3]。しかし、「なす債務」（行為債務）においては不履行判断との区別が困難であり、また、伝統的な帰責事由概念は判例において必ずしも機能していないことが指摘された。そして、一定の結果発生の保証に債務者の無過失責任を基礎づけたり、フランス法の結果債務・手段債務概念の導入[4]など、過失が債務者の責任を基礎づける唯一の原理ではないとの主張も有力である。[5]

そこで、不履行と帰責事由が一体的に判断される場面では、帰責事由を論じる必要はないとも思われるが、学説は、一般に、損害賠償を帰責させるための理論枠組みとして必要としてきた。これは、債務不履行による損害賠償は不法行為によると同様に、過失責任主義に基づく責任制度として統一的に把握する結果である。また、このような理解を前提とするときには、損害賠償請求権は本来的債権とは同一性を有しない別個の債権として位置づけられるはずであるが、一般的には、損害賠償請求権は本来的債権の変更（塡補賠償）・延長（遅延賠償）・拡張（積極的損害の賠償）とみて、その同一性を肯定してきた（本来的債権の「損害賠償請求権への転化」とも称される）。

(二)　要件構成の理解

以上のような傾向に対し、債務不履行責任の構造・射程が鮮明にされるべきであるとの立場からは、責任要件の見直しが考えられるが、この点は、最近の債権法の改正論議を踏まえ改めて検討したい。[6]以下では、これまで通り不履行と帰責事由という二元論的構成を前提に整理する。

1　債務不履行

まず、「債務不履行」とは、約束した債務が履行されていない（本旨不履行）という客観的状態として観念することができるが、その判断規準が問題となる。ここでは、債務内容との関係の検討が必要となるが、それは契約当事者が負担する義務を出発点として、その義務違反を規準にして判断されるべきだと考える。そこで、既にみたように、給付利益（給付結果）の保持へ向けられる義務としては、給付義務（主・従の給付義務）の他、付随的義務の存在が説かれるが、付随的義務については、その違反があっても給付結果が実現される場合もあり、結局は給付結果の侵害（給付義務違反）の評価の中へ吸収され、独自では帰責根拠とはされないものと解される。もちろん、当事者の意思により給付義務として設定されることはあり得る。そして、これらとは別に完全性利益保護義務が観念される。このように考えると、本旨不履行とは、給付義務違反ないし保護義務違反としての認定判断に集約されることになろう。なお、このような方向については、「義務違反」という給付障害を包括する統一的概念を採用し、義務の存立根拠規定を設けたドイツ債務法が一つのモデルを提供する。(7)

2　帰責事由

次に、「帰責事由」について、今日の通説的見解はそれを行為義務違反として捉えることから、いわば義務違反が債務不履行判断と帰責事由（過失）判断の二段階にわたり登場することになる。また、必要な注意を尽くすという行為義務が中心となる「なす債務」においては、注意を尽くすこと自体が債務の内容であり、不履行判断と過失判断が重複するとの見解も有力である。このような状況も踏まえ、「帰責事由」要件をどのように考えるべきであろうか。

履行遅滞・履行不能や債務内容が特定している債務の不履行の場合は、給付義務の不履行の判断も容易であり、約束された債務が履行されてはいないという客観的状態を観念することができ、それとは別に過失（行為義務違反）の判断は一応可能にみえる。しかし、例えば、引渡を約束した物に欠陥があったとか、運送を約束した品物が損傷した、英会話学校が一定の内容の授業を行わなかったというような場合には、「必要な検査をして引き渡す」、「適切な方法で運送する」、「適切な授業を実施する」といった行為義務を問題とすることになろうが、これらは給付結果の保持へ向けられる付随的義務の内容をなすものでもあり、前述したように、給付義務違反の認定判断に際して問題となるにすぎない。また、仮に、損害賠償を請求する債権者が債務者の行為義務違反を証明しなければならないと解するときには、(8) その証明は必ずしも容易ではない。さらに、これまで手段債務とされてきた債務内容が特定していない債務（例えば、診療債務）の不履行の場合は、債務の内容は過失の内容となる行為義務そのものになっている。したがって、不履行判断と行為義務違反の判断を分離して捉えることはできないであろう。

このように、帰責事由（行為義務違反）を必ずしも債務不履行から区別して判断することが困難だとみると、要件構成の見直しが必要となる。

3　私　見

給付義務違反ないし保護義務違反としての「債務不履行」が判断される段階においては、それによる損害の賠償責任を債務者に帰せしめる要件である「帰責事由」（行為義務違反＝過失）は、原則として既に存在すると考える。ここでは、債権者がこの不履行を証明することになる。しかし、当事者が予定できないような事態に対してまで責任を問われることは引き受けていないと考えられるから、その場合は帰責事由がないとして損害賠償責任は否定されるべきであろう。すなわち、不履行が認定される場合に、さらに、債務者の免責事由の存在が判断されることになる。(9) 免責事由としては、基本的には債務者に予見可能性・結果回避可能性がない不可抗力の他、債権者や第三者の行為が考えられる。(10) もっとも、当事者が不可抗力の場合のみを免責事由としているのか、または、それ以外を含めるかは、債務の種類や契約の解釈により異なるであろう。(11) また、債務者は、賠償責任を免れたとしても、同時履行の抗弁権の対抗を受けたり、解除・代金減額、代物や修補などを請求される可能性もある。なお、免責事由の存在（帰責事由の不存在）の証明責任は債務者が負うことになる。

以上の要件構成は、完全性利益侵害の場合にも妥当する。給付義務または保護義務の違反を根拠に不履行が判断されると、原則として債務者は損害賠償責任を負うが、免責事由（非帰責事由）を証明することにより賠償義務を免れる。そして、損害賠償の範囲については民法四一六条の準則により処理されると考える。[12] そこで、以下では、具体的な完全性利益の侵害態様とその帰責根拠を明らかにしたい。

三　完全性利益侵害の諸態様と帰責構造

(一)　給付義務の不履行がある場合

1　給付義務たる保護義務の存在

既にみたように、学説は、完全性利益の保護が要請される契約において、給付義務としての性質を有する保護義務を認める。合意に基づく主たる給付義務の内容が完全性利益の保護そのものである場合（例えば、警備契約、寄託契約、保育委託契約など）や、完全性利益の保護が主たる給付内容とはなってはいないものの、それを抜きにしては契約上の義務の履行は考えられない場合（従たる給付義務＝例えば、運送契約、医療契約、宿泊契約、在学契約など）である。[13] いずれも、役務提供型契約に属する契約を中心に析出できる。また、通常は付随的義務や保護義務とされるものも、当事者の合意によりその給付義務性が承認される場合もある。

これらは、完全性利益の保護が給付結果の内容とされ、あるいは給付結果を保持するために要請される場合として、その侵害は（主・従の）給付義務違反として責任構成される。なお、義務の内容・程度は当該契約の種類や給付目的の性質により決せられ、不履行の有無が判断されることとなる。

2　給付目的物（または給付行為）の瑕疵による拡大損害

次に、一般的には完全性利益の保護自体が給付内容とはされていない契約において、給付目的物（役務提供型契約においては給付行為）の瑕疵（欠陥）に起因して完全性利益が侵害された場合の帰責根拠を考えたい。裁判例からは、欠陥商品事故事例を中心に、その他、賃貸人の修繕義務の不履行や役務提供型契約に関する「給付行為の瑕疵」事例が該当する。ここでは、完全性利益の侵害のみならず給付目的物・行為の瑕疵という給付結果の侵害も存することから、給付関係と保護関係の峻別可能性が問題となる。学説は、この場面の帰責根拠を保護義務に求める傾向にある（特にわが国において顕著である）。しかし、カナーリス（*Canaris*）に代表される「統一的法定保護義務関係論」者にあっては、給付義務違反との分断は明確ではなく、ドイツの一部の学説（アイケ・シュミット（*Eike Schmidt*）、エマリッヒ（*Emmerich*）、メディクス（*Medicus*）、ハインリッヒス（*Heinrichs*）など）やわが国における保護義務論以前の初期の見解は、給付義務違反として位置づける。

給付義務違反のないところでは保護義務違反とするにしても、給付義務違反が存する限り給付義務違反による因果関係上の問題として考える余地がある。この点に関し、保護義務論者は、例えば、瑕疵ある目的物の給付は瑕疵ある点において給付義務違反であり、この時点では保護義務違反はないが、さらに完全性利益を侵害すると、給付義務違反は同時に保護義務違反を基礎づけるとみる。(14) また、この場面を給付義務違反構成すると、拡大損害を生ぜしめないように注意する義務をも取り込んだ包括的で拡張された給付義務概念を採用しなければならないとの疑問も指摘される。(15) しかし、保護義務構成を採るとしても、このとき完全性利益を害するような給付義務違反をしてはならないという保護義務が観念されることにもなり、この場合の保護義務は給付利益も包含し、保護義務論の帰結とは矛盾するようにも思える。

既に指摘したように、裁判例においては給付義務違反構成するものが多く、売買契約事例では付随義務構成するものもみられるが、それも給付義務から完全に独立したものとしては捉えられてはいない。裁判例からは、この場面では既に給付目的物自体に瑕疵があり、したがって給付義務は不履行の状態にあること、また、付随義務といってもそれは完全性利益のみならず給付利益（給付結果）の保護にも及び得ることから、給付義務との接点をまったく否定することはできず、給付目的物の瑕疵に対する責任に絡めて責任構成せざるを得ないとの意図が窺える。[16] しかも、完全性利益の保護は、当該契約関係をめぐる諸事情から判断されるが、給付義務構成と付随義務構成とで相違はみられない。

このような傾向を、帰責根拠を考える上でどう評価すべきなのか。売買契約を前提に考えると、ここでは給付目的物たる商品の危険性を除去し、被害の発生を防止することを内容とする付随義務（保護義務）は、買主の完全性利益の保護へ向けられるというよりも、むしろ瑕疵（欠陥）のない目的物の給付へ向けられ、結局は給付義務（主たる給付義務）に収束されるものとして捉えざるを得ない。つまり、責任肯定裁判例は、いずれも当該契約関係を取り巻く諸事情からは売主に「瑕疵なき目的物の給付義務」が課される場面と解することにより、帰責根拠（原因）段階においては給付義務の不履行として判断され、その上で給付義務の不履行によって生じた損害をどの範囲で認めるべきかが問題とされることになると考える。[17] このような構成は、賃貸人の修繕義務の不履行による拡大損害事例、及び請負契約を中心とする給付行為の瑕疵による拡大損害事例についても、「瑕疵なき賃貸物の給付義務」、「瑕疵なき役務提供義務」の不履行が存する場面として同じく妥当する。もちろん、債務者は免責事由（非帰責事由）を証明することにより損害賠償責任を免れることはある。

このように、帰責根拠を給付義務に求めることは、保護義務構成に比べ、契約法固有の領域を明確なものとし、また、買主の証明責任を軽減する契機にもなり得るであろう。[18]

なお、瑕疵結果損害の責任構造については、売主及び請負人の瑕疵担保責任との関係から検討する必要もあるが、この点は後に改めて検討したい。

3　給付の欠如（履行遅滞・履行不能）による拡大損害

同じく給付義務の不履行がある場面として、給付の欠如（履行遅滞・履行不能）により拡大損害が生じた場合が考えられる。先に挙げた裁判例には、工業用バルブの売主がその納入を遅滞したことから、買主が転売予定者に損害金等の支払を余儀なくされた事例、養魚池の堤防補修の請負人がその工事完成を遅滞していたところ集中豪雨により養魚が流出した事例、輸入品の通関手続の遅滞事例がある。[19]裁判例はいずれも、帰責根拠を給付義務違反に求め、拡大損害の賠償範囲（民法四一六条）の問題として処理する。

学説は分かれるが、既にみたように保護義務論以前の初期の見解は、裁判例と同様に解している。これに対し、保護義務論者からは、遅滞・不能の時期と拡大損害の生じた原因たる不完全履行の生じた時期とは一致しないから、損害発生との因果関係の説明に困難が生じるとの批判[20]や、そもそも義務違反の構造が異なる（保護義務違反）との批判[21]が有力である。

確かに、給付利益（給付結果）の侵害と完全性利益侵害の発生時期の相違に着目し、かつ完全性利益の保護に向けられる具体的な義務を設定することにより債務者の帰責性の判断は明確になるとの立場からは、保護義務構成が妥当するようにも思える。また、保護義務構成することにより、遅滞・不能についての不可抗力の抗弁や債務者の免責も可能となるとの指摘[22]もある。しかし、完全性利益保護のための具体的な義務がいかなる事例においいても常に認められるとまではいえず（具体的な義務内容の確定・証明が困難な場合もあろうし）、債務者の免責についても、給付義務不履行との因果関係の問題として、あるいは賠償範囲の確定に際して考慮し得るのではなかろうか。したがって、この場面でも給付義務との関連性を否定せずに、帰責根拠に関しては給付義務の遅滞・不能と判断する見解に立ちたい。拡大損害は特別損害（民法四一六条二項）として、完全性利益侵害に対する予見可能性や損害発生・拡大の回避可能性等を斟酌して賠償範囲が確定されることになる。(23)

(二)　給付義務の不履行がない場合

給付義務の不履行が存する場合の帰責根拠を給付義務に求めるとして、給付義務の不履行がない場合をどう考えるべきか。裁判例としては、財産権譲渡型契約では給付義務の履行に際しての完全性利益侵害事例が、財産権利用型契約では賃貸人・賃借人の失火責任事例、また、役務提供型契約では請負契約及び非典型契約に関して契約関係において必要な注意を怠った事例がここに該当する。

財産権譲渡型契約に関する事例は、いずれも当該商品の危険性の度合や当事者の立場の相違、具体的な取引内容などから、給付義務とは別個の義務（用法説明・教示、安全確保義務など）違反を根拠に責任構成する。ここでの完全性利益侵害は給付義務履行と関連して生じているものの、給付目的物自体には瑕疵はなく（その意味では給付義務違反は問題とはならない）、保護義務違反構成が妥当する場面であると考える。(24)

賃貸人・賃借人の失火責任事例についても、基本的には保護義務が機能する場面であるとみて、それを根拠に責任構成することができる。賃貸人の失火については、賃貸人の使用収益させる義務が、一般には賃借人の完全性利益保護を包含するものではない（給付義務たる保護義務は認められない）と解すると、保護義務が課される場面だといえる。同様のことは、賃借人の失火責任についてもいえそうである。賃借人による失火の場合は、賃貸人の完全性利益侵害についても賃借人の保管義務違反による因果関係上の問題として捉え得る余地はある。しかし、保管義務の保護法益は通常賃貸目的物（部分）に限定され、相手方（賃貸人）の完全性利益保護の要請は履行過程（契約関係）の中で具体化されるものだといえ、また、賃貸人の失火責任との整合性を図るのが適当であると考えると、同じく保護義務構成が妥当するであろう。したがって、賃貸借契約は、原則的には当事者に保護義務を課す契約ではないが、建物の構造（賃貸部分と非賃貸部分との不可分一体性）や使用状況、火気管理体制などから、当事者に完全性利益侵害の危険が存在し、そのことを当事者が予測し得たことが、保護義務を認めるに際しての重要なファクターになると解される。そして、不可分一体的な部分で生活すること自体は債務の履行とはいえないにしても、これらの諸事情からは、そこでの完全性利益の侵害は給付結果・契約目的の実現へ向けられた契約履行と関連性のある事態として捉えられ、当事者の支配領域ないし行為からの危険が相手方へ及ばないような安全性を確保する義務（保護義務）を認め、責任構成することが可能となる。保護義務は、単に相手方を侵害しないという消極的な内容に尽きるものではなく、積極的な保護措置義務をも含むことになる。

また、役務提供型契約についても、請負契約及びいくつかの非典型契約に関する裁判例においては、保管義務・安全配慮義務・安全管理義務などを帰責根拠とするものが散見され、これらは給付義務とは別の保護義務構成が妥当する領域だといえる。なお、前述したように、当該役務提供（給付行為）の性質や合意内容等からは、債務者により高度・厳格な注意義務が課される場合もあり、しかもそれが給付結果と密接に関連している場合には、給付義務構成することも可能であろう。

このように、給付義務の不履行が存しない場合の完全性利益侵害については、基本的には保護義務が機能する場面であるとみて、それを根拠に責任構成することができる。ただし、この場面は不法行為と境界を接する場面とみられることから、その限界づけが問題となる。

四　小　括

本節では、保護義務を契約債務関係の枠内で位置づけることを前提にして、完全性利益侵害の帰責構造について給付義務履行との関連性に着目して検討を加えた。損害賠償責任の成立要件である「不履行」及び「帰責事由」の判断規準を「義務違反」に求めるときには、完全性利益の侵害態様は給付義務の不履行がある場合とない場合に分けて捉えられ、保護義務は後者の場面で機能することが明らかとなる。

このように、保護義務の機能領域を限定して捉えると、次に、その不法行為規範との関係が問題となる。そこで、以下では、保護義務と不法行為法上の義務の関係、及び契約責任の限界について検討したい。

（1）本書第二章第二節三・四参照。

（2）中田裕康「民法四一五条・四一六条（債務不履行による損害賠償）」広中俊雄＝星野英一編『民法典の百年Ⅲ』（有斐閣、一九九八）九一―一一頁によると、四一五条が履行不能について帰責事由を要件としたことには、無責の履行不能が債務消滅原因となることと区別するために必要だという面と、帰責事由のない債務者を免責させる面がある。前者を強調すると履行不能のみの要件となり、後者を強調すると他の不履行についても同様に考えるべきことになるが、この点は立法者の理解も固まってはおらず、また、故意・過失と同義だと確定されてもいなかったとする。

（3）奥田昌道『債権総論〔増補版〕』（悠々社、一九九二）一二五頁、前田達明『口述債権総論 第三版』（成文堂、一九九三）一三四頁、北川善太郎『債権総論（民法講要Ⅲ）〔第三版〕』（有斐閣、二〇〇四）一一三―一一四頁など。

（4）結果債務・手段債務については、その分類の規準について批判が多い（北川・前掲注（3）一九頁、奥田昌道編『注釈民

法⑽』（有斐閣、一九八七）三九九―四〇〇頁（北川執筆）、加藤雅信「新民法体系Ⅲ 債権総論 結果債務・手段債務論―債務性質論の純化を求めて―」法学教室二七四号（二〇〇三）九九頁以下、同『新民法体系Ⅲ 債権総論』（有斐閣、二〇〇五）五二頁など参照）。

（5） 議論の詳細は、平野裕之「契約上の『債務の不履行』と『帰責事由』」伊藤進＝國井和郎他編『椿古稀・現代取引法の基礎的課題』（有斐閣、一九九九）四八九頁以下、小粥太郎「債務不履行の帰責事由」ジュリスト一三一八号（二〇〇六）一一七頁以下参照。

（6） 本書第六章参照。

（7） 本書第一章第四節参照。

（8） 平野・前掲注（5）五二六頁以下は、このように理解する。

（9） 予見できない事由に基づく債務不履行は、通常は不可抗力ということになろうが、必ずしもそれに限定されるわけではなく、その契約で要求される必要な行為を尽くしたことを証明すれば免責されることになろう。なお、免責事由としての不可抗力の位置づけについては、荻野奈緒「契約責任における不可抗力の位置づけ―フランスにおける議論を中心として―」同志社法学五八巻五号（二〇〇六）三五三頁以下参照。

（10） 中田裕康『債権総論』（岩波書店、二〇〇八）一二六頁以下も、債務不履行責任を事実としての不履行のうち免責事由のないものとして理解するが、帰責事由が存在しない事由として、さらに正当化事由（法律の規定、正当防衛その他債務を履行しないことを正当化する事由）を挙げる。また、石崎泰雄「債権法改正における債務不履行法体系の基本構造」法学会雑誌四九巻二号（二〇〇九）一〇一―一〇二頁（同『契約不履行の基本構造』（成文堂、二〇〇九）所収）は、ヨーロッパ民法草案（ヨーロッパ契約法原則）を参考にして、①債務者の支配を超えた事情、②予見の合理的期待不可能性、結果回避・克服の合理的期待不可能性を債務者が主張・立証すれば免責されるとするが、この②の要件はほぼ過失認定の要素と一致するという。

（11） なお、一般に、手段債務とされる「なす債務」にあっては、不履行の存在が判断される場合には、免責事由は機能しないといえよう。

（12） 一応、以下のように考えられる。給付義務の不履行がある場合で、①給付義務たる保護義務が存在する場合は、完全性利益侵害は給付義務違反による通常損害となろう。②給付目的物（給付行為）の瑕疵による拡大損害事例では、義務違反から通常生じ得る侵害（目的物・行為の瑕疵＝給付結果の侵害）については当然に賠償義務を負い（通常損害）、拡大損害については、原則的に契約時において予見可能性のある限り賠償を認めることになる（特別損害）。③給付の欠如（遅滞・不能）による拡大損害事例では、給付結果の客観的価値は通常損害として、拡大損害については、当該給付について債権者が特別の利益を有している場合として特別損害といえよう。これに対し、給付義務の不履行がない場合は、後述するように、帰責根拠を保護義務に求めることになる。保護義務違反による損害は、基本的には特別損害だと解するが、それが給付結果を侵害する場合も考えられ、基本的には②と同様に解してよいのではなかろうか。

なお、奥田・前掲注（3）二〇三—二〇四頁は、給付の欠如（遅滞・不能）の場合と保護義務違反の場合とを分け、前者は「通常損害・特別損害」準則（四一六条）で処理されるが、後者は、四一六条を直接適用できないので、せいぜい類推適用しかできないが、有責の義務違反から通常生ずる損害（第一次損害）は当然に賠償責任があり、それ以上の結果・損害（第二次損害）は予見可能性を基準とするのが妥当であるとする。また、岡本詔治『叢書民法総合判例研究 損害賠償の範囲Ⅰ（総論・売買）』（一粒社、一九九九）七一頁は、奥田説を支持した上で、保護義務違反の場合も四一六条所定の準則で処理する（積極的な類推適用）という方向が判例に指針を与えるという意味において優れているとする。

（13）　賃貸借契約は、一般的には完全性利益の保護が当事者の合意を基礎とする給付義務の内容となっていると解することは困難であるが、ビル・マンションの賃貸借に多くみられるように、火気管理を賃貸人に委ねているような場合には、賃貸借の合意内容として、あるいはそれに付随した保安管理契約の解釈から、給付義務たる保護義務が認められる場合があろう（ビル所有者（賃貸人）とテナント（賃借人）の間の保安管理契約の不履行が問題となった事例として、大阪地判昭和五六・一・二六判時九九六号八九頁参照）。

なお、安全配慮義務を雇用関係のみならず、広く他の契約関係においても認める立場から、安全配慮義務を（主・従の）給付義務として捉える見解もある（國井和郎「『安全配慮義務』についての覚書（下）」判例タイムズ三六四号（一九七八）七四頁、高橋眞『安全配慮義務の研究』（成文堂、一九九二）一四二—一四三頁）。

（14）　前田・前掲注（3）一二四頁、松坂佐一「積極的債権侵害の本質について」同『債権者取消権の研究』（有斐閣、一九六二、初出一九四四）二五〇—二五一頁。

（15）　北川・前掲注（4）『注釈民法⑽』三四二頁。

（16）　本書第三章第五節三㈠2参照。

（17）　なお、潮見説（本書第二章第三節三㈢参照）も給付義務違反構成するが、そこでは主たる給付義務から区別された保護義務を観念した上で、「完全性利益保護のための従たる給付義務」として捉えている。これに対し、ここで帰責根拠とする給付義務は、完全性利益の保護を取り込んだもの（給付義務たる保護義務）ではなく、あくまで瑕疵なき目的物の給付という給付結果に向けられるものにすぎない。

（18）山本宣之「契約の第三者保護効についての最近の議論と展望」磯村保＝田中克志他編『石田古稀・民法学の課題と展望』（成文堂、二〇〇〇）六三五—六三六頁参照。

（19）本書第三章参照。学説では、例えば、家畜飼料の供給契約において履行がなかったために債権者の家畜が餓死した場合、家畜の病気予防のワクチンの供給契約においてその履行がなかったために債権者の家畜が伝染病に罹患して死んだ場合が挙げられる（奥田・前掲注（3）二〇三頁）。

（20）林良平（安永正昭補訂）＝石田喜久夫＝高木多喜男『債権総論〔第三版〕』（青林書院、一九九六）一一二頁（林執筆）。

（21）潮見佳男『契約規範の構造と展開』（有斐閣、一九九一）三〇二—三〇五頁、北川・前掲注（4）『注釈民法⑽』四八四—四八五頁など。

（22）潮見・前掲注（21）三〇三—三〇五頁。

（23）奥田説（前掲注（3）二〇二—二〇四頁、六二〇頁）が妥当だと考える。

（24）なお、例えば、用法説明義務などは、給付結果の保護へも向けられる場合があり、その履行請求が可能だとすれば、（従たる）給付義務して捉えることもできよう。

第四節　不法行為規範との関係

一　はじめに

契約責任と不法行為責任の競合が認められている現在、両者の関係・限界を探る意味はないともいえる。しかし、完全性利益侵害に対する契約責任の成立を肯定し、この領域は必ずしも不法行為法に吸収されるものではないとの立場からは、契約責任の射程を画定する作業が必要となる。これは、保護義務も取り込んだ契約債務関係の機能領域の限界をどう捉えるかという問題でもある。

保護義務は、契約当事者たる特定人間において設定されるとしても、必ずしも合意から直接に設定されるものではなく、また、その不履行場面での被侵害利益という観点からも不法行為責任と異なるところはないことから、不法行為法上の義務との異同が問題となる。

不法行為責任は、契約関係に立たない一般通常人のなすべき注意義務に違反する場合であるのに対し、契約責任は、具体的・特殊的関係たる契約関係の当事者として負担する義務に違反する場合であるとみる限りでは、不法行為法上の義務（一般的不可侵義務）と保護義務の相違は顕著なものとなる。しかし、不法行為責任が追及される場合の注意義務の有無は、一般的な意味での通常人が規準となるのではなく、当該種類の行為をする当事者の職業・地位・立場等を有する人々に一般的に要求される注意義務が規準とされ[1]、ここで高められた義務を負う当事者は、契約責任が肯定される場合でも、それとは別個に不法行為責任の追及を免れないことになる。そして、契約ないしそれに類似した関係にある当事者間で不法行為責任が追及される場合には、そこで帰責根拠とされる義務は単なる一般的不可侵義務とはいえない義務が存在することとなり、保護義務との相違をめぐる問題性が浮き彫りにされよう。

二　保護義務と不法行為法上の義務の関係

㈠　保護義務論の動向

既にみたように、両義務の関係をめぐっては、保護義務論においても見解が分かれている。ドイツにおいては、保護義務は不法行為法上の義務（社会生活上の義務）に他ならないとして、完全性利益侵害に対し徹底した不法行為責任構成が主張され、また、両義務の同質性を肯定しながらも、保護義務を債務関係の中へ取り込むことにより契約法規範の利点を活かすことができるとの見解がある。これに対し、保護義務は一般私人間においてではなく契約当事者たる特定人間において設定され、給付結果・契約目的の実現へ向かう特別結合・信頼関係の中で機能していることに注目する見解は、義務の内容・程度が保護義務では不法行為法上の義務よりも高められたものになっているとみる。

わが国においても見解が分かれ、一応、両義務の同質性を認めながらも、保護義務違反は一般私人間とは異なった取引関係における侵害であることを理由に契約的保護が妥当だとされ（北川説）、また、保護義務は積極的作為を含み得るとして不法行為法上の義務との相違に言及する見解（奥田説）がある。さらに、潮見説は、特別の関係にある当事者間で相対的に設定される安全義務（不法行為法上の行為義務）と保護義務の区別に着目し、保護義務は従たる給付義務性を認めるための規準から絞りを受けるために、同一の当事者間で設定される安全義務よりも限定された範囲で設定され、また、内容も、給付結果ないし契約目的の達成に伴う特殊の危険を回避するために必要な行為が要求されるが故に、安全義務よりも高度化されるとする。(2)

(二) 安全配慮義務論からの理論的示唆

契約責任と不法行為責任の関係をめぐっては、安全配慮義務論においても活発に議論された。保護義務を安全配慮義務と同列に位置づけてよいかはなお検討を要するが、そこでの議論は保護義務の性質を考えるに際しても参考となる。

安全配慮義務違反を不法行為責任構成することも妥当だとする論者は、概して以下のような点を指摘する。(3) 保護義務に対応させて整理すると、①保護義務違反として問題となる完全性利益侵害は、本来不法行為規範が予定する利益侵害であること、②保護義務は積極的作為を内容とすることもあるが、このような義務は不法行為法上の義務としても観念でき、したがって、義務の内容・程度についても、当該事実関係の下での社会通念によって設定し得る不法行為法上の義務との相違はないこと、(4) ③保護義務は、給付義務とは異なり必ずしも合意を媒介とすることなく設定されるものであるから、むしろ不法行為法上の義務に馴染むものである、といった点が指摘され、(5) これらは両義務の関係を考える上でも留意されるべき論点だといえる。

そこで、これらをどう評価すべきなのか。①については、債務不履行と不法行為の両責任規範が包括的・一般的構造を有するわが国にあっては、完全性利益を必ずしも契約規範の対象外とすべきではない。すなわち、ドイツにおいては、不法行為責任の狭隘さ（とりわけ絶対権への直接侵害に対する保護が原則とされ、財産侵害に対しては保護が与えられない）故に、保護義務が主張され、契約責任が拡大されてきた（もっとも不法行為責任への回帰を主張する見解も有力である）。これに対して、今日、わが国の不法行為法は、厳格な意味での「権利侵害」を要求しておらず、法的保護に値するものであればいかなる利益も対象とされている。このことは、契約責任レベルにおいても同様であり、そこで保護される利益は、所有権等の絶対権から経済的利益あるいは生命・身体等の人格的利益をも含み得る。したがって、両責任規範は重なり合うものとして捉えることができ、保護されるべき利益という観点から両責任領域を画することは困難だといえる。

②については、不法行為責任の拡大ないし契約責任化とみられる傾向として捉えられる。[6] いわゆる不作為不法行為が問題となる場合は、不作為が違法性ありとされる前提として作為義務の存在が必要となる。[7] この作為義務は様々な根拠から発生するが、契約ないしそれに類似した関係から生じる場合が指摘されている。[8] 例えば、医療事故において不法行為責任が追及される場合、医者の作為義務（検査・投薬・手術や各種の説明義務等）の根拠は医療契約に求められ、契約上の義務が医師の責任を不法行為的処理をする場合の規範にもなっているとされ、また、製造物責任に関する販売業者や在学契約上の教師の責任についても契約上の義務との違いは認められない場合が多いことも指摘されてきた。[9] ここでは、不法行為上の作為義務が契約上の義務と同様の規準から設定されるとみられる。ただし、このような理解が、当事者間に社会的接触はあるものの有効な契約関係がない場面においても等しく妥当し得るかはなお検討を要する。また、作為義務は、契約から直接に発生する義務として考えるのか、あるいは契約規範の媒介なくして不法行為規範から契約上の義務と同様の義務が導き出されるとみるべきかについても議論の余地はある。しかし、いずれにしても、ここでは契約上の義務が不法行為法上の義務に取り込まれ、契約法理への接近がみられる。[10]

また、③については、財産権供与の給付義務を中核とする立法形式を採る民法典の下、契約責任の原則形態は合意に基づく給付義務違反だといえるが、前述したように、さらに信義則によって合意が補充される結果、保護義務も債務関係の枠内で捉え、契約規範の適用に服する場合があると理解することが可能である。

結局、これらの論点は、わが国において債務不履行と不法行為のそれぞれの要件が明確ではなく、したがって相互の関係も明確ではないという状況を反映するものだといえる。

三　検　討

このよう考えると、保護義務は契約責任の拡大化傾向の中で論じられてきた義務でもあり、本来、不法行為規範が妥当する場面であるとみることも背理とはいえない。しかし、完全性利益侵害に対し契約規範の適用を否定し、すべて不法行為責任へ放逐すべきだとみることにも問題があろう。前述したように、債務不履行と不法行為の両責任規範が包括的・一般的構造を有するわが国にあっては、完全性利益を常に契約規範の対象外とすべきではなく、保護されるべき利益という観点から両責任規範を画することは困難である。また、これまで不法行為責任の原則形態は、一般私人間の責任を意図したものとして捉えられてきたのであり（少なくとも契約責任が不法行為責任から分化した時点ではこのように捉えられる）[11]、保護義務領域は、本来の不法行為規範の規律対象からはいわば拡大した領域であるとみることもできる。したがって、契約当事者間を問題とするとき、そこでの完全性利益侵害＝不法行為責任として常に直結させて捉える必要があるかは、なお検討を要するであろう。不法行為責任の側からも、それはどこまでの危険関係をどのように規律し得るものなのか、という観点からの検討が図られるべきである。このような観点からの議論は、これまで十分に尽くされてはいない。先にみたように、給付義務の不履行が存しない場面のみならず、「給付目的物の瑕疵による拡大損害」事例や完全性利益の保護が給付義務とされる場合までも、本来的に不法行為責任構成すべき事態だとみることは疑問である。因みに、ドイツにおいて不法行為責任構成を主張する見解も、完全性利益の保護が給付義務とされるような場合は、「社会生活上の義務」とは異なる保護義務の契約義務性を認める。

このように、完全性利益侵害（保護義務違反）に対しては、本来、不法行為法の規律がなされる場面だとしても、当事者間に契約関係が存する限り、まず契約法の規律が目指されるが故に、事実上不法行為責任を問う余地が限定されるに至るとみることも可能である。したがって、契約規範による救済が可能であれば、将来的にはその優位性を認めていくことが妥当な方向であると考える。ただし、両責任規範の要件・相互の関係が明確ではないわが国にあっては、不法行為責任の成否を問う必要はないとまで断ずることはできないことから、契約規範が優先するものの、なお不法行為規範も補充的に適用されると解さざるを得ない状況にあるといえるであろう。(12)

結局、契約責任と不法行為責任の関係は、近時の債務不履行・契約責任をめぐる新たな理論動向も踏まえ、また、いわゆる請求権競合問題(13)も前提にしてはじめて妥当な解決が導き出されるものと思われる。したがって、両責任規範が交錯する領域の責任構成としてはいくつかの方向が考えられるが(14)、ここでは不法行為責任との競合を認めた上で、契約責任の側からその射程範囲を考えることにする。

そこで、契約規範が（優先的に）適用されるべきだと考える立場からは、保護義務を契約上の義務として捉えることにより、その内容は契約の類型により決せられ、また、合意により義務の程度を強化する余地が認められるのであり（給付義務としての性質及び履行請求権の付与）、一般的規範としてその規準が固定化しやすい不法行為法上の義務に比して、いわば当事者の主体性を重視できる。これらは、既に安全配慮義務違反の契約責任構成を妥当とする論者が指摘する観点でもある。(15)

つまり、契約規範の適用に服すると解するときには、当事者間で完全性利益の侵害を避けるべき行為が要求されるのか否か、また、そこで採られるべき行為（義務）内容は何かが探求され、換言すれば、債務関係に対する評価及び当事者の行為に対する評価がまず介在することになる。このように、当事者が契約関係において設定した規範が尊重される点に、契約規範を適用すべき意義ないし不法行為規範との実質的差異が認められるのではなかろうか[16]。先にみたように、裁判例において契約責任の根拠（被違反義務の存立根拠）とされる当該契約関係を取り巻く諸事情（例えば、給付目的物の種類・性質、その瑕疵から生じ得る危険性の度合、当事者の立場の相違や商品流通過程の実態等）は、このような契約規範の適用に際しての帰責規準を具現化したものだといえよう。

三　契約責任の限界

契約関係にある当事者間で生じた完全性利益侵害に対し、契約責任のみならず不法行為責任も競合して成立するとみるとき、契約責任の限界をどう根拠づけるべきかが問題となる。

既にみたように、保護義務は、給付結果ないし契約目的の実現へ向けた履行過程の中で、他の義務と一体となって機能していると解することができる。そして、当事者間で生じる完全性利益侵害のうち、保護義務違反（契約責任）とするものを何らかの規準で限定するのが適当であるとの立場からは、その規準として、完全性利益侵害が給付結果・契約目的の実現へ向けた行為に際して生じていること、つまり侵害行為と契約履行との関連性が要求されることになる。この関連性の内容をどう捉えるかは、具体的な事例に即して判断せざるを得ないが、先に具体的な完全性利益の侵害態様として挙げた保護義務違反のみが存する場面（給付義務の不履行がない場合）が限界事例であると目される。したがって、契約関係が単なる不法行為をなす機会を提供したにすぎないような場合には、もはや契約責任は成立しないと考える[17]。

このように考えると、保護義務の存立基盤たる当事者間の特別結合・信頼関係とは、学説のように法律行為的ないし取引的接触関係として捉えるにしても、それは契約関係に他ならず、履行ないし履行過程との関連から限界づけられることになる。

なお、当事者間に社会的接触はあるものの有効な契約関係が存しない場合の処理が問題となる。これまで不法行為責任との競合場面として論じられてきた領域であり、契約締結上の過失責任や契約終了後の責任、契約が無効・取消により遡及的に消滅した場合などをどのように処理すべきかである。ここでは契約当事者間で設定された完全性利益の保護規範が存続し得るとみることも可能ではあるが（例えば、ラーレンツ（*Larenz*）は、契約が遡及的に消滅した場合に「一次的給付義務なき債務関係」の存続を認める）、保護義務及びその不履行に対する契約責任の射程を履行ないし履行過程との関連から限界づける立場からは、基本的には不法行為責任の規律に服する場面であると考える。(18) もっとも、契約責任との相互浸透性を有する場面だとすれば、判例の成果をも収斂させた形で規範統合の観点から妥当な解決を図るべく作業が必要となろう。(19)

四　小　括

既にみたように、学説においては、保護義務と不法行為法上の義務との関係をめぐる議論が盛んである。特に、保護義務は給付義務の不履行が存しない場面において機能するものと捉えるときには、その問題性は顕著となる。そこで、これまで理論的蓄積がみられる安全配慮義務論をも参考にすると、被侵害利益、義務の内容・程度、義務の設定根拠の諸観点に関するそこでの議論が、問題解決へ向けた理論的素材を提供する。しかし、わが国の債務不履行と不法行為の規範構造の下では、両者を分断すべき明確な論拠は見出し難い。むしろ、保護義務の機能領域においては、一般の不法行為規範に対し、被害者が契約責任を媒介として保護される固有領域が認められると考えられる。そして、完全性利益侵害に対する契約責任の射程は、契約履行との関連性から限界づけられるといえるであろう。

(1) 前田達明『民法Ⅵ2(不法行為法)』(青林書院新社、一九八〇)四七—四八頁、幾代通=徳本伸一補訂『不法行為法』(有斐閣、一九九三)四七頁など参照。

(2) 潮見佳男『契約規範の構造と展開』(有斐閣、一九九一)一五三頁。なお、責任競合問題の解決へ向け、当事者間に存する義務の設定根拠や内容を問う立場から両義務の関係に言及する見解として、大久保邦彦「請求権競合」山田卓生編『新・現代損害賠償法講座 第一巻総論』(日本評論社、一九九七)一九一頁以下、特に二一六—二一八頁参照。

(3) 不法行為責任の見地から検討を加える見解として、平野裕之「安全配慮義務の観念は、これからどの方向に進むべきか」椿寿夫編『講座・現代契約と現代債権の展望 第二巻』(日本評論社、一九九一)三三頁以下、高橋眞「安全配慮義務の性質論について」前田達明編代『奥田還暦・民事法理論の諸問題 下巻』(成文堂、一九九五)二七五頁以下、新美育文「安全配慮義務」山田編・前掲注(2)二二三頁以下など。

(4) 新美・前掲注(3)二三六頁は、給付請求権についても「契約がない場合であっても、安全配慮義務が問題となるような危険については、被害を受ける虞のある者は、物権あるいは人格権に基づく妨害予防請求権によって危険の除去請求ができるはずであ」り、「安全配慮義務が契約上の給付義務と位置づけられるとするならば給付請求権が認められるというのは、いわば危険回避措置の請求を『契約』のもとに名寄せしただけのことをいうにとどまるのではなかろうか」とする。

(5) その他、証明責任について、債務者が負う具体的な安全配慮義務の内容を特定し、かつ債務者がそれを尽くさなかったことを債権者が証明しなければならないとすると、不法行為責任との相違はなくなる点も問題とされる。しかし、契約規範による処理を妥当とする立場からは、安全配慮義務違反と帰責事由はあくまで独立の要件として捉え、前者を客観的事情とみて(不法行為上の過失から予見可能性と回避可能性を除いたもの)、予見可能性と回避可能性を帰責事由の内容とみる見解が主張される(國井和郎「安全配慮義務違反の成立要件—契約責任と不法行為責任の比較—」山口和男編『現代民事裁判の課題⑦』(新日本法規、一九八九)一八四頁)。この点、不法行為責任構成に立つ論者からも、債務不履行の名の下で論じられていると同様の結論は不法行為の下でも実現できるとされ(平野・前掲注(3)五一—五二頁)、同じく被害者の保護が図られている。

(6) 半田吉信「契約責任と不法行為責任の交錯」前田達明編代『奥田還暦・民事法理論の諸問題 上巻』(成文堂、一九九三)

三九一―三九五頁、吉村良一「契約責任と不法行為責任」法学教室一八六号（一九九六）四五―四六頁参照。なお、判例においては、一般に、直接の契約関係にある当事者間で不法行為責任が認められることはあるが、直接の契約関係にない当事者間において契約責任は認められない。このことから、判例理論としては、不法行為責任の拡大（契約責任化）が先行していると評し得ようか。

（7）不作為不法行為については、「特集・不作為不法行為」Law school 五二号（一九八三）四頁以下、中井美雄「不作為による不法行為」山田編・前掲注（2）一〇五頁以下、橋本佳幸『責任法の多元的構造』（有斐閣、二〇〇六）五頁以下参照。

（8）前田・前掲注（1）一〇九頁、四宮和夫『不法行為法』（青林書院、一九八五）二九三頁。

（9）澤井裕『テキストブック事務管理・不当利得・不法行為〔第三版〕』（有斐閣、二〇〇一）一八八頁。さらに、詐欺的商法を不法行為処理する際に問題となる業者に課される説明義務や情報提供義務も、通常は契約上の義務だとされる（吉村・前掲注（6）四五頁）。

（10）奥田昌道「請求権競合問題について―債務不履行責任（契約責任）と不法行為責任との関係を中心に―」法学教室一五九号（一九九三）一一―一二頁、一六頁は、不作為不法行為は契約関係がなければ通常問題にならず、ここでは「契約関係にあるということによって、不法行為法規範自体が一般人における不法行為法規範の適用とは異なることになっている」とする。

なお、松岡久和「商品先物取引と不法行為責任―債務不履行構成の再評価」ジュリスト一一五四号（一九九九）一〇頁以下は、商品先物取引においては不法行為構成による救済には限界があり、債務不履行構成が有用であるとする。すなわち、不法行為構成は、取引の仕方や内容に問題がある事例では十分な救済が図り難く、過失の前提となる義務も複雑になり、また、損害評価も丼勘定に陥りやすいといった問題がある。これに対し、債務不履行構成によると、委託者の利益に反する行為は原則として違法と考えられ、社会的相当性で絞る必要はないこと、過失の前提となる義務の性質・内容は特別に加重された契約上の責任としてこそ適切に位置づけられること、損害を個別的に算定できることなどの利点がある。

（11）川島武宜『債権法総則講義　第一』（岩波書店、一九四九）一三五―一三六頁は、以下のように述べる。「契約責任と不法行為責任との間の差異は、不法性の強さにあるのではなくして、損害発生の地盤となった社会関係の差異、したがってまた、損害賠償義務の根拠たる社会関係の差異、にあるのであり、契約責任と不法行為責任との関係はこれによって決定されるのである。

契約責任は、契約関係から生じた損害についての責任である。契約関係は特定の当事者（債権者・債務者）の間の具体的な特殊的関係であり、それぞれの契約関係はそれに固有の特殊の危険（損害発生の可能性）を含んでいる。契約債権関係は、この危険を考慮しこの危険の実現（損害の発生）に備えて一定の法律関係を規律する。契約責任は、このような特殊の具体的な社会関係に固有な危険・損害についての、その社会関係に固有な法律関係である。これに対し、不法行為責任は、かような特殊的関係に立たない市民相互の間の一般的関係において、それに由来する損害にそなえて規定されたところの、それに適応した法律関係である。だから、契約責任と不法行為責任とは、本来その基礎とする地盤を異にし、その社会的機能を異にしている」とした上で、「この二つの責任は、それぞれに固有な危険（損害）に対応しこれをカバーするものであり、発生した一つの損害に対しては一つの責任（損害賠償請求権）のみが成立すべきである」とする。

(12)　滝沢聿代「安全配慮義務の位置づけ」星野英一＝森島昭夫編『加藤古稀・現代社会と民法学の動向 上』（有斐閣、一九九二）三〇一頁は、「法条競合か請求権競合かの議論は、二つの規範体系が適用可能である場合に、契約規範の優位性を認めるか、両責任の適用可能性に順位を認めずその結果これを援用する当事者の選択に委ねるか、という二つの解決方法を論じるものと解すべきであり」、「意思自治の原則が支配する法体系の下で、契約責任が優先的に適用されるべきこと、これによる問題処理がなされる限り不法行為を論じる余地がないことは、法条競合説の立場から論じられたとおりである」とする。その上で、わが国では「契約規範は十分明確でなく、契約締結の自覚さえ明確でない場合も少なくなく」、「判例による請求権競合説は、どちらかと言えば非契約的社会であるわが国の現実からの要請をふまえて必然的に形成され、維持されてきた理論であって、それなりに妥当な政策的裏づけを持っていると考えられる」とする。

(13)　議論の詳細は、大久保・前掲注(2)、同「請求権競合問題について」神戸学院法学二四巻三・四号（一九九四）一五三頁以下、同「請求権競合論の問題構造」ジュリスト一〇九二号（一九九六）九一頁以下参照（大久保見解は、これまで請求権競合論として論じられてきた問題を統一的に捉えるのではなく、請求権競合説、法条競合説、新実体法説（狭義の請求権規範競合説）を具体的な場面に応じて使い分けることを主張する）。

(14)　請求権競合論の動向も視野に置いて検討されるべきであろうが、完全性利益侵害に関する契約責任論を前提とするときには、概して以下のような責任構成が考えられるであろう。なすわち、①契約責任と不法行為責任の中間に位置する第三の責任類型を構築する方向（ドイツの「統一的法定保護義務関係」論にみられる「信頼責任」の構築。また、岡本詔治『叢書民法総合判例研究 損害賠償の範囲Ｉ（総論・売買）』（一粒社、一九九九）三―五頁は、取引行為の場で不法行為責任が追及される場合（不当勧誘・説明義務違反事例等）は、契約規範と不法行為規範の相互間の流動化が可能であり、両者を弾力的に連結する独自の領域が設定されるべきだとする)、②契約責任と不法行為責任の要件・効果を統合調整して単一の責任を構築する方向(例えば、平野裕之『債権総論〔第二版補正版〕』(信山社、一九九六)一八一―一八六頁、二二〇頁、同「契約責任と不法行為責任の競合論について―保管型契約に関する商事特別規定をめぐって―」法律論叢六八巻三・四・五合併号(一九九六)二九五頁以下が、契約責任と不法行為責任は本質的に差異はないものとして損害賠償責任の統一化を主張する)、③契約責任と不法行為責任の両規範に優劣関係を認めるか、あるいは対象となる具体的事例に重複がないように処理する方向である。

ここで詳論する余裕はないが、①については、両責任体系を維持しつつ議論を整理することにより(とりわけ両責任の限界づけが図られるとすると)、その中へ解消され、また、現実的にも考え難いとみると、②か③ということになる。②は、説得的ではあるが、いわゆる請求権規範競合説に対する批判(損害賠償という本質的目的が同一だというだけで統合することは、両責任体系が立法者意思に立脚して独自の価値体系の実現を目指すものであることを安易に切り捨てることにならないか、また、規範調整を行う指針をどうみるか、といった批判(滝沢・前掲注(12)三〇二―三〇三頁参照))が妥当するように思われ、これにどう対応するかが注目される。いずれにしても、処理方向を検討するに際し、既存の法体系の有用性とその限界を探ることが出発点となろう。

(15) 國井・前掲注(5)一七五―一七六頁、山本隆司「安全配慮義務論序説―不完全履行・積極的債権侵害に関する一考察―」立命館法学一七一号(一九八三)四三頁以下、同「債務不履行における安全配慮義務論―不完全履行・積極的債権侵害に関する一考察―」私法四六号(一九八四)一九六頁、青野博之「契約なき債務不履行―契約ある不法行為との関係も含めて―」中川淳先生還暦祝賀論集刊行会編『中川還暦・民事責任の現代的課題』(世界思想社、一九八九)一八三頁、一八五頁など。

(16) 藤岡康宏「契約と不法行為の協働：民事責任の基礎に関する覚書―医療過誤における一つのアプローチ―」北大法学論集三八巻五・六合併号(一九八八)一四三五頁以下は、医療過誤の問題について、医師の責任を厳格化することは被害者救済のためには望ましいものの、専門的職業人としての医師の裁量への配慮を欠き、保身医療や保険制度の危機が生じることから、帰責規準を医療契約の当事者の合意に委ね(医療過誤に伴う責任の有無と範囲は、実際には帰責事由ではなく債務の内容によって決まるのではないかとする)、一般的規範性を有する不法行為規範との競合を否定することを示唆し、このような考え方を請求権競合の一般論へも投影しようとする。

(17) 例えば、債務者の従業員が履行を終えた後に、債権者の営業所にあった高価な絵を盗んだ、アパートの賃借人がその周りの草むらで焚き火をしていて出火しアパートに燃え移った、精神病院の看護人が患者を殺害したというように、第三者と同様の立場で行為した場合が想定できよう（なお、滝沢・前掲注（12）三〇〇頁は、債務の履行に際して弁済の意思は必ずしも要件とはされていないとして、契約責任の成立を否定する必要はないとする。しかし、このような場面では、契約目的の実現へ向けた行為とはいえないであろう）。これに対し、例えば、壁塗りを請け負った職人のくわえタバコの火がカーテンへ燃え移り注文者の家を全焼するに至ったような場合は、給付結果・契約目的の実現へ向けた行為をするプロセスにおいて生じた事態であるとみる限りでは、契約責任の成立を肯定できるのではなかろうか。

（18）　さらに、この場面はいわば保護義務のみが問題となっており、契約債務関係が機能する中核である給付義務（給付結果）が存しない場面である。つまり、有効な契約関係がある場面での保護義務のように、給付を取り巻く諸事情から義務の内容・程度が確定することはなく、また、合意によりその給付義務性が認められる（履行請求権が付与される）ことも考え難い。したがって、有効な契約関係がある場面と同様に扱うべき必要はないといえるのではなかろうか。

（19）　前掲注（14）参照。

第五節　結　び

ここまで、契約責任と不法行為責任の競合場面とされてきた完全性利益侵害に対する責任構造について、契約責任の側から検討を加えた。その際、当事者の完全性利益は具体的な契約関係のいかなる場面で侵害され、また、そこでは保護義務と給付義務との関係をどのように評価できるか、という観点に着目した。私見によれば、保護義務は、給付結果・契約目的との関連から捉えるときには契約債務関係の枠内において位置づけることが可能であり、当事者間で生じる完全性利益侵害のうち、保護義務違反とされるものを給付義務履行との関連から限界づける方向が妥当だということになる。

しかし、前述したように、契約責任と不法行為責任の関係及び責任競合領域の問題処理の在り方については、契約と不法行為に対する広汎な視野を抜きにしては論じ得ないものであり、契約責任の側からもなお検討されるべき課題は多い。契約の規範的解釈の意義、保護義務関係の当事者、保護義務関係の移転、契約利益概念・構造の解明といった観点からの検討も必要であろう。さらには、契約関係の法的保護が本来的には不法行為法において展開され次第に契約法へ転化されてきたという、民事責任の分化史的諸相を辿ってみることも興味ある課題である。今後、順次検討を試みることにする。

以下では、ここまでの考察を踏まえ、売主及び請負人の瑕疵担保責任との関係から瑕疵結果損害の責任構造と、「なす債務」を目的とする役務提供者責任の基本構造について検討する。さらに、最近の債権法の改正論議にみられる契約責任（債務不履行）法の再構築へ向けた動向について検討を加えたい。

第五章　完全性利益侵害と契約責任論の展開

第一節　売主の瑕疵担保責任と不完全履行（積極的債権侵害）

一　はじめに

完全性利益侵害は、不完全履行（積極的債権侵害）という不履行形態の中で位置づけられるが、そこでは、契約責任と不法行為責任の交錯のみならず、瑕疵担保責任も視野に入れた検討が必要である。例えば、瑕疵ある売買・賃貸目的物の給付や、請負において完成された仕事の瑕疵により、買主・賃借人・注文者の生命・身体・財産などに損害が拡大したという場合（瑕疵結果損害）であり、これは不完全履行の問題であると同時に瑕疵担保責任にも関連する。瑕疵結果損害の賠償を認めることについては、今日おそらく異論はないものと思われるが、不完全履行と瑕疵担保責任の関係の理解の仕方に差異があるために、損害賠償の要件・効果につき争いがある。

本節では、売主の瑕疵担保責任について、特に瑕疵結果損害の帰責構造を中心に検討する。周知のように、売主瑕疵担保責任の本質をめぐっては、長らく民法学界を支配してきた法定責任説が、売主の給付義務は瑕疵ある特定物の給付に尽きること（特定物ドグマ）を主張して、法定責任としての性質を導くのに対して、一九六〇年代以降有力に主張された債務不履行責任説（契約責任説）は、物の性状についての観念も合意内容となり得るとの理解から、瑕疵なき給付義務構成、完全履行義務ないし履行利益賠償を導き出す。さらに、近時、担保責任における損害を瑕疵自体による減価とそれを超える損害とに分け、各々の要件を相違せしめる理論が登場し、新たな動向もみられる。しかし、近時の見解は、かつて論じられた本質的問題に対して十分な解答を与えているとは言い難いように思われる。

以下では、まず、売主瑕疵担保責任の法的性質について、理論動向の変遷を辿り（二）、その性質決定に影響を及ぼす損害賠償請求権の要件・効果について検討する（三）。その上で、瑕疵結果損害は担保責任との関係においてどのように責任構成され、さらには、それが完全性利益侵害をめぐる契約責任論へどのように接合するのかについて検討を加える（四）。

二　瑕疵担保責任の法的性質に関する理論状況

(一)　小史概観

立法の沿革[1]を顧みると、旧民法典は、ボアソナード草案の影響を強く受けており、売主の義務及び瑕疵担保責任について、両者の規定内容に本質的な変更はない。

ボアソナード草案一一八三条は、売主の義務として、所有権移転義務（量定物＝不特定物売買の場合）、引渡義務、保存義務、追奪担保義務の四つを規定し[2]、このうち追奪担保義務とは「売渡シタル物ニ生スヘキ一切ノ妨碍及ヒ追奪ニ付買主ヲ担保スルノ義務」であるとして[3]、売買契約より生じる義務というよりも不法行為に基づく義務との立場を採るようである。(4) 物の瑕疵について、ボアソナード草案一二四二条は、「買主ノ知ラサル不外見ニシテ修補スヘカラサル瑕疵」がある場合に、買主に売買廃斥訴権（売主への引取請求権を伴う解除権）を認める。(5) そして、ボアソナードは、瑕疵が修補可能であれば買主に修補請求権が認められ、廃斥訴権は生じないものとする。(6) そして、買主は、廃斥訴権を行使できずまたは行使しない場合には、代金減額を請求でき（同一二四三条）、廃斥訴権・代金減額請求のいずれを行使した場合にも損害賠償請求をなし得る（同一二四四条）。損害賠償請求権は、売主が瑕疵の存在について悪意であった場合に認められ、また、瑕疵結果損害も含まれるとする。(6)

旧民法典も、売主の義務についてボアソナード草案と同様の規定を置き（財産取得編四六条）、(7) 物の瑕疵については、瑕疵が重大で修補不能の場合に限り買主に「廃却」（解除）を（同九四条一項）、その他の場合には代金減額請求のみを認め（同九五条）、いずれの場合にも売主が悪意であれば全損害の賠償を認めた（同九六条）。

現行民法典は、売主の一般的義務に関し五五五条において権利移転義務のみを定め、瑕疵担保についてわずか一箇条（五七〇条）のみを設け、それも権利に関する規定（五六六条）を準用させる方法を採った。ボアソナード草案及び旧民法典が、追奪担保を売主の義務として瑕疵担保とは全く別のものとして構成していたのに対し、現行民法典では、両者の差異が形式上消滅することになった。したがって、瑕疵修補・代金減額請求が廃され、責任内容としては契約解除と損害賠償請求（売主の善意・悪意による区別も否定）のみが問題となることから、結果的には債務不履行構成に近づいたとも評価し得る。(8) 確かに起草者は、売主が目的物の所有者として瑕疵を知らないことに多くの場合過失があるとして、売主の過失を損害賠償責任の基礎とするようにも見受けられる。(9) しかし、代金減額請求については、減額相当分の評価が困難であるとの理由から損害賠償の中に組み入れられたのであり、(10) 起草者自身、損害賠償の内容として瑕疵自体の減価としての代金減額的なものとそれを超える損害の併存を認めていたと解して、後述するように近時の見解には、瑕疵担保責任の独自性は存していたことを指摘する見解がある。

起草者が瑕疵担保責任の法的性質をどのように捉えていたかは必ずしも判然としないが、梅博士は、売主の負う担保義務を独立の義務とせずに権利移転義務に含まれるとしたものの、さらに五七〇条の説明においては、売主は瑕疵を告知すべきで、これを怠ることはその物に瑕疵がないことを保証したものと看做しても過酷ではないとしており、不履行責任と担保約束による責任とが混在しているようにも見受けられる。[11] この点、一九六〇年代以降の債務不履行責任説の主張により、瑕疵担保責任の債務不履行責任への純化が進められることになる。

以下では、今日なお多数説と目される法定責任説、及び法定責任説への批判を通して形成された債務不履行責任説（契約責任説）、さらに、効果との関連で損害賠償を二分して捉える近時の見解について検討を加える。[12]

(二)　法定責任説

1　法定責任説の主張

法定責任説は、大正期に入ってから当時のドイツ民法学説の影響の下で確立され、[13] その後、柚木博士によりこの立場がもっとも詳細に説かれ、[14] 今日でもなお多数説・判例となっている。

法定責任説は、瑕疵担保責任の本質を、売買の有償性と買主の信頼を保護するために売主に課される法定の無過失責任であると解する。すなわち、特定物売買においては、その物に瑕疵があっても瑕疵なき物を給付することとは原始的に不能であるから、売主は瑕疵あるがままの状態で物を給付すれば足り（特定物ドグマ）、売主に債務不履行責任は生じない。しかし、当事者は一応瑕疵なき物と思って代金を定めたのであり、瑕疵が存することにより給付と反対給付間の対価的不均衡が生じるから、それを是正（有償性を維持する）ために売主に課される責任が瑕疵担保責任であるとみる。つまり、「原始的一部不能→契約の一部無効→瑕疵担保責任」として構成する。責任の範囲は、一般には「当事者の一方が法律関係の有効な成立・存続を信じたがために被った損害」（信頼損害）の賠償であると理解されているが、必ずしも一致してはいない。[15]

柚木説は、「瑕疵あるがままの給付の履行性→当事者の利益の不均衡→瑕疵担保責任」と構成し、原始的一部不能＝契約の一部無効という論理構造に拠るべきではないとする。[16] また、信頼利益を「買主が瑕疵を知ったならば被ることがなかったであろう損害」、履行利益を「目的物に瑕疵が有しなかったならば買主が得たであろう利益」とみて、前者は買主の瑕疵の存在に対する「不知」から、後者は瑕疵の「存在」から定義づける点で、契約の有効・無効に対する損害の問題であると捉える他の見解との相違がみられる。[17] そして、瑕疵担保責任で問題となる信頼利益賠償には瑕疵結果損害も含まれるが（乳牛に伝染病があったため買主所有の他の乳牛に伝染して斃死牛を出した場合を例示）、この場合、四一六条二項の特別損害として売主の予見可能性と買主によるその証明が必要とされ、売主無過失の場合にはそれはほとんど不可能であるために、訴求の対象となることはきわめて稀であるとする。[18]

これに対し、責任の範囲は常に履行利益に及ぶとみる見解[19]や、原則として信頼利益賠償としながらも、例外的に履行利益賠償を認める見解がある。我妻説[20]は、原則として信頼利益賠償としながら、売主に過失がある場合に履行利益賠償を認める。広中説[21]は、売主が物の一定の品質・性質を保証した場合に同様の構成を採る。また、磯村説[22]は、特定物ドグマを肯定すると不履行責任は存しないが、担保責任は、法的な不均衡を是正するために、不存在の履行責任に事実上代置して調整する手段だとすれば、買主の利益保護の政策的見地から信頼利益ないし履行利益を責任内容となし得るとして、信頼利益・履行利益概念を責任性質から切り離して担保責任の効果論を考察する。

そんな中、勝本博士は、売買契約の有償性と瑕疵担保責任の無過失責任性を重視し、損害賠償は対価に制限されるとの見解（対価的制限説）を主張し[23]、近時の見解に通じるものとして注目できる。もっとも、契約締結上の過失が存する場合には一種の過失責任として信頼利益賠償を認めるが、この場合、瑕疵担保責任とは観念上明確に区別することを要するとする。

2　法定責任説への批判

法定責任説は、いくつかの観点から債務不履行責任説より批判されるが、詳細は後述する。ここでは、例外的な場面であるにせよ債務不履行責任との混在が説かれ、あるいは損害賠償の範囲をめぐり諸説が林立していることからみて、法定責任説自体、「法定無過失責任」と「双務有償性」[24]の点では一致するものの、その他の点では見解が分かれているということを指摘できるであろう。

売主に過失がある場合に債務不履行責任の一般原則の適用を否定せず、信頼利益賠償のみならず履行利益賠償も担保責任の枠内において認めるとき、法定責任説が主張する「無過失責任性」について再検討を要することになるようにも思われる。なお、瑕疵結果損害については、柚木説が信頼利益の中にそれを包含させて捉えるものの、他の見解においては明らかではない[25]。

また、有償性の維持（両給付間の対価的均衡）という観点も、同時にそれは「買主の信頼保護」という観念の中に埋没したためか、信頼利益概念が不明確であるとの後述する債務不履行説からの批判にもみられるように、有償性概念についても必ずしも明確に認識されてはいないといえるのではなかろうか。

(三) 債務不履行責任説（契約責任説）

1 債務不履行責任説の台頭

民法制定当時、瑕疵担保責任は、不履行責任と担保約束による責任とが混在する形で説明されていたが、一九六〇年代以降、不履行責任への純化が進められた[26]。これに先立ち、既に山中・於保両博士は、双務有償契約における等価交換的機能を重視した上で、履行利益賠償、不履行責任性を肯定する見解を表明した[27]。山中説は、法定責任説の原始的不能＝契約の無効論を、於保説にあっては特定物ドグマを疑問視する点で、債務不履行責任説の理論的基礎を提供する先駆的見解として位置づけることができる。

その後、債務不履行責任説は、北川、星野、五十嵐、山下諸教授等の研究[28]により推進された。主に法定責任説に対する批判を通して形成されたものであり、以下のように主張する。

第一に、原始的一部不能＝契約の一部無効論と瑕疵担保責任との結合について、「これは契約が無効となるから給付義務なしとすることを意味し、給付義務の存否という要件の問題に効果論を規制する不能論を論理的に結合するという結果になっている。特定物ドグマを肯定する立場からすると、契約は完全に有効なのであり、原始的一部不能による契約の一部無効という局面が生じる余地はない」とする。第二に、特定物ドグマに対しては、「給付を当事者が目的とした結果から把握されるなら、特定物の給付であっても、『あるがままの状態で義務を負う』との構成ではなく、『あるべき状態で義務を負う』との構成も可能である」とする。第三は、信頼利益賠償に対する批判であり、「信頼利益・履行利益という区別は、契約の有効・無効という形式論から区別されたものでしかなく、あいまいな概念であって、信頼利益も多くの場合履行利益と実質的に変わらない」と指摘される。

その上で、債務不履行責任説は、瑕疵担保責任を債務不履行責任と同性質であるとして、瑕疵担保に関する規定は売買に関する特則であるから、両者が抵触する場合には前者が適用され、そこに規定のない事項について債務不履行（不完全履行）に関する規定ないし考え方が適用されることになる。具体的には、買主は瑕疵修補請求権や代物給付請求権を取得し、賠償範囲も履行利益まで拡大する。

2　債務不履行責任説への批判

これらの法定責任説に対する批判は、いずれも一応正当であるといえようが、それを踏まえた債務不履行責任説の主張にはなお問題があるように思われる。

まず、原始的一部不能＝契約の一部無効論については、債務不履行責任説からの批判にもあるように、不能は契約の有効な成立を仮定したときに売主が負うべき義務について観念することができ、したがって、原始的不能論の援用は、瑕疵なき物の給付義務を前提にしてはじめて可能となるものと考えられ、あるべき状態での給付義務を原始的不能によって基礎づけることはできないのではなかろうか。法定責任説自体、原始的一部不能＝契約の一部無効論は、瑕疵なき給付義務を否定するための前提として用いられているにすぎないともいえるのであり、このような構成を否定する見解も見受けられ[29]、法定責任説に通有の論拠とは考え難い。

特定物ドグマについても、債務不履行責任説は、これを否定した上で当事者意思（合意）は物の性状に及ぶとして、瑕疵なき物の給付義務を認める。この点、法定責任説も、瑕疵の存在による両給付間の対価的不均衡を是正すべき必要が、「当事者が一応瑕疵なき物と思って代金を定めた」（対価に見合った品質の物を給付しなければならない）ということから生じるとする限りでは、同様に解することができそうである。ただし、法定責任説の多くは、原始的一部不能＝契約の一部無効論を援用することから、このような当事者の意思は売主の義務に結びついてはいない。これは、原始的に不能な物は契約内容とはなり得ないとの理解から出てくるものであり、換言すれば、瑕疵ある物についてしか契約は成立しなかったことになる。しかし、前述したように、成立した契約内容が解釈の結果原始的に不能であるとされてはじめて無効になるものといえる。したがって、当事者の意思は物の性状に及び、瑕疵のないことが契約内容となっていなければならないはずである。そうすると、いずれの立場にあっても、当事者の意思（合意）は物の性状に及び得るといえ、この点で特定物ドグマは否定されるべきである。問題は、これに対応した売主の義務をどう捉えるかであり、債務不履行責任説において瑕疵なき物の給付義務を常に観念すべき理由は必ずしも明らかではなく[30]、改めて検討を要するのではなかろうか。

また、法定責任説の主張する信頼利益賠償についても、既にみたように、その意味内容が不明確であり、信頼利益・履行利益の区別が実質的意義を失っているともいえ[31]、特に有償性の観点からは問題である。この限りでは、債務不履行責任説の批判は正当である。反面、債務不履行責任説が履行利益賠償を導き出したことも、同様の観点から問題性を有しているように思われる。

3　債務不履行責任説の展開

債務不履行責任説は、瑕疵担保責任を無過失責任と解しながらも、一種の債務不履行責任として履行利益賠償を導き出す。そして、瑕疵結果損害も担保責任の枠内で捉える傾向にある（もっとも、北川説は安全保護義務違反として担保責任の枠外とする）[32]。このことから、過失責任たる債務不履行責任との間で体系的バランスを失する歪みを生み出したとの批判がなされ[33]、後述するような近時の見解が台頭するに至った。また、有償性について、それは瑕疵なき物の給付義務とその塡補としての損害賠償義務とにより維持されるとみても[34]、債務不履行責任賠償制度が有償性を予定したものであるかは疑わしく、同様の批判にさらされよう。

この点で、債務不履行責任説からは、債務不履行責任における過失責任主義を見直すことで解決を図ろうとの試みもみられるが[35]、瑕疵ある物を給付したこと自体の「過失」を問い直すことにより、無過失の売主の損害賠償について新たな捉え方が森田教授により主張されている[36]。すなわち、債務不履行責任の帰責事由とは、約束したことを履行しないこと自体に債務者の過失が包含されており、瑕疵なき物の給付を合意した場合、瑕疵ある物の給付は直ちに売主の過失になるとして、債務不履行責任説を妥当とする。そして、瑕疵担保責任は、買主による目的物の受領後に認められる不履行責任である点に、一般の債務不履行責任に対する特則性を見出す。

森田説は、フランス法上の概念である結果債務・手段債務に依拠し、当事者が一定の結果の実現が確実であると約束した場合（結果債務）には、不可抗力によらない限り不実現が過失と判断され、結果を実現すべく努力することを約束した場合（手段債務）には、契約上要求される注意または思慮を尽くしていないという債務者の行為態様についての評価が必要になるとの理解[37]を前提とするものである。しかし、結果債務・手段債務の区別については、結果債務とされるものも（売主の目的物の給付義務もここに位置づけられようか）、結果の実現・不実現だけが決めてとはならずそこに至る債務者の行為態様が重要となろうし、逆に手段債務とされるものについてもやはり給付結果の不実現を問題とせざるを得ない、との批判がある[38]。債務不履行の判断に際し、「不履行」と「帰責事由（過失）」という二元論的構成を採ってきた伝統的な通説・判例の再検討を前提としない限り、森田説は判り難い見解だといえよう。

(四) 近時の見解

1 損害賠償責任の再構成

近時、法定責任説と債務不履行責任説のそれぞれの問題点を是正し、売買の有償性と瑕疵担保責任の無過失責任性から再検討すべきであるとの見解が有力である。損害賠償を、瑕疵による目的物の減価それ自体とそれを超えた債務不履行の一般原則に基づくものとに区別した上で、それぞれの要件・効果をその性格の相違に応じて定める。すなわち、代金減額請求は売主の過失の有無を問わないが、それを超える損害賠償請求は売主の過失を要するとする限りでは、ほぼ一致をみている。

ただし、そのいずれも瑕疵担保責任の枠内で位置づけるのか（以下では、「枠内構成説」と称する）、あるいは瑕疵担保責任で問題となる損害賠償を代金減額に限定し、売主に過失がある場合には債務不履行の一般原則（民法四一五条）に基づく損害賠償として別個に位置づけるか（以下では、「枠外構成説」と称する）で相違する。また、前二説とは異なり、売主の義務に関する理解から直接に導かれるものではなく、特定物ドグマ肯定・否定のいずれの立場からも主張されており、責任性質について一致しているわけではない。

2 枠内構成説

損害賠償を二分して捉える見解は、おそらく神田説[39]が最初だと思われる。神田説は、瑕疵担保責任は売主の瑕疵なき目的物の給付と対価的な買主の代金支払の合意に基づく責任（契約責任）ではあるが、特定物ドグマを肯定する立場から売主の給付義務の不履行責任とはみない。そして、代金減額・契約解除（売主の過失不要）と損害賠償（売主の過失を要する）の両者を担保責任の枠内で位置づける。ここで担保責任としての賠償範囲は信頼利益（契約締結費用、物の受け入れ態勢を準備した費用、他から有利な契約申込みを断ったことによる損害など）に限定され、履行利益は認められない。なお、瑕疵結果損害は積極的債権侵害の問題であり、売主が負う目的物の瑕疵についての調査や告知義務（いわゆる付随義務）の不履行によって生じた損害して担保責任の枠外とみる。

その後、瑕疵結果損害も含め損害賠償を担保責任の枠内で位置づけることを徹底させる見解が主張されるに至る。来栖博士は、担保責任をめぐる具体的な問題の中心は、その内容としての損害賠償の要件・範囲であるとした上で、従来の信頼利益・履行利益概念の曖昧さと債務不履行責任が過失責任であることを根拠に、代金減額、契約解除、買主に対する費用の償還については売主の過失の有無を問わないが、損害賠償責任（履行利益に及び、かつ積極的債権侵害による損害を含む）は売主の過失を要するとの見解を主張した。(40) 同様の見解は、半田説、(41) 潮見説(42)にもみられ、いずれも瑕疵担保責任の不履行責任としての性質を承認し、(43) 代金減額とそれを超える損害賠償の両者をその枠内で位置づけている。

そんな中、このような損害賠償請求権の二面性を瑕疵担保責任の本質論から明確化する見解が船越説(44)である。船越説は、瑕疵担保責任の二元的構成を主張し、即物的側面からは瑕疵あることにより失われた等価値の交換を回復する制度であるが（無過失責任として対価的制限に服する）、他面、主体的側面からは、瑕疵ある物を瑕疵なき物として取引に置いたことに注意義務（売買契約上の付随義務たる注意義務）違反があり（過失責任として瑕疵結果損害を含む）、(45) この両者が五七〇条に包摂されているとみる。無瑕疵性の表示内容を付随義務に接合させ、過失責任の側面を根拠づける点で説得的である。また、平野説(46)は、引渡義務としては特定物の引渡ししか考えられないが、抽象的な対価的給付義務ないし対価保障義務の不履行として瑕疵担保責任を位置づけ、同様の志向が見受けられる。

三宅説(47)は、「隠れた瑕疵による売主の責任」と「売主の悪意または保証に基づく責任」の二つの責任が五七〇条に併せて規定されているとみる。前者は、隠れた瑕疵がないとの買主の期待を顧慮し、解除または代金減額（一部解除）により代金債務を免れることを買主に許すものであり、後者は、さらに売主の詐欺的悪意及び損害担保の効果意思に基づいて売主が損害賠償責任を負うことである（詐欺的悪意の場合には履行利益の他結果損害を含み、保証の場合には効果意思による）と主張する。なお、「前提された性質の欠陥による売主の責任」は、いわゆる主観的瑕疵の問題として五七〇条から除外する。

3　枠外構成説

このような理論動向に対し、瑕疵担保責任の範囲を代金減額的な部分に限定し、これを超える損害賠償を通常の債務不履行責任へ放逐しようとの見解も有力である。

加藤説[48]は、特定物ドグマ否定の立場から、契約で当初予定された物の性状を確保することが不可能な場合において、売主に帰責事由があれば債務不履行責任が生じ、帰責事由がない場合には、危険負担の基礎にある対価的牽連の考え方をこの場合にも貫き、代金債権を瑕疵による価値の低落に応じて減額すべきだとする（危険負担的代金減額請求権説）。

このように、担保責任の範囲を代金減額に限定する見解は、特定物ドグマ肯定の立場からも主張されている。[49]

好美説[50]は、民法五六五条・五六三条三項の損害賠償請求権を検討すると、起草者には、無過失責任としての代金減額請求権と過失責任としての損害賠償請求権とを併存させる意思があったことを明らかにした上で、瑕疵担保責任規定の損害賠償機能を分離し、前者は五七〇条において、後者はその枠外においてむしろ「無瑕疵の（明示または黙示の）保証約束の効果」として位置づけるべきだとする。

三　損害賠償請求権の位置づけ

㈠　学説理論からの帰結

次に、前述したような学説理論が展開される中で、瑕疵担保責任の効果たる損害賠償請求権はどのように観念されてきたのかを整理しておく。

民法制定当時は、理論的な精緻さに欠けるところはあるものの、一応債務不履行責任性は肯定されていたとみられる。その後、ドイツ民法理論の学説継受により法定責任説が台頭することになるが、伝統的な法定責任説にあっては、損害賠償の範囲に関し見解が一致しているわけではない(51)。瑕疵結果損害についても明確には認識されてはいないようであり、常に無過失責任たる瑕疵担保責任の中に含まれるものとして、あるいは売主の過失を前提に認めているようにも見受けられる。例えば、柚木説では信頼利益概念の拡張がみられ(52)、我妻・勝本説ではそこでの信頼利益・履行利益に結果損害が含まれるのか否かは判然としない。

債務不履行責任説においても、瑕疵担保責任は債務不履行責任の特則だとするが、賠償範囲についての特則は存しないことから、同じく民法四一六条により決せられることになる。そうすると、瑕疵結果損害についても瑕疵ある物の給付と相当因果関係に立つ損害であれば、売主の過失を問うことなくその賠償が認められそうである（ただし、北川説は枠外構成する）。しかし、近時の見解にみられるように、次第に売主の過失を前提とする見解に取って代えられ、また債務構造論もしくは義務論的アプローチに依拠した構成も有力となる。

法定責任説と債務不履行責任説は、いずれも瑕疵担保責任を無過失責任と解する限りではほぼ一致しているとすれば、両者の差異は売主の過失の要否と賠償範囲の問題に帰着する。そこで、近時の見解は、売主の過失の要否から損害賠償の範囲を二分し、代金減額請求は売主の過失の有無を問わないが、それを超える損害賠償請求は売主の過失を要するとの構成を採る。しかし、両者の関係をめぐっては対立がみられ、このことは瑕疵担保責任の本質にも関わる問題となる。

枠内構成説にあっては、売主の過失・無過失のいずれの責任も併存させて捉えることから、理論的発想は異なるものの、その処理方向につき、結局は瑕疵担保責任を広く過失責任として債務不履行責任説へ収束されることになるとの見方も可能となろう。これに対し、枠外構成説は、売買契約の有償性と無過失責任性をより強調することにより、瑕疵担保責任の独自性を浮き彫りにすることになる。

(二)　裁判例の動向

裁判例においては、損害賠償の範囲をめぐり信頼利益説を採るものが大半であり、下級審の段階ではあるが、信頼利益説がほぼ定着しているとの指摘もされる[53]。そして、中には、売主に悪意または過失がある場合でも、信頼利益賠償を採ることを明言するものも見受けられる[54]。

以下に紹介するように、瑕疵結果損害を担保責任で処理した事例は極僅かであり、これを信頼利益の中に含めるのか否かについて裁判例の態度は明らかではない[55]。ただし、給付目的物の瑕疵（欠陥）に起因する結果損害を債務不履行責任（民法四一五条）で処理する裁判例は多くみられ[56]、瑕疵担保責任との関係を考える上で、このような動向との整合性も問題とされるべきである。

福岡地裁久留米支判昭和四五年三月一六日（判時六一二号七六頁）は、「飼料の品質の改善に関する法律」により混入の禁止されている有毒物質たるクロームなめし皮粉の混入した養鶏飼料（魚粉ミール）を購入した者が、これを鶏に与えたところ、急に廃鶏数が多くなり産卵量が減少したため、販売業者に対し損害賠償を請求した事案である。裁判所は、販売業者は、「なめし皮粉」が混入しているか否かを専門家による分析鑑定によって認識すべき注意義務を負わず、また、肉眼による混入の有無も確認できないとして、不法行為に基づく損害賠償請求を否定した。しかし、瑕疵の存在を認識した上で給付を履行として認容したとの事情（履行認容事情）の存在が認められる一買主の瑕疵担保の主張を認め、食用卵と種卵の損害額（減産量）の賠償を認めた。

横浜地判昭和六〇年二月二七日（判タ五五四号二三八頁）は、土地・建物を購入したところ、土地の地盤沈下と建物の傾斜がみられ、建物のドアの開閉ができなくなりタイルや壁のひび割れが生じたことから、買主が売主らに対して損害賠償（補修工事費用、工事期間中の休業補償、代替家屋への移転・賃借費用、店舗の取壊し・新築工事費用）を請求した事案である。裁判所は、本件土地・建物には隠れたる瑕疵があったことを認めた上で、売主の担保責任について、「これは売買目的物の瑕疵によるいわば契約の一部無効につき、売主の過失・無過失を問わず買主の信頼を保護するための制度であるが、賠償すべき損害の範囲は、本件土地・建物の売買契約の目的に照らしてこれを判断するのを相当とするところ、原告らによる本件土地・建物購入の目的が少なくとも居住用であったことは明らかである」として、補修工事費用についてのみ賠償を認めた。本件は、結果損害の賠償を認めたものではないが、判示内容からは契約の解釈によってはその賠償を肯定するようであり、前記裁判例に整合するように思われる。

(三)　理論的到達点と問題性

法定責任説は、「無過失責任性」と「双務有償性」を瑕疵担保責任の論拠とする限りでは共通している。この点は、おそらく債務不履行責任説においても基本的には変わるところはないものと思われる。

そこで、損害賠償につき、法定責任説においては、信頼利益説を原則としながらも（裁判例の傾向でもある）、履行利益賠償や対価制限説の他、売主有過失の場合に履行利益賠償を認める立場、さらには責任性質を決することに重要な意義を認めず責任内容如何を重視する立場もみられる。このことから、法定責任説自体、無過失責任性と有償性は、とりわけ損害賠償に関しては必ずしも貫徹されてはいないとの感を否めない。

また、債務不履行責任説は、法定責任説に対する批判には一応の正当性は認められるものの、瑕疵担保責任を債務不履行責任へ同化させた結果、無過失責任と過失責任をどのように接合させるべきかという問題を浮き彫りにした。債務不履行責任説において、このような問題解決へ向けた試みはされてはいるものの未だ成功しているとは言い難く、責任原理を混乱させるとの本質的な批判が加えられている。

このように、損害賠償に関する限りでは、法定責任説＝信頼利益賠償、債務不履行責任説＝履行利益賠償という画一的処理に疑義が生じるのであり[57]、近時の見解が、このような画一的処理に反省を迫るとともに、売主の過失の要否から賠償範囲をより弾力的に処理しようとするのは、自然な傾向だといえる。そして、瑕疵担保責任＝無過失責任、債務不履行責任＝過失責任というこれまで慣用とされてきた理解（法常識）を前提とする限り、近時の見解が、売買契約の有償性と瑕疵担保責任の無過失責任性を具現するものとして、代金減額的効果を導き出したことは正当である。

反面、近時の見解は、かつて論じられた本質的問題に対して十分な解答を与えているとは言い難い。問題は、売主の過失の有無にそれぞれ対応した賠償範囲の画定と両者の関係が、瑕疵担保責任の法的性質にどのように関わるかである。

既にみたように、近時の見解は、代金減額を超える損害賠償を担保責任に組み入れるのか否かにより、枠内構成説と枠外構成説に分かれる。ここでは、その傾向を明確に捉えることは困難ではあるが、大略以下のような点を指摘できるであろう。

売主の過失を問わない代金減額については、特定物ドグマをどうみるかとは無関係に導かれている。これに対し、代金減額を超える（売主の過失を要する）損害賠償については、特定物ドグマを否定する立場は、まさに債務不履行責任（不完全履行責任）として売主の給付義務違反の問題とする傾向にあるが、特定物ドグマを肯定する立場では、瑕疵ある物を瑕疵なき物として給付した点に、瑕疵の有無に関する調査・確認・告知といった売主の付随義務違反を根拠に責任構成する傾向が窺える。(58) そして、枠内構成説では瑕疵担保責任を債務不履行責任として捉える見解が多くみられるのに対し、枠外構成説では法定責任説に依拠する見解が多いという傾向も指摘できるであろう。(59)

このようにみると、前述したように、枠内構成説は結局は債務不履行責任説へ収束されるのに対し、枠外構成説では瑕疵担保責任の独自性を残存させるという方向へ向かうように思われる。換言すれば、近時の見解が妥当だとしても、担保責任の発生根拠たる五七〇条の機能領域をどのように捉えるべきかという問題がクローズアップされることになるのではなかろうか。

四　瑕疵結果損害の帰責構造

(一)　瑕疵担保責任の位置づけ

ここまでの検討から、近時の見解が主張するように、売主の過失の有無に応じて責任を峻別するのが妥当だと考える。そこで、まず、売買契約の有償性と瑕疵担保責任の無過失責任性を具現するものとして、代金減額的効果を導く限りでは近時の見解は一致しており、この点を瑕疵担保責任としてどう位置づけるべきかが問題となる。

瑕疵担保責任の法的根拠は以下のように考えられるのではないか。すなわち、当事者は、契約により給付すべき物を定め、この物を前提に売買代金を決定する。換言すれば、契約は、買主が売主より得ようとする物を決する基礎であると同時に、売買代金を決する基礎でもある。そして、給付された物が、当該取引観念上自明なこととして前提とされた性状（物の本質的性質ないし属性）あるいは買主において予定された使用適性を欠いている場合、契約は履行されてはいないことになる。ここで瑕疵なき物に対する買主の信頼とは、買主が妥当だと考えて支払った代金にその目的物が見合うという信頼であり、この場合、買主は代金支払と引換えに約束した目的物を得ておらず、両給付間の対価的不均衡が生じる。瑕疵担保責任の根拠は、このような瑕疵ある物の給付によって契約が履行されてはいないという点（契約の不履行）にあるといえる。

前述したように、特定物の性状も契約内容となり得る（特定物ドグマに固執する必要はない）との理解が正当だと考える。しかし、このように売主無過失の場合は、従来の債務不履行責任説のように「瑕疵なき（当該性質を有する）特定物の給付義務」の不履行責任として捉える必要は必ずしもないように思われ[60]、「契約の不履行責任」ではあるが[61]、むしろ法定責任説的構成に馴染むといえるのではなかろうか。

そして、ここでの売主の責任内容としては、代金減額的損害賠償請求権と契約解除権が認められる（なお、商事売買に関し商法五二六条参照）。その他、これまでの議論においては、瑕疵修補請求権についても肯定的に捉えられている。修補請求は、債務不履行責任説では、瑕疵担保責任の内容というよりも契約の履行請求権それ自体となる（売主の過失は不要[62]）。法定責任説では特定物ドグマにより否定されることになろうが、黙示の特約・商慣習、さらには合理的意思解釈という法的構成で例外的に認める見解もあり[63]、両者の差異はほとんどなくなる。いずれにしても、売主が修補能力を有する場合に肯定すべきものと思われる[64]。

問題は、売主の過失を要件として認められる損害賠償請求（特に瑕疵結果損害）である。前述したように、近時の見解はこれを瑕疵担保責任との関係でどう捉えるべきかについて対立がみられ、瑕疵担保責任の法的性質にも関わる問題となる。以下では、枠内構成説と枠外構成説のいずれが妥当なのかを検討する。

(二)　瑕疵結果損害の賠償

近時の見解が、損害賠償を代金減額的損害賠償とそれを超える損害とに分け、後者について売主の過失を要するとしたことは正当である。そして、枠内構成説にあっては、瑕疵なき物に対する買主の信頼を、「対価に見合った物の給付」に限定せずに、それ以上の損害が発生しないことに対する信頼も広く瑕疵担保責任の中に反映させようとする見解である。確かに、賠償責任について何ら制約を設けないわが国の民法の下では、瑕疵担保責任としての損害賠償を過失責任として読み込むことに不都合はない[65]。また、損害賠償を専ら代金減額の言い換えに尽きるものと解するならば、五六六条一項が解除の他に損害賠償を規定したことが無意味となり、さらに五六五条が数量不足・一部滅失の場合に五六三条を準用して、代金減額請求または解除と並んで損害賠償を認めていることと権衡を失するとの考えが、枠内構成説の背景にあるものと思われる[66]。そうすると、枠内構成説は、瑕疵担保責任の「過失責任」たる性質をより鮮明にすることになり[67]、結局は従来の債務不履行責任説と変わるところはなくなるように思われる。しかし、このような理論構成にはなお疑問が残る。

瑕疵担保責任が債務不履行責任に近似するということは、換言すれば、五七〇条が担保責任の発生根拠として機能する領域が実際上ほとんどなくなることになる。確かに、契約関係の比重の増大に伴う契約の適正化と被害者保護の要請から、契約責任の拡大化傾向を肯定的に捉えるときには、瑕疵担保責任の債務不履行責任化も将来的にはあるべき方向の一つだといえる。また、このような債務不履行責任への一元化は、今日の国際的な潮流でもある（ウィーン売買条約（ＣＩＳＧ）、国際商事契約原則（ＵＮＩＤＲＯＩＴ）、ヨーロッパ契約法原則（ＰＥＣＬ）、ドイツ新債務法等）。しかし、現時点で五七〇条の存在意義をなお認めるべきであるとの立場からは、このような構成は疑問である。そして、瑕疵担保責任を無過失責任とみるこれまで慣用とされてきた理解を前提とする限りでは、枠内構成説には、民法上の責任原理を混乱させるとの債務不履行責任説に対する批判がそのまま妥当することになる。

また、瑕疵担保責任を債務不履行責任に近似するものとして捉えるときには、一年の除斥期間（五六六条三項、なお商法五二六条参照）に瑕疵担保責任の特則性が求められることになる。[68]しかし、目的物の瑕疵により買主の生命・身体・財産などに損害が拡大した場合にも短期の期間制限に服するとすれば、瑕疵は知ったが結果損害の発生は後であったので知らなかったというような場合には、損害賠償請求権が消滅してしまうことになり妥当ではない。[69]さらに、裁判例においては、目的物の瑕疵に基づく結果損害につき四一五条を根拠に損害賠償を認めた事例も多くみられ、このような動向との整合性も図られるべきである。瑕疵担保に関する裁判例は、信頼利益賠償を原則としながらも（その内容自体明確ではないが）、僅かな事例においてではあるが結果損害を担保責任の枠内で認めるなど、混乱がみられるのではなかろうか。このように考えると、代金減額を超える損害賠償請求権には、一般の債務不履行責任（四一五条）に基づく消滅時効の規定（一六七条一項）が適用されると解するのが自然である。[70]

なお、五六五条が準用する五六三条の損害賠償請求権に関しても瑕疵担保責任におけると同様の議論がみられ、必ずしも不履行損害賠償を予定したものとは確定し難い(71)。

このように、売主の過失を要件とする損害賠償は、一般の債務不履行（不完全履行）の問題として担保責任の枠外において捉えるのが妥当だと考える。そうすると、結局、瑕疵担保責任は、売買契約の有償性とその無過失責任性を具現するものとして、限定された範囲において機能するものとして位置づけることができよう(72)。

三　契約責任論への応接

枠外構成説を妥当だとするとき、売主の過失を要する損害賠償は債務不履行責任へ放逐され(73)、特に瑕疵結果損害については、完全性利益侵害に対する契約責任論へ接合することになる。既に検討したように、瑕疵結果損害は、「給付目的物の瑕疵（欠陥）による拡大損害」という侵害態様において位置づけることができる。そして、この場面は、完全性利益の侵害のみならず給付目的物の瑕疵という給付結果の侵害も存することから、給付義務違反と保護義務違反とが重なり合っているともいえ、帰責根拠を考える上でこの両者の関係が問題となる。学説は、この場面の帰責根拠を保護義務に求める傾向にあるが（特にわが国において顕著である）、裁判例においては、給付義務違反構成と付随義務違反構成するものに分かれ、両者の区分規準は明確ではない。

そこで、給付義務違反のないところでは保護義務違反とするにしても、給付義務違反が存する限り給付義務違反による因果関係上の問題として考える余地がある。したがって、当該契約関係を取り巻く諸事情からは、売主に「瑕疵なき目的物の給付義務」が課される場面として解することにより、帰責根拠を給付義務の不履行に求めた上で、それにより生じた損害をどの範囲で認めるべきかが問題になると考える。

五　結　び

本節では、完全性利益侵害に対する契約責任構造に関する各論的問題の一つである、売主の瑕疵担保責任と不完全履行（積極的債権侵害）について検討を加えた。私見によれば、瑕疵担保責任の内容は、売主の過失を要しない、いわば売買の有償性の維持を主要な要素とするものに限定されることになる。そして、売主の過失を要件とする損害賠償を担保責任の枠外において捉えるのが妥当であるとみると、瑕疵結果損害は完全性利益侵害に対する契約債務不履行責任の問題として論じられ得ることになる（その帰責根拠は給付義務に求められる）。

このように、瑕疵担保責任の機能領域を限定して捉えるとき、それは今日の契約法をめぐる諸要請（特に、大量生産・販売に係る商品交換体制における法的保護手段）に相応するものとは言い難い。しかし、新たな責任法理を探る作業が必要だとしても、それには既存の法システムの有用性と限界を認識することが出発点とされるべきであろう。

周知のように、瑕疵担保責任をめぐる課題は多岐にわたり、契約責任の再構成に関わる問題も内包しているといっても過言ではない。瑕疵担保責任論を契機に、契約責任の法的性質をどのように理解すべきか（過失責任と無過失責任の関係、責任要件の再検討など）、また、当事者の合意と担保責任の関係（保証責任ないしそれに類似させた責任論の展開）[74]などが重要な課題となろう。

（1）　瑕疵担保責任規定の立法の沿革について検討するものとして、星野英一「瑕疵担保の研究―日本」同『民法論集 第三巻』（有斐閣、一九七二 初出一九六三）一八〇頁以下、来栖三郎「小売商人の瑕疵担保責任―『日本の瑕疵担保法』の序説として―」

契約法体系刊行委員会編『契約法体系Ⅶ　補巻』（有斐閣、一九六五）二五〇頁以下、北川善太郎『日本法学の歴史と理論―民法学を中心として』（日本評論社、一九六八）一〇四頁以下、円谷峻「民法制定過程における瑕疵担保責任論」判例タイムズ五五八号（一九八五）四頁以下など。売主の義務一般についてボアソナード草案及び旧民法典の規定を検討するものとして、永田真三郎「売買契約における売主の義務の内容―ボアソナード草案と井上操著『民法註解』」関西大学法学部百年史編纂委員会編『関西法律学校の創立とその精神』（関西大学法学部、一九八六）三八五頁以下がある。

（2）ボアソナード氏起稿『再閲修正民法草案註釋　第三編　上巻』（発行年月日不明）三五二頁、三六一―三六二頁、五一四頁参照。

（3）ボアソナード・前掲注（2）五六六頁。

（4）永田・前掲注（1）三八九頁参照。

（5）ボアソナード・前掲注（2）八六九頁。なお、この場合の売主の修補義務が、担保訴権による他に通常の契約上の義務として認められるかについては不明であるとされる（北川・前掲注（1）一一八頁）。

（6）ボアソナード・前掲注（2）八八一頁。

（7）熊野敏三『民法正義 財産取得編巻ノ壹』（新法註釋會、一八九五）二七四頁以下は、旧民法典もボアソナード草案の理解を承継することを明らかにする。

（8）北川・前掲注（1）一〇九頁参照。

（9）法務大臣官房司法法制調査部監修『法典調査会 民法議事速記録四』（商事法務研究会、一九八四）七六頁。なお、円谷・前掲注（1）一四―一六頁は、物の瑕疵による危険を売主・買主のいずれに負担させるべきかという危険負担的処理を念頭に置いており、無過失責任とみるべきであるとする。

（10）前掲注（9）『法典調査会 民法議事速記録四』七六―七七頁。梅謙次郎『民法要義 巻之三 債権編』（有斐閣書房、一九一二年版・復刻版）五二六頁。

（11）梅・前掲注（10）四八六頁、五二五頁。

（12）瑕疵担保責任論の展開については、円谷峻「瑕疵担保責任」星野英一編代『民法講座 第五巻』（有斐閣、一九八五）一八五頁以下、半田吉信「瑕疵担保論史」水本浩＝平井一雄編『日本民法学史・各論』（信山社、一九九七）二五五頁以下、野澤正充編『瑕疵担保責任と債務不履行責任』（日本評論社、二〇〇九）参照。

（13）鳩山秀夫『増訂日本債権法各論（上巻）』（岩波書店、一九二四）三三七―三三九頁、石田文次郎『財産法に於ける動的理論』（巌松堂書店、一九二八）四二二頁以下、末弘厳太郎「種類売買に於ける瑕疵担保について」同『民法雑考』（日本評論社、一九三二）二四九頁以下。なお、法定責任説の確立に至るドイツ民法理論の影響については、北川・前掲注（1）一一二頁以下参照。
（14）柚木馨『売主瑕疵担保責任の研究』（有斐閣、一九六三）一六六頁以下、柚木＝高木多喜男編『新版　注釈民法⒁』（有斐閣、一九九三）二五九頁以下（柚木＝高木執筆）。
（15）後述するように、近時、法定責任説に立ちながらも、損害賠償の範囲を代金減額とそれを超える損害に二分する見解が有力である。
（16）柚木・前掲注（14）『研究』二〇一頁以下、同『注釈民法』三九二頁以下。
（17）柚木説の利益概念の特殊性に言及するものとして、北川善太郎『契約責任の研究―構造論―』（有斐閣、一九六三）三七五―三七六頁、円谷・前掲注（12）二一六頁など。
（18）柚木・前掲注（14）『研究』三九二―三九四頁、同『注釈民法』三九三―三九四頁。
（19）鳩山・前掲注（13）三三一頁、吾妻光俊『新版　債権法』（弘文堂、一九六四）一七一頁など。
（20）我妻榮『債権各論　中巻一』（岩波書店、一九五七）二七一―二七二頁。
（21）広中俊雄『債権各論講義　第六版』（有斐閣、一九九四）六七頁以下。
（22）磯村哲「売買・贈与」法学セミナー一六号（一九五七）一四―一五頁。同旨、林良平「売主の瑕疵担保責任の効果」契約法体系刊行委員会編『契約法体系Ⅱ　贈与・売買』（有斐閣、一九六二）一六八―一六九頁。広中説も、問題は政策的なものであり、買主の保護のために履行利益の賠償を必要とするほどの商品流通の発展があるかどうかという問題であり、商品流通の発展が高度化すれば履行利益賠償が原則化していくとする（広中・前掲注（21）七五―七六頁）。
　また、椿寿夫「売主瑕疵担保責任における賠償責任」同『財産法判例研究』（有斐閣、一九八三　初出一九六一）二八一―二八三頁は、瑕疵担保責任を債務不履行責任と同化させようとの動向、及び債務不履行における双務有償的発生原因の存するときは過失責任主義が後退せしめられることからみて、瑕疵担保の賠償として信頼利益・対価制限に必ずしも限定される必要がないことを指摘する。
（23）勝本正晃「瑕疵担保責任の対価的制限」同『民法研究　第五巻』（巌松堂書店、一九四二）一五〇頁以下。同旨、末川博

『契約法 下（各論）』（岩波書店、一九七五）五三頁。この見解によると、結果的には代金減額となるが、代金が瑕疵ある物の実際上の価格以下となれば損害賠償は生じない。これに対し、後述する近時の見解は、売買当時における瑕疵のない場合の価格と瑕疵のある価格との比率に応じて代金を減額するのが妥当だとする。

(24)「有償性」概念については、かつては当事者の意思を離れた客観的な規準、すなわち経済的意味での等価性として理解する見解（客観説）もあったが（山中康雄「双務契約・片務契約と有償契約・無償契約」契約法体系刊行委員会編『契約法体系Ⅰ 契約総論』（有斐閣、一九六二）六八頁）、今日では、当事者の意思を媒介とした主観的な規準から理解する見解（主観説）が一般的である（磯村・前掲注（22）一五頁、谷口知平＝五十嵐清編『新版 注釈民法⒀』（有斐閣、一九九六）四五三頁（谷口＝五十嵐執筆））。そして、いずれも有償性を両給付間の対価的均衡として理解しているものといえる。

(25) なお、浜上則雄「製造物責任における証明責任（7）（8）」判例タイムズ三二〇号（一九七五）四頁、一〇—一一頁、同三二二号（一九七五）三七頁、四〇頁は、売主が商品の「性質の保証」をした場合、五七〇条の特約を根拠に瑕疵惹起損害について責任を負うことが可能だとし、また、職業的売主には、契約の性質から法定の保護義務の発生が認められ、これを根拠に瑕疵担保責任の効果として瑕疵惹起損害も責任内容となるとする。その根拠として、履行利益は債権者を契約が正常に履行されていたとしたら立っていたであろう立場に置くものであるのに対し、信頼利益の賠償は、被害者を契約上の交渉関係に全く携わらなかったら現在立っているであろう立場に置くものであり、瑕疵惹起損害も信頼利益の概念に当然入るとする。

(26) 一般的には「契約責任説」と称されるが、学説には瑕疵担保を当事者の契約意思に還元しながらも（契約責任構成）、それを債務不履行とは構成しない見解（後述の神田説（後掲注（39）参照））もあり、その内容において不明確であることから、ここでは用いないこととする。

(27) 山中康雄『契約総論』（弘文堂、一九四九）二〇一—二〇二頁、於保不二雄『債権総論〔新版〕』（有斐閣、一九七二）九八頁、一一二—一一三頁。

(28) 北川・前掲注（1）一一四頁以下、同・前掲注（17）一七三頁以下、三三五頁以下、星野・前掲注（1）二〇六頁以下、五十嵐清「瑕疵担保と比較法（一）（二）」民商法雑誌四一巻三号（一九五九）四五頁以下、同四一巻六号（一九六〇）二四頁以下、山下末人「瑕疵担保と債務不履行」契約法体系刊行委員会編『契約法体系Ⅱ 贈与・売買』（有斐閣、一九六二）一三三頁以下。

(29) 例えば、高森八四郎「瑕疵担保責任と製造物責任」遠藤弘＝林良平＝水本浩監『現代契約法体系 第2巻』（有斐閣、一九八四）一六二頁。

(30)　星野教授によれば、「買主は可能な限り、目的物の種類を問わず完全履行請求権を有すると解することが妥当との立場をとるならば、その限りでこれに対応する売主の債務として完全履行義務があると構成してよいのではないか」とし、これを履行利益賠償の根拠にもするようである（星野・前掲注（1）二三六―二三七頁）。

(31)　高橋眞「ドイツ瑕疵責任法における積極的契約利益・消極的契約利益・完全性利益の区別」奥田昌道他編『林還暦・現代民法学の課題と展望　下』（有斐閣、一九八二）二三八頁（同『損害概念論序説』（有斐閣、二〇〇五）所収）は、柚木説の信頼利益・履行利益概念に対し、「病畜の給付によって買主の他の家畜に伝染した事例については、『瑕疵（＝病気）がなければ伝染はなかった』『瑕疵を知っていればで伝染を避けられた』という形で同一の損害が両概念に含まれうることとなり、信頼利益・履行利益概念は完全な対照性を有しないものになっている」とする。なお、難波譲治「信頼利益、履行利益論の現況と課題」立教法学七〇号（二〇〇六）二七頁以下参照。

(32)　北川善太郎「担保責任」谷口知平＝加藤一郎編『新民法演習4』（有斐閣、一九六八）一九八頁、同『債権総論（民法講要Ⅲ）［第三版］』（有斐閣、二〇〇四）一四四頁。

(33)　加藤雅信「売主の瑕疵担保責任―対価的制限説再評価の視点から」森島昭夫編『判例と学説3・民法Ⅱ』（日本評論社、一九七七）一八三―一八四頁、好美清光「判例評釈」金融商事判例六五〇号（一九八二）四九頁、円谷・前掲注（12）二五四―二五六頁など。

(34)　北川・前掲注（17）一八二―一八三頁参照。

(35)　星野・前掲注（1）二二五頁、二四五―二四六頁、五十嵐・前掲注（28）四一巻六号三二頁、三六―三七頁。

(36)　森田宏樹「瑕疵担保責任に関する基礎的考察」私法五一号（一九八九）一二九頁以下、同「瑕疵担保責任に関する基礎的考察（一）（二）（三）」法学協会雑誌一〇七巻二号（一九九〇）一頁以下、同六号（一九九〇）一頁以下、同一〇八巻五号（一九九一）七五頁以下、同「売買契約における瑕疵修補請求権に関する一考察（一）（二）（三・完）」法学五三巻六号（一九九〇）一八五頁以下、同五四巻二号（一九九〇）一〇三頁以下、同五五巻二号（一九九一）八五頁以下、同「不特定物と瑕疵担保」法学教室一四二号（一九九二）三一頁以下、同「債務不履行と瑕疵担保」法学教室一九三号（一九九六）三六頁以下など。また、同『契約責任の帰責構造』（有斐閣、二〇〇六）一九七頁以下、二八五頁以下、加藤雅信＝加藤新太郎編『現代民法学と実務（下）』（判例タイムズ社、二〇〇八）一頁以下参照。なお、内田貴『民法Ⅱ［第二版］債権各論』（東京大学出版

会、二〇〇七）一三〇頁は森田説を支持する。
(37) 森田宏樹「結果債務・手段債務の区別の意義について—債務不履行における『帰責事由』—」太田知行＝荒川重勝編『鈴木古稀・民事法学の新展開』（有斐閣、一九九三）一〇九頁以下（同・前掲注（36）『契約責任の帰責構造』所収）。
(38) 例えば、奥田昌道編『注釈民法⑽』（有斐閣、一九八七）三九九—四〇〇頁（北川善太郎執筆）。
(39) 神田博司「瑕疵担保による損害賠償の範囲」中川善之助＝兼子一監『不動産法体系第1巻 売買』（青林書院新社、一九七〇）三六七—三七〇頁。
(40) 来栖三郎『契約法』（有斐閣、一九七四）一八七—一八八頁、一九一—一九二頁、石田穣『民法V（契約法）』（青林書院新社、一九八二）一四五—一四七頁、一四九—一五〇頁。
(41) 半田吉信『担保責任の再構成』（三嶺書房、一九八六）一〇七—一一〇頁、二四一—二四三頁。半田説は、瑕疵自体の損害（減額）、瑕疵修補、代物給付請求は売主の帰責事由は不要であるが、履行利益（取引利益）、瑕疵惹起損害は帰責事由を要するとする。瑕疵惹起損害は、売主が瑕疵あることを看過して買主に瑕疵ある物を給付し、またはそれについての警告を怠ったという不注意に損害賠償を課す根拠があるとする。
また、石崎泰雄「瑕疵担保責任の統一構成理論」早稲田法学会誌三九巻（一九八九）五三頁以下は、売主に帰責事由がなければ売主の完全物給付の権利、買主の代金減額・解除請求が、帰責事由があれば買主の完全履行・損害賠償請求が認められるとする。
(42) 潮見佳男『契約規範の構造と展開』（有斐閣、一九九一）一七二頁以下、同『債権各論Ⅰ』（信山社、二〇〇二）一九〇—一九二頁。潮見説は、「瑕疵なき特定物の給付義務」が認められる場合には債務不履行責任としての性質が付与され、それが認められない場合には五七〇条自体の問題（代金減額的損害賠償請求権と契約解除権）だとした上で、いずれも瑕疵担保責任の枠内で位置づけるようである。
(43) 来栖・前掲注（40）一九二頁は、瑕疵担保責任も一種の債務不履行責任ではあるが、例えば買主の善意が要件とされる限りでは普通の債務不履行責任とは区別しなければならないとする。
(44) 船越隆司「実定法秩序と証明責任（16）」判例評論四〇七号（一九九三）一八頁、同「売買の効力」遠藤弘編『基本法コンメンタール［第四版］債権各論Ⅰ（契約）』（日本評論社、一九九五）九五頁、一〇六—一〇七頁。
(45) ただし、履行利益は担保責任が原始的一部不能の場合の責任であるとして否定する。

（46）平野裕之『契約法［第2版］』（信山社、一九九九）二五九―二六一頁、二七八―二八一頁、二八七頁（なお、同『民法総合5 契約法』（信山社、二〇〇七）三三五頁以下も参照）。瑕疵結果損害については、買主の保護を考慮して（特に一年という除斥期間の問題性）、担保責任の枠外とする（七二四条の時効期間による）。
（47）三宅正男『契約法（各論）上巻』（青林書院新社、一九八三）三一二頁以下。
（48）加藤・前掲注（33）一八四頁以下、同「座談会・財産法の今日的課題」Law school 一六号（一九八〇）二四頁以下、同『現代民法学の展開』（有斐閣、一九九三）三九〇頁以下。
（49）下森定「種類売買と瑕疵担保」奥田昌道他編『民法学5』（有斐閣、一九七六）一〇五―一〇六頁、同「瑕疵担保責任と損害賠償の範囲」同『債権法論点ノート』（日本評論社、一九九〇 初出一九八三）五四―五六頁（過失を要する損害賠償は売主の附随義務・保護義務違反として債務不履行の一般原則によるとする）、高森・前掲注（29）一五四―一五五頁、一六三―一六四頁、宮本健蔵「契約締結上の過失責任と附随義務」明治学院大学法学部編『法と政治の現代的課題』（第一法規出版、一九八七）一一頁（宮本見解は、契約締結前に契約法上の附随義務の存在を認め、これを代金減額を超える損害賠償の根拠とする＝契約締結上の過失責任）。
（50）好美・前掲注（33）四九―五一頁。
（51）北川・前掲注（1）一一七頁は、「学説継受の結果、ドイツ理論に従って瑕疵担保は債務不履行責任から追い出されることになったが、その程度は、損害賠償に関しては、わが民法典の実定法的構造を全くつくり変えるまでにはいたらなかった」とする。
（52）なお、前掲注（31）参照。
（53）潮見佳男「売買目的物における物的瑕疵の帰責構造（三・完）」民商法雑誌一〇八巻三号（一九九三）六四―六六頁（同『契約責任の体系』（有斐閣、二〇〇〇）所収）（ただし、裁判例においても信頼利益の内容自体明確にされてはいないとする）、高木多喜男＝久保宏之『叢書民法総合判例研究 不完全履行と瑕疵担保責任（新版）』（一粒社、一九九八）一〇八頁。
（54）大阪高判昭和三五・八・九高民集一三巻五号五一三頁、横浜地判昭和五〇・一二・二三判タ三三六号二九四頁。
（55）高橋眞「判例における『信頼利益』『履行利益』概念について」判例タイムズ四九三号（一九八三）八頁（同・前掲（31）『損害概念論序説』所収）参照。
（56）本書第三章第二節参照。

(57) 高橋・前掲注(31)一七二頁は、特定物ドグマ批判以後の学説理論の展開について、「信頼利益・履行利益概念と相当因果関係との結合による両利益概念の不明確化、並びに不能論的理論構成の拘束を脱した効果論における政策的利益衡量の可能性の指摘を受けて、以後は信頼利益・履行利益をめぐる対立は背後に退き、むしろ製造物責任論の発展を背景として、拡大損害(給付目的物の瑕疵に起因して、目的物以外の債権者の財産又は債権者の生命・身体に生じた損害)の処理を中心とした、より具体的な損害論の分析に論点が移行している」と理解する。なお、倉田卓次監『要件事実の証明責任　契約法上巻』(西神田編集室、一九九三)二九一―二九四頁、三六三頁以下(國井和郎執筆)参照。

(58) 岡孝「不完全履行・積極的債権侵害―拡大損害を中心に―」安達三季生監『債権法重要論点研究』(酒井書店、一九八八)五―七頁参照。

(59) しかし、枠内構成説にあっても瑕疵結果損害については担保責任の枠外において位置づける見解もある(神田・平野説など)。

(60) 確かに、特定物の性状に関する合意を売主の義務に反映させた上で、満足し得ない給付結果の処理を問題とするときには、無瑕疵性の表示を売主の給付義務の中に組み入れ「瑕疵なき特定物の給付義務」の不履行責任として構成することも可能である。しかし、そこでの不履行という事態は、義務違反に対する債務者の主体的責任という観点からその帰責原因たる過失を契機に評価される事態(「事実としての不履行」とは別に「帰責事由(過失)」を認定する通常の債務不履行責任構成)ではなく、反対債務との対価的均衡の維持という観点から過失の有無を問うことなく評価されるべき(つまり、「隠れた瑕疵の存在」=「瑕疵なき特定物の給付義務の不履行」という言い換えにすぎない)事態となる。また、無瑕疵性の表示を給付義務から分離し、一種の特別義務として構成することも可能となろうが(なお、前述の船越・平野説参照)、その契約義務としての位置づけや売主に過失がある場合の帰責根拠などについて検討すべき問題が残されよう。

(61) 例えば、中松纓子「契約法の再構成についての覚書」判例タイムズ三四一号(一九七七)二八頁、三四頁は、契約不履行(不適合)と債務不履行を区別し、前者は当事者の目的が達成されない場合のすべてであるのに対し、後者は当事者が目的のためになすべきことを怠った場合として理解される。また、五十嵐・前掲注(28)四一巻三号六〇頁注(4)は、「瑕疵ある特定物を給付した場合に、それは引渡義務を履行したけれども、なお契約全体の履行をしたことにはならないとも解されるとする。

(62) 森田・前掲(36)「売買契約における瑕疵修補請求権に関する一考察(三・完)」九六頁は、売主の一定の瑕疵なき物の給付義務の不履行に基づく損害賠償の方法の一つとして、金銭賠償に代えて一定の行為債務を売主に課すという「現実賠償」として構成する。

(63)　下森定「不完全履行と瑕疵担保責任—不代替的特定物売買における瑕疵修補請求権を中心に—」星野英一＝森島昭夫編『加藤古稀・現代社会と民法学の動向　下』（有斐閣、一九九二）三三八頁。

(64)　なお、瑕疵担保責任に基づく損害賠償として、瑕疵の修補費用相当額を認めた裁判例は多数ある（東京地判平成四・一〇・二八判時一四六七号一二頁（産業廃棄物等の撤去工事費用）、千葉地裁松戸支判平成六・八・二五判時一五四三号一四九頁（土地の沈下対策・建物補修工事費用）、東京地判平成一〇・一〇・五判タ一〇四四号一三三頁（地中廃棄物除去費用）、東京地判平成一〇・一一・二六判時一六八二号六〇頁（地中埋設基礎等撤去費用）、東京地判平成一五・四・一〇判時一八七〇号五七頁（マンションの浸水対策工事費用）、東京地判平成二〇・七・八判時二〇二五号五二頁（土地の有害物等の除去費用）、東京高判平成二〇・九・二五金商一三〇五号三六頁（土壌汚染対策工事費用）など）。

(65)　新田孝二「賃貸人、売主の瑕疵（とくに瑕疵結果損害に対する）担保責任」広瀬善男編代『法と政治の現代的課題—明治学院大学法学部二十周年論文集—』（第一法規出版、一九八七）一三—一四頁は、来栖説をこのような点から理解する。

(66)　神田・前掲注（39）三六九頁、船越・前掲注（44）判例評論一八頁など。

(67)　来栖・前掲注（40）九一頁は、この点を鮮明にする。

(68)　不完全履行の効果である損害賠償請求権、完全履行請求権、契約解除権の行使期間についても、消滅時効を適用すると不公平な結果が生じるとして、担保責任の規定を類推適用する見解（大判大正一四・三・一三民集四巻二一七頁など）、信義則により調整を図る見解（我妻榮『新訂　債権総論』（岩波書店、一九六四）一五五頁、松坂佐一『民法提要　債権総論（第四版）』（有斐閣、一九八二）八六頁など）がある。

なお、最三小判平成一三・一一・二七（民集五五巻六号一三一一頁）は、瑕疵を発見して一年以内であっても買主が目的物の引渡しを受けた時から一〇年（一六七条一項）の消滅時効期間が経過していればもはや損害賠償請求権を行使できないとした。担保責任の性質論から消滅時効規定の適用の可否が直ちに導かれるわけではないが、最判を契機に、瑕疵担保責任と不完全履行責任の期間制限をどのように理解すべきかという問題が浮き彫りにされたといえる。もっとも、担保責任の除斥期間による制限を回避するという点については、今日では、住宅の品質確保の促進等に関する法律（品確法）により一〇年の期間制限が設けられている（新築住宅の引渡し時から一〇年間、構造耐力上主要な部分等の担保責任は存続する（同法九五条一項）。

鎌野邦樹「建築紛争における瑕疵担保責任の新たな局面―品確法および区分所有法の改正を契機として―」判例タイムズ一一一七号（二〇〇三）九頁以下参照）。

（69）下森・前掲注（49）「瑕疵担保責任と損害賠償の範囲」五五頁、岡・前掲注（58）七頁。

（70）北川善太郎「損害賠償法における理論と判例―問題史的分析―」磯村哲編代『於保還暦・民法学の基礎的課題　上』（有斐閣、一九七一）一〇三―一〇四頁も、結果損害賠償債権については、五六六条三項ではなく、通常の時効期間（一六七条一項）の適用があり、結果損害が発生した時点から時効が進行するとみる。

（71）潮見・前掲注（42）『契約規範の構造と展開』一九八頁以下、國井・前掲注（57）三〇八頁以下参照。なお、國井・同三〇六―三〇八頁は、立証責任の観点から枠内構成説の問題性を指摘する。

（72）なお、瑕疵担保責任規定が種類売買にも適用されるか否かが問題となる。債務不履行責任説は、原則的には一年という期間制限以外は債務不履行の一般規定により規律されることになる。法定責任説も同様に解され、ただ瑕疵担保の期間制限の適用がない点で差違があるが、信義則等によりこれを認めるときには両説の差はなくなる。さらに、買主による受領または買主が瑕疵があっても履行として認めたこと（履行認容）を要件に、瑕疵担保責任規定を種類売買にも適用させる見解もある。

原則的には、契約で定めた種類・品質の無瑕疵物を調達・給付すべき種類売買を特定物売買と同じ規定に服する必要はないように思われる。しかし、買主が任意に瑕疵担保責任を追及する場合にはそれを否定する必要もなく、結局は履行認容を要件に（この場合、売主は瑕疵ある物を引渡したが債務不履行はなくなり、特定物と同じ状況にあるといえようか）瑕疵担保責任規定の適用を認めてよいのではなかろうか（なお、下村正明「履行認容の概念と効果に関する覚書」阪大法学一四五・一四六号（一九八八）五〇〇―五〇二頁、藤田寿夫『表示責任と契約法理』（日本評論社、一九九四）一二五―一三〇頁など参照）。

（73）本書第四章第三節三㈠2参照。

（74）なお、ここで「瑕疵なき目的物の給付義務」が課される場面を性質保証の問題として捉える傾向もみられるが（前述の好美説、藤田・前掲（72）一三一頁以下など）、保証概念自体多義的であり（瑕疵担保責任との関係の他、性質保証の責任内容、帰責事由の要否など）、共通の理解が得られているわけではない（詳細は、笠井修『保証責任と契約法理論』（弘文堂、一九九九）参照）。

第二節　請負人の瑕疵担保責任と不完全履行（積極的債権侵害）

一　はじめに

不完全履行（積極的債権侵害）論において問題とされる給付実態（侵害態様）の一つとして、「給付目的物（または給付行為）の瑕疵による拡大損害」という類型を析出することができ、これは被違反義務の面から捉えると、給付義務違反（給付結果の不完全）と保護義務違反（完全性利益侵害）が併存する場面である。そして、ここでは不完全履行が問題となると同時に瑕疵担保責任にも関連する。

前節では、瑕疵ある売買目的物の給付により、買主の生命・身体・財産などに損害が拡大したという場合について、売主瑕疵担保責任との関係を検討した。そこで、本節では、請負において、完成された仕事の瑕疵に起因する結果損害の責任構造について請負人の瑕疵担保責任との関係を検討する。請負人の瑕疵担保責任については、売買とは別に規定が設けられており（民法六三四条以下）、また、請負人の債務の特質に対応した議論がみられる。

以下では、まず、請負人の瑕疵担保責任の法的性質について、理論構成の変遷を辿り（二）、その性質決定に影響を及ぼす損害賠償請求権の要件・効果について検討する（三）。その上で、瑕疵結果損害は瑕疵担保責任との関係においてどのように責任構成され、さらに、それが完全性利益侵害をめぐる契約責任論へどのように接合していくのかについて検討を加えたい（四）。

二　瑕疵担保責任の法的性質に関する理論状況

㈠　民法典制定当時の理解

まず、民法典制定当時において、請負人の瑕疵担保責任の性質及び六三四条に規定される損害賠償請求権はどのように理解されていたのかをみる。ここでの問題意図からは、特に債務不履行（不完全履行）責任との関係が問題となる。

この点に関しては、民法典起草の際の審議の中では明らかにされてはいない。ただ、旧民法典は仕事の瑕疵に対する代金減額に関する規定（旧民法・財産取得編二七八条一項）を置いたが、現行民法典六三四条の中ではこれを規定しなかった理由として、売買の場合には代価減少が瑕疵に対する一つの担保となるが、請負においては瑕疵と代価との割合が明確でない場合が多く、修補が一つの担保であるから、代価の減少を認めなかった旨の説明がみられるだけである(1)。

しかし、当時、請負人の債務の特質から瑕疵担保責任の法的性質を明確に捉える見解がある。梅博士は、請負の目的は一定の仕事を完成することであり、その仕事に瑕疵があるときは未だ履行を完了してはおらず、それ故に六三四条において請負人は注文者の請求に応じその瑕疵を修補すべきものとする(2)。そして、六三六条に関する叙述の中で、六三四条及び六三五条は「請負人ニ完全ナル仕事ヲ為ササルノ過失アルヲ以テ」責任を負わせたものであり、「若シ請負人ニ過失ナキトキハ敢テ之ヲ責ムルコトヲ得ス」とする。六三六条は、仕事の目的物の瑕疵が注文者から提供された材料の性質または注文者の指図により生じた場合は、請負人に「過失ナキモノナル」が故に責任を負わさないと説明する(3)。このように、梅博士にあっては、請負人の瑕疵担保責任は仕事完成義務の不履行を理由とする責任であること、したがって、六三四条に定められる損害賠償も請負人の過失を要件とすることが鮮明となる(4)。

請負人は、契約の本旨に従って仕事をすべき債務を負担するが故に、売買とは異なり、瑕疵修補請求権を中核とする瑕疵担保責任が規定されたことについては、異論はなかったものといえる(5)。そして、梅博士のように瑕疵担保責任を債務不履行責任として理解することは、当時の一般的な見解であったとは言い難いものの、後述するように、近時の見解に通じるものとして注目できる。しかし、当時のこのような理解は、その後、大正年間を中心とするドイツ民法理論の学説継受の結果、次にみる通説的見解の台頭により解消されていくことになる。

(二)　通説的見解

ドイツ民法理論の学説継受により、売主の瑕疵担保責任は債務不履行責任ではなく法定の無過失責任であるとする見解が定着したことが、請負人の瑕疵担保責任の理解にも影響を与えることになった。

鳩山博士(6)は、六三四条以下の請負人の責任は、材料の瑕疵のみならず材料に加えた工作の不完全からも生じるから、担保責任に関する一般規定に対して特別規定であると同時に、債務不履行、特に不完全給付に対しても特別規定であると解する。そして、瑕疵修補請求権は、瑕疵が請負人の過失により生じたか否かを問わないことから、不完全給付の追完請求権として捉えるべきではなく、この請求権を認めるべき範囲を拡張することが請負契約の性質に通じるものとして規定された。したがって、損害賠償義務の要件についても請負人の過失を必要としない。

鳩山博士の見解は、それに続く我妻博士によりさらに洗練され、やがて通説的見解へと確立していくことになる。我妻博士[7]にあっては、鳩山説と同様、請負人の瑕疵担保責任は売主の瑕疵担保責任に対する特則であると同時に、一般債務不履行（不完全履行）責任に対する特則でもあるとしながら、六三四条以下の規定は、瑕疵を生じた理由の如何を問わず瑕疵の種類や程度に応じて適当な要件と効果を定めたものとして、不完全履行の一般理論は完全に排除されること、また、有償契約の典型としての売買における売主の担保責任を無過失責任と解する以上、請負人の瑕疵担保も同様に解すべきであるとする。そして、瑕疵担保責任の内容たる損害賠償の範囲については、請負では仕事を完成すること、すなわち瑕疵のない完全な仕事をすることが請負人の債務の内容なのだから、瑕疵によって生じるすべての損害の賠償、つまり信頼利益（瑕疵がないと誤信したことによって生じる損害）に限られるのではなく、常に履行利益（瑕疵があることから生じる全損害）の賠償に及ぶとする。

鳩山・我妻説、さらにはそれに続く通説的見解[8]は、瑕疵担保責任の根拠を請負人の仕事完成義務の不履行を理由とする責任として捉えながらも（この点で、前述の梅博士との相違はない）、売主瑕疵担保責任の無過失責任たる性質に引きずられた構成を採る。しかし、次にみるように、近時、通説的見解により形成された請負人の瑕疵担保責任の要件・効果について、その再構成を主張する見解が有力となっている。

(三)　近時の見解

近時の見解は、とりわけ以下のような観点から通説的見解に対し反省を迫っている。第一に、通説的見解が、請負人の瑕疵担保責任を仕事完成義務の不履行として捉えながらも、一般債務不履行（不完全履行）責任の適用を排除することに対する疑問、第二に、売主の債務との相違を強調しながら、無過失責任たる売主瑕疵担保責任との同質性に固執していることに対する疑問、第三に、損害賠償請求に関して、担保責任の無過失責任性と履行利益の賠償とを接合させることに対する矛盾、である。

そして、近時の見解の理論動向としては、売主瑕疵担保責任の再構成（とりわけ損害賠償請求に関する）の成果を請負人の瑕疵担保責任に転用するものと、請負人の瑕疵担保責任は不完全履行そのものだと捉え、その要件・効果の再構成を試みる見解が見受けられる。

1　売主瑕疵担保責任との整合性

売主瑕疵担保責任の再構成理論を請負人の瑕疵担保責任に転用し、両者の整合性を図ろうとの志向は、来栖博士の見解にみられる。来栖説[9]によれば、民法典は、請負人の瑕疵担保責任について、損害賠償のみを認め代金減額請求を認めていないが、取引の実際においても代金の減額により解決することはしばしば行われ、代金減額を規定している契約書も見受けられるのであって、立法論としてはもとより解釈論としても代金減額が認められるべきであるとする。そして、売主瑕疵担保責任につき代金減額請求と契約の解除は売主の過失の有無を問わないが、損害賠償請求は売主の過失を要するとする立場に立てば、請負人の瑕疵担保責任についても、修補請求、代金減額請求及び契約の解除は請負人の過失の有無を問わないが、代金減額と区別された意味での本来の損害賠償は請負人の過失を要すると解する。[10]

2　債務不履行（不完全履行）責任構成

他方で、担保責任の内容にについては基本的には来栖説と異なるところはないが、より直裁に、請負人の瑕疵担保責任を債務不履行（不完全履行）責任そのものであるとする見解がある。

高木教授[11]によれば、請負契約においては、瑕疵なき完全な仕事をすることが約束されているのであり、瑕疵ある仕事は、理論上、不完全履行そのものであるから、特定物売買の瑕疵担保責任の性質（法定責任）とは異なり、請負の瑕疵担保責任の規定は、不完全履行の特別規定であると解さざるを得ない[12]。損害賠償の範囲については、有償性を根拠とする賠償といえば、仕事の客観的価値と報酬代金との差額（代金減額）ないし注文者が修補に要した費用ということになり、それ以上の履行利益・拡大損害については、請負人の責に帰すべき事由を要するのではないかという疑問が生じるとし、来栖説を支持されるようである。なお、履行利益・拡大損害については、不完全履行の一般理論から発生するのではなく、除斥期間の適用を肯定するために、六三四条二項を根拠とする。

このように、請負人の瑕疵担保責任を不完全履行責任として捉え、六三四条以下の規定は、不完全履行の一般理論に立脚しつつ、その具体的内容を請負に適合するように規定されたもの（不完全履行の特別規定）であるとみる見解は、さらに下森教授、潮見教授により主張されている。

下森教授[13]によれば、請負人の債務内容からは、瑕疵担保責任は不完全履行そのものであるが、立法者が「不完全履行」を知らなかったために瑕疵担保という名称で処理したものであり、六三四条以下は今日でいう意味での不完全履行の萌芽的規定であると解し、一般の不完全履行の請負における特則と解するのが妥当である。このとき、請負の担保責任の規定がまず適用されるが、規定のない問題、あるいは今日の時点からみて規定が不十分な問題については不完全履行の一般理論によって解決されることになる。そして、注文者の保護としては、追完が可能な限り重大な瑕疵であっても第一次的には相当な期間を定めた瑕疵修補請求が、第二次的に契約解除または代金減額的損害賠償を認め、履行利益や拡大損害（瑕疵結果損害）の賠償については、瑕疵の発生について請負人の帰責事由があることを要件として認める。

潮見説[14]も、六三四条以下の規定は、債務不履行の効果であり、ただ、仕事の完成を承認しての引渡しがあったという事情を考慮して、四一五条、五四〇条以下の債務不履行の一般的効果に対する特則を定めたものとして位置づける。そして、損害賠償請求に関して、代金減額的損害賠償請求と目的物の価値自体の塡補のための損害賠償は請負人の過失は不要であるが、履行利益賠償は請負人の過失を要するとする。

3　補充責任構成

以上のような理論動向に対し、請負人の瑕疵担保責任を不完全履行責任に起因する責任として捉えつつも、これを不履行責任とは区別され、それを補充する責任として構成するのが三宅教授である。

三宅説[15]によれば、注文者が目的物の引渡しを受けたときは、注文者が瑕疵を知っていたか否かを問わず、一般に仕事の完成を承認した取引となり、債務不履行責任は消滅する。しかし、このような取引後に現れる瑕疵に限定して、請負人に不履行責任とは異なる制限的内容の責任として担保責任が認められる[16]。したがって、引渡以後の瑕疵修補は、六三四条一項による担保責任であるから、引渡以前の修補の形での履行請求の場合とは異なり、遅延賠償や不履行による解除権及び損害賠償を生じることはない。また、六三四条二項の損害賠償は、修補に代えまたは修補と共に請求する「瑕疵に伴う直接の不利益」に限られ、瑕疵の結果として生じる人身上・財産上の積極的損害はもちろん、修補期間中の使用収益の喪失を含まない。後者のような六三四条・六三五条の枠外の損害は、無過失の担保責任としてはもちろん、債務不履行責任としても請求することはできず、請負人が瑕疵を知って告げなかったという、不法行為に近い詐欺的悪意に基づく責任としてのみ請求することができるとする。

しかし、三宅説の構成に対しては批判もある。三宅説のいう「引取」は、「仕事の完成」（客体性の承認）を「仕事に瑕疵がないことに対する承認」（性状承認）と同視する点で無理があること[17]、また、そもそも請負人の債務内容を抜きにして、不履行責任と区別された担保責任を観念することはできないのではないかとの指摘[18]がある。

以上の概観からも明らかなように、近時の見解は、通説的見解が請負人の担保責任を債務不履行（不完全履行）

責任と無過失責任とを交錯させた形で構成してきたことに対し、反省を迫るものである。[19] そして、三宅説は特異な構成を採るものの、その他の見解は、請負人の債務内容から債務不履行責任としての性質を導き出し、また、売主瑕疵担保責任の再構成理論を転用するという形を採っている。

三　損害賠償請求権の位置づけ

(一)　学説理論からの帰結

次に、前述したような学説理論が展開される中で、瑕疵担保責任の効果たる損害賠償請求権はどのように位置づけられてきたのかを整理する。特に、瑕疵結果損害の賠償に着目したい。

通説的見解にあっては、六三四条二項に規定する損害賠償に関し、瑕疵結果損害に言及することなく、常に履行利益の賠償に及ぶとみるのが一般的である。我妻説は、履行利益の賠償とは「瑕疵があることから生ずる全損害」の賠償だとされ、瑕疵結果損害も含むものと思われ、他の通説的見解の多くも同様に解するようである。[20] しかし、請負人には仕事完成義務が課されるが故に全損害の賠償が認められるとしながらも、それを無過失損害賠償責任として位置づけることから、その整合性につき、近時の見解により批判されるに至ったことは前述したとおりである。

近時の見解は、まず、売主瑕疵担保責任の再構成理論を請負人の瑕疵担保責任に転用する来栖説は、無過失損害賠償責任の範囲は有償性を維持すべく機能する部分（代金減額的損害賠償）に限定し、それと区別される損害（履行利益・瑕疵結果損害）賠償は請負人の過失を要するものとして理解する。そして、いずれも担保責任の枠内（六三四条二項）において位置づける。[21]

同様の傾向は、請負人の債務内容の特質から瑕疵担保責任を債務不履行（不完全履行）責任そのものだと捉える見解にもみられる。高木説は、代金減額ないしは注文者が修補に要した費用とは別に、それ以外の履行利益・瑕疵結果損害についても請負人の過失を要することを指摘し、六三七条以下の除斥期間の適用を肯定するために、六三四条二項の損害賠償と解すべきだとする。[22] なお、下森・潮見説も、基本的には同様の立場に立つものと思われる。[23]

これらに対し、三宅説は、請負人の担保責任を債務不履行責任消滅後の責任として捉えることから、履行利益・瑕疵結果損害の賠償は担保責任・債務不履行責任としては請求できず、不法行為に近い責任だとする。しかし、三宅説に対しては前述したような批判があり、それらが妥当すると思われ、また、担保責任に基づく無過失損害賠償としては、「瑕疵に伴う直接の不利益の賠償」に限定するが、その内容も明確にはされない。

(二)　裁判例の動向

裁判例は、通説的見解に依拠して展開されてきたといえる。以下に紹介するように、履行利益・瑕疵結果損害については、過失を認定することなく六三四条二項を根拠にその賠償を認めている。

東京地判昭和四七年二月二九日（判時六七六号四四頁）は、旅館の建築請負人の請負代金支払請求に対し、注文者が工事の瑕疵に基づく損害賠償請求権による相殺、瑕疵の修補との同時履行等を抗弁とした事案である。裁判所は、工事の瑕疵は、浴室から水が漏れること、階下浴室に雨水か浴槽の水が漏れること、建築基準法に違反して非常口の戸が内開きになっていることにあるとした上で、損害としては、水漏れによる浴室修補費用、客室使用不能による逸失利益の他に、瑕疵結果損害として水漏れによる汚損物の洗濯費用・火災報知器調達費用・壁の塗装費用を認定し、残代金との相殺を認めた。

札幌地裁小樽支判昭和五二年三月二三日（判時八七四号七九頁）は、宅地造成工事請負契約を締結した注文者が、工事が三割ほど進んだところで大雨に遭い、これに工法上の問題も重なって石垣が崩壊したため、請負人に約定どおりの工事の完成を催告し停止条件付契約解除の意思表示をしたが、請負人がこれに応じなかったため、請負人と監理者に対して損害賠償を請求した事案である。裁判所は、「この損害賠償責任は無過失責任である。また、その責任は瑕疵によって生ずるすべての損害の賠償に及ぶ」として、注文者が復元工事に要した費用（修補に代わる損害賠償）と隣接地の被害者に支払った賠償金（瑕疵結果損害）の請求を認容した。

東京地判平成三年九月一七日（判時一四三〇号一〇〇頁）は、研磨材の自動製造設備が完成したが、本件設備が正常に稼働しないことから、注文者が請負人に対し本件設備の瑕疵に基づく損害賠償を請求した事案について、本件設備の設計製作に瑕疵があったとして、修繕改修費用、生産量の低下による逸失利益の他、本件設備の故障により流失した材料相当額（瑕疵結果損害）の賠償を認めた。

東京地判平成五年一月二八日（判時一四七三号八〇頁）は、トレース作業処理等の関連システムに用いるパソコンのプログラム作成を内容とする請負契約を締結した注文者は、作成されたプログラムに重大な瑕疵があり契約を締結した目的を達成できないとして、本件契約を解除し、請負人に対し損害賠償を請求した事案である。裁判所は、本件契約の解除を認めた上で、注文者が請負人に支払った代金の他、本件システムの開発費用（材料の購入費、広告宣伝費、人件費）の賠償請求を認めた。

(三) 理論的到達点と問題性

既にみたように、通説的見解は、請負人には瑕疵のない完全な仕事をなす義務が課されるが故に、瑕疵担保責任に基づく損害賠償の範囲も瑕疵により生じる全ての損害の賠償に及ぶと解し、裁判例も同様の傾向にある。しかし、それが瑕疵担保責任を無過失責任として性質決定したことと整合性をもつのか否かについて、疑問が示されることになる。

そして、近時の見解が、売主瑕疵担保責任論の動向を踏まえ、請負契約の有償性及び瑕疵担保責任の無過失責任性を具現するものとして、代金減額的損害賠償を導き出したことは正当だと考える。また、売主瑕疵担保責任論において、履行利益・瑕疵結果損害の賠償が認められるためには売主の過失を要するとの見解が有力であり、この成果を請負人の瑕疵担保責任に転用したことも、いわば自然な傾向だといえよう。

問題は、過失を要件とする損害賠償、とりわけ瑕疵結果損害を瑕疵担保責任の枠内において位置づけることの当否である。近時の見解の多くは、担保責任の枠内において位置づける傾向にある。その論拠としては、高木説が六三七条以下の除斥期間の適用を肯定するためであると説明するだけであり、他の見解においては明確にされない。確かに、請負人の瑕疵担保責任は担保責任とはいえ債務不履行（不完全履行）の効果を規定したものであるという点を強調するときには、このような理解も妥当し得るように思われるが、なお検討の余地があるのではなかろうか。

四　瑕疵結果損害の帰責構造

(一)　瑕疵担保責任の位置づけ

請負人の瑕疵担保責任は債務不履行（不完全履行）責任の特則であるという点については、ほとんど異論はみられない。請負人の債務の内容は瑕疵なき完全な仕事をすることであるから、仕事の内容に瑕疵があるときには、不完全な履行として請負人に責任が課されることになる。このことは、売主の債務内容との相違から帰結される理解でもある。したがって、売主の瑕疵担保責任とは異なり、請負人の瑕疵担保責任は不完全履行責任としての性質がより顕著となり、六三四条以下の規定は一般の不完全履行の請負における特則と解することになる。(24)この点で、近時の見解を支持したい。

請負人が仕事完成義務を負うということは、問題となる瑕疵も、売買におけるような目的物の「隠れた瑕疵」（五七〇条）に限定されることはなく、請負目的物の材料の瑕疵の他、請負人の仕事の不完全もその対象となることから、瑕疵修補義務が瑕疵担保責任の中核をなすものと捉えることができる。(25)学説も、修補との選択が認められる損害賠償（六三四条二項）について、可能な限りまず修補請求をすべきであるとしており、また、解除（六三五条）についても、修補が可能な限りその催告をした後でなければできないとする。(26)そして、近時の見解は、このように請負人の債務内容から当然出てくる瑕疵修補請求の他、解除、代金（報酬）減額請求については請負人の過失を要することなく認められるとする点では、ほぼ一致をみている。(27)

問題は、請負人の過失を要件として認められる履行利益・瑕疵結果損害の賠償請求である。前述したように、近時の見解はこれを瑕疵担保責任の問題として処理する傾向にある。請負人の過失を要するものも要しないものも担保責任の枠内で位置づけ、一般債務不履行責任の特則たる六三四条の規定に服することになる。この点で、近時の見解は、通説的見解が一般債務不履行責任を完全に排除することに対し疑問を呈しながらも、近時の見解自体、実質的には同一の結論に至ることになるのではなかろうか。

(二)　瑕疵結果損害の賠償

近時の見解が、損害賠償を代金減額的損害賠償とそれを超える損害に分け、後者について請負人の過失を要するとしたことは正当である。高木説が指摘するように、建築・土木工事の瑕疵に基づく結果損害は莫大な額にのぼる可能性があることから、この場合も含めて無過失責任とする通説的見解は妥当ではない。しかし、いずれの損害も除斥期間の適用を肯定するために、担保責任の枠内で処理すべきだとすることは疑問である。

仕事の瑕疵から注文者の生命・身体・財産などに損害が拡大した場合にも、短期の期間制限に服するとすれば、注文者が瑕疵を知ろうと知るまいと引渡時から一定の期間の経過によって損害賠償請求権が消滅してしまうことになるのは不当である。(28)また、裁判例においては、請負工事の目的物の瑕疵に基づく結果損害につき四一五条を根拠に賠償請求を認めたものもみられ、(29)このような動向との整合性が図られるべきである。このように考えると、瑕疵結果損害の賠償請求権には、一般債務不履行責任（四一五条）に基づく消滅時効の規定（一六七条一項）が適用されると解するのが自然である。

請負人の過失を要件とする損害賠償を、一般の不完全履行の問題として担保責任の枠外において捉えるとき、六三七条・六三八条に服するのは、請負人が無過失でも免れない損害賠償に限定されることになる。つまり、六三四条二項の損害賠償としては、代金（報酬）減額の他、修補に要する費用（建築請負において場合によっては建替費用）[30]がその中心となるものと思われる。

結局、担保責任は、請負人の仕事完成義務から出てくる瑕疵修補義務を中核として、請負人の過失を要しない解除・損害賠償を内容とするものとして理解できる。このように考えると、請負人の瑕疵担保責任の法的根拠は、仕事の目的物に瑕疵があることにより契約が履行されたことにはならないという点（契約の不履行）に求められ、担保責任は、とりわけ請負の有償性を維持すべく機能するものとして位置づけることができるのではなかろう[31]。

(三) 契約責任論への応接

瑕疵結果損害を担保責任ではなく一般の債務不履行（不完全履行）責任において位置づけるとき、それは完全性利益侵害をめぐる契約責任論へ接合することになる。

既に検討したように、完全性利益侵害は、不完全履行（積極的債権侵害）という不履行形態において問題とされ、これまで債務構造論ないし義務論的アプローチに依拠して議論されてきた。そして、完全性利益が侵害される場合の一つとして、「給付行為の瑕疵による拡大損害」という侵害態様を析出することができ、瑕疵結果損害と担保責任の関係についてもここで問題とされる。例えば、建築建物の瑕疵により注文者の所有動産が損傷した、自動車の修理の不備による事故、従業員を採用するために依頼した信用調査に不備があったために依頼者が損害を被った、という場合であり、役務（仕事）の欠陥・瑕疵による拡大損害が問題となる場面である。

学説は、この場合の帰責根拠を保護義務に求める見解が多いが、裁判例においては付随義務違反構成を採るものも散見される。ここでは、給付目的（役務）自体も不完全であるから、帰責根拠としては給付義務の不履行と判断し、その上で、給付義務の不履行によって生じた損害をどの範囲で認めるべきだと考える[32]。

なお、役務提供契約の特質を踏まえた提供者責任の構造については、後に検討する。(33)

五　結び

本節では、前節に続き、完全性利益侵害に対する契約責任論の各論的問題の一つである請負人の瑕疵担保責任と不完全履行（積極的債権侵害）について検討を加えた。私見によれば、請負人に課される仕事完成義務からは、瑕疵担保責任の不完全履行責任としての性質が顕著となるものの、過失を要する損害賠償（とりわけ瑕疵結果損害）は担保責任の枠外において捉えられる。そうすると、瑕疵担保責任の内容は請負人の過失を要しないものとなり、いわば請負の有償性の維持を主要な要素とするものに限定されることになる。このように考えると、瑕疵結果損害は完全性利益侵害をめぐる契約責任の問題として論じられ得ることになる。

（1）法務大臣官房司法法制調査部監『法典調査会 民法議事速記録四』（商事法務研究会、一九八四）五四六頁。
（2）梅謙次郎『民法要義 巻之三 債権編』（有斐閣書房、一九一二年版・復刻版）七〇七頁。
（3）梅・前掲注（2）七一二―七一四頁、横田秀雄『債権各論』（清水書店、一九一二）五九九―六〇〇頁。
（4）梅・前掲注（2）七〇九―七一〇頁は、六三四条以下の規定は「仕事ノ目的物ニ瑕疵アル」場合に適用され、仕事に目的物が伴わない場合には修補は問題とはならないから、債務不履行の一般規定が適用されるとする。なお、損害賠償として何が観念されるかは必ずしも明らかではないが、本来実現されるべき結果と瑕疵ある結果との差額として理解する。
（5）岡松参太郎『註釈民法理由 下巻』（有斐閣書房、一八九九）次二五七頁、末弘厳太郎『債権各論』（有斐閣、一九一九）七一一頁など。
（6）鳩山秀夫『増訂日本債権法各論（下巻）』（岩波書店、一九二四）五八三頁以下。
（7）我妻榮『債権各論 中巻二』（岩波書店、一九六二）六三一頁以下。

（８）　我妻説と同旨の見解として、内山尚三「請負人の担保責任」契約法体系刊行委員会編『契約法体系Ⅳ 雇傭・請負・委任』（有斐閣、一九六三）一六九—一七〇頁（同『現代建設請負契約法（再増補）』（一粒社、一九九九）所収）、幾代通＝広中俊雄編『新版注釈民法⒃』（有斐閣、一九八九）一三六頁、一三八頁（内山執筆）、末川博『契約法 下（各論）』（岩波書店、一九七五）一八一—一八二頁、後藤勇「最近の裁判例からみた請負に関する諸問題」判例タイムズ三六五号（一九七八）五八—五九頁（同『請負に関する実務上の諸問題』（判例タイムズ社、一九九四）所収）。

（９）　来栖三郎『契約法』（有斐閣、一九七四）四六九—四七〇頁。

（10）　同旨の見解として、石田穣『民法Ｖ（契約法）』（青林書院新社、一九八二）三三二—三三三頁。なお、荒井八太郎『建設請負契約論』（勁草書房、一九六七）七二七—七二八頁が、公平の観点からは減額請求権を認めればよく、請負人に無過失責任を負わせるのは酷であるとの見解を表明している。

（11）　高木多喜男「不完全履行と瑕疵担保責任〔改訂〕」『叢書民法総合判例研究㉓』（一粒社、一九八五）九七頁、一〇一頁（高木＝久保宏之『叢書民法総合判例研究 不完全履行と瑕疵担保責任（新版）』（一粒社、一九九八）一五三頁以下参照）。

（12）　同旨の見解として、山本重三＝五十嵐健之「建築請負契約における瑕疵担保責任」中川善之助＝兼子一監『不動産法体系第五巻』（青林書院新社、一九七〇）二〇六頁、藪重夫「工事請負における瑕疵担保責任の法律的性質」判例評論二六三号（一九八一）一〇—一三頁、広中俊雄『債権各論講義 第六版』（有斐閣、一九九四）二六九頁参照。

（13）　下森定「請負の瑕疵担保責任の法的性質」同『債権法論点ノート』（日本評論社、一九九〇 初出一九八三）三六—三九頁、同「瑕疵担保責任と不完全履行」安達三季生監『債権法重要論点研究』（酒井書店、一九八八）一四三—一四五頁など。

（14）　潮見佳男『契約規範の構造と展開』（有斐閣、一九九一）二四六頁以下。

（15）　三宅正男『契約法（各論）下巻』（青林書院、一九八八）九〇〇—九〇六頁、九〇九—九一〇頁。

（16）「目的物の引渡を必要としない請負」においては、仕事完成の承認となる引取はないから、この場合は不完全履行による不履行責任の特則として担保責任を捉える（三宅・前掲注（15）二〇三—二〇四頁）。

なお、笠井修「請負人の瑕疵担保責任規定の特則性について（一）（二・完）」成城法学五四号（一九九七）一五頁以下、同五六号（一九九八）三九頁以下（同『保証責任と契約法理論』（弘文堂、一九九九）所収）は、債務不履行責任に対する瑕疵担保責任の存在意義及び性質保証がされた場合の法律構成を論じる中で、瑕疵担保責任規定は注文者からの履行としての承認があってはじめて適用されるとみる。

(17) 下村正明「不完全履行論には、どういう基本的論点が残されているか」椿寿夫編『講座・現代契約と現代債権の展望 第二巻』（日本評論社、一九九一）八六―八九頁、潮見・前掲注（14）二四七頁。
(18) 潮見・前掲注（14）二四六―二四七頁。
(19) 担保責任と債務不履行責任の併存を主張する見解もある。内池慶四郎「瑕疵担保責任と契約類型」今泉孝太郎＝田中實編『小池還暦・比較法と私法の諸問題』（慶應通信、一九五九）二六〇―二六一頁は、担保責任と債務不履行責任は独立して発生し、そのいずれを問うかは注文者の任意に定めるところだとする。また、鈴木禄弥『債権法講義 三訂版』（創文社、一九九五）六三二頁は、担保責任は請負人の無過失の場合の責任であり、過失あるときは一般の債務不履行責任を負うとする。
(20) なお、内山・前掲注（8）『新版注釈民法』一四八―一五〇頁、後藤・前掲注（8）五三頁、五五―五六頁参照。
(21) 来栖・前掲注（9）八七―八八頁、九一―九二頁参照。
(22) 高木・前掲注（11）一〇一頁。なお、建物建築の請負における担保責任の存続期間は、引渡した時より、堅固な建物については一〇年、非堅固な建物は五年とされる（民六三八条一項、ただし六三九条）が、住宅の品質確保の促進等に関する法律（品確法）は、新築住宅について、引渡し時から一〇年間、住宅のうち構造耐力上主要部分と雨水の浸入を防止する部分の瑕疵について担保責任を負うことを定める（同法九四条一項）。
(23) なお、損害賠償を二分しない見解もある。藪・前掲注（12）」一三頁は、来栖説は傾聴に値するとしながらも、六三四条は修補請求と修補に代わる損害賠償を同性質のものとして規定することから、両者を別異に扱うことに疑問を呈する。
(24) これまで、一般法理の特則として説かれている点は、修補義務の限定（六三四条一項ただし書）、解除制限（六三五条ただし書）、除斥期間の存在（六三七条以下）などである（下森・前掲注（13）「瑕疵担保責任と不完全履行」一四四頁、潮見・前掲注（14）二四八頁）。
(25) なお、原田剛『請負における瑕疵担保責任 補訂版』（成文堂、二〇〇九）三頁以下は、ドイツ法の示唆を得て、六三四条の瑕疵修補請求権の体系的意義と新規製作請求権の定立可能性について検討する。
(26) 我妻・前掲注（7）六三八―六三九頁、下森・前掲注（13）「瑕疵担保責任と不完全履行」一四四―一四五頁など。なお、花立文子「建築請負契約における瑕疵担保責任―注文者の解除制限規定を中心に―」森泉章編代『内山＝黒木＝石川古稀・続民法学の基本問題』（第一法規出版、一九九三）二七三頁以下参照。
(27) ただし、下森・前掲注（13）「瑕疵担保責任と不完全履行」一四四頁は、解除は、請負人が修補の催告を受けたにもかかわらずそれを怠ったり、不完全な修補をした場合に認められるものとして過失を要件とする。
(28) 岡孝「判例評釈」判例タイムズ六九八号（一九八九）二九頁は、この点を指摘する。
(29) 本書第三章第四節二参照。
(30) 建替費用相当額の損害賠償を認めた事例として、大阪地判昭和五九・一二・二六判タ五四八号一八一頁、東京地判平成三・一二・二五判時一四三四号九〇頁、札幌地裁小樽支判平成一二・二・八判タ一〇八九号一八〇頁、長崎地裁大村支判平成一二・一二・二二判タ一一〇九号一六六頁、最三小判平成一四・九・二四判時一八〇一号七七頁など。
潮見・前掲注（14）二五一―二五二頁は、仕事の目的物に瑕疵があったとしたらそれが有するであろう交換価値と瑕疵がある故に請負目的物が現有する交換価値との差額として、建替費用相当額の賠償を請負人の過失を要することなく認められるとする。なお、原田・前掲注（25）一三一頁以下、偉銭栄「建物に重大な瑕疵がある場合における注文者の権利―建替え費用等の賠償請求権の検討を中心として―」小林一俊博士古稀記念論集編集委員会編『小林古稀・財産法諸問題の考察』（酒井書店、二〇〇四）三九一頁以下、円谷峻「請負における瑕疵とその修補に代わる損害賠償」加藤雅信＝円谷他編『野村還暦・二一世紀判例契約法の最前線』（判例タイムズ社、二〇〇六）一九五頁以下参照。
(31) 結論として、鈴木・前掲注（19）の理解に近くなろうか。
(32) 本書第四章第三節三㈠2参照。
(33) 本章第三節参照。

第三節　役務提供契約の性質決定と提供者責任

一　はじめに

周知のように、現代の社会生活では、保険・金融サービス、教育サービス（学校、予備校、塾など）、レジャーサービス（旅行、スポーツなど）、情報サービス（就職情報、住宅情報など）等、多くの分野で多種多様なサービス取引が行われており、また、新種のサービスも次々と開発され、提供されている。そして、サービス取引の進展に伴って生じるトラブルに対処するために、法的にも各種のサービスを規制対象とすることが増えている。例えば、割賦販売法や特定商取引に関する法律では、指定役務・指定権利、特定継続的役務に関する取引が規制対象とされ、商標法はサービスマーク登録制度を導入し、不正競争防止法も役務の質・内容等に関する誤認惹起行為も規制の対象としている。役務取引に関する特別法も、会員契約適正化法（一九九二年）、不動産特定共同事業法（一九九四年）など増加しつつある。

このようなサービス取引の進展という事態は、有体的財貨の供給という「与える債務（給付）」から各種役務の提供という「なす債務（給付）」へと、債務態様の重要性が移ってきたことに対応するものに他ならない[1]。しかし、役務を伴う契約といっても、役務のみを目的とするものから、「物」の供給と混合している場合も考えられ、また、不完全な役務の態様や顧客の救済方法もいろいろ考えられる。このような役務の多様性からは、民法典の諸規定だけでは対応しきれない問題が浮上する。

民法典における契約法の諸規範は、専ら「物」給付を中心に構成されており、役務への法的対応は不十分であるといえる。債権総則規定では、「債権の目的」（三九九条以下参照）につき、「与える債務」と「なす債務」といった債務（給付）の概念分類には一切言及しておらず、主体としての役務提供者の視点や対象としての役務の視点から定められた規定もない。また、契約規定の中に役務提供型の典型契約である雇用・請負・委任・寄託を置いたが、これらは多様な役務の一部を抽象的概念でもって対象とするものであり、不完全な役務に対する提供者責任の根拠の一端を提示するに留まっている。もちろん、役務提供契約においても提供者の債務不履行責任や瑕疵担保責任を追及して、契約解除や損害賠償を請求することは可能である。しかし、「物」給付とは異なり、役務提供にあっては、給付結果が約束されているのかどうか、瑕疵のない役務とは何かがそもそも定まっていない上に、実際になされた役務の質を客観的に評価することも困難である。したがって、欠陥・瑕疵ある役務を履行に際して必要とされる注意義務（通常は、善管注意義務（四〇〇条・六四四条等））違反という一般的規準だけで捉えるのは不十分であり、別の判断規準が考えられてよい。導かれる効果についても、単に契約解除や損害賠償によって不完全な役務から顧客の救済を図るだけでは不十分ではないかと考えられる。

このような状況においては、まず、役務提供契約とはそもそもどのような契約をいうのか、その性質・内容はどのように理解できるのかという性質決定が問題となろう。そして、その上で、役務の欠陥・瑕疵の判断規準、責任要件、被害者の救済手段について検討する必要がある。学説においても、役務提供契約を検討すべき重要性が認識され、そこでは、「物」の供給に関わる契約類型と並立させた役務提供契約類型の定立や欠陥・瑕疵ある役務の判断などが議論されている。さらに、契約締結に際しての事業者の説明・表示義務の内容や約款規制、役務の安全性確保の具体的方策、継続的契約関係における中途解約権の保障や代金前払契約の規制など、実務上の対応を要する課題も指摘されている。しかし、役務提供型の契約法は未だ生成途上にあり、役務提供者責任の体系化もその緒に就いたばかりである。

そこで、以下では、役務提供契約の性質決定に関する議論（二）及び提供者責任に関する理論動向（三）を整理した上で、提供者責任の基本構造を解明すべく方向を探りたい（四）。もっとも、本節の検討は完全性利益侵害に関する議論に特化するものではないが、完全性利益の契約規範による保護を考える上でもその前提とされるべき問題である。

二　役務提供契約の性質決定に関する議論

(一)「なす債務」概念に関する議論

1　債務（給付）の分類

役務提供契約とは、主に債務者の行為そのものに価値を見出す契約であり、「なす債務（給付）」を目的とするものである。しかし、債権総則規定では「なす債務」概念に関する一般的規定はない。(2) そこで、まず、「なす債務」という債務類型がこれまでどのように理解され、議論されてきたのかを整理しておく。

今日、概して、債務（給付）の分類としては、作為債務と不作為債務を大分類とし、作為債務の小分類として「与える債務」と「なす債務」を配置する方法と、(3)「与える債務」と「なす債務」に大分類して、「なす債務」の小分類として作為債務と不作為債務を配置する方法がある。(4) もっとも、立法当時は債務（給付）の分類には注目されず、(5) その後、積極給付（作為の給付）と消極給付（不作為の給付）に分ける（前者に「与える給付」と「なす給付」が包摂される）理解が一般的となったが、(6) 強制履行の方法の差異を説明するために我妻博士により「与える債務」と「なす債務」の分類が導入されて以後、(7) 両債務を対峙させた理解が定着し今日に至る。

このような区別は、フランス民法に由来するが、フランスにおいて「与える債務」とは所有権その他の物権を移転する債務をいい（引渡債務は「なす債務」）、わが国での理解とは異なっており、また、この区別は強制履行の種類に対応するものではないとされる。(8) そのため、わが国では、「与える債務」と「なす債務」という区別の代わりに「引渡債務」と「行為債務」といった分類や、(9) 有体給付としての「与える給付」と「なす給付」・「なさない給付」、無体給付としての「権利供与給付」と「担保する給付」といった分類も提案されている。(10) また、「なす債務」の意義は現実的履行方法、執行方法の差異にある（執行法上の概念）にすぎないことから、「なす債務」を内容とする契約が役務提供契約であるとすることは有用ではないとの指摘[11]や、債務不履行の認定や損害賠償の内容などの点で如何なる債務であるかに注意すれば十分である[12]、といった消極的評価もみられる。

しかし、今日、サービス取引の増大を背景に、財貨の利用や他人の労力の利用を可能にする手段としての「なす債務」の重要性については、共通した認識となっており、「なす債務」概念の理解を出発点とした債務不履行責任の再構築へ向けた課題も浮き彫りとなる。以下の結果債務・手段債務概念に関する議論も、「なす債務」概念との関係から展開されてきたといえる。

2　結果債務・手段債務概念

結果債務と手段債務の区別は、結果の実現が確実であると約束したのか、あるいはそれを実現すべく努力をすることしか合意していないのかという「債務の強度」による区別であるとされる[13]。そして、これまでは、両債務の区別は証明責任の違いをもたらすと考えられてきた。すなわち、結果債務（例えば、物の引渡し、仕事の完成）では、結果が実現されないこと自体から帰責事由が推定されるが、手段債務（例えば、医師の診療債務）とされるものでは、債権者（患者側）が証明すべき「事実としての債務不履行」とは債務者（医師）がなすべきことをしなかったことであり、その内容は帰責事由があったというのとほぼ同様のものとなる[14]。したがって、手段債務では、不法行為における被害者の証明責任（加害者の過失の証明）と実際上変わらないことになる。手段債務はこのような類型の債務として特徴づけられ、その意義や具体的な事案への当てはめなどについて議論されてきた。

また、帰責事由の内容ないし判断のあり方を再検討し、それは「契約において約束したことを（不可抗力によらず）履行しないこと」に含まれているとして、その意味での帰責事由の存否の判断にあたって結果債務・手段債務の区別が有用であるとの見解もある。すなわち、結果債務では、結果の不実現があれば帰責事由があると判断されるが、手段債務では、結果の不実現のみならず債務者に一定の行為義務違反があったことの評価が必要になるという(15)。

以上のような結果債務・手段債務概念に対しては、種々の債務をどこまで両概念に分断して捉えることが可能であるかについて疑問視する見解も多い(16)。しかし、後述するように、「なす債務」の不履行が両債務に即して分けて論じられたり(17)、不履行責任を保証責任（結果債務）と過失責任（行為責任）との二元的体系として把握する見解(18)が表明されるなど、結果債務・手段債務概念が債務不履行責任の構造を見直すための重要な視点を提供したことも否定できない。

3　議論状況の整理

以上より、役務提供契約が問題とされる中で、その目的（内容）である「なす債務」の特殊性が認識されるとともに、それを結果債務・手段債務概念から検討する動向も顕著であるといえる。

特に、「なす債務」の特徴を踏まえて責任構造を理解しようとの傾向が窺える。すなわち、「なす債務」の不履行においては履行過程における債務者の具体的な行為態様の法的評価が問題となるから、「与える債務」を念頭に置いた議論は重要性を失い(19)、また、そこでは債務者の行為が損害を惹起させたかどうかが重要な争点となるとされる(20)。さらに、「なす債務」を結果債務と手段債務に対応させて論じる見解もある。例えば、不完全履行を「与える債務」と「なす債務」の場合に分け、後者をさらに結果債務と手段債務に分けて論じたり(21)、手段債務の特殊性が強調されるとともに(22)、結果債務と手段債務における債務不履行と過失判断の相違について再検討を試みる見解(23)もみられる。

以上の動向は、いずれも債務不履行の判断に関わる議論である。したがって、「なす債務」概念に関する議論は、役務提供者の責任構造の理解に密接に関わっており、責任論の動向も踏まえ、改めてそれを検証してみる必要がある。

(二)　役務提供契約の特徴

1　役務提供契約概念

「なす債務（給付）」を目的（内容）とする役務提供契約の分析視角としては、これまで、一般契約法や契約類型の観点から役務提供契約の特徴とその概念の意義が説かれ[24]、また、役務の欠陥・瑕疵に対する役務提供者責任が論じられてきた[25]。特に、役務提供契約及び役務提供者責任を消費者被害の救済という側面から考察するという傾向が顕著である[26]。しかし、役務提供契約の法的特徴や役務提供者責任の構造について、共通の理解が得られているわけではない。

一般には、役務とは、提供者により与えられる労務や便益をいい、役務提供契約とは、このような役務の提供が債務内容の全部または一部をなす契約と解されている[27]。そして、「物」取引との関係から、役務提供契約を「物の供給と役務提供が混合している場合」（物の製作・修繕、運送、寄託、教材付受講契約、宿泊サービス、有料老人ホームなど）と「物に関わらない役務提供」（純粋役務＝情報提供サービス、家庭教師サービス、結婚紹介、マッサージ・サービスなど）に類型化され[28]、また、その履行結果の態様からは、「結果の達成が約束されている有形物に具現化するもの」（有体的成果型＝建物の建築、理容・美容サービスなど）、「一定の結果の達成が当事者間で約束されている無形のもの」（無体的成果の有形化型＝運送、他人の物の保管など）、「結果の達成が約束されていない無形のもの」（結果無体型＝医師・弁護士の業務、スポーツ選手のプレーなど）やこれらの「混合型」（主催旅行サービスにおいて、目的地への移動は無体的成果の有形化型であるが、旅行計画の遂行やガイド等は結果無体型）、といった整理も試みられている。(29)

2　役務提供契約の特徴

そんな中、役務提供契約の特徴も次第に浮き彫りにされてきた。その特徴として、①役務の不可視性・無形性（内容の特定困難、品質表示の困難、事前評価の困難）、②品質の客観的評価の困難性、③復元返還の困難性、④貯蔵不可能性（生産と消費が同時に行われる）、⑤人的依存性・信用供与的性格（提供者により給付内容が異なる、受給者の協力を要することが多い、役務提供と代金支払を同時履行の関係にすることが困難であり、どちらかが先履行せざるを得ず、その分相手方に信用を供与している）、⑥当事者の完全性利益（生命・身体・財産など）の保護の重視（債権者の完全性利益が保護の対象とされる場合が多い、役務の提供が債権者の権利・利益領域に介入する）、⑦提供態様の多様性、などが指摘されている。(30)

これらは、契約の成立段階、契約内容、債務履行過程の諸場面での特殊事情から析出される特徴である。そして、これらの特徴を踏まえた債務内容の適正化と役務の欠陥・瑕疵に対する被害者救済を図るべく解決方向性も論じられ、役務内容の標準化・規格化や契約締結段階での役務提供者による契約内容の表示・説明、情報提供制度の確立などが要請される。(31)

(三) 役務提供契約の位置づけ

1 役務提供契約論からの帰結

以上のような特徴からは、役務提供契約はどのように性質決定されることになるのか。民法典の起草者は、役務提供契約は請負と雇用のいずれかに分類されると考えていた。すなわち、請負は労務の成果に対して対価を支払い、雇用は労務そのものを目的とし、医師・弁護士などのいわゆる高級労務もすべて含まれるとされた(32)。しかし、その後、労働契約の概念が形成され、使用者の指揮命令に従って労務を提供するという方向が一般化し、その結果、雇用でも請負でもない役務提供契約が存することになり、それらを準委任に含めるという構成が採られた(33)。そして、今日、役務提供契約に関する議論においては、取引実態を踏まえた考察やサービス契約に関する一般法理の抽出可能性など、役務提供契約概念の積極的意義が強調される(34)が、その多くは役務提供契約は請負または委任であることから出発している。また、役務を結果債務と手段債務、それに類するものに分類する学説も、そこでは請負と委任に即した説明がされる(35)。

このように、役務提供契約論は、請負か委任、結果債務か手段債務という契約類型論ないし債務分類論に終始するが、これらの契約規定は特定の状況下での契約にのみ当てはまる枠組みでしかないと考えると、広く役務提供契約を取り込んだ典型契約類型を再構築するという方向も考えられる。もっとも、必ずしも性質決定をする必要はないという方向も考えられるであろう。

2 典型契約類型の再構築へ向けた議論

そこで、以下では、典型契約類型の再構築を図る議論をみるが、典型契約類型(制度)の評価に関しては、かつては、契約自由の原則の下では様々な契約が形成され、民法典はそのすべてを包括し得ないとして消極的評価がされてきたといえる[36]。しかし、近時、典型契約は契約内容の確定に際しての規準となるだけでなく、既存の契約類型の修正や新たな類型の創造にも資するとして、積極的評価もされている[37]。

また、典型契約及び一部の非典型契約も含め、諸契約をいくつかに類型化して捉えるという傾向も顕著である。教科書レベルでも、贈与・売買といった「財産権譲渡・移転型契約」、賃貸借を中心とした「財産権利用・貸借型契約」とは別に、役務提供契約（役務型契約、役務の取得を目的とした契約、労務の利用に関する契約、サービス供給型契約などと称される）を位置づける傾向にある[38]。

そして、典型契約類型の再構築に関しては、なお請負契約（結果債務）と委任契約（手段債務）を役務提供契約に関する典型契約として位置づけ、両契約の規範がその通則としての性質を有するとみる[39]、従来の典型契約の枠内での処理を志向する見解がある一方で、準委任、請負、雇用、寄託のいずれにも該当しないサービス契約（労務供給型の契約）に関する任意規定群の創設へ向けた立法提案もみられる[40]。そんな中、以下のような見解に注目できる。

(1) **沖野説**

沖野説は、契約は常にその本質上、一方当事者による一定の行為を目的とするものであり、すべての契約は「役務提供契約」ということになるという。したがって、契約群は並立するのではなく、役務提供契約を基礎として段階的に位置づけられ、「何らかの仕事をすること」がそれぞれにより特化して他の契約類型になるとする。そして、サービスと物との結びつきという点でも、①サービスが物の引渡しそのものである場合、②物を対象とするサービス（物を利用させる役務、物への役務付加（クリーニングや時計の修理）、物そのものの作成）、③物と結びつかないサービス（医療や住宅ケアのように、人の身体に向けられたものとコンサルティングのように対象のないもの）、

というように役務の側面から説明する。(41)

前述したように、役務提供契約論の多くは請負・委任の言い換えであり、とりわけ委任契約からの発想が目につく。沖野説は、あくまで典型契約制度を前提にしてではあるものの（その意味では、典型契約を積極的に評価するものといえる）、このような傾向をより純化させ「委任」を中心に契約群の整理を試みる。しかし、このような理解に対しては、サービス（役務）契約特有の問題を希薄化して問題の所在を曖昧にする危険があるとの批判もあり、(42)委任契約概念をいわば拡大解釈することにより、役務提供契約に関する問題をどの程度解決できるのかを検証する必要がある。

(2)　山本説

山本説は、物・金銭・労力といった価値の交換ないし移転という枠組みから、民法典の中に最低限定めるべき典型契約類型（基本的典型契約類型（基本契約類型））を考える（交換・売買、賃貸借・消費貸借、雇用・委任、贈与・使用貸借など(43)）。そして、請負については、「物中心型請負」（建築請負や製造・加工業のように新しい物を製作する）と「役務中心型請負」（設計、開発契約、情報提供や情報の加工・処理に関する契約）に分け、(44)請負契約を「物中心型請負」に特化させる。「役務中心型請負」は委任・準委任と統合して「役務提供契約」として位置づけ、寄託もこの下位概念とする。(45)なお、その他の基本契約類型としては、団体契約（物・金銭・労力という価値の交換ないし移転に還元しきれない人と人との共同関係（現行の組合契約））、紛争処理契約（現行の和解）、リスク処理契約（保証契約その他の担保権設定契約）を置き、(46)また、基本契約類型とは別に任意的典型契約類型（任意的契約類型）として非典型契約の典型契約化も予定する。(47)

山本説は、請負契約をより特化させ、役務中心型請負を委任に統合させて捉え、これを「役務提供契約」として特徴づける。したがって、役務提供契約は物と関わらない純粋役務に限定されることになる。しかし、このように役務提供契約をいわば純化させて捉えることが適当なのか、また、委任規定による対処が可能か否かが問題となるであろうし、論者自身も指摘するように、そもそも役務提供契約を典型契約として認める意義をどこに求めるかも問題となる。

(3) 民法（債権法）改正検討委員会案

現在、債権法の改正へ向けた議論が活発であるが、その中で民法（債権法）改正検討委員会案が公にされ、役務提供契約に関する規定が提案されている[48]。そこでは、雇用・請負・委任・寄託を包括する上位カテゴリーとして「役務提供契約」を位置づけ、無名の役務提供契約に対しても適用される総則規定を置く。総則規定としては、(1)役務提供者の基本的義務、(2)具体的報酬請求権の発生に関する一般原則、(3)役務受領者の任意解除権（すべての役務提供契約に共通する提供完了前の任意解除権）とそれに伴う役務提供者の損害賠償請求が予定されている。

そして、雇用・請負・委任・寄託は、その特性をより明確にし純化して規定する。特に、請負については、①仕事の完成物とその対価の交換として捉えるモデル（売買とパラレルに位置づけられる）と、②役務提供と対価との関係では、一定の仕事の完成に対して一定の報酬を支払う「成果完成型」と、段階に分けて順次履行しその履行割合に応じて報酬を支払う「履行割合型」の二つのモデルが対比され、請負契約としては①に純化して規定し、②は役務提供契約の一般規定の中で処理する[49]。

委員会案は、請負については、それを物に関わる場合と物に関わらない場合に分けて捉えており、この点で前述した山本説との共通点がみられるが、後者を委任に放逐せず、また、役務提供契約を純粋役務に特化するものでもない。そして、広く役務提供契約に適用される総則規定として報酬請求権と任意解除権を設けるが、その妥当性については検討の余地がある。

(四) 小括

以上によれば、役務提供契約は、専ら役務の提供のみを内容とする契約に限定されるものではなく、より実質的な見地から、「物」の供給との関連性も踏まえた類型化がなされ、履行結果についてもそのような実態に即した分析が加えられている。しかし、多様な役務提供契約を包括する視点や分類する枠組は確立されてはいない。

前述した特徴のうち、例えば、①役務の不可視性・無形性は、④貯蔵不可能性や⑤人的依存性・信用供与的性格を前提にして浮上する特徴であり、また、②品質の客観的評価の困難性にも密接に関わってくる。(50) そして、⑥当事者の完全性利益の保護の重視は、③復元返還の困難性へ接合し、さらに、これらの諸事情から、⑦提供態様の多様性という観点も導き出される。(51) このように、種々指摘されている役務の特徴は、相互に密接に関連して表面化するものだといえ、役務提供契約にあっては、これらの特徴が重層的・複合的に混在しているとみることができるであろう。

そして、役務提供に関する典型契約については、今日、一般に、雇用は労務提供者が使用者の指揮命令の下で労務に服するのに対し、(有償) 委任にあっては受任者の事務処理は自己の裁量によって処理すべく独立的である点で相違するとされる。請負人の役務提供についても独立性がある点で雇用と異なる。また、委任は仕事の完成ではなく事務処理自体を目的とするのに対し、請負では仕事の完成が義務づけられる点で相違する。同じく、雇用も労務自体を目的とし、その成果がどうであれ報酬が与えられるのが原則であるのに対し、請負は労務提供の成果としての仕事の完成に対して報酬が付与される点で差異がある。なお、寄託は他人 (受寄者) の労務を利用する契約であり、他人の事務処理を目的とする点で委任の一亜種ともいえるが、物の保管という特殊な労務提供を目的とすることから他と区別される。

以上からは、役務提供に関する典型契約は、役務提供自体を目的とするのか、一定の結果の達成が義務づけられるのかという「給付目的」の差異、あるいは役務（労務）提供者の役務受領者からの独立性・従属性といった「当事者の関与」の度合が区別規準とされている。しかし、現実には、当事者の意思（合意）により結果達成の期待は異なるであろうし、当事者間の独立・従属という点も段階的ないし類型的に種々考えられる。

例えば、情報提供サービス（就職情報、住宅情報、興信所による信用調査や弁護士・会計士による専門的助言など）は、役務受領者の要求度により役務提供（給付）目的の範囲は多様であり、委任と請負の性質が問題となり得る。教育サービスについても、教育指導実施役務自体の結果達成の度合は様々であり、さらに、幼児・児童などの安全確保が役務提供者に義務づけられる場合もある。

当事者間の独立性・従属性に関しては、雇用においても被用者が労務の結果について使用者に対して責任を負う独立的な形態もみられ、また、弁護士の訴訟遂行や継続的助言活動、医師による治療について雇用的側面を肯定できる場合もある。さらに、混合契約としての性質が認められる場合もあり、例えば、運送・警備契約などにおいては委任と寄託が、主催旅行や介護サービスでは請負・委任・寄託などの性質が混合する。弁護士、医師などのいわゆる高級労務について、雇用・請負・委任の性質が混在することも指摘される(52)。

このように、役務提供の態様は多様であり、種々の役務提供契約を差別化し、また、現実の個別契約を性質決定することは必ずしも容易ではない。そして、役務提供契約を明確に概念規定するのが困難であることを前提にして、典型契約類型の再構築が図られるべきであると解するときには、雇用・請負・委任・寄託という現民法下での典型契約をより純化させ、その他の役務提供契約に共通するルールを設けるという方向も考えられる。ただし、共通したルールをどのように抽出・整序するかは問題になるが、特に、役務提供者の義務の程度、対価（報酬請求権）及び契約解消に関する規律が重要であり、この点で民法（債権法）改正検討委員会案の方向は評価できる。しかし、他方で、必ずしも性質決定をする必要はないとの方向も考えられるであろう。この立場では、現民法下での典型契約を出発点とすることで足り、あとはそれらのバリエーションをどう考えるかが問題とされよう。

いずれの立場に立つにしても、問題は債務内容をどのように把握するかである。種々指摘される役務の特徴も、それらは役務提供契約においては債務内容の特定が困難であるという事態に起因するものだといえ、役務提供という債務内容を明らかにし、当事者の保護法益を確定すべく判断規準が問題となろう。前述したように、「なす債務」の特殊性や結果債務・手段債務概念に関する議論は債務不履行責任の認定規準に関わるが、そこでもまず問題とされるべきは債務内容の確定であり、それが当該契約の性質決定や帰責構造の解明へ向け重要な視点だと思われる[53]。

三　役務提供者責任に関する議論

(一)　不完全履行論の展開と役務提供者責任

既に検討したように、不完全履行をめぐっては、それを債務不履行の独立した一態様とみることの是非をはじめとして、債務不履行責任の要件・効果の見直し、さらには不法行為や瑕疵担保責任との関係など、民法典における責任法の全体にまたがる問題を提起するとともに、役務提供者責任に関しても議論されてきた[54]。

不完全履行概念は、遅滞と不能という二つの態様には収まりきれないものを捉えるための、いわば補充的な態様として不履行責任の適用範囲の拡張をもたらした。そして、これまでの不完全履行論は、主に売買（財産権譲渡）型契約を前提にするものであったといえるが（そこでの侵害態様の理解が容易であることや、売主瑕疵担保責任との関係が古くから議論されてきたことにもよる）、次第に多種多様な役務提供契約が登場してきたことにより、「なす債務」の重要性が増すに至り、この種の債務にあっては、「与える債務」以上に不完全履行が重要な意味を持つことが明らかにされた。

特に、三分体系の修正を図る学説においては、「なす債務」の特質に応じた債務不履行責任を構成すべきであるとの志向がみられる。契約義務論からは、「与える債務」については細分化された義務に即した侵害態様を析出できるものの、「なす債務」については、給付義務と保護義務が不可分に結合している場合のあることが指摘される。[55]また、債務不履行を一元化して捉える見解にあっても、「なす債務」（行為債務）では履行遅滞・不能とは異なる形の債務不履行が存することが明らかにされ、[56]債務内容の類型（結果債務・手段債務）からの分析も加えられている。

裁判例においても、典型・非典型契約を含む多くの役務提供契約に関する事例が集積されてきている。[57]さらに、その中で、帰責根拠としての種々の義務も析出され、付随義務、説明義務、表示義務、機密保持義務、競業避止義務などを問題とする事例もみられる。しかし、裁判例では、同種の事案において帰責根拠たる被違反義務の理解は一致せず、また、債務内容の特定や債務者のなした行為の事実認定と本旨不履行の評価に関する判断過程が明確でない場合も少なくない。

このような状況において、役務提供者責任の基本構造を理解する上で、役務提供という債務内容をどのように特定するのか、換言すれば、欠陥・瑕疵ある役務の価値をどのように評価するのか、その判断規準が問われることになる。役務提供契約の内容的な適正化とその履行不完全に対する被害者救済の問題は、不完全履行論の展開過程で浮き彫りにされてきたものである。以下でみるように、不完全履行論を出発点にして、役務提供契約の特徴や提供者責任の構造をめぐる理論的深化が図られつつある。

(二)　役務提供者責任論の状況

1　役務の欠陥・瑕疵とその判断規準

前述したような役務提供契約の特徴からは、その債務不履行や瑕疵担保責任の判断は容易ではない。例えば、「品質の客観的評価の困難性」という特徴からは、「物」取引におけるような「中等の品質」（民法四〇一条一項）の認定が難しく、特に、専門的役務のように提供者の裁量の範囲が大きい役務や顧客の一定の努力も必要となる役務（例えば、教育サービス）において、その客観的評価の困難性が強調される。[58]したがって、本旨不履行や帰責事由の有無、その立証といった諸局面での判断が問題となる。

これらの点について共通の理解が得られているわけではないが、その解決方向性について議論されている。すなわち、物の供給と役務の提供が混合している場合には、役務の欠陥・瑕疵の判断は物の瑕疵の判断に取り込まれるか、あるいは、物自体が通常備えるべき安全性や品質を有しているのかどうかという点と役務提供にとっての当該物の適合性が併せて問題となるのに対し、物にかかわらない役務提供（純粋役務）では、約束された役務内容が契約の趣旨に合致した合理的な注意と技術をもって適時になされたかどうかによって判断される（受給者の協力が不十分であるときは、損害抑止義務違反を媒介項として過失相殺が考えられる）、との見解がある。[59]

また、一般的には、役務の欠陥とは、債務の本旨に従った時期になされなかったこと、または契約の解釈により確定された役務を一応履行したが不完全である場合をいうが、より具体的には、役務の成果が視認できる場合にはそれが契約目的に合致しているか否かが規準とされ、結果無体型についても、一定の結果の実現を重視するものについては、不実現の原因が外来的原因に基づくことを役務提供者において証明されないときは履行不完全と判断される、との見解もみられる(60)。ここでは、消費者保護の見地から、役務提供者の注意義務の水準を引き上げ（役務提供者の注意と技能とは、サービスを妨げる外来的原因以外の事由であるならば克服することができる水準が要求される）、外来的原因のため役務の欠陥が生じたことを証明できなければ免責されない、という考え方が強調されている(61)。

2　責任の性質・内容

今日、役務の欠陥・瑕疵に対する提供者責任の性質・内容に関しては、その解明へ向けた一定の傾向を窺うことはできず、諸説が林立している状況にある。そんな中、例えば、役務の瑕疵担保責任は不完全履行の問題であり、いわゆる契約責任説（債務不履行責任説）の妥当性が証明される領域であるとか、債権者の完全性利益が侵害される場合が多い、といった点が指摘されている(62)。

そして、責任の性質に関し、規格化・標準化を経て商品化されることの多い「消費者向けサービス」については、顧客の意図（あるいは契約目的）に即した「結果債務」的な発想を導入し、水準に満たない欠陥役務に対し、製造物責任における被害者救済システムの提供が求められる、との見解がある(63)。確かに、将来的には、結果債務あるいは「物」取引に接近させた形での解決方向性を模索することも考えられてよいであろう(64)。しかし、安全性に欠ける役務による被害に関す法的責任では、提供者と被害者との間に契約関係が存在するのが一般的であり、役務の安全性に関わる契約条件が存する場合には、それを責任内容に反映させるべきであると考えると、現時点では契約責任として規範構成せざるを得ず、完全性利益侵害については、不法行為責任との競合の問題が生じるといえる(65)。

責任内容についても、いくつかの見解が表明されている。概して、民法の役務関連規定において考慮されるファクターを活かしつつ、役務提供契約の特徴を加味するという傾向が窺える。すなわち、いわゆる専門家責任を解明する前提として請負人の瑕疵担保責任と委任契約における不完全履行責任を論じる中で、不完全な役務に対する修補請求、代金（報酬）減額請求、契約解除、損害賠償の各々の整理が試みられている(66)。さらに、役務提供契約の特徴を踏まえた理解もみられる。例えば、役務の提供においては、債務者の自由意思の尊重の原則から、直接強制は利用できず、代替性のある役務（修理債務など）では代替執行が可能となるが、そうでない場合（肖像画を描く債務など）は間接強制によるしかないとの見解(67)、不完全な給付結果の是正ないし原状回復としての新たな役務提供の必要な場合（再手術、誤って教えた技術の矯正など）があるとの見解(68)や、完全性利益侵害の特殊性に言及する見解(69)がある。また、免責特約・損害賠償額の予定については、少なくとも人身損害に関する限り免責を認めず、財産的損害その他については約款適正化の問題として対処すべきであるとの見解(70)もみられる。

(三) 小　括

以上から、まず、役務の欠陥・瑕疵の判断に関しては、「物」の供給との関連性に依拠してそれぞれの場面での法的処理が問われており、特に、純粋役務（結果無体型）における不履行の判断規準が問題となる。物の供給との混合型では、役務の提供と一体となった「サービス商品」の供給として捉える必要性も指摘される(71)。また、物の供給に関わらない純粋役務にあっても、その規格化・標準化が進められれば、いわば「定型的サービス」として捉えていく方向も予想でき（例えば、自動車教習所や英会話学校、各種の講習会などの教育サービス）、そこでは無形の商品としての役務提供という商品交換的要素を有する契約の性質が鮮明になるであろう。

このような方向性も適当であると考えるが、役務提供契約を包括する視点や分類する枠組が確立していない現状においては、まず、債務内容を解明する作業が必要となる。先にみたような役務提供契約の特徴も、債務内容の特定が困難であるという事態から浮上するものであり、債務内容の特定の困難性は、債務の本旨に従った履行かどうかの判断が困難であることと表裏の関係にある。したがって、問題は、債務内容を特定すべく判断規準をどのように捉えるかである。その上で、典型契約規定や契約関連規定で定型化されている諸要素と具体的に問題となる契約における事実との対応関係を検討することを通して、役務提供者責任の構造が明らかにされるべきである。

四　役務提供者責任の基本構造

㈠　緒　論

既に検討したように、不完全履行論は、契約上の債務・義務構造に関する理論的深化をもたらした点で評価される。債務・義務に立脚して債務不履行を捉えるという分析手法は、本旨不履行の判断規準として有用であり、また、当事者の契約関係における行為態様が評価の対象とされることから、債務者の帰責性がより可視的に判断され得ることになる。特に、役務提供契約においては、債務内容の特定や債務者のなした行為の事実認定と本旨不履行の評価に関する判断過程が明確ではなく、各々の契約の特徴に応じた責任構成を採らざるを得ない状況にある。そこでは、当事者の行為自体が評価の対象とされることから、債務・義務構造に着目する手法が有益な場面であると思われる。

そして、債務・契約義務構造については、合意及び信義則を根拠に、およそ給付利益ないし履行利益の保持に奉仕する給付義務（主たる給付義務・従たる給付義務）とそれに付随する義務（付随的義務）、さらに完全性利益保護義務を観念できる。このような不完全履行論の成果を踏まえ、役務提供契約においても、債務の内容及び当事者の保護法益を給付義務、付随的義務、保護義務という義務類型に即して整理することが、不完全な役務を認定評価するためにも必要な作業だといえる。[72] 特に、（主たる）給付義務をまず明らかにすることにより、それを尽くしたか否かが役務の評価に取り込まれることになる。そして、このような作業を通して、不履行責任の要件と義務違反に対する救済手段が解明されるべきであろう。

(二) 不完全な役務の評価

不完全履行論の成果を前提とするとき、役務提供契約において問題となる本旨不履行（履行不完全）の形態としては、およそ給付義務の不履行がある場合とない場合に分けて整理できるであろう。

1　給付義務の不履行がある場合

給付義務の不履行がある場合は、さらに、①「債務の本旨に不適合な履行」（役務の欠陥・瑕疵＝給付結果の不完全）と②「不適合な履行に起因する侵害」（役務の欠陥・瑕疵による拡大損害）に分けて捉えられる。役務提供という給付義務の内容は、一応契約書や広告・パンフレット、口頭の説明等による表示により確定されるといえ、役務が当初の内容と異なっていたり、劣悪（質的に不完全）である場合に給付義務違反と判断されるであろう。

そして、①はそのような役務自体の不完全が問題とされる場合であり、②は不完全な役務により債権者の完全性利益が侵害される場合である。

①は、例えば、建物建築工事の瑕疵・自動車の修理の不完全（有体的成果型）、旅行契約における路線の変更・興信所の誤った調査（無体的成果の有形化型）、教育サービスの瑕疵（大学予備校の実態が入学案内の表示や説明と相違する、英会話学校の不適切な指導など）・専門家による業務の不完全（結果無体型）といった場合であり、いずれも給付結果の不完全が問題となっている。「物の供給と混合している場合」（例えば、教材付受講契約・宿泊サービス・有料老人ホームなど）は、物自体の瑕疵の存在は少なくとも債務の一部不履行となるが、役務提供と不可分一体的な債務として捉えるときには、債務全体としての本旨不履行と判断してよいと思われる。また、診療契約、保育委託契約、寄託契約など、当事者の完全性利益の保護自体が契約目的とされる場合は、完全性利益が給付結果（給付義務）そのものであると解される。そして、ここでの不履行の帰責根拠は、給付義務違反に求められる。なお、給付結果（給付利益）の保持へ向けられる付随的義務（例えば、履行の準備、用法説明など）違反については、それが給付結果の不完全（給付義務違反）と評価されてはじめて問題となるものだと解すると、同じくここでの給付義務の不履行がある場合に集約される。

②は、例えば、建築建物の瑕疵により注文者の所有動産が損傷した、自動車の修理の不備による事故、運送人の運送方法が適切でなかったために運送品を傷めた、従業員を採用するために依頼した信用調査に不備があったために依頼者が損害を被った、という場合であり、役務の欠陥・瑕疵による拡大損害が問題となる場面である[73]。ここでは債権者の完全性利益の侵害が問題となり、帰責根拠を保護義務違反に求めるのが一般的な理解である。しかし、給付目的（役務）自体が不完全であるから、帰責根拠としては給付義務の不履行と判断し、その上で給

付義務の不履行によって生じた損害をどの範囲で認めるべきかが問題となると考える。[74]

2　給付義務の不履行がない場合（完全性利益侵害）

債務は一応履行された（給付義務違反はない）が、完全性利益侵害のみが問題とされる場合が考えられる。例えば、ガラスの修理工が修理の際に他のガラスを壊した、屋根葺職人が屋根の修理中に一服した煙草の火の燃えさしから火事を引き起こし家が全焼した、といったドイツ法の教科書などで積極的債権侵害の典型例とされてきたような場合である。また、裁判例からは、修理を依頼された自動車が修理工場から盗まれたり、雑誌発送業務を請け負った者が預かった顧客の住所氏名を収めたコンピュータ用磁気テープを何者かにコピーされ悪用された、スポーツクラブの会員がクラブ内の貴重品ボックスに預け入れていたキャッシュカードの盗取により損害を被った、といった場合が該当する。[75]

この場面は、給付義務の不履行が存しない場面であると解すると、専ら保護義務違反が問題となり、また、不法行為との境界を接する場面として捉えられる。[76]完全性利益侵害は、不完全履行論において中心的な不履行形態として論じられてきたものであり、完全性利益侵害に対する契約責任の成立を肯定し、それは必ずしも不法行為法に吸収されるものではないとの立場からは、保護義務の契約債務関係における位置づけや不法行為との限界規準について議論されていることは、既に論じた通りである。

(三)　不履行責任の要件・効果

次に、以上のような諸場面における不履行責任の要件・効果が問題となる。前述したように、従来からの債務不履行責任の要件・効果の再検討についても、不完全履行論の展開過程で浮き彫りにされた問題である。

1　不履行責任の要件

「債務不履行（履行不完全）」と「帰責事由＝過失」という伝統的な二元論的構成は、「与える債務」には妥当するものの、「なす債務」には十分に対応し得ないことが、医療過誤事例を債務不履行（不完全履行）責任構成されるようになったことを契機にして明らかにされてきた。そして、三分体系は不要であるとして債務不履行を本旨不履行に一元化する見解が、債務不履行判断と過失判断を債務不履行判断に一元化する（要件の統一化）構成を主張する。すなわち、結果債務では不可抗力によらない限り結果の不実現を過失と判断し、手段債務では、契約上要求される注意または思慮を尽くしていないという債務者の行為態様を評価すべきであるとする一連の見解である。このような主張は、履行不完全と過失の判断を区別できないのではないかという疑問に対し、解決の糸口を提示するものとも思われるが、結果債務・手段債務という債務内容による分類がどこまで妥当し得るかは問題とされている。

そこで、被違反義務に立脚して伝統的な二元論的構成に従うにしても、履行不完全と帰責事由（過失における行為義務違反）の関係をどう理解するのかという問題は残る。この点は、未だ共通した理解が得られているわけではない。

給付義務の不履行がある場合は、一応約束した債務が履行されてはいないという客観的状態を観念することができ、それとは別に過失（行為義務違反）の判断は可能である。しかし、給付義務違反を両要件にもかかわるものとして統一化させて捉えるべきなのか、あるいは、客観的義務違反を履行不完全とみて、債務者の主観的事情（予見可能性・回避可能性）は帰責事由の問題としてあくまで別個に捉えるべきかは問題とされよう。同様の問題は、給付義務の不履行がない場合（保護義務違反）にも当てはまる。

本旨不履行を被違反義務の面から捉えることが可能であり、また、そのような方向性が適当であるとの立場から、要件構成を改めて検討する必要がある。私見によると、損害賠償請求権については、「事実としての債務不履行」（履行不完全）の認定により賠償責任は肯定されるが、免責事由（非帰責事由）が証明される場合には債務者は免責されることになる。(77) なお、履行請求権や契約解除など他の責任内容（効果）に関連させた整理も必要となる。

2　不履行責任の効果（責任内容）

効果（責任内容）については、当該役務の特徴に応じて種々考えられる。前述した不履行形態に即して考えると、**1給付義務の不履行がある場合**の①「債務の本旨に不適合な履行」の場面では、不完全な履行の処理または適合的な履行へ向けた処理が問題となる。一般的には、「与える債務」と「なす債務」を区別する実質的意義は、現実履行の方法にあるとされ、「与える債務」では、物の引き渡しの場合は物が引き渡されるという結果の実現が債務内容であり、直接強制が妥当する。これに対し、「なす債務」では、債務者の行為自体が評価の対象とされるから、代替執行または間接強制がその方法となるとされる。(78) しかし、より具体的には、この場面では、不完全な結果の是正ないし原状回復としての瑕疵修補請求や新たな役務提供請求、場合によっては提供者の変更請求（「物」取引における代物請求に相応する）などが考えられるであろう。そして、結果の是正が不可能であれば、代金（報酬）減額請求、さらには契約目的が達成できない場合に契約解除・代金の返還、損害賠償請求、その他、代金支払拒絶や受領拒絶などが問題となる。なお、継続的契約関係においては、解除後の役務については、前払代金があればその中から返還してもらうことができるが、既履行部分についても代金の減額さらにはその返還が認められる場合もあり得るであろう。また、損害賠償についても、解除をしないでなす場合と解除とともになす場合が考えられる。

これに対し、**1給付義務の不履行がある場合**の②「不適合な履行に起因する侵害」、及び**2給付義務の不履行がない場合**については、不完全な役務の是正が不可能な場合であると考えると、主に契約解除と損害賠償請求が問題となる。

なお、不完全な結果の是正（完全履行請求）や代金（報酬）減額請求、契約解除などは、提供者の帰責事由を要するのか、[79] あるいは客観的な不履行状態から認められることになるのか、また、どの程度の不完全な役務ならば解除でき（催告は必要か否か）、損害賠償請求が認められるのかなどは、[80] これらの効果を設定すべき実定法上の根拠も含め今後検討を要する問題である。個々の事案に応じて対処せざるを得ないが、将来的に、役務提供契約に共通するルールを設けるのが適当であると考えると、そこで不完全な役務に対する救済手段についても考慮する必要がある。[81]

五　結　び

はじめにも述べたように、役務提供契約をめぐっては、契約締結に際しての事業者の説明・表示義務の内容や約款規制、役務の安全性確保の具体的方策など、実務上の対応を要する課題も多く残されている。また、役務の提供態様の多様性という特徴からも窺えるように、「物」の供給と混合する場合だけでなく、複数の役務が結合し、それが反復・継続される場合も多い。そして、そこでの契約関係は、二当事者間における単一の給付をめぐる権利義務関係を超えて、複数の契約が密接に関連して一つの法律関係を作り出している場合も少なくなく、その関連性を検討する必要もある。[82] しかし、これらの問題の解決へ向け、多様な役務提供契約を包括する視点や分類する枠組、さらには役務提供者責任の基本構造の検討が、その出発点とされるべきであると考える。このような問題意図から、本節では役務提供契約の基礎理論の検討に主眼を置いた。

役務提供者責任の構造を検討するに際しては、契約関係にある当事者の行為自体を評価の対象とせざるを得ず、不完全履行論、とりわけ債務・契約義務構造に関する議論は、このような検討に対して理論的素材を提供するものである。また、役務提供者責任構造の解明は、財産権譲渡型契約（与える債務）を主軸にして展開されてきた契約責任論に対しても、再検討の契機となることも予想され、将来的には新たな債務不履行法の構築も考えられてよい。

（1）　債務（給付）の種類については、「作為債務」と「不作為債務」を区別した上で、「作為債務」の内容をさらに「与える債務」（物の引渡）と「なす債務」（役務の提供）に分けて捉える見解が一般的である（奥田昌道『債権総論〔増補版〕』（悠々社、一九九二）三二―三三頁、北川善太郎『債権総論（民法講要Ⅲ）〔第三版〕』（有斐閣、二〇〇四）一八―一九頁など）。また、最近では、「与える債務」と「なす債務」の分類に代えて、「引渡債務」と「行為債務」という分類も提唱されているが（平井宜雄『債権総論〔第二版〕』（弘文堂、一九九四）一九―二〇頁、内田貴『民法Ⅲ〔第三版〕債権総論・担保物権』（東京大学出版会、二〇〇五）一五頁）、内容的には伝統的な分類と異なるところはないように思われる。

さらに、後述するように、「結果債務」と「手段債務」という分類もなされているが、「与える債務」と「なす債務」は、その債務内容の実現のための強制的手段に関連した区別であるのに対し、「結果債務」と「手段債務」は、債務不履行があった場合の帰責事由やその証明責任に関連して区別されている。

（2）　潮見佳男『債権総論〔第二版〕Ⅰ』（信山社、二〇〇三）八一頁は、役務給付そのものを給付客体面でひとつにまとめることができない非定型性が影響しているとする。

（3）　奥田・前掲注（1）、北川・前掲注（1）、於保不二雄『債権総論〔新版〕』（有斐閣、一九七二）二四―二六頁（さらに、「担保する給付」を独立して位置づける）、淡路剛久『債権総論』（有斐閣、二〇〇二）一五―一六頁など。

（4）我妻榮『新訂 債権総論』（岩波書店、一九六四）二五頁、加藤雅信『新民法体系Ⅲ 債権総論』（有斐閣、二〇〇五）五〇頁など。

（5）梅謙次郎『民法要議 巻之三 債権編』（有斐閣書房、一九一二年版・復刻版）一―二頁は、債権は、一定の人をして一定の財産上の行為を為さしめることだと定義するだけで十分だとした上で、債権の目的を「与える」「為す」「為さざる」の三つに分ける考え方に対しては、「与える給付」は「為す給付」に含まれ、また、「為す」と「為さざる」に分けることも不当ではない、というに留まる。

（6）鳩山秀夫『日本債権法（総論）』（岩波書店、一九一六）一九頁、富井政章『民法原論 第三巻 債権総論上』（有斐閣書房、一九二九年版・復刻版）五六―五七頁（積極的給付を譲渡その他物権の設定移転を目的とするものと労務その他の作為を区別するローマ法の理解は、理論上何ら価値はないとする）、石田文次郎『債権総論講義』（弘文堂書店、一九三六）二〇―二一頁、勝本正晃『債権法概論（総論）』（有斐閣、一九四九）九三頁など。

（7）平井・前掲注（1）一五頁参照。今日、「与える債務」は直接強制によることが可能であるが、「なす債務」は代替執行による（いずれも間接強制との選択は可能）との理解が一般的である。

（8）淡路・前掲注（3）一五頁、金山直樹「与える給付と担保する給付―それから一〇〇年、もう一つの歴史―」西村重雄＝児玉寛編『日本民法典と西欧法伝統―日本民法典百周年記念国際シンポジウム―』（九州大学出版会、二〇〇〇）三五〇―三五一頁。なお、わが国においても「なす債務」を売主の引渡債務を含む包括的なものとして理解する見解がある（森田修『強制履行の法学的構造』（有斐閣、一九九五）三四〇頁以下）。

（9）前掲注（1）参照。

（10）金山・前掲注（8）三六二頁。なお、於保・前掲注（3）二四―二六頁、フィリップ・シムレール（小柳春一郎訳）「債務［給付］の分類に関する省察―与える、為す、為さざる（dare, facere, non facere）……そして付け加える（alteri）―」西村＝児玉編・前掲注（8）三七一頁以下参照。

（11）沖野眞已「契約類型としての『役務提供契約』概念（下）」NBL五八五号（一九九六）四四頁。

（12）平野裕之『プラクティスシリーズ 債権総論』（信山社、二〇〇五）四頁。

（13）森田宏樹『契約責任の帰責構造』（有斐閣、二〇〇二）一六頁。

（14）淡路・前掲注（3）一七頁、加藤・前掲注（4）五一―五二頁、同「新民法体系Ⅲ債権総論　結果債務・手段債務論―債

務性格論への純化を求めて—」法学教室二七四号（二〇〇三）一〇四—一〇五頁など参照。
(15) 森田・前掲注（13）四六頁以下。
(16) 北川・前掲注（1）一九頁、奥田昌道編『注釈民法⑽』（有斐閣、一九八七）三九九—四〇〇頁（北川執筆）、加藤・前掲注（4）五二頁、同・前掲注（14）一〇五—一〇九頁など。
(17) 奥田・前掲注（1）一六四—一六六頁、淡路・前掲注（3）一〇七頁以下、平野・前掲注（12）二一一—二一二頁、吉田邦彦「債権の各種—『帰責事由』論の再検討—」星野英一編代『民法講座　別巻2』（有斐閣、一九九〇）四七頁以下。
(18) 潮見・前掲注（2）二六九頁以下、同『契約責任の体系』（有斐閣、二〇〇〇）二一三—二一六頁。
(19) 潮見・前掲注（18）二一一—二一二頁は、「なす債務」では、契約に適合した作為・不作為がなされたのか否かを捉えること、行為のなされた結果が不法評価の対象となるのかどうかが重要となるとする。
(20) 平井・前掲注（1）七三頁は、債務者の行為が債務不履行という規範的評価を受けても、それと損害との間に事実的因果関係が存在しなければ責任を肯定できず、この意味で不法行為における性格を有するとする。
(21) 奥田・前掲注（1）一六四—一六六頁。
(22) 鈴木禄弥『債権法講義　三訂版』（創文社、一九九五）六五七頁は、手段債務（例、医師の診療契約上の債務）については、履行不能とも履行遅滞ともいえないあいまいな形の債務不履行（不完全履行）が存在することを認めざるを得ないとする。
(23) 平野・前掲注（12）二一一—二一二頁は、結果債務については過失判断と一切無縁だと考えるべきではなく、不可抗力でも免責されないものから予見可能性による限界づけなど、多様な段階が認められるべきだとする。
(24) 中田裕康「現代における役務提供契約の特徴（上）（中）（下）」NBL五八七号（一九九五）二一頁以下、同五七九号（一九九五）三三頁以下、同五八一号（一九九五）三六頁以下（同『継続的取引の研究』（有斐閣、二〇〇〇）所収）、沖野・前掲注（11）四一頁以下、同「契約類型としての『役務提供契約』概念（上）」NBL五八三号（一九九五）六頁以下、松本恒雄「サービス契約の法理と課題」法学教室一八一号（一九九五）六五頁以下、同「サービス契約」山本敬三＝大村敦志他『債権法改正の課題と方向—民法一〇〇周年を契機として—（別冊NBL五一号）』（商事法務研究会、一九九八）二〇二頁以下など。
(25) 潮見・前掲注（18）二一一頁以下、河上正二「商品のサービス化と役務の欠陥・瑕疵（上）（下）」NBL五九三号（一九九六）六頁以下、同五九五号（一九九六）一六頁以下、長尾治助「サービスの欠陥とサービス提供業者の契約責任—消費者契約を中心として―」中川良延他編『星野古稀・日本民法学の形成と課題 下』（有斐閣、一九九六）七六七頁以下、後藤巻則「サービス」法学セミナー五〇一号（一九九六）四四頁以下など。

(26) 内田英夫「サービスと消費者保護」『ジュリスト増刊・消費者問題』（有斐閣、一九七九）一六五頁以下、伊藤進「サービス取引と消費者保護のための法的施策についての提言」NBL四六八号（一九九一）六頁以下、長尾・前掲注(25)、同「サービス法と消費者問題」立命館大学人文科学研究所紀要六〇号（一九九四）一〇五頁以下、浦川道太郎「サービス契約における消費者被害の救済―不完全なサービス提供と役務提供者責任―」鎌田薫＝来生新他編『岩波講座 現代の法13 消費生活と法』（岩波書店、一九九七）二一七頁以下、河上正二「サービスと消費者」ジュリスト一一三九号（一九九八）七一頁以下、川端敏朗「サービス契約の多様化と消費者保護」早稲田法学七四巻三号（一九九九）二六一頁以下。

(27) 中田・前掲注(24)(中)三四頁、浦川・前掲注(26)二二〇頁、河上・前掲注(26)七一頁、長尾治助「サービス契約と真実開示の原則」立命館法学二二一号（一九九二）一頁参照。なお、契約は、その本質上、少なくとも一方当事者による一定の行為を目的とするものであって、すべての契約は役務提供契約であり、契約群はこれを基礎（委任が基礎的な契約類型である）として段階的に位置づけられる、との見解がある（沖野・前掲注(11)四三―四四頁、同・前掲注(24)一七頁）。これに対しては、サービス（役務）契約特有の問題を希薄化して問題の所在を曖昧にする危険がある、との批判がある（松本・前掲注(24)「サービス契約」二〇五頁）。

(28) 河上・前掲注(25)(上)八―一二頁（物に関する役務を①物の引渡を伴う役務（さらに、物に結晶する役務（似顔絵を描く、ビルの建築）、物を対象とした役務（寄託、運送）、物の給付に随伴する役務（教材付受講契約、エステと化粧品）に分ける）と、②手段・施設・材料として物が用いられる役務（宿泊サービス、有料老人ホーム）に類型化する）、長尾・前掲注(25)七七一―七七三頁、伊藤・前掲注(26)七頁など。なお、北川善太郎『債権各論（民法講要Ⅳ）〔第三版〕』（有斐閣、二〇〇三）一〇九頁以下は、典型・非典型契約を含めた現実に利用される契約類型を「現実類型」として捉え、その中で役務提供契約（旅行契約、会員制クラブ契約など）を論じる。

(29) 長尾・前掲注(25)七七三―七七四頁、浦川・前掲注(26)二二一頁。

(30) 中田・前掲注(24)(中)三四―三五頁、松本・前掲注(24)「サービス契約の法理と課題」六六頁、六九頁、後藤・前掲注(25)四五頁、浦川・前掲注(26)二二一―二二二頁、河上・前掲注(26)七二―七三頁、川端・前掲注(26)二六五頁、北川・前掲注(28)三一頁など。

(31) 松本・前掲注(24)「サービス契約」二二〇頁、長尾・前掲注(25)七七七―七八二頁など参照。
(32) 梅・前掲注(5)六八二頁、七〇二頁。
(33) 法務大臣官房司法法制調査部監『法典調査会 民法議事速記録四』(商事法務研究会、一九八四)五八四頁、廣中俊雄『民法修正案(前三編)理由書』(有斐閣、一九八七)七三五―七三六頁参照。
(34) 中田・前掲注(24)(下)四一頁は、その意義として、①サービス経済化など社会的変化を法的に受け止め、共通する法的特徴を検討するための手掛かりとなること、②契約に関する問題(消費者契約、約款による契約、複合的契約など)が役務提供の場合には増幅して生じることがあり、問題を横断的に分析するために意義があること、③物の引渡を中心に考えられてきた債権法・契約法を役務提供という面から見直す契機となること、を挙げる。
(35) 小島彩「役務提供者の責任に関する一考察」本郷法政紀要一二号(二〇〇三)四六―四八頁は、これらの点を的確に指摘する。
(36) 我妻榮『債権各論 上巻』(岩波書店、一九五四)四八頁、来栖三郎『契約法』(有斐閣、一九七四)七三六頁以下。
(37) 山本敬三「契約法の改正と典型契約の役割」山本＝大村他・前掲注(24)四頁以下(最近の動向を①新種の契約について、その法的性質を典型契約との関係で明らかにする、②契約内容の確定について、典型契約のもつ意味を明らかにする、③典型契約に関する規定を契約の内容規制に活用する動きとしてまとめる)、大村敦志『典型契約と性質決定』(有斐閣、一九九七)三〇四頁以下(典型契約規定の機能として、契約内容の形成(内容調整)、分析基準、創造補助の諸観点を強調する)、平井宜雄『債権各論Ｉ上―契約総論』(弘文堂、二〇〇八)四〇頁(典型契約規定は、権利義務関係の設計のための重要な道具の一つであり、典型契約の意味と適用範囲とを明確に示すことが今後の契約法の課題だとする)など。なお、河上正二「契約の法的性質決定と典型契約―リース契約を手がかりとして―」星野英一＝森島昭夫編『加藤古稀・現代社会と民法学の動向 下』(有斐閣、一九九二)二七七頁以下、潮見佳男『債権各論Ｉ』(信山社、二〇〇二)九頁以下、石川博康「典型契約と契約内容の確定」内田貴＝大村敦志編『民法の争点』(有斐閣、二〇〇七)二三六―二三七頁参照。
(38) 北川・前掲注(28)、後藤巻則『契約法講義』(弘文堂、二〇〇五)、半田吉信『契約法講義 第二版』(信山社、二〇〇五)、加賀山茂『契約法講義』(日本評論社、二〇〇七)、平野裕之『民法総合5 契約法』(信山社、二〇〇七)など参照。
(39) 後藤元伸「役務提供契約における典型契約としての請負契約・委任契約―フランス法における事務処理委託契約(contrat d'entreprise)を参照して」潮見佳男編代『國井還暦・民法学の軌跡と展望』(日本評論社、二〇〇二)二三二頁、二四六頁。

(40)　松本・前掲注(24)「サービス契約」一三五頁以下。また、執行秀幸「民法に新たに取り入れるべき契約類型はあるか」椿寿夫＝新美育文他編『民法改正を考える(法律時報増刊)』(日本評論社、二〇〇八)三二一―三二二頁は、雇用、請負、委任、寄託や役務提供契約に共通する規定を設けても十分に把握できない契約については、民法に規定を置くべきであるとして、診療契約、福祉サービス契約、情報・助言提供契約などを挙げる。

(41)　沖野・前掲注(11)四三―四四頁、同・前掲注(24)七―九頁。なお、このような理解に対しては、①少なくとも起草当初は、委任契約は代理権授与契約との関係で理解されており、②現在も委任は広く仕事(事務)一般を扱うのではなく、ある程度専門的知識を要する相対的に高度な仕事(事務)の遂行を内容とする、③委任を一般類型と考えるのはその規律の点から問題があり、特に、その解除は契約の拘束力の一般原則からすれば例外的である、との批判も予想されるとした上で、①に対しては、現在ではそのように考えないのが一般的である、②に対しては、明文上の限定はなく、そうだとしても程度問題であり、仕事(事務)は広汎に考えられるとする。また、③については、六五一条は当事者間の信頼関係により基礎づけられるが、それは事務内容が高度であり専門知識をもつ受託者の裁量に委ねざるを得ないというような状況がその要素といえるが、この他にも例えば、委任の場合は事務内容が明確でなく、内容に幅があるため、人的要素に依存せざるを得ないというような状況も考えられる、と説明する。

(42)　前掲注(27)参照。

(43)　山本・前掲注(37)一二頁以下。

(44)　ただし、請負人が新しい物を製作するのではなく、注文者の所有物に対して仕事をする場合(注文者が提供したものに仕事をする場合(クリーニング、靴の修理、洗車)、請負人が注文者の設備・施設に出向いて仕事をする場合(設備の組立、機械の設置))は、役務の要素が強くなり、役務提供契約に重なるとする(山本・前掲注(37)一四―一五頁)。

(45)　ただし、役務提供契約を独立の典型契約として認める意義をどこに求めるかは問題になるとする(山本・前掲注(37)一五―一六頁)。

(46)　山本・前掲注(37)一六―一七頁。

(47)　その前提条件として、当該契約類型の一般性、内容の確定性、重要性を挙げる(山本・前掲注(37)一九―二〇頁)。

(48)　民法(債権法)改正検討委員会編『債権法改正の基本方針(別冊NBL一二六号)』(商事法務、二〇〇九)三五七頁以下、同『詳解・債権法改正の基本方針Ⅴ―各種の契約(2)』(商事法務、二〇一〇)三頁以下。なお、坂本武憲「役務提供契約」法律時報八一巻一〇号（二〇〇九）六二頁以下参照。

(49)　委任は、受任者が委任者から一定の権限を付与され対外的な行為を行う契約であり、寄託は、物の保管を内容とする役務提供契約であるとする。雇用は、将来的には労働契約法と統合するのが望ましいとして、その補充規定を整序する。

(50)　丸山雅祥「市場・競争・規制」書斎の窓四五二号（一九九六）五三―五四頁は、サービス産業分野における参入規制を論じる中でサービスの特徴に触れ、これまでサービスの「質」の事実認定の困難性が挙げられてきたが、それはサービス固有の問題ではなく、むしろ「もの」はストック概念であり、買手にとって品質不確実性があるといっても取引の時点での品質はある水準に定まっているのに対し、サービスはフロー概念であり、買手にとって品質不確実性があるとともに、サービスが実際に提供されていく過程で品質が可変的である点が特徴だとする。そして、サービスの品質不確実性は、さらに返品の不可能性につながると解する。

(51)　さらに、「複合的役務」（二当事者間で複数の給付が存在する場合やある法律関係に複数の関与者がいる場合、複数の契約が連鎖・結合する場面などでの当事者の関与態様や法律関係の内容が問題とされる。松本・前掲注（24）「サービス契約」、河上正二「複合的給付・複合的契約および多数当事者の契約関係」法学教室一七二号（一九九五）四八頁以下（磯村保＝鎌田薫他『民法トライアル教室』（有斐閣、一九九九）所収）など）、「継続的役務取引」（特に中途解約が問題とされ、民法六五一条を根拠とする見解や消費者契約としての側面に着目する見解、役務の特質から解約権を認める見解などが表明されている。松本恒雄「継続的役務取引と中途解約」法学セミナー四六二号（一九九三）八八頁以下、中田裕康「継続的役務提供契約の問題点（上）（下）」NBL五九九号（一九九六）八頁以下、同六〇二号（一九九六）三九頁以下（同『継続的取引の研究』（有斐閣、二〇〇〇）所収）など）、「専門家責任」（専門家をどのように定義づけるか、また、専門家という概念を定立することの意味も問題となるが、ここでは専門家は「高度の注意義務」を負うとしてその責任が論じられる。川井健編『専門家の責任』（日本評論社、一九九三）、山川一陽・根田正樹編『専門家責任の理論と実務』（新日本法規出版、一九九四）など）についても議論がある。

(52)　我妻榮『債権各論　中巻二』（岩波書店、一九六二）五三三頁。

(53)　特に、まず給付義務の内容が確定される必要がある。結果債務とされる場合は、手段債務の場合よりも債務者の責任はより厳格に捉えられるが、それは「給付義務の不履行」が認定されるからだ（つまり、給付義務の内容が確定できるものは責任を認定されやすい）といえよう。

（54）本書第二章第二節参照。
（55）奥田・前掲注（1）一六五―一六六頁。松本恒雄「契約責任と安全配慮義務」Law school二七号（一九八〇）二三頁参照。
（56）鈴木・前掲注（22）二六二―二六三頁、三〇三―三〇五頁、六五七頁。
（57）本書第二章第二節三、第三章第四節参照。なお、笠井修「サービス供給契約」川井健＝田尾桃二編『転換期の取引法―取引法判例一〇年の軌跡―』（商事法務、二〇〇四）二二七頁以下は、各種サービス供給契約の判例法上の展開をみる。
（58）松本・前掲注（24）「サービス契約の法理と課題」六八頁。
（59）河上・前掲注（25）（上）九―一二頁、（下）一六―一七頁（さらに、手段債務型の場合は、目的とされた結果を遠ざけたり、これと矛盾するような行為態様が役務提供者によって採られている場合、あるいは、結果への接近を阻害するような事情が見出されている場合には役務の欠陥があり、結果債務型の場合は、物に結晶する場合は目的物の瑕疵の存在により、そうでない場合は資格、規格水準、効率性、対価性等の指標を媒介とした評価の客観化への新たなノウハウの開発が必要であるとする）。
（60）長尾・前掲注（25）七七〇頁、七七六頁、七八八―七九四頁。
（61）長尾・前掲注（25）七九四―七九七頁、七九九―八〇〇頁（なお、このような処理の他、注意義務の水準を引き上げる反面、その義務を尽くしたことを役務提供者が証明すれば足りるという処理、注意義務の水準（予見可能性と結果回避可能性に依存する）を現状どおり維持して、その違反を推定することで顧客の証明負担を軽くするという処理、あるいは、通常の防止手段措置を講じたことの証明で役務提供者は注意義務を尽くしたという扱いなど、いくつかの段階が考えられ、具体的な契約特性によってはこれらの処理を弾力的に扱い得るとする）。
（62）松本・前掲注（24）「サービス契約の法理と課題」六九頁、同「サービス契約」二一八頁。
（63）河上・前掲注（26）七五頁。
（64）中田・前掲注（24）（中）三五―三六頁は、規格化・大量化・機械化、在庫不可能性の緩和、複合化・長期化、多様性・新規性、判定基準の発達といったサービス取引の現代的な特徴からは、「物の取引に引き寄せたシステム化」ともいうべき現象がみられるとする。
（65）浦川・前掲注（26）二二二―二二三頁参照。

(66) 下森定「日本法における『専門家の契約責任』」川井編・前掲注 (51) 三三二―三三六頁。なお、河上・前掲注 (25)(下) 二二頁は、不要となった役務はあえて継続させないこと、瑕疵の存在についての提供者の認識の有無は免責の許容性に反映されること、瑕疵発生に対する受給者の寄与は提供者の責任軽減をもたらすことを指摘する。また、長尾・前掲注 (25) 八〇一―八〇四頁は、履行の着手前、履行中途段階、履行後の段階に分けて捉えるべきであるとして、消費者保護の観点から、対価前払後体験型の契約では、情報不開示を理由とする消費者の無答責契約解除を制度化すべきこと、履行中途段階においても提供者の変更を請求できるとすることなどを指摘する。
なお、上井長十「フランス法におけるサービス契約の不履行と代金減額請求権―契約不履行救済論の再構築に向けて―」法学政治学論究五四号 (二〇〇二) 一四五頁以下は、サービス契約の不履行に対し、契約を存続させながら代金減額という形で契約内容を修正する権限をサービス受給者 (消費者) に付与することが有益だとして、フランス法の議論を検討する。

(67) 松本・前掲注 (24)「サービス契約の法理と課題」六九頁、同「サービス契約」二一九頁。

(68) 中田・前掲注 (24)(下) 三九頁。

(69) 中田・前掲注 (24)(下) 三九頁は、受給者の下に損害が留まることが多く、特に、知識、情報、技能などを内容とする場合には、質の悪い内容が受給者に「刷り込まれて」抹消しにくい場合もある (おかしな発音の語学テープ、誤った情報を含む書物) とする。

(70) 河上・前掲注 (25)(下) 一二一頁。

(71) 伊藤・前掲注 (26) 七頁。

(72) なお、中田・前掲注 (24)(下) 三八頁は、債務内容の特定がどのような救済方法との関係で必要とされているのか (履行の強制のためか、損害賠償の前提か、原状回復のためか) という具体的・動態的な考察が必要であるとする。

(73) 事例の詳細は、本書第三章第四節参照。

(74) 本書第四章第三節三(一)参照。

(75) 本書第三章第四節参照。

(76) 本書第四章第三節三(二)参照。

(77) 本書第四章第三節二参照。

(78) なお、沖野・前掲注 (11) 四四―四五頁参照。

(79) 瑕疵担保責任論からは、代金(報酬)減額請求は、債務者に帰責事由がない場合にも、不履行により引き起こされた給付と反対給付の不均衡を調整できるという性質が鮮明となる。

(80) 損害賠償の範囲の確定も問題となる。特に、給付利益以外の債権者の法益(完全性利益)に生じた損害(拡大損害)の賠償範囲が問題である。基本的には、給付義務の不履行がある場合は、役務自体の不完全は通常損害であり、拡大損害についても、給付義務違反から通常生じる損害は通常損害(四一六条一項)として、さらに拡大した損害は、契約時を原則的基準として予見可能性ある限り賠償される(四一六条二項により処理される)ものと考えられる。給付義務の不履行がない場合(保護義務違反)は、これも四一五条の債務不履行と解すれば、四一六条が適用され、同様に処理されよう。なお、当事者の完全性利益の保護が契約目的とされる場合は、そこで生じた損害は給付義務違反による通常損害として解されるであろう。

(81) なお、浦川・前掲注(26)二三九頁は、サービスが時間的・場所的に限定された環境の中でマンパワーにより提供されるという要素、及びサービスによっては低廉な対価で高価な対象を取り扱わなければならないという要素からは、役務提供者責任を厳格化していくことに限界があり、サービス事故に対する補償措置の導入も考えられる(例えば、医療サービス)とする。

(82) 前掲注(51)所掲の文献の他、山田誠一「『複合契約取引』についての覚書(1)(2・完)」NBL四八五号(一九九一)三〇頁以下、同四八六号(一九九一)五二頁以下、池田真朗「『複合契約』あるいは『ハイブリッド契約』論」NBL六三三号(一九九八)六頁以下、椿寿夫「民法学における幾つかの課題(七)(八)(九)」法学教室二三一号(一九九九)三一頁以下、同二三二号(二〇〇〇)五五頁以下、同二三三号(二〇〇〇)六五頁以下など参照。

第六章　契約責任（債務不履行）法の再構築へ向けた基礎的考察

第一節　緒　論

現在、民法典の改正が話題となっている。民法典の改正は、最近になって突如として現れた問題ではなく、日本民法典施行一〇〇年にあたる一九九八年には、これを記念するいくつかの企画が行われ、[1]その中で改正に関する言及がみられ、また、民法典の現代語化（二〇〇五年施行）に際しては、条文の文理と明らかに異なる解釈を採る確定判例・学説を踏まえた一部の条文改正がなされた。[2]さらに、その後も、非営利法人及び公益法人制度の全面改正（中間法人法の廃止）を行った三つの大きな法律の制定（平成一八年法四八号・四九号・五〇号）や信託法の全面改正（平成一八年法一〇八号）、会社法の全面改正（二〇〇六年施行）と商法典からの分離など民商法の改正が続いており、今日、民法典の全面改正の機が熟しているともいわれる。[3]

そのような中で、債権法の改正へ向けた議論も活発化してきている。改正の目的や範囲、その全体構成などについては後述するが、改正の中心は契約責任（債務不履行）法の再構築にある。契約責任をめぐっては、これまでも、遅滞・不能・不完全履行の三分体系の当否や責任要件・効果の再検討、さらには瑕疵担保責任や不法行為規範との関係など、その理論的蓄積は多岐にわたる。

既に、日本民法典一〇〇年を記念して日本私法学会が一九九八年に開催した「民法一〇〇年と債権法改正の課題と方向」と題するシンポジウムが、民法典の改正を問題にしている[4]。その後も、二〇〇六年の日本私法学会では、「契約責任論の再構築」と題するシンポジウムが組まれ[5]、二〇〇八年の学会では、民法改正研究会（代表・加藤雅信教授）による「日本民法典財産法編の改正」と題するシンポジウムが開催されたのみならず[6]、金山直樹教授らによる「消滅時効法の改正に向けて」と題するシンポジウム[7]、さらに、大村敦志教授を責任者とする「民法改正―韓国から日本へのメッセージ」と題する拡大ワークショップも開かれるなど[8]、学界における民法改正への関心の高さを彷彿とさせた。

また、二〇〇六年には、自発的な研究グループである「民法改正委員会債権法作業部会（二〇〇二年一二月発足）」（以下では、「債権法作業部会」と略称する）による検討の中間報告が公にされ[9]、同年一〇月には「民法（債権法）改正検討委員会（委員長・鎌田薫教授）」（以下では、「検討委員会」と略称する）が発足し（これにより債権法作業部会は活動を休止した）、将来の法制審議会でのたたき台となり得る民法改正素案の作成を目標に検討が進められた[10]。そして、二〇〇九年三月末に「債権法改正の基本方針」（検討委員会試案）として公にされ[11]、その後、法制審議会において「民法（債権関係）部会」が設置され一一月より審議が始まった。この他にも、研究者・実務家による複数の研究グループが立ち上げられ、また、学会シンポジウムが予定されるなど[12]、ここへ来て債権法改正をめぐり百家争鳴の様相を呈している。

このような債権法の改正論議を契機として、契約責任の構造・射程を改めて問い直してみる必要がある。そこで、以下では、まず、債権法の改正へ向けた動向を整理し（第二節）、次に、新たな契約責任論（新理論）に関する議論状況をみる（第三節）。その上で、契約責任（債務不履行）法の再構築へ向けた基本的論点について若干の検討を加えることにする（第四節）。もっとも、このような検討の前提として、特別法の制定も含めたこれまでの民法典改正の史的変遷の中で債権法改正の意義・方向性を明らかにする必要があり、また、債権法改正の全体像も必ずしも確定されているわけでもない。したがって、本章の検討は、近時の改正論議の動向分析を踏まえた筆者なりの覚書の域を出るものではない。

（1）　能見喜久「民法一〇〇年記念シンポジウム開催される」NBL六五四号（一九九八）一二三頁参照。
（2）「善意」を「善意無過失」とするなどがほとんどであるが、現代語化により新たに採用された用語（例えば、「毀損」を「損傷」に、「自己の出捐」を「自己の財産をもって」に改正など）については、その妥当性を検証してみる必要もある。
（3）　星野英一「日本民法典の全面改正」ジュリスト一三三九号（二〇〇七）九〇頁以下参照。
（4）　山本敬三＝大村敦志他『債権法改正の課題と方向―民法一〇〇周年を契機として―（別冊NBL五一号）』（商事法務研究会、一九九八）、「シンポジウム　民法一〇〇年と債権法改正の課題と方向」私法六一号（一九九九）。なお、本シンポジウムについては、各報告者の研究成果を問うという姿勢が強かったためか、全体として立法の下敷きとなるような整合性や体系性を持ったものではなかったとの評価もされる（内田他・後掲注（9）ジュリスト一三〇七号一〇五頁（内田発言））。
（5）　潮見佳男＝山本敬三他「特集　契約責任論の再構築」ジュリスト一三一八号（二〇〇六）八一頁以下、「シンポジウム　契約責任論の再構築」私法六九号（二〇〇七）。なお、筆者は、本シンポジウムは、後述する「民法改正委員会債権法作業部会」（及び「民法（債権法）改正検討委員会」）の構想に沿ったものである、との印象を強く持った。
（6）「日本民法典財産法編の改正」ジュリスト一三六二号（二〇〇八）、『日本民法改正試案（民法改正研究会・仮案〔平成二〇年一〇月一三日案〕）』（有斐閣、二〇〇八）、「シンポジウム　日本民法典財産法編の改正」私法七一号（二〇〇九）。民法改正研究会は、その後、「日本民法改正試案・仮案（平成二一年一月一日案）」及び「民法改正国民・法曹・学界有志案」を公表している（「日本民法財産法改正試案『日本民法改正試案・仮案（平成二一年一月一日案）』」判例タイムズ一二八一号（二〇〇九）、加藤雅信「日本民法典の改正―売買契約を例として」法曹時報六一巻四号（二〇〇九）一頁以下、民法改正研究会（代表　加藤雅信）編『民法改正と世界の民法典』（信山社、二〇〇九）、同『法律時報増刊 民法改正国民・法曹・学界有志案』（日本評論社、二〇〇九））。なお、民法改正研究会の活動については、「民法改正を考える」法律時報八一巻四号（二〇〇九）以後の連載も参照。

（7）　金山直樹編『消滅時効法の現状と改正提言（別冊NBL一二二号）』（商事法務、二〇〇八）、「シンポジウム 消滅時効法の改正に向けて」私法七一号（二〇〇九）。

（8）　「拡大ワークショップ 民法改正―韓国から日本へのメッセージ」私法七一号（二〇〇九）。

（9）　内田貴＝大村敦志他「特別座談会 債権法の改正に向けて（上）（下）―民法改正委員会の議論の現状」ジュリスト一三〇七号（二〇〇六）一〇二頁以下、同一三〇八号（二〇〇六）一三四頁以下。なお、この「改正委員会」は担保法及び家族法の改正についても検討している（内田＝大村他「特別座談会 担保法の改正に向けて（上）（下）」ジュリスト一二二三号（二〇〇二）四八頁以下、同一二二四号（二〇〇二）三六頁以下、「抵当権法改正中間試案の公表」ジュリスト一二二八号（二〇〇二）一八一頁以下、内田＝大村他「特別座談会 家族法の改正に向けて（上）（下）―民法改正委員会の議論の現状」ジュリスト一三二四号（二〇〇六）四六頁以下、同一三二五号（二〇〇六）一四八頁以下参照）。

（10）　検討委員会は、全体会議、五つの準備会、幹事会から構成され（なお、このような構成は明治期の法典調査会と類似することから、当時の法典調査会のあり方も再検討されている（金山直樹＝小柳春一郎他「法典調査会に学ぶ―債権法改正によせて（1）（2・完）」ジュリスト一三三一号（二〇〇七）八六頁以下、同一三三三号（二〇〇七）七二頁以下参照））、第一回全体会議議事録（http://www/shojihomu.or.jp/saikenhou 参照）によると、今回の改正は昭和二七年に法務省が設置されてから最大級の改正だとされ、委員会は学者による自発的な研究会ではあるが、その目的から実質的には公的な性格を持っている（しかし、検討委員会発足後は、委員会はあくまで学者を中心とする私的な研究組織であることが度々強調された（筒井健夫「民法（債権法）改正の動向」NBL八九六号（二〇〇九）六三頁、鎌田薫＝内田貴「特別対談 民法（債権法）改正検討委員会の審議を終えて」同九〇三号（二〇〇九）一六頁（内田発言）、内田貴「民法（債権法）改正検討委員会の試案公表」金融法務事情一八六七号（二〇〇九）一頁、民法（債権法）改正検討委員会編・後掲注（11）三頁））。契約責任（債務不履行）法については、主に第一準備会（大村敦志教授（主査）、潮見佳男教授、森田修教授、内田貴法務省参与（前東大教授）、筒井健夫法務省民事局参事官）おいて検討された。なお、検討委員会試案に対する実務家による検討もみられる（「〈座談会〉民法（債権法）改正に伴う金融取引への影響」金融法務事情一八六六号（二〇〇九）四頁以下、有吉尚哉「改正債権法への移行・時的適用範囲に関する実務上の論点」ビジネス法務九巻二号（二〇〇九）二七頁以下、大阪弁護士会『実務家からみた民法改正―「債権法改正の基本方針」に対する意見書（別冊NBL一三一号）』（商事法務、二〇〇九）、佐瀬正俊＝良永和隆他編『〔現行法との対照表付〕民法債権法改正の要点―改正提案のポイントと実務家の視点』（ぎょうせい、二〇一〇）、NBL編集部編『インタビュー「債権法改正の基本方針」のポイント―企業法務における関心事を中心に（別冊NBL一三三号）』（商事法務、二〇一〇）、「特集 実務の目線で考える 債権法改正の10の視点」NBL九二〇号（二〇一〇）など）。

（11）　民法（債権法）改正検討委員会編『債権法改正の基本方針（別冊NBL一二六号）』（商事法務、二〇〇九）。

（12）　椿寿夫＝新美育文他編『民法改正を考える（法律時報増刊）』（日本評論社、二〇〇八）、円谷峻教授を中心にした「『民法の改正を考える』研究会」の他、日本弁護士会連合会や東京弁護士会等においても民法改正に関する検討が行われているようである（ビジネス法務九巻二号（二〇〇九）一二頁参照）。

第二節　民法（債権法）改正へ向けた動向

一　伝統的理論の修正と契約責任論の新展開

伝統的理論は、契約責任を債権・債務の問題として捉えてきたといえる(1)。すなわち、契約によって債権・債務が発生するとした上で、契約責任を「債務の不履行」として構成し、それを遅滞、不能、不完全履行に三分する理論を立ててきた。そして、債権は、特定の人に特定の行為をなさしめる権利として理解され、その意味で、履行請求権は債権の本来的効果であり、債権から直接に（帰責事由がなくても）基礎づけられる権利とされる。これに対し、損害賠償責任は、債権そのものの内容を構成しないから、別の根拠として過失責任の原則を根拠に導かれるものとして理解されてきた。契約解除もまた、損害賠償と同じく、過失責任に基礎づけられた責任として捉えられる。

このような伝統的理論に対しては、かなり以前から様々な批判が加えられてきた。例えば、既に検討したように、不完全履行論を契機に、これまでの通説的三分体系の見直しを主張する見解が有力となり、また、不完全履行によって侵害される義務（債務）の特質や構造を検討することが重要であるという考え方も出てきた。

さらに、最近では、このような修正とは別に、契約責任論を再構築すべきであるという主張も現れた。一九九〇年代半ば以降の新たな契約責任論（以下では、「新理論」と称しておく）においては、契約責任の問題を債権・債務の発生原因である契約に接合させて構成し、損害賠償も解除も「契約の拘束力」から導き、履行請求についてもこれらに並ぶものとして捉える考え方が説かれている。(2) 新理論は、近時の国際的な債権法の動向を背景とする理解であり、損害賠償に関しては、過失責任の原則は放棄され、契約で引き受けた債務が履行されなければ賠償責任は免れないのが原則となる。ただし、それが契約の想定外のリスクが原因となって生じた場合には例外として免責が認められる。解除については、契約の拘束力からの離脱を認める制度として捉える結果、債務者の帰責事由は不要とされる。なお、新理論が体系的にどのように叙述されることになるのかは議論がある。契約過程に沿って叙述する方法（process アプローチ）と債務不履行の救済手段に従って叙述する方法（remedy アプローチ）が考えられ、前者は、契約の成立から履行・不履行までみていくという視点であり、後者は、履行請求、損害賠償請求、解除といった救済手段の要件・効果からの叙述の仕方である。これは、契約が成立したのに履行がなされないところに不履行があるとみて、救済が必要かどうかを問題にするのか、あるいは、救済の側から出発して、救済のために必要な要件は何かを救済の類型ごとに考えていくのか、という形で問題になる。[3]現時点で、債権法改正の目的・理念や範囲、民法典の体系・編別（スタイル）など、すべてが確定されているわけではない。そこで、以下では、ある程度改正へ向けた方向を窺い知ることができ、かつ新理論の動向も踏まえる「民法（債権法）改正検討委員会」（検討委員会）の改正試案を中心に検討する。[4]

二　債権法改正の基本的方向性

㈠　改正の契機

一九九八年の私法学会シンポジウムに際し、能見教授は債権法改正の契機についてまとめている。[5]すなわち、これまで債権法の改正がほとんど行われてこなかった要因として、民法典の定める制度・価値の基本性、判例解釈による適応、特別法による立法的手当、を指摘したうえで、改正の契機について述べる。第一に、新種の契約類型や国際取引を背景にした債務不履行責任の構造についての新しい考え方の登場など、民法典の定める制度・価値の基本性が変化してきたこと、第二に、各種の規制緩和にみられるような社会の変化の中で、法的ルールと司法の役割は一層重要となるが、大切なことは、裁判所が行政の代わりに後見的な役割を引き継ぐのではなく、社会の構成員である市民（個人も企業も）が自力で活動を設計し行動することを前提とする法システムを構築することであり、そのためには市民が活動設計するための契約法が必要となること、第三に、特別法との関係について、これまで民法は「自由で対等な市民の法」と捉えられてきたが、種々の属性をもった市民に対応した「多様性を前提とする民法典」という見地からは、例えば、消費者契約や商人間の売買に関する規定を取り込んだ民法典が構想されてよい、とする。また、内田教授（現法務省参与）は、債権法作業部会の中間報告の中で、多数の特別法の存在により民法典の規律領域が狭まってきていること、母法国であるドイツ・フランスでの全面改正の動きや契約法領域での国際的法統一の動き、を強調する。[(6)]

いずれも、現行民法典の限界と特別法による機能領域の拡大を懸念する理解だといえようが、近時の国際的な債権法の動向が改正へ向けた関心を促していることは確かである。特に、外国法・条約等の影響としては、国連国際動産売買条約、ユニドロワ国際商事契約原則、ヨーロッパ契約法原則、改正オランダ民法典、ケベック民法典、ドイツ新債務法、フランス債務法改正意見などが重要であるが、そこで特徴的なのは、契約責任法全体についての構成が新しい、という点である。[(7)] しかし、例えば、ドイツ新債務法の制定過程にみられたような統一売買法の国内法化とEC指令の導入という、いわば「外圧」による改正の必要性[(8)]が、そのままわが国にも妥当するかは検討の余地がある。また、改正の目的は、そもそも民法典の理念・原則をどう考えるかという根本問題に関わる。[(9)]

(二)　改正の理由

以上の状況を踏まえ、改正は現行民法典の債権法の一部に留める選択も考えられるが、検討委員会は、「債権編を中心とした民法典の抜本改正」を選択した。このような選択に至った理由について、内田教授は以下のような点を指摘する。[(10)] 第一は、「人」概念の見直しである。現行民法は契約主体として抽象的な「人」を想定するが、それでは捉えられない「消費者」「労働者」「事業者」といった契約主体の重要性が増すに至り、特に「消費者」への配慮が必要である。第二は、「民法典はだれのためにあるのか」という視点である。今後予想し得る事後救済型の社会では、市民は法を援用して自らの権利を守るしかなく、トラブルに遭遇した一般市民がその解決に役立てられる法律でなければならない。第三は、民法典の「空洞化」である。多くの特別法や特則の存在により、民法は空洞化しており、現実の市民社会の構成員を規律するルールを民法典に取り込む必要がある。第四は、「地域的・世界的統一傾向」への対応である。国際取引の分野での統一化やＥＵ域内でみられる地域的な統一法へ向けた動きを踏まえ、日本がどのような態度決定をするかが問われている。日本が世界のルール統一の議論の中で発言権を確保するためには、まず自国のルールを現代社会の実情に合ったものに抜本改正をしておく必要がある、とする。

なお、このように、民法典の抜本改正といういわば「大きな解決」を選択したことに対しては、後述するように批判も多い。

㈢　改正の範囲

現行民法典の債権編の全体に及ぶのか、債権編に置かれていない制度や現行民法典以外の法律にある制度で、こちらに統合すべきものはないか、あるいは新種の契約で典型契約として取り込むべきものはないか、などが問題になる。

検討委員会は、「債権」という抽象的概念を維持した上で、契約から生じた債権（契約債権）を中心とした債権法を構築しようとする。[11] そして、改正は、債権編を中心に（ただし、法定債権（事務管理・不当利得・不法行為）は対象としない）、必要に応じて総則編（法律行為、期間、消滅時効）にも及ぶ。[12] さらに、消費者契約に関する特則を民法典に設け、総則編の法律行為の中に盛り込むことや、商行為法との関係についても提案されている。[13] 改正の範囲については、今後の議論によっては広狭も予想されるが、特別法等の他の法律制度の取り込みについては、

「民法典とは何か」という根本問題にも関わってくる。(14)

(四) 改正の基本原則

検討委員会によると、「市民が読んでわかる民法」であり、また、単なる確立された判例・通説のリステイトメントではなく、現代の社会の要請に対応でき、そして世界に対して発信するに値するような個性のある法典が目指されている。(15) この点は、民法典の性格づけにも関わる。検討委員会は、民法は基本法典であるから原則だけを定めて細かな規定を置かないという見方は、必ずしも正しい理解ではないとする。(16) そして、フランス民法、ドイツ民法、オランダ民法典等に比べ日本民法は条文数が少なく、それでは事後救済型社会には対応できないと考えている。これに対し、民法改正研究会の改正試案では、現行の民法典よりも条文数は少なく、それが「国民にわかりやすい民法」を標榜し、近時の立法とは逆の簡明化を目標にするものだとしており、(17) 検討委員会との対峙が興味深い。しかし、いずれにしても、民法典の基本原則を明文化すべきかどうか、基本原則は何に求めるべきか（契約自由の原則、信義則など）、現代的な問題（電子的契約の成立・債権譲渡、電子マネーなど）にどこまで対応するかなど、検討すべき点は多い。

三　契約責任（債務不履行）法の立法提案

前述したように、改正の全体像については未だ確定していない点があるが、以下では、契約責任（債務不履行）法の改正の論点について整理する。

一九九八年の私法学会シンポジウムにおいては、債務不履行そのものの再構成、債務不履行と担保責任・危険負担との関係、債務不履行責任の限界線上の問題（保護義務違反による拡大損害の問題、契約締結上の過失、錯誤等契約成立段階の問題）が指摘された。[18] 特に、債務不履行の再構成に関しては、遅滞・不能・不完全履行という三類型は役務提供型契約にとっては十分ではなく、新たなルールが必要であり、また、契約上の各種の義務を視野に入れた構成も必要であるとして、四一五条自体の改正が主張された。[19]

債権法作業部会では、債権法改正を債権法の「現代化」として捉え、そこでは二つの論点を問題にする。第一は、「契約内容の確定」であり、特に契約の効力を中心概念に据えるときには、「契約内容の確定」をどのように規範構成していくのかが問題とされた。[20] 第二は、「履行・不履行」をどのように規定するかであり、不履行総則と不履行に対する救済が議論された。これを受け、検討委員会は、以下のような内容の提言を行っている。[21]

(一) 債務不履行を理由とする損害賠償

1 要 件

まず、契約上の債務の不履行に基づく損害賠償に関して、「債権者は、債務者に対し、債務不履行によって生じた損害の賠償を請求することができる」という規律を設け、債務不履行を一元的に捉える考え方を基礎とする。このように、検討委員会試案では、帰責事由要件は採用されていない。それは、債務不履行責任を債務者が負う理由は、契約に基づいて負担した債務を履行しなかったという、契約の拘束力に求められるからであり、過失責任主義からの転換を図ることを明確にした。[22]

2 免責事由

その上で、損害賠償の免責事由として、「契約において債務者が引き受けていなかった事由により債務不履行が生じたときには」、債務者は賠償責任を負わないとする。「引き受けていなかった事由」との表現を採用したのは、債務不履行をもたらした事態（不履行原因）が契約において想定されず、かつ想定されるべきものでもなかったときには、債務不履行による損害を債務者に負担させることは、契約の拘束力から正当化できないからだとする。(23)

3　損害賠償の範囲

相当因果関係説を採用せず、契約に基づくリスク分配を基礎として賠償範囲を決定すべきであるとして、いわゆる予見可能性ルールを採用する。すなわち、契約締結時に両当事者が予見し、または予見すべきであった損害が賠償されるべきであるとした上で、契約締結後に債務者が予見すべきであり、かつそれを回避するための措置を採るべきであった損害も賠償の対象とされる。また、金銭債務の不履行の場合における絶対無過失責任（現民法四一九条三項）を否定し、金銭債務といえども債務不履行の一般原則により賠償責任の成否が決まることを提言する。なお、現民法四一八条を基本的に踏襲した上で、債権者の損害軽減義務に関する規律も設けた。

4　履行補助者責任の規律

債務者は、債務の履行につき第三者を使用することができ、当該第三者による履行が債務者による履行（弁済）と評価されるとともに、第三者による履行が債務者の不履行責任のルールによって処理される場合のあることを定める。履行補助者に関する判例法理に合致するものである。

(二)　履行請求権・追完請求権・追完権

まず、債権者が債務者に対し債務の履行を求める履行請求権を定める（もっとも、それが合理的に期待できない場合には請求できない）。そして、不完全な履行がされた場合には、債権者は履行の追完を請求することができ[25]、債権者が追完の催告をしたにもかかわらず債務者がそれに応じないときは、債権者は追完に代わる損害賠償を請求できるとする。本提案は、追完請求権と追完に代わる損害賠償請求権との優劣に関し、追完請求権の優先ルールを採用する。これに対する例外として、追完を債務者に請求することが合理的に期待できないときは、債権者は債務者に対し直ちに追完に代わる損害賠償を請求でき、また、この場合、債務者は追完権を行使することにより、追完に代わる損害賠償を免れることができる。

債務者は、不完全な履行をした場合、一定の要件（追完の時期・内容についての通知、追完が契約の趣旨に照らして合理的であること、それが債権者に不合理な負担を課すものでないこと）を満たすことにより追完権を有する。しかし、不完全な履行が契約の「重大な不履行」に当たる場合には、債務者の追完権は債権者の解除権を妨げないとして、解除権の優先を認める。

(三)　解除と危険負担制度

解除は、債務不履行責任の追及手段ではなく、債務不履行が生じた場合に債権者を契約の拘束力から離脱させる制度として捉える。したがって、解除要件としては、帰責事由の存否は問われず、債権者がどこまで契約に拘束されることを正当化できるかという観点から構成される。そして、契約からの離脱が認められるためには、債務者に契約の「重大な不履行」の存することが必要であるという規律を設ける。「重大な不履行」としては、相手方が契約に対する正当な期待を失った場合、定期行為の履行遅滞、履行の催告に応じない場合が挙げられる。なお、事業者間の契約については、催告後相当期間が経過してもなお履行されない場合は、「重大な不履行」があったものと推定される。

解除を契約の拘束力からの離脱制度として捉え、帰責事由要件は不要であるという構想を採用するとき、それは、双務契約の場面では、債権者を反対給付から解放する制度としての意味を持つことになる。その結果、危険負担制度との交錯が生じることから、その処理が問題となる。そこで、検討委員会試案では、危険負担制度を廃止し、債務不履行の一般法理としては解除制度に一元化した。その理由は、一つの事件について目的を同じくする二つの制度の重複を解消すること、危険負担制度における債務者主義と債権者主義の間の調整は解除権の発生要件の有無の判定に従うことで対処可能であること、契約から離脱するかどうかの決定権を債権者に与えるのが望ましいことにある。(26)

(四) その他

契約に基づく債権の基本原則として、「債権債務関係において、当事者は、信義則に従って行動する義務を負う」との規律が設けられている。これは、契約目的を実現させるために信義則に従って行動する義務や、当該債権債務関係に付随する義務として、相手方の生命、身体、健康、所有権等の完全性利益を保持するために信義則に従って行動する義務（保護義務、安全配慮義務）などが含まれる。(27)

そして、これを前提に、契約交渉過程の規律を設ける。すなわち、取引上要求される信義則に反して交渉を破棄した当事者、及び情報提供義務・説明義務に違反した当事者は、相手方に損害賠償責任を負う。前者では、相手方が「契約の成立を信頼したことにより被った損害」が、後者の義務違反の場合は「契約を締結しなければ被らなかったであろう損害」の賠償が問題となる。

売主及び請負人の瑕疵担保責任は債務不履行責任として再構成され、損害賠償については債務不履行に関する一般原則が適用される。その他、原始的不能（不可能・期待不可能）の契約は、当事者が異なる合意をしていない限り有効とされ、債務不履行の規律により処理される。また、事情変更に関する規律も設けられている。

なお、同一の原因による債務不履行を理由とする債権者の権利（追完請求権、損害賠償請求権、解除権など）の期間制限については、原則として起算点を統一するものとしている。その一般準則として、客観的起算点は当該債務不履行に当たる事実が発生した時点、また、主観的起算点は当該債務不履行に当たる事実の発生を債権者が知った時点とする。(28)

（1）　山本敬三「契約の拘束力と契約責任論の展開」ジュリスト一三一八号（二〇〇六）八八頁以下参照。

（2）　山本・前掲注（1）九一頁以下、潮見佳男「総論―契約責任論の現状と課題」ジュリスト一三一八号（二〇〇六）八一頁以下。

（3）　この他に、不能・遅滞・不完全履行といった障害原因ごとにルールを組み立てるcauseアプローチも考えられる（内田貴＝大村敦志他「特別座談会　債権法の改正に向けて（上）―民法改正委員会の議論の現状」ジュリスト一三〇七号（二〇〇六）一一八頁）。なお、星野教授は、remedyアプローチは法律制度をその効果の面から分解して考える方法を徹底したものとみることができるが、制度や規定の理論分析や解釈論としてはともかく、一般人にとってもわかりやすい立法という面からは問題があり、processアプローチのほうがわかりやすいように感じられる、とする（星野英一「日本民法点の全面改正」ジュリスト一三三九号（二〇〇七）九九頁）。

（4）　さらに、検討委員会と軌を一にする「債権法作業部会」（内田＝大村他・前掲注（3）参照）及び二〇〇六年の日本私法学会シンポジウムの成果（「シンポジウム　契約責任論の再構築」私法六九号（二〇〇七）参照）も検討素材とする。なお、民法改正研究会による改正試案（平成二一年一月一日案）は、基本的にはこれまでの通説的見解に依拠してその再整理を図ったものだといえ（「日本民法典財産法改正試案『日本民法改正試案・仮案〔平成二一年一月一日案〕』」判例タイムズ一二八一号

（二〇〇九）、山本豊「日本の学説・判例の展開から見た債務不履行法提案」法律時報八一巻九号（二〇〇九）五九頁、中田邦博「ヨーロッパ契約法・消費者法から見た債務不履行法」同六〇頁、拙稿「成立要件からみた債務不履行法」同六一頁参照）、また、今後の動向によってはその内容も流動的であることから、必要な範囲で言及するに留める。

（5）能見喜久「はじめに」山本敬三＝大村敦志他『債権法改正の課題と方向―民法一〇〇周年を契機として―（別冊NBL五一号）』（商事法務研究会、一九九八）一―三頁。

（6）内田他・前掲注（3）一〇三頁以下（内田貴発言）。なお、検討委員会の設立趣旨については、民法典は一一〇年を経て、その間の経済や社会の変化、市場のグローバル化への対応としての取引法の国際的調和への動きを踏まえ、法典の見直しが必要であること、判例による規範群の形成を受け、法典の内容の透明性を高める必要があること、が挙げられている（民法（債権法）改正検討委員会編『債権法改正の基本方針（別冊NBL一二六号）』商事法務、二〇〇九）三頁）。

（7）道垣内弘人「債権法改正の噂」法学教室三〇六号（二〇〇六）三九頁。なお、潮見佳男＝加藤雅信＝加藤新太郎「鼎談　民法学の新潮流と民事実務［第七回］債務不履行論の現在を語る」判例タイムズ一一九一号（二〇〇五）六―七頁（潮見発言）（加藤雅信＝加藤新太郎編『現代民法学と実務（中）』（判例タイムズ社、二〇〇八）所収）は、債務不履行制度に関する国際的動向の特徴として、①合意に基づく契約規範の明確化、②原始的不能の処理に関するルールの転換、③債務不履行に対する損害賠償責任の要件の転換、④解除要件の転換、⑤履行請求権の位置づけの変化、⑥遅滞・不能・不完全履行という三分体系の破棄、⑦瑕疵担保責任に関する契約責任説の台頭、を挙げる。また、ヨーロッパ契約法原則とわが国の契約法との関係については、潮見佳男「ヨーロッパ契約法とわが国における民法の現代化」比較法研究六八号（二〇〇六）一五四頁以下参照。

（8）本書第一章第四節参照。

（9）星野・前掲注（3）九二―九四頁参照。

（10）内田貴「いまなぜ『債権法改正』か？（下）」NBL八七二号（二〇〇八）七二頁以下、同『債権法の新時代―「債権法改正の基本方針」の概要―』（商事法務、二〇〇九）一頁以下、日本経済新聞二〇〇八年七月七日（内田へのインタビュー）参照。

（11）民法（債権法）改正検討委員会編・前掲注（6）一二頁。

（12）民法（債権法）改正検討委員会編・前掲注（6）三頁。

（13）鎌田薫＝内田貴「特別対談　民法（債権法）改正検討委員会の審議を終えて」NBL九〇三号（二〇〇九）一二―一三頁、内田貴「債務権法改正の意義」NBL八七二号（二〇〇八）一頁参照。なお、浜田道代「民商法の区別は風前の灯火」NBL

八八二号（二〇〇八）一頁は、債権法改正は、民商法の区別を不要とする立場からは千載一遇のチャンスであるとする。
(14) 星野・前掲注（3）九七―九八頁参照。
(15) 内田他・前掲注（3）一〇六頁以下、内田・前掲注（10）NBL八七二号七六―七八頁。
(16) 内田・前掲注（10）NBL八七二号七六―七八頁、日本経済新聞二〇〇八年七月七日参照。
(17) 加藤雅信「日本民法典の改正―売買契約を例として」法曹時報六一巻四号（二〇〇九）三―四頁。
(18) 能見善久「履行障害」山本＝大村他・前掲注（5）一〇三―一〇五頁。
(19) 再構成の方法としては、四一五条の解釈論のレベルでも可能ではあるが、同条は履行不能を特別扱いしていること、帰責事由に関する考え方も明確でないとする（能見・前掲注（18）一〇四頁）。
(20) 内田他・前掲注（3）一一九頁以下。
(21) 民法（債権法）改正検討委員会編・前掲注（6）、同『詳解・債権法改正の基本方針II―契約および債権一般(1)』（商事法務、二〇〇九）参照。
(22) 民法（債権法）改正検討委員会編・前掲注（6）一三七頁、同・前掲注（21）二四六―二四七頁。もっとも、過失責任主義の放棄を明確にするためには、帰責事由が過失とは異なるものであることを確認すれば足りるとして、「責めに帰すべき事由」という用語を維持すべきだとの意見もあったようである。なお、検討委員会試案では、「履行遅滞を理由とする損害賠償」、「履行に代わる損害賠償」（履行が不可能ないし期待不可能な場合、債務者の意思に基づく確定的履行拒絶の場合、債務者が履行せず催告後相当期間を経過した場合、契約が解除された場合に認められる）、「履行遅滞後の履行の不可能・期待不可能な場合の履行に代わる損害賠償」に関する規律を設ける。
(23) 民法（債権法）改正検討委員会編・前掲注（6）一三七頁、同・前掲注（21）二四九頁以下。また、このような考え方は、「債務者が契約によりいかなる債務を負担したのかを確定した上で、次に、どのような事態について債務者が損失の負担をしないでよいのかを契約内容に即して判断し、債務者の『責めに帰すべき事由』の有無を評価しようとしている従前の実務の処理方法を明確にすることこそあれ、これと矛盾するものではない」とする。
(24) 「不完全な履行」とは、物の給付を目的とする契約においてはその物が備えるべき性能、品質、数量を備えていない場合、役務提供契約における債務者が契約上の義務を尽くしたものとはいえない場合を広く包含する（民法（債権法）改正検討委員会編・前掲注（6）一三二頁、同・前掲注（21）二〇一―二〇三頁）。

(25)　追完請求権は、瑕疵修補請求権、代物請求権、追履行請求権、再施工請求権など、不完全な履行の場面における債権者の履行請求権の具体化として位置づけられる（民法（債権法）改正検討委員会編・前掲注（6）一三二―一三三頁、同・前掲注（21）二〇三頁以下）。

(26)　民法（債権法）改正検討委員会編・前掲注（6）一五〇―一五一頁、同・前掲注（21）三四八頁以下参照。

(27)　民法（債権法）改正検討委員会編・前掲注（6）九一頁、同・前掲注（21）一〇頁以下。

(28)　債権者の諸権利は、不履行に当たる事実が発生した時から［一〇年］を経過することによって満了し、または、その前であっても、債権者が不履行に当たる事実が発生したことを知ったときは、その知った時または不履行に当たる事実が発生した時のいずれか後に到来した時から［三年／四年／五年］の経過によって満了する旨の規律を設けている。

第三節　新たな契約責任論（新理論）に関する議論

以上のような債権法の改正へ向けた動向に対しては、既にいくつかの観点に関して議論がある。

一　改正の基本的方向性

今日、債権法改正の必要性については、これに全面的に反対する見解は見受けられない。しかし、改正の目的（必要性）や民法典に盛り込むべき内容、理念などについては、明確になっているわけではない。民法典において改正・排除されるべき制度や規定は何か、逆に、本来民法典に取り入れるのが望ましい制度や規定は何か、という問いは、そもそも「民法典とは何か」という根本問題にぶつかる。

これまでの日本私法学会シンポジウムにおける討論参加者の発言にも、必ずしも債権法改正に手放しで賛同するとはいえないものもみられた。それは、細かい点には余り立ち入らずに解釈に任せ、改正の範囲は現時点での社会的需要に応じる程度に留めるべきである、(1)との発言や、新理論を評価しつつも、その伝統的な理論との構造的な相違は明確でなく、民法学説のつながりの中から展開してきている面を合わせてみるべきである、(2)との指摘にもみられる。また、星野教授は、これらの疑念を援用する形で、民法典の（全面）改正に際して検討すべき諸問題を詳細に論じる。(3)改正の目的及び民法典の理念・原則において考慮すべき要因、改正の範囲、民事特別法との関係、民法典の体系・編別、改正のプロセスなど、改正に際して参考となる貴重な指摘である。

さらに、検討委員会による改正作業が進められる中で、特に、改正自体の意味づけと民法典の性格づけに関する議論が顕著である。改正の意味に関しては、およそ①現在運用上の不都合がある部分を修正するという程度に留める、②特段の不都合がないとしても、判例学説理論の進展を取り込むこと、③将来的にあるべき姿を見据えて立法を行うという方向、あるいは世界的な立法動向や国際的な立法提案に合わせる方向での改正、が考えられる。(4)民法の抜本改正を目指す検討委員会は、③に立脚していることは確かである。これに対しては、①に沿うべきであるとの見解が有力である。(5)

また、改正の意味づけの問題は、民法典の性格づけにも関わってくる。民法典は、あくまでも市民生活の基本的一般的な規定として性格づけられるべきものなのか、あるいはもはや取引社会を整序するための規範と割り切ってよい存在になっているとみるのか、という問題である。(6)そして、これは、検討委員会は「国民（市民）のための立法」といいながらも、実は「学者のための改正論議」の性格が強く、十分に「外向きに」社会的要請に向き合っていないとの批判や、(7)一部の学者のみによる学者草案という印象が強いといった指摘にみられるように、(8)改正の方向性に関する問題として現れる。さらに、改正の正統化に関する疑問も浮上する。(9)

検討委員会をはじめとする改正論議においては、改正の目的・理念・原則などの大局的な観点に関して、広く共通の理解を得ることを出発点とするものであったとは言い難い[10]。したがって、改正の意味づけや民法典の性格づけは未だ明らかではなく、今後の議論の焦点となり得る。

二　「契約の効力」の尊重

新理論は、契約責任を「契約の効力」から基礎づけることを強調するが、これに対し、森田教授は、このような理解は果たして伝統的理論とはまったく異なるものなのか、本当に新しいものなのか、という疑問を示す[11]。すなわち、新理論は、契約締結時の「当事者の合意」に依拠して「契約内容の確定」を行い、そこから「契約によるリスク配分」という契約規範を取り出し、契約規範が、「過失責任主義」を媒介とすることなく、契約責任の法律効果を決定する。そこでは、責任根拠規範は合意に解消され、しかもそれは契約締結時に確定可能だとする。これに対し、森田教授は、当事者の事実としての当初合意の領分（「事実としての意思」）を契約規範の一要素として位置づけ（部分理論）、それに解消されない責任根拠規範（「規範としての意思」）をも尊重する二元的な契約責任論の妥当性を説く[12]。

前述したように、債権法作業部会では、契約の効力を債権法の中心概念に据えるときには「契約の内容の確定」をどのように構成するかが問題とされた。契約が成立したのかどうか、その契約内容はどのようなものかを確定するルールは、履行請求権、損害賠償、解除、担保責任にも関わってくる[13]。契約内容に関する基本原則が「合意原則」とされるものであり、これは「契約の当事者は、互いに合意したことに拘束される」という積極的側面と、「契約の当事者は、本法その他の法律の定めに基づく場合を除き、互いに合意していないときには拘束されない」という消極的側面を有している。そして、このような「合意原則」に対しては、それをどこまで優先させるべきか（信義則を媒介にした権利義務関係の創設を認めないのか）、また、合意は明示的な場合にのみ設定されるのか（客観的な状況や法典の規定等は参酌されないのか）、などが議論された[14]。森田教授の見解は、このような動向に対する評価である。

これまでも、一般に、契約内容の確定は、当事者の自律的な合意の確定（自律的決定）と信義則等による他律的規範による補充（他律的決定）という二つの作業からなるものとして理解されており（二元論）、この点は、債権法作業部会のメンバーも否定しない[15]。したがって、ここでの議論は、自律的決定と他律的決定のいずれに重点を置いて契約法規範を捉え民法典における規定を考えるべきか、という問題に帰着するように思われる。

三　「帰責事由」の理解

新理論は、債務不履行による損害賠償請求権の成立要件として、過失責任の原則を否定し、「契約によるリスク配分」（当事者は契約締結後の履行過程においていかに行動すべきか）を根拠とする。したがって、債権者は帰責事由を証明する必要はなく、不履行の事実を証明すれば足りるが、債務者は契約で想定したリスクを超えていることを証明すれば免責される[16]。検討委員会試案においても、損害賠償の免責事由として、「契約において債務者が引き受けていなかった事由」という規律を設ける[17]。

伝統的理論は、債務不履行責任の要件を「債務不履行＋帰責事由（過失）」と構成してきた（二元論的構成）。これに対し、新理論は、基本的には「債務不履行」のみを責任の発生要件とする。これまでの学説にも、債務不履行判断と過失判断を一元化（要件の統一化）する構成も主張されており、この点で新理論と整合する。ただし、新理論が、責任の根拠を「履行すると約束したのに履行しなかった」ということに求めるとすれば、そこでも

「責に帰すべき事由」があったと説明することは可能である。それは、伝統的理論のいう過失責任と同視しうる事態として把握できないのか、新理論は過失責任の原則を完全に排除することになるのかは、なお検討の余地がありそうである。(18)

検討委員会試案に対しても、新理論に依拠する構成自体を疑問視する見解(19)の他、免責事由判断の曖昧さが指摘される。「引き受けていなかった事由」の主張は過失がないという主張と同義とはならないか、「引き受けた」というのは、いつの時点の債務者の認識・行動を規準とするのか、(20)また、帰責事由の概念の中でも契約に基づくリスク分配を盛り込むことが可能であるとの指摘もみられる。(21)さらに、「免責事由」ないし「非帰責事由」を契約内在的に捉える場合、債務内容（したがって、債務不履行の有無）と免責事由の内容のいずれもが、基本的には契約解釈を通じて決まるということになるから、何が債務不履行レベルで問題とされ、何が免責事由レベルで問題とされるのかの振り分けの在り方を具体的に明らかにする必要もある。(22)特に、この最後の指摘は重要であり、新理論の核心にも関わる論点である。

四　救済手段

伝統的理論によると、履行請求権については、それを債権の本来的効力とみると帰責事由（過失）は不要であるが、損害賠償・解除は帰責事由を要件とする。そして、不能と遅滞の区別は重要であり、不能の場合には、履行請求権は消滅するが、債務者に帰責事由があれば損害賠償請求権に転形し、なければ危険負担の問題となる。解除についても、遅滞・不能に準じて催告・無催告解除に分かれ処理される。これに対し、新理論は、不履行を一元的に捉えることから、基本的には遅滞・不能の区別は重要ではなくなり、解除も、責に帰すべき不履行に対する救済ではなく、「重大な不履行」が存する場合に債権者を契約の拘束力から離脱させる手段とする。新理論では、履行請求・損害賠償・解除等がいずれも救済手段として並立され、また、いずれも「契約の効力」に基づいて認められるものだと説明する。そして、このような構成は、検討委員会試案においても受け入れられている。

しかし、新理論においては、救済手段個々の法的構成及び相互の関係について、なお明らかにされるべき点がある。損害賠償をめぐっては、帰責事由の要否の他、賠償範囲に関し議論され、履行請求については、債権概念との接合や複数レベルの履行請求権（本来的履行請求権と補完的履行請求権、履行訴求権の区別など）が問われ[23]、解除に関しても、その要件や催告の有無など、検討されるべき問題がある。

解除と損害賠償の関係については、ともに帰責事由を要しないとする点では同一であるが、制度趣旨・根拠は異なることに対する議論がある。すなわち、損害賠償は契約上認められた利益が不履行によってその実現を妨げられたが故にそれを回復するという、「契約規範の貫徹」を図る制度であるのに対し、解除は、不履行によって「契約によるリスク分配」が予定しないものになったことによる契約規範の拘束力の喪失に基づくものだとすれば、解除は契約規範を貫徹するものではなく、契約責任制度といえるかどうかが問題とされる[24]。また、解除の要件は過失を不要とするから、危険負担と競合させたうえで解除への統合も主張される。

履行請求と損害賠償の関係についても議論がある。伝統的理論によると、不能の場合には履行請求権は損害賠償請求権に転形し、遅滞の場合は解除してはじめて履行に代わる損害賠償（塡補賠償）が請求できる。このことから、債権者は履行請求権を消滅させない限り賠償請求できず、また、履行請求の消滅は不能または解除を前提とする以上、もはや履行を観念することはできず、債務者は遅れた履行により不履行を治癒することはできないことを意味する。これに対し、新理論が履行請求を救済手段として位置づけるときには、履行請求権のこのような特殊性はなくなるのかどうかが問題となる。[25] また、履行請求と損害賠償請求は、被害当事者がいずれかを選択できるという意味では対等な救済手段ではあるが、義務者にとっては損害賠償を請求される場合の方が負担は大きいことから、損害賠償に関しては免責事由を認めることでバランスを図る必要がある、との見解もある。[26] このように、新理論にあっても、救済手段をどのように整理するかは重要な問題である。

既にみたように、検討委員会試案では、これらの問題に対する一応の対応は図られている。しかし、損害賠償に関しては、債務不履行判断と免責事由判断の関係が問題となり得るし、また、危険負担を廃止した解除一元論を提案するが、解除要件（「重大な不履行」）の判断規準に関しては議論があろう。履行請求権については、それは債権の本来的内容なのか、債務不履行の効果（救済手段）なのかという根本的問題がある。そして、提案では、これまで不完全履行の場合における履行請求権の具体化として解されてきた追完請求権が明文化された。そこで、履行請求権と追完請求権の関係をどう理解すべきかは今後の課題であり、[27] また、債務者の追完によって債権者の損害賠償請求権を封じ得るとの構成についても、解除権との関係も含め議論されるべきである。[28]

五　不法行為規範との関係

新理論は、契約・契約規範・契約の効力という観点から不履行責任を再構築しようとする。抽象的には、契約法領域の拡大を推し進める動きだといえる。前述したように、帰責事由の問題も従来の過失論から解放し、契約の内容に即して判断する。そこで、今日の請求権競合論を前提とするときには、不法行為では過失責任によるが、契約責任（債務不履行）については過失がなくてもよいことから、新理論が妥当する契約法固有の守備範囲を画定する必要が出てくる。[29]

不法行為規範との関係については、不完全履行論の展開過程での理論的蓄積があり、参考とされるべきであろう。不完全履行は、契約当事者の生命・身体・財産といった、いわゆる完全性利益の侵害（拡大損害）原因としての特殊な不履行形態として認識されるとともに、そこでの被違反義務の内容や構造に着目する見解が主張されている。そして、完全性利益侵害は、契約責任と不法行為責任の交錯領域として捉えられ、両責任規範の限界づけについて議論されていることは、既に検討した通りである。

（1）「シンポジウム　民法一〇〇年と債権法改正の課題と方向」私法六一号（一九九九）六三頁（広中俊雄発言）（広中教授は、制定法主義の法源制度のもとで判例による法形成をどのように考えるかという観点から問題にする）、下森定「履行障害法の再構築の課題と展望」成蹊法学六四号（二〇〇七）六九頁。
（2）「シンポジウム　契約責任論の再構築」私法六九号（二〇〇七）五五頁（北川善太郎発言）。
（3）星野英一「日本民法典の全面改正」ジュリスト一三三九号（二〇〇七）九二頁以下。星野教授は、現行民法典の起草者の一人であった穂積陳重の『法典論』を参照して論じる（なお、北居功「民法編纂の基礎―穂積陳重『法典論』から」ジュリスト一三三三号（二〇〇七）八〇頁以下参照）。
（4）池田真朗「民法（債権法）改正論議と債権譲渡規定のあり方」慶應義塾大学法学部編『慶應の法律学　民事法―慶應義塾創立一五〇年記念法学部論文集』（慶應義塾大学出版会、二〇〇八）一一八―一一九頁。
（5）森嶌昭夫「民法改正についてどう考えるか」椿寿人＝新美育文他編『民法改正を考える（法律時報増刊）』（日本評論社、二〇〇八）二―五頁（ドイツやフランスにおいてはEU指令に対する対応問題、あるいは統一的な契約法を自国に導入すべきかという問題から改正が議論されるが、そこから直ちにわが国においても民法改正が必要だということにはならず、改めてわが国の現行民法とグローバリゼイションの関係が問われなければならないとする）、山田卓生「民法改正の必要性と必然性」同六―七頁（今回の改正の動向は、「どこか改正するところはないか」をさがすことから出発しているとすれば、それは必要がなく、改正は必要性に導かれるべきであり、これまでのようなピースミールな改正が、その都度行われるべきであるとする）、川井健「債権法改正のあり方について」同八―九頁（明治民法の不備を補充・是正することを改正の基本方針とすべきだとする）、鈴木仁志「民法（債権法）改正の問題点」自由と正義六〇巻二号（二〇〇九）九八頁（内田参与の提示した改正理由（内田貴「いまなぜ『債権法改正』か？（下）」ＮＢＬ八七二号（二〇〇八）七二頁以下参照）に対して批判論を展開する）、角紀代恵「債権法改正の必要性を問う」法律時報八二巻二号（二〇一〇）七四頁以下（契約ルールの国際的法統一の動向を批判する）など。

（6）池田・前掲注（4）二九―三〇頁（この議論は、民法の取引法化、商事化という問題、また、本来民法が扱う市民としての人概念（商人か消費者か）にも関わってくるとする）。

（7）吉田邦彦「近時の『民法改正』論議における方法論的・理論的問題点」ジュリスト一三六八号（二〇〇八）一一頁。

（8）川井・前掲注（5）九頁、角紀代恵「債権法改正への注文」金融・商事判例一三二八号（二〇〇九）一頁など。

（9）吉田・前掲注（7）一〇六―一〇八頁、一一二頁、近江幸治「民法改正について―民法典の役割と総則の意義（マクロ的な視点から）」法律時報八一巻九号（二〇〇九）五五頁。吉田教授は、研究者の一部の者による民法改正の立法権限（改正原案立案権）は、どのように生じ、どうしてそれが学界の代表見解になっていくのかを疑問視し、さらに、改正論議の学界への影響として、本来の研究活動の忘却、若手研究者への悪影響、歴史分析の閑却を懸念する。また、近江教授も、特定の個人ないし私的グループがどのような権限の下に改正作業に当たっているのか明確でないばかりか、その情報は全く入ってこないとする。

（10）その意味では、加藤雅信教授の「法律家は民法のヘビーユーザーであるかもしれないが、民法典が適用されるのは国民である。民法改正によって最終的に影響を受けるのは国民なのである。その国民の声を聞くために、私達は、国民各層、具体的には、財界、労働界、消費者団体等、できるだけ幅広いグループからこの『民法改正試案―学界・法曹有志案』に対する意見を聞くための作業を開始しようとしている」との姿勢は重要である（民法改正研究会（代表　加藤雅信）編『民法改正と世界の民法典』（信山社、二〇〇九）「序文」）。

（11）森田修「〈民法典〉という問題の性格―債権法改正作業の『文脈化』のために」ジュリスト一三一九号（二〇〇六）三六頁以下、同「『新しい契約責任論』は新しいか―債権法改正作業の文脈化のために」同一三二五号（二〇〇六）二一〇頁以下。

（12）森田教授は、さらに、契約責任の内容は当初契約意思により規定し尽くされるのではなく、ただ契約的な枠組が一旦与えられた以上、当事者関係を規律する義務群に「契約の尊重（favor contractus）」という指向性を付与することで契約法の体系化を図ることが妥当であるとして、この点で、履行請求権（「体系化原理としての履行請求権」）がこのような指向性を表現する法的構成として意味をもつとする（森田・前掲注（11）ジュリスト一三二九号四一頁以下、同「履行請求権か remedy approach か―債権法改正作業の文脈化のために」ジュリスト一三二九号（二〇〇七）八二頁以下、森田＝加藤雅信＝加藤新太郎「鼎談 民法学の新潮流と民事実務［第一六回］履行請求権と契約責任を語る」判例タイムズ一二四四号（二〇〇七）二二頁以下（加藤雅信＝加藤新太郎編『現代民法学と実務（中）』（判例タイムズ社、二〇〇八）所収））。

（13）内田貴＝大村敦志他「特別座談会 債権法の改正に向けて（上）―民法改正委員会の議論の現状」ジュリスト一三〇七号（二〇〇六）一一九―一二二頁（山本敬三発言）。

（14）内田他・前掲注（13）一二六―一二七頁（鎌田薫・山本敬三発言）参照。

（15）内田他・前掲注（13）一二六―一二七頁、前掲注（2）一九―二一頁の山本敬三発言参照。

（16）いわゆる結果債務において、債務者に帰責事由がないことと不可抗力免責を同視できるかは問題となるが、能見教授は、結果債務については「自己の統制を超えた客観的障害」によることを証明すれば免責される（不可抗力よりも緩い）とする（能見善久「履行障害」山本敬三＝大村敦志他『債権法改正の課題と方向―民法一〇〇周年を契機として―（別冊ＮＢＬ五一号）』（商事法務研究会、一九九八）一一八頁）。

（17）なお、学説には、債務者の過失責任とは別に、いわゆる結果保証（結果責任）を不履行責任として認める見解はあるが、そこでは過失責任を原則とするのか、結果保証と並立させるのかなどは明らかではない（小粥太郎「債務不履行の帰責事由」ジュリスト一三一八号（二〇〇六）一一八―一二〇頁参照）。

（18）損害賠償責任を過失責任とするかどうかは国家の政策判断の問題であり、債権者保護の要請が強い新紛争類型（消費者保護、安全配慮義務など）は特別の規定を設けて無過失責任を課せばよい、との見解もある（下森・前掲注（1）七一頁）。

（19）川井・前掲注（5）九頁は、伝統的な通説・判例のどの点に欠陥があってこれを是正すべきだという説明が十分ではなく、最新の学説のひとり歩きという感をぬぐえない、とする。また、椿寿夫「『債権法改正の基本方針』についての差し当たっての所感（上）―二〇〇九年四月二九日シンポジウム傍聴記」ＮＢＬ九〇六号（二〇〇九）二五頁は、最先端のわが学説における損害賠償論あるいは債務不履行論がはたして他者を十分に説得して多数の承認・支持を得る段階まで到達しているか、また、立法案に結実するレベルまで成熟・浸透しているとみられるか、きわめて難しい、とする。

（20）「〈座談会〉民法（債権法）改正に伴う金融取引への影響」金融法務事情一八六六号（二〇〇九）一三頁。

（21）児島幸良「シンポジウムレポート『債権法改正の基本方針』（下）―二〇〇九年四月二九日開催」ＮＢＬ九〇六号（二〇〇

九）三三頁（米山健也弁護士のコメント）。さらに、実務家は帰責事由や過失という言葉を使うに際して、行為者の行動の自由の保障はまったく意識しておらず、ドイツ型の「過失責任の原則」というドグマは実務において克服されているとする。

(22)　山本豊「展開講座　現代契約法講義第一三回　契約責任論の新展開（その四）—損害賠償請求権の要件」法学教室三四七号（二〇〇九）六九頁。なお、渡辺達徳「債務の不履行（履行障害）」法律時報八一巻一〇号（二〇〇九）一四頁は、伝統的通説と検討委員会試案の関係で問題となるのは、通説における免責要件としての「帰責事由」の不存在と、改正試案における免責要件としての「債務者が引き受けていなかった事由」という概念に集約されるとする。

(23)　能見・前掲注（16）一〇七頁、下森・前掲注（1）六八頁、七〇頁、窪田充見「履行請求権」ジュリスト一三一八号（二〇〇六）一〇三頁以下など参照。

(24)　森田・前掲注（11）ジュリスト一三二五号二一三頁以下参照（森田教授は、解除を被不履行者の契約規範からの解放の制度として純化する立場を進めれば、契約規範の貫徹は専ら履行請求・損害賠償の制度に委ねてしまうという方向も考えられるとする）。

(25)　窪田・前掲注（23）一一三—一一四頁参照。

(26)　能見・前掲注（16）九八頁。

(27)　山本豊「展開講座　現代契約法講義第一二回　契約責任論の新展開（その三）—追完請求権と追完権」法学教室三四五号（二〇〇九）一一一頁以下参照。

(28)　なお、椿・前掲注（19）二五頁は、履行請求権の他に強制履行請求権を民法典の中に置くことについては、今後も賛否両論が手続法も巻き込んで問題になるのではないかとする。

(29)　内田貴＝大村敦志他「特別座談会　債権法の改正に向けて（下）—民法改正委員会の議論の現状」ジュリスト一三〇八号（二〇〇六）一三九—一四〇頁（鎌田薫発言）、小粥・前掲注（17）一二五頁参照。

第四節　基本的論点の検討

一　論点の整理

以上の債権法の改正へ向けた動向及び新理論に関する議論を踏まえ、契約責任（債務不履行）法を再構築する際に留意されるべき論点について整理しておきたい。

第一は、債務不履行の類型をどのように理解すべきかである。伝統的理論は、遅滞・不能・不完全履行の三つに類型化（三分体系）したうえで、それに即して要件・効果を理解してきた。これに対し、改正論議においては、契約内容から不履行を一元化して捉える傾向が窺えるが、これを従来の議論と関連づけて再検討してみる必要がある。既にみたように、ドイツ新債務法は、「義務違反」を給付障害の中心的な構成要件としながらも、伝統的な概念を残しているが、このような規定構造に対する評価は各論者により分かれている(1)。債務不履行類型をどうみるかは、責任要件・効果にも関わる論点である。

第二は、債務不履行の判断規準である。新理論によると、当事者間の合意を基礎にして契約内容が確定され、債務不履行はそのような契約内容からの逸脱として捉えられる。そこで、そのような事態を判断する規準が問題となる。債権法作業部会では、契約上の義務に着目した議論もみられたが、検討委員会では明らかではない。ドイツの積極的債権侵害論に端を発する契約義務をめぐる議論が参考となる。

第三は、債務不履行の帰責構造の理解である。新理論は、過失責任の原則を排除することから、「債務不履行」

のみを責任要件とする。したがって、「債務不履行」と「帰責事由（過失）」という伝統的な二元論的構成の当否が改めて問われることになる。ドイツにおいては、新法のもとでも過失責任主義が維持されるが、責任要件の理解については議論がある。

第四は、責任内容（救済手段）の検討である。これまでは、遅滞・不能・不完全履行の類型ごとに責任内容が理解されてきた。これに対し、新理論は、履行請求・損害賠償・解除を並立させた形で捉えることから、その構成はこれまでとは大きく異なる。特に、新理論の一部にもみられるように、債務不履行の場面で、債権者の救済手段から契約規範を体系化しようとするときには、それは不履行の判断規準、帰責構造の理解にも関わってくる。

第五は、債務不履行責任を種々の取引形態ないし契約類型に対応させて検討する作業も必要となる。これまでの責任論は、財産権譲渡型契約（与える債務）を主軸にして展開されてきたといえるが、今日、サービス取引の進展による役務提供契約（なす債務）が問題とされる。債権法改正においても、新種の契約の典型契約への組み入れも議論されており、契約類型に対応させた責任構造の検討も重要な論点となる。

第六は、不法行為規範との関係である。前述したように、改正案では契約法規範の射程を画定する必要がある。契約と不法行為の両規範の交錯をめぐっては、既に契約責任の拡大化傾向を背景にした理論的蓄積があり、検討素材となろう。

以下では、前章までの検討も踏まえ、これらの各論点の解決方向性について若干の検討を加えたい。

二　債務不履行の類型

新理論では、債務不履行を契約の効力から根拠づける結果、基本的には「当事者が契約で約束したことを履行しない」ということが本旨不履行として判断される。このような理解は、債務不履行の給付実態を類型化せずに一元化して捉える考え方を基礎にしている。この点は、検討委員会試案においても同様である。

このような傾向は、これまでの債務不履行に関する議論からも窺える。既に検討したように、債務不履行による損害賠償の可否を判断するに際し、履行遅滞・履行不能・不完全履行といういわゆる伝統的な三分体系に立脚することは、必ずしも一致した理解であるとはいえない状況にある。そして、不完全履行論を契機として、従来の三分体系の見直しを図る見解が有力となっている。わが国に「不完全履行」概念が定着した初期の見解は、不完全履行を遅滞・不能以外の債務不履行を包括する補充的な概念として理解していた。しかし、その後のドイツ法に示唆を得た契約義務論の展開や不履行類型の拡張を志向する見解、さらには三分体系を否定的に解する見解などからは、不完全履行とされる場合は遅滞・不能以外のすべての不履行を包括し得ないことが明らかとなった。また、裁判例においても、期限前の履行拒絶、安全配慮義務違反、取引停止・出荷停止、競業避止義務違反、契約上の不作為義務違反、特約違反、契約締結上の過失など、債務不履行の射程は広範に及ぶ。

このような動向からは、本旨不履行という包括的な定式を採用する民法四一五条の下では、従来の三分体系はそれ自体維持し得なくなる。そして、債務不履行が債務履行の完全な反対概念になったとの認識に立てば、債務不履行を履行がない場合と不完全な履行をした場合に分けることなく、「債務の本旨に従った履行をしない」というメルクマールで統一的に捉える方向へ向かうものと思われる。(2)

このように債務不履行を統一的要件で構成すべきだとするときには、遅滞・不能・不完全履行という類型化を完全に排除すべきかどうかについては、なお検討を要する。遅滞・不能といった伝統的概念を残存させる方向、(3)被違反義務に着目して給付義務違反レベルでの不能・遅滞・(狭義の)不完全履行とその他の義務(4)(付随義務・保護義務）違反といった整理、あるいは、契約類型に対応させた不履行類型も考えられる。前述したように、ドイツ新債務法は、「義務違反」概念のもとで給付障害を統括しつつも、遅滞・不能なども一定の場面で維持し、法律効果について区別して扱う。このように、債務不履行の類型化を考えるに際しては、履行請求権・損害賠償請求権・解除権といった法律効果との関係に留意することが重要となる。

三　債務不履行の判断規準

債務不履行を、債務者が「債務の本旨」に従ったかどうかから判断されるべきであると考えると、問題は本旨不履行の判断規準をどのように捉えるかである。この点で、債務・契約義務に立脚して債務不履行を判断する理論動向が注目できる。これは、ドイツの契約義務論に依拠した動向であるが、例えば、不完全履行の給付実態を「給付結果の不完全」と「完全性利益侵害」に二分し、それを給付義務とそれに付随する義務違反ないし給付義務から独立した信義則上の義務違反として理解したり、あるいは、給付義務違反は専ら遅滞・不能の規律により処理され、不完全履行は付随義務・保護義務の違反による「完全性利益侵害」が問題とされる場面であるとする見解などにみられる。

契約義務構造については、わが国においてはあまり一般化して論じられてはいないが、既に検討したように、ドイツではいわゆる積極的債権侵害論において理論的蓄積がある。そこでは、概して、義務の指向する利益から給付利益ないし給付結果の保持へ向けられるもの（給付義務、付随的義務）と、完全性利益という現状利益の保持へ向けられるもの（保護義務）に分けて理解されている。そして、このような動向を踏まえて、ドイツ新債務法において義務概念が明文化された（ＢＧＢ二四一条・二八〇条）。

わが国においても、債務不履行を基本的には一元化して捉えることが妥当だとすると、このように契約当事者が相互に負担する義務を出発点として、その義務違反を中核に据えた債務不履行法が構築されてよいと考える。(5)このように、債務・義務構造に立脚して債務不履行の判断規準を論じるという手法は、債務関係における当事者の行態評価を問題にすることになり、当事者が債務関係において設定した規範が尊重されるという方向性を鮮明にする。特に、役務提供契約においては、提供者の行態自体を評価の対象とせざるを得ず、このような方向性が妥当する場面である。(6)

債権法の改正論議においては、伝統的理論が契約の効力をあまり重視してこなかったことに対する批判もある。(7)義務を設定する規範は、当事者の契約当初の合意が出発点とはなるが、そこから一義的に決まるものではなく、さらに契約を取り巻く諸事情や信義則などによる合意の補充にもよると考えると、新理論との相違は顕著ではなくなる。なお、統一的な責任要件をどのように明文化するかは問題であり、用語として「義務違反」とするか、「不履行」、「契約違反」とするかなど、この点はドイツ新債務法の立法過程においても議論された点である。

四　債務不履行の帰責構造

(一)　契約責任（債務不履行責任）の成立要件に関する議論

これまで、債務不履行を理由とする損害賠償請求権の成立要件として、「(事実としての)債務不履行」と「帰責事由」という伝統的な二元論的構成の当否について議論されてきた。特徴的な動向をまとめると、まず、「不履行」要件に関しては、既にみたように、不履行類型の理解が問題とされ、今日、遅滞・不能・不完全履行という三類型に立脚することは通用の理解ではなくなり、裁判例においても、その拡張がみられる。そこから、本旨不履行に一元化して捉える主張が有力となるが、本旨不履行の判断規準をどのように捉えるべきかが問題となる。もっとも、その上で、遅滞・不能という伝統的概念を残す方向も考えられる。

「帰責事由」に関しては、これを過失責任主義に基づく概念とみる理解が定着したが、「なす債務」（行為債務）にあっては不履行判断との区別が困難であり、また、伝統的な帰責事由概念は判例において必ずしも機能していないことが指摘された。さらに、一定の結果発生の保証に債務者の無過失責任を基礎づけたり、フランス法の結果債務・手段債務概念の導入など、過失が債務者の責任を基礎づける唯一の原理ではないとの主張も有力である。

そこで、不履行と帰責事由が一体的に判断できる場面では、帰責事由を論じる必要はないと思われるが、学説は、一般に、債務不履行による損害賠償は不法行為によると同様に過失責任主義に基づく責任法理として統一的に把握する結果、損害賠償を債務者に帰責させるための理論枠組みとして必要としてきた。また、このような理解を前提とするときには、損害賠償請求権は本来的債権とは別個のものとして位置づけられるはずであるが、本来的債権の内容の変更（塡補賠償）・延長（遅延賠償）・拡張（積極的損害の賠償）とみて、その同一性を肯定してきた（本来的債権の「損害賠償請求権への転化」と称される）。しかし、このような傾向に対し、契約責任（債務不履行責任）の構造・射程が鮮明にされるべきであるとの立場からは、責任要件の見直しが考えられてよい。

(二)　解決方向性

そこで、債務不履行の要件としては、一つは、帰責事由要件を放棄し、不履行要件に一元化する構成が考えられる。ここでは、損害賠償は責任法理ではなく本来の履行を確保・実現させるものとして捉えられ、本来的債権との同一性も肯定できる。また、不法行為規範との区別も鮮明となる。ただし、ここで本旨不履行とは、本来的履行が実現されていない事態をいうが、その規準が明らかにされる必要がある。この点で、契約当事者が相互に負担する義務を出発点として、その義務違反を中核に据えた債務不履行法が模索されるべきである。また、ここで債務不履行責任を（事実としての）債務不履行のうち免責事由のないものとして構成する場合には、免責事由の内容についても慎重な検討を要する。それを債務者の具体的行為義務に照らして判断すると、過失認定判断と変わらなくなるであろうし、さらに、免責可能性については賠償範囲の確定ルールの中で斟酌することも考えられる。もっとも、賠償責任を負わないとしても、同時履行の抗弁権の対抗を受けたり、解除、代金減額、代物や修補などを請求される場合もある。

もう一つは、従来通り不履行と帰責事由の二元論的構成を維持する要件構成であるが、損害賠償は責任法理として不法行為による場合と統一的に捉える考え方も出てこよう。(8) ここでは、契約責任（債務不履行責任）の独自性を担保する意味からも、本旨不履行の判断規準は契約上の義務違反に求めるべきである。このような方向については、「義務違反」という給付障害を包括する統一的概念を採用し、義務の存立根拠規定を設けたドイツ新債務法が一つのモデルを提供する。ただし、本旨不履行という包括的な定式を採用する日本民法四一五条の下では、このような方向で契約責任（債務不履行）法を改正すべき積極的理由は見出し難い。なお、私見は、現行法の下で、給付義務または保護義務の違反を根拠に不履行が判断されると、原則として債務者は損害賠償責任を負うが、免責事由（非帰責事由）を証明することにより賠償義務を免れると考える。(9)

五　責任内容（救済手段）

前述したように、債権法の改正論議において、損害賠償、履行請求、契約解除について議論がある。新理論は、いずれも救済手段として並立させて捉え、また、契約の効力から認められるものだと考えている。そして、損害賠償につき、債務者の帰責事由（過失）を不要とし、かつ賠償範囲の確定ルールとして四一六条も排除する。解除も、「重大な不履行」を要件とするが、帰責事由は不要であり、履行請求・追完請求についても、その位置づけは明確ではないが、同じく帰責事由は不要だと考えている。

このような理解は、度々指摘されるように、近時の国際的な動向を背景とした理論展開においてもみられる傾向である。すなわち、契約の拘束力から損害賠償責任が根拠づけられ、解除も当事者に契約の拘束力からの離脱を認めた制度として理解し、履行請求権も契約が履行されない場合に他の救済手段と並んで認められる一つの手段であるとの考え方（いわゆる remedy approach）が表明されている。(10) また、不完全履行論においても、追完ないし完全履行請求（瑕疵修補請求）、損害賠償、解除の適用領域と相互の関係について検討されている。そして、契約義務論にあっては、給付義務違反についてはこれら三つの効果が認められるのに対し、付随義務・保護義務違反については損害賠償請求権のみが生じるとされるようであり、義務の性質論は効果の点でも違いをみせている。

伝統的理論によると、損害賠償・解除は帰責事由を要件とするが、履行請求権についてはそれを債権の本来的効力とみる限りでは帰責事由は不要であり、これらが不履行類型に即して理解されてきた。しかし、このような理解から離れる新理論においては、既に指摘したように、救済手段個々の法的構成及びこれら相互の関係について解明されるべき点が多い。救済手段の理解をめぐっては、さらに、債権・債務概念との接合や時効との関係、(11) 種々の契約類型に対応させた整理なども問題となり、前述した不履行類型や帰責構造の理解にも関わってくることにも留意されるべきである。

六　契約の諸類型への対応

債務不履行責任の帰責構造を種々の取引形態や契約類型に対応させて検討する作業も必要となる。これまでの責任論は、主に財産権譲渡（売買）型契約（与える債務）を前提にしたものであったといえるが、財産権利用（貸借）型契約や役務（サービス）提供型契約に対応させた検討も要する。特に、サービス経済の進展とともに多種多様な役務提供契約が登場してきたことにより、「なす債務」の重要性が増すに至り、役務提供者責任の構造の解明が課題となる。

既にみたように、役務提供契約の内容的な適正化とその不履行に対する被害者救済についても、不完全履行論の展開過程で浮き彫りにされた問題である。そこでは、債務不履行の三分体系の修正を志向する見解や契約義務論、また、債務不履行を一元化して捉える見解にあっても、「なす債務」（行為債務）の特質に応じた債務不履行責任を構築すべきであるとの認識がみられる。また、裁判例においても、典型・非典型契約を含む多くの役務提供契約に関する事例が集積されてきている。そこで、不完全履行論の成果を前提とするときには、役務提供契約において問題となる本旨不履行（履行不完全）を給付義務の不履行がある場合（「債務の本旨に不適合な履行」・「不適合な履行に起因する侵害」）とない場合（完全性利益侵害）に分けて整理した上で、責任の要件・効果（責任内容）を判断するべきだと考える。(12) そこでは、不履行責任の可否を判断するに際して重要なのは、単に遅滞・不能などの存否を探ることではなく、債務者が「債務の本旨」に従ったかどうかの具体的な行態評価である。

検討委員会試案においても、役務提供契約が検討対象とされ、また、非典型契約の民法典への組み入れも議論されており、今後の動向に注目したい。さらに、売主及び請負人の瑕疵担保責任を債務不履行責任（契約責任）

として構成することも提案されている。この点については、債務不履行一般の規定が整序されることにより、同性質にある担保責任の存在意義は乏しくなるであろうし、また、このような構成は、少なくとも判例法理に即応しないのではないかという疑問を提示しておきたい。

七　不法行為規範との関係

前述したように、検討委員会試案においては、債務不履行では過失は不要であるが、不法行為では過失を要することから、競合論を前提とするときには、債務不履行が妥当する契約法規範の射程を画定する必要がある。契約責任と不法行為責任の交錯をめぐっては、これまでいわゆる「契約責任の拡大」の問題として論じられてきた。そこでの問題状況、理論動向、解決方向性については前章までに検討したとおりであり、ここで再論はしないが、債権法の改正へ向け留意されるべき論点について言及するに留める。

検討委員会案では、債務不履行の判断規準は必ずしも明らかではない。しかし、これまでの新理論の主張からは、当事者が契約の履行を怠った場合の責任も契約の拘束力から基礎づけ、その帰責根拠は過失責任の原則ではなく、そのような契約をしたことに求められ、それにもかかわらず当事者が契約で約束したことを履行しないことが責任要件となる。[13] したがって、どのような場合に債務不履行と評価できるかを契約内容から確定した上で、それが当該契約での想定を超えたところに存在するリスクが原因となって生じた場合には、賠償責任から債務者を解放することが適当であるとして、「債務不履行＋免責事由」という枠組が提示されている。[14] そして、このような構成においては、「どのような場合に義務違反が認められるのか」という点が重要となるから、契約内容と義務違反の確定に当たり、いかなる因子が決定的な規準となるのかを条文で定めておく必要もある。このような理解からは、債務不履行の認定に際しては、伝統的理論における過失判断と重なるように思われ、その結果、不法行為規範との分断も鮮明ではなくなる。(15) したがって、ここでも契約責任（債務不履行）の構造・射程について検討する必要がある。

同様の問題は、契約交渉の破棄に基づく責任の法的性質にも関係する。検討委員会試案は、この責任の法的性質を明らかにせずに、交渉の破棄が信義則に反することの立証を要件として賠償責任を認める。しかし、契約上の債務の不履行を理由とする損害賠償の範囲を定めたルールを、不法行為に基づく場合には類推されないとの立場に立つときには、交渉破棄に基づく賠償責任の法的性質をどう理解するかは、それに債務不履行の賠償範囲の確定ルールを類推できるか否かという形で問題となり得る。しかも、検討委員会試案において規定される「信義則に従って行動する義務」、「情報提供義務・説明義務」の法的性質も明らかではない。したがって、交渉破棄に基づく責任の性質を明確にする必要があるのではなかろうか。

債務不履行を被違反義務の面から捉えることが可能であり、また、そのような方向が適当であるとの立場に立っても、契約上の義務の性質・構造、その不法行為法上の義務との関係は問題となる。既にみたように、ドイツ新債務法が給付障害の統一的概念とする「義務違反」とは、「債務関係から生じる義務」の違反を意味し、そこではどのような義務が問題となるかは重要なことではなく、給付義務や付随義務のみならず保護義務も含まれる。そして、これまで、特に保護義務と不法行為法上の義務との関係について議論されたが、新法が「債務関係から生じる義務」と規定したことにより、一応の決着がつけられた。ただし、契約規範たる保護義務領域と不法行為規範との限界づけについては、なお議論の余地がある。同様の状況は、わが国にも当てはまるであろう。

（1）本書第一章第四節参照。
（2）拙稿「不完全履行を独自の規定として加える必要はあるか」椿寿人＝新美育文他編『民法改正を考える（法律時報増刊）』（日本評論社、二〇〇八）二〇〇頁以下参照。
（3）特に、債務からの解放という効果をもたらすものとして観念されてきた履行不能概念については、慎重な検討を要する。
（4）不完全履行も履行が完全になされていないという意味では一種の履行遅滞といえるが、債務の履行が不完全であるという評価が必要とされるから、履行遅滞とは別に扱ってよいのではなかろうか。
（5）森田修『新しい契約責任論』は新しいか―債権法改正作業の文脈化のために」ジュリスト一三二五号（二〇〇六）二一三頁も義務違反を中核とする契約責任論を評価するが、他方で、「債務の本旨」を債務者の義務として表現せずに（義務概念は、ある利益を法的保護の対象として列挙する機能しかなく、義務群はそれ自体の体系を構築しえない）、履行請求権から捉える（同「履行請求権か remedy approach か―債権法改正作業の文脈化のために」ジュリスト一三二九号（二〇〇七）八四頁）。また、潮見佳男＝加藤雅信＝加藤新太郎「鼎談　民法学の新潮流と民事実務［第七回］債務不履行論の現在を語る」判例タイムズ一一九一号（二〇〇五）一四頁（加藤雅信＝加藤新太郎編『現代民法学と実務（中）』（判例タイムズ社、二〇〇八）所収）は、契約利益中心の体系をとって、かつ債務不履行の場面で債権者の救済手段から契約規範を捉えるときには、「給付義務」という概念自体不要だとする。さらに、加藤雅信『新民法体系Ⅲ　債権総論』（有斐閣、二〇〇五）六二頁以下は、厳正契約的解釈を離れ、信義則を内包した誠意契約的解釈を前提とするときには、従来の付随義務、保護義務も契約債務として一括して捉えられるとして、契約ないし債務関係構造の単層的理解を主張する。
（6）なお、一九九八年の日本私法学会のシンポジウムにおいては、役務提供型契約にも配慮し、損害賠償請求権の要件として「契約義務違反」概念が提言された（能見善久「履行障害」山本敬三＝大村敦志他『債権法改正の課題と方向―民法一〇〇周年を契機として―（別冊NBL五一号）』（商事法務研究会、一九九八）一一三頁以下）。
（7）内田貴＝大村敦志他「特別座談会　債権法の改正に向けて（上）―民法改正委員会の議論の現状」ジュリスト一三〇七号（二〇〇六）一二六―一二七頁参照。なお、検討委員会試案において、保護義務に関する規律も設けられてはいるが、その法的性質は明らかではない（民法（債権法）改正検討委員会編『債権法改正の基本指針（別冊NBL一二六号）』（商事法務、二〇〇九）九〇―九一頁参照）。
（8）なお、近江幸治「民法改正について―民法点の役割と総則の意義（マクロ的な視点から）」法律時報八一巻九号（二〇〇九）

五五頁は、「人」概念とともに「責任」の基本概念が新しい民法では必要だとする。「責任」について、近代民法では独立した基本概念とせず、債権発生の問題とし、過失責任主義として債権編の中に都合よく押し込めたが、責任は、人間の法的活動と表裏の関係にあり、不当利得とともに行為の違法として独立した基本概念とする必要があるとする。
(9)　本書第四章第三節二参照。
(10)　山本敬三「契約の拘束力と契約責任論の展開」ジュリスト一三一八号（二〇〇六）八七頁以下参照。
(11)　下森定「履行障害法の再構築の課題と展望」成蹊法学六四号（二〇〇七）六八頁、七〇頁参照（下森教授は、第一次的救済手段としての履行請求権の有用性も強調する）。
(12)　本書第五章第三節参照。
(13)　山本・前掲注（10）九二頁。
(14)　内田貴＝大村敦志他「特別座談会　債権法の改正に向けて（下）―民法改正委員会の議論の現状」ジュリスト一三〇八号（二〇〇六）一三六―一三七頁。
(15)　また、新理論では結果債務と手段債務の明文化も議論される。特に手段債務にあっては、債務者の具体的な行為についての評価が必要となるから、過失判断と重なるようにもみえる。しかし、新理論によると、それは決して過失責任の原則が帰責根拠となるからではなく、債務者がそのように具体的行為をすることが契約で拘束されたからにすぎない、と考えることになる（山本・前掲注（10）九三頁）。

第五節　結　　び

本章では、債権法の改正論議を踏まえ、契約責任（債務不履行）法の再構築へ向けた理論的出発点を探った。今後、議論が活発化するであろうが、その検討領域は多方面へ及ぶものと予想できる。消費者・商人・事業者といった法主体の範囲、情報、役務・サービスなどの種々の客体の扱い、「なす債務」の総論的規定、不法行為責任の再構成、権利消滅期間など、民法典の全体及び多くの民事特別法にも関わる問題が浮上してくる。また、これまでのドイツ法からの学説継受をどう評価するのか、アメリカ契約法のわが国における意義は何かなど、諸制度の存立基盤に関わる問題も無視し得ない。

このように考えると、債権法の改正は、これまで長い時間をかけて蓄積されてきた理論の集大成だといえ、改正にはなお時間を要することになろう。そこで重要となるのは、伝統的な民法理論との関係を明らかにすることから出発して、その理論展開の中で新たな理論を検証してみることではなかろうか。仮に、国際的調和を強調し、国際的な新しい流れを受け入れるために伝統的理論との切断が図られるべきだとすれば、そもそもの改正の目的が閑却される危険もある。今後の理論的深化に期待するとともに、その動向を注視したい。

事項索引

サ　行

タ　行

ナ　行

ハ　行

マ　行

ヤ　行

ラ　行

ワ　行

人名索引

ハ 行

マ 行

ヤ 行

ラ 行

ワ 行

判例索引

最高裁判所

大判大 14・3・13 民集 4 巻 217 頁 ……365
最二小判昭 30・3・25 民集 9 巻 3 号 385 頁 ……255
最三小判昭 50・2・25 民集 29 巻 2 号 143 頁……164, 291
最一小判昭 58・10・20 民集 37 巻 8 号 1148 頁……217
最一小判平 3・10・17 判時 1404 号 74 頁 ……242
最一小判平 6・10・11 判時 1525 号 63 頁 ……242
最一小判平 7・11・30 民集 49 巻 9 号 2972 頁 ……221
最三小判平 13・11・27 民集 55 巻 6 号 1311 頁……365
最三小判平 14・9・24 判時 1801 号 77 頁 ……384

高等裁判所

東京控民一判昭 10・7・31 新聞 3901 号 15 頁 ……163, 236
大阪高判昭 35・8・9 高民集 13 巻 5 号 513 頁 ……363
東京高判昭 40・12・14 判タ 189 号 159 頁……163, 236
東京高判昭 48・4・26 判時 706 号 81 頁……162, 216
東京高判昭 48・9・18 判時 719 号 44 頁……164, 259
東京高判昭 49・12・4 判時 771 号 41 頁……163, 237
東京高判昭 51・4・15 判時 839 号 91 頁……238
大阪高判昭 53・3・30 判時 908 号 54 頁……163
大阪高判昭 54・9・21 判時 952 号 69 頁……217
東京高判昭 55・8・4 判時 977 号 66 頁 ……261
東京高判昭 55・8・26 判時 997 号 121 頁 ……262
大阪高判昭 58・7・19 判時 1099 号 59 頁 ……162
東京高判昭 61・9・25 判時 1211 号 52 頁 ……162, 220
名古屋高判昭 63・6・30 判時 1299 号 137 頁……264
福岡高判平元・2・27 判時 1320 号 104 頁 ……164
福岡高判平 3・3・5 判時 1387 号 72 頁 ……164
大阪高判平 3・8・29 判時 1410 号 69 頁……163, 241
東京高判平 3・11・28 判タ 774 号 107 頁 ……164, 264
東京高判平 4・3・11 判時 1418 号 134 頁 ……221
東京高判平 6・2・24 判タ 859 号 203 頁……162, 223
東京高判平 6・9・14 判タ 887 号 218 頁……163, 223
東京高判平 7・6・19 判時 1504 号 48 頁……164
東京高判平 15・6・11 判時 1836 号 76 頁 ……286

東京高判平 20・9・25 金商 1305 号 36 頁 ……365
福岡高判平 21・4・10 判時 2053 号 47 頁 ……277

地方裁判所

大阪地判昭 42・9・26 判タ 214 号 228 頁 ……164, 258
福岡地裁久留米支判昭 45・3・16 判時 612 号 76 頁……349
東京地判昭 47・2・29 判時 676 号 44 頁……375
東京地判昭 47・3・11 判時 679 号 26 頁……216
前橋地裁高崎支判昭 47・5・2 判時 687 号 88 頁 ……163, 215
東京地判昭 47・12・20 判時 708 号 63 頁 ……163, 237
東京地判昭 48・2・19 判時 713 号 83 頁……163, 259
東京地判昭 48・9・25 判時 739 号 95 頁……163, 237
岐阜地裁大垣支判昭 48・12・27 判時 725 号 19 頁 ……162, 216
横浜地判昭 50・5・23 判タ 327 号 236 頁 ……163
東京地判昭 50・6・30 判時 801 号 52 頁……286
横浜地判昭 50・12・23 判タ 336 号 294 頁……363
高知地判昭 51・1・19 判時 819 号 83 頁……163, 217
東京地判昭 51・2・24 判時 827 号 72 頁……260
東京地判昭 51・3・31 判時 834 号 71 頁……250, 256
東京地判昭 51・4・15 判時 839 号 91 頁……163
札幌地裁小樽支判昭 52・3・23 判時 874 号 79 頁……376
東京地判昭 52・3・30 判時 870 号 82 頁……163, 238
大阪地判昭 53・3・30 判時 908 号 54 頁……260
東京地判昭 53・7・27 判時 912 号 77 頁……164
神戸地判昭 53・8・30 判時 917 号 103 頁 ……162, 217
東京地判昭 53・9・15 判タ 377 号 106 頁 ……260
山形地裁米沢支判昭 54・2・28 判タ 381 号 55 頁……163, 239
大阪地判昭 54・3・26 判時 941 号 72 頁……163, 239
大阪地判昭 54・7・20 判タ 394 号 121 頁 ……163, 240
東京地判昭 54・8・30 判時 958 号 76 頁……261
高松地判昭 55・11・28 判時 1015 号 109 頁 ……162, 218
大阪地判昭 56・1・26 判時 996 号 89 頁 ……318
東京地判昭 56・3・26 判時 1013 号 47 頁 ……163, 240
横浜地判昭 56・3・26 判タ 448 号 123 頁 ……250
大阪地判昭 56・5・25 判タ 449 号 153 頁 ……164
大阪地判昭 56・6・16 判タ 455 号 135 頁 ……249
京都地判昭 56・12・14 判タ 470 号 154 頁……163, 218
東京地判昭 57・3・24 判時 1056 号 202 頁……164, 262
大阪地判昭 57・5・27 判タ 477 号 154 頁 ……163, 164
福岡地裁小倉支判昭 57・9・14 判時 1066 号 126 頁……164
名古屋地判昭 59・3・7 判時 1123 号 106 頁 ……262

東京地判昭 59・4・24 判時 1142 号 64 頁 ……249, 255
高知地判昭 59・5・15 判時 1140 号 128 頁……162, 219
大阪地判昭 59・12・26 判タ 548 号 181 頁……384
横浜地判昭 60・2・27 判タ 554 号 238 頁 ……350
大阪地判昭 61・2・14 判時 1196 号 132 頁……162, 219
東京地判昭 61・7・28 判タ 624 号 186 頁 ……163, 241
神戸地判昭 61・9・3 判時 1238 号 118 頁 ……162, 220
福岡地裁甘木支判昭 62・9・25 判時 1267 号 130 頁……164
福岡地判昭 62・10・23 判時 1267 号 122 頁 ……164
大阪地判昭 62・10・26 判時 1266 号 54 頁……163, 263
東京地判昭 63・2・1 判時 1261 号 28 頁……164, 263
東京地判昭 63・12・27 ＝東京地判平元・6・20 判時 1341 号 20 頁 ……278
東京地判平元・2・7 判タ 694 号 250 頁 ……264
浦和地判平元・8・30 判タ 721 号 195 頁 ……162, 220
東京地判平 2・2・23 判時 1364 号 45 頁……162, 221
名古屋地判平 2・3・1 判時 1366 号 102 頁……265
東京地判平 2・6・14 判時 1378 号 85 頁……163, 265
東京地判平 2・8・30 判時 1388 号 73 頁……163
横浜地判平 3・3・26 判時 1390 号 121 頁 ……162, 221
鹿児島地判平 3・6・28 判タ 770 号 211 頁……162, 222
東京地判平 3・7・25 判時 1422 号 106 頁 ……163, 241
東京地判平 3・9・17 判時 1430 号 100 頁 ……376
大阪地判平 3・11・27 判時 1411 号 104 頁……163
東京地判平 3・12・25 判時 1434 号 90 頁 ……384
岐阜地裁大垣支判平 4・3・17 判時 1448 号 155 頁 ……162, 222
東京地判平 4・5・26 判時 1458 号 71 頁……222
東京地判平 4・10・28 判時 1467 号 12 頁 ……365
東京地判平 5・1・28 判時 1473 号 80 頁……376
大阪地判平 5・2・4 判時 1481 号 149 頁……164
大阪地判平 5・3・24 判時 1477 号 81 頁……286
神戸地判平 5・3・29 判時 1498 号 106 頁 ……164
東京地判平 5・6・30 判タ 858 号 182 頁……265
東京地判平 5・12・15 判時 1511 号 89 頁 ……164
千葉地判平 5・12・22 判時 1516 号 105 頁……164, 266
浦和地判平 5・12・27 判時 1506 号 128 頁……223
千葉地裁松戸支判平 6・8・25 判時 1543 号 149 頁 ……365
東京地判平 6・9・21 判時 1438 号 198 頁 ……163
富山地判平 6・10・6 判時 1544 号 104 頁 ……164, 278
名古屋地判平 7・1・30 判タ 884 号 186 頁……164
東京地判平 7・9・27 判時 1564 号 34 頁……164, 286
大阪地判平 8・1・29 判時 1582 号 108 頁 ……250

福岡地判平 8・1・31 判時 1564 号 128 頁 ……164
東京地判平 8・5・9 判時 1591 号 54 頁 ……243
東京地判平 8・9・27 判時 1601 号 149 頁 ……164, 286
東京地判平 8・9・27 判時 1611 号 84 頁 ……164
東京地判平 8・10・29 交通民集 29 巻 5 号 1549 頁 ……164
大阪地判平 9・9・26 判時 1639 号 79 頁……164
東京地判平 9・12・26 判タ 1011 号 178 頁……164, 266
東京地判平 10・9・30 判時 1673 号 111 頁……163
東京地判平 10・10・5 判タ 1044 号 133 頁……365
東京地判平 10・11・26 判時 1682 号 60 頁……365
東京地裁八王子支判平 10・12・7 判例地方自治 188 号 73 頁……164
東京地判平 11・3・25 判時 1676 号 71 頁 ……163
東京地判平 12・1・28 判時 1716 号 89 頁 ……286
札幌地裁小樽支判平 12・2・8 判タ 1089 号 180 頁 ……384
神戸地判平 12・3・9 判時 1729 号 52 頁……285
長崎地裁大村支判平 12・12・22 判タ 1109 号 166 頁 ……384
大阪地判平 13・2・14 判時 1759 号 80 頁 ……286
横浜地判平 13・10・15 判時 1784 号 115 頁 ……162, 224
福岡地裁小倉支判平 14・10・29 判時 1808 号 90 頁……224
東京地判平 15・1・27 判タ 1129 号 153 頁……243
東京地判平 15・4・10 判時 1870 号 57 頁 ……365
福岡地判平 15・8・27 判時 1843 号 133 頁……286
東京地判平 15・10・29 判時 1843 号 8 頁 ……278
東京地判平 16・7・30 判タ 1198 号 193 頁……278
横浜地判平 17・3・22 判タ 1217 号 263 頁……286
札幌地判平 17・5・13 判タ 1209 号 180 頁……244
東京地裁八王子支判平 17・5・19 金判 1220 号 10 頁 ……267
東京地判平 18・4・21 判時 1956 号 111 頁……267
東京地判平 19・10・25 判時 2007 号 64 頁……245
東京地判平 19・10・29 判時 2002 号 116 頁 ……224
大阪地判平 19・11・7 判時 2025 号 96 頁 ……286
東京地判平 20・7・8 判時 2025 号 52 頁……365
横浜地判平 21・6・16 判時 2062 号 105 頁……278

著者略歴

1960年　北海道に生まれる
1983年　市立高崎経済大学経済学部卒業
明治大学大学院法学研究科民事法学専攻博士後期課程単位取得
福岡県立九州歯科大学歯学部専任講師，清和大学法学部助教授，帯広畜産大学畜産学部教授を経て
現　在　明治大学法学部教授　博士（法学）
主　著　『新民法教科書』（東京法令出版，2001，共編著），『民法Ⅳ債権各論』（青林書院，2002，共著），「シックハウスによる健康被害とその法的保護」法律論叢 79 巻 6 号（2007），「『履行補助者』概念と多角的法律関係」法律時報 82 巻 4 号（2010）他

明治大学社会科学研究所叢書
契約責任の構造と射程
完全性利益侵害の帰責構造を中心に

2010 年 10 月 25 日　第 1 版第 1 刷発行

著　者　長《なが》　坂《さか》　純《じゅん》
発行者　井　村　寿　人

発行所　株式会社　勁《けい》　草《そう》　書　房
112-0005　東京都文京区水道 2-1-1　振替 00150-2-175253
（編集）電話 03-3815-5277／FAX 03-3814-6968
（営業）電話 03-3814-6861／FAX 03-3814-6854
理想社・牧製本

http://www.keisoshobo.co.jp

契約責任の構造と射程
完全性利益侵害の帰責構造を中心に

2016年6月1日　　オンデマンド版発行

著　者　長　坂　　純

発行者　井　村　寿　人

発行所　株式会社　勁《けい》　草《ぞう》　書　房

112-0005 東京都文京区水道 2-1-1　振替　00150-2-175253
（編集）電話 03-3815-5277／FAX 03-3814-6968
（営業）電話 03-3814-6861／FAX 03-3814-6854
印刷・製本　（株）デジタルパブリッシングサービス http://www.d-pub.co.jp

AJ720

ISBN978-4-326-98242-4　　Printed in Japan